Die Auswirkungen
von außergewöhnlichen Ereignissen
auf vertragliche Schuldverhältnisse

Europäische Hochschulschriften
Publications Universitaires Européennes
European University Studies

Reihe II
Rechtswissenschaft

Série II Series II
Droit
Law

Bd./Vol. 3096

PETER LANG
Frankfurt am Main · Berlin · Bern · Bruxelles · New York · Oxford · Wien

Wolfgang Kotzur

Die Auswirkungen von außergewöhnlichen Ereignissen auf vertragliche Schuldverhältnisse

Eine vergleichende Untersuchung zum deutschen und englischen Recht

PETER LANG
Europäischer Verlag der Wissenschaften

Die Deutsche Bibliothek - CIP-Einheitsaufnahme

Kotzur, Wolfgang:

Die Auswirkungen von außergewöhnlichen Ereignissen auf vertragliche Schuldverhältnisse : eine vergleichende Untersuchung zum deutschen und englischen Recht / Wolfgang Kotzur. - Frankfurt am Main ; Berlin ; Bern ; Bruxelles ; New York ; Oxford ; Wien : Lang, 2001
(Europäische Hochschulschriften : Reihe 2, Rechtswissenschaft ; Bd. 3096)
Zugl.: Gießen, Univ., Diss., 2000
ISBN 3-631-37753-3

D 26
ISSN 0531-7312
ISBN 3-631-37753-3

WIDMUNG

Ich widme dieses Buch meinen Eltern, ohne deren sowohl moralische als auch finanzielle Unterstützung ich meine Promotion nicht in die Tat hätte umsetzen können. Mein Dank gilt weiterhin meinem Doktorvater Professor Dr. Günter Weick von der Justus-Liebig-Universität Gießen sowie Professor Richard Widdison von der juristischen Fakultät der University of Durham für ihre wertvollen Anregungen. Auch bedanken möchte ich mich bei Professor Dr. Richard Motsch, welcher sich freundlicherweise bereit erklärt hat, das Zweitgutachten zu dieser Dissertation zu erstellen. Zuletzt möchte ich Ana Gerlin Hernandez Bonilla erwähnen, deren Ansporn mich ermuntert hat, die Vollendung dieses Werkes endlich in Angriff zu nehmen.

VORWORT

Diese Dissertation wurde dem Fachbereich Rechtswissenschaften der Justus-Liebig-Universität Gießen im Sommersemester 2000 vorgelegt. Sie behandelt die Rechtsfolgen, welche sich für vertragliche Schuldverhältnisse aus dem Eintritt von außergewöhnlichen Umstände ergeben, ein Thema, welches die Rechtswissenschaft schon seit geraumer Zeit beschäftigt und für welches sich eine allseits befriedigende Lösung bisher nicht hat finden lassen. Mit den englischen und deutschen Lösungswegen für das Problem werden zwei Varianten miteinander verglichen, welche auf den ersten Blick sehr unterschiedlich wirken, bei denen sich aber bei näherem Hinsehen viele Gemeinsamkeiten herasusstellen.

INHALTSVERZEICHNIS

ABKÜRZUNGSVERZEICHNIS

AC	Appeal Cases
AJCL	American Journal of Comparative Law
Aleyn	Aleyn's Reports, King's Bench
All ER	All England Law Reports
App Cas	Appeal Cases
B & S	Best & Smith's Reports, Queen's Bench
BJLS	British Journal of Legal Studies
BLR	Business Law Review
Bos. & P.	Bosanquet and Puller's Reports, Common Pleas
Build Lr	Building Law Reports
C. Rob.	Christopher Robinson's Reports, Admiralty
Cal. P	California Pacific Reporter
CB	Common Bench Reports
cf.	compare (vergleiche)
Ch	Chancery
CLJ	Cambridge Law Journal
CLR	Common Law Reports
CMLR	Common Market Law Reports
Com Cas	Commercial Cases
Corpn	Corporation
D.C. Cir.	US Court of Appeals for the District of Columbia
d.h.	das heißt
East	East's Reports, King's Bench
ed.	editor
El. & Bl.	Ellis & Blackburn's Reports, Queen's Bench
F, 2d	Federal Reports, 2nd Series
F.	Federal Reporter
f.	folgende
F. Supp.	Federal Supplement
ff.	fortfolgende
Fn.	Fußnote
ibid.	ibidem - ebenda
ICLQ	International and Comparative Law Quarterly
ICR	Industrial Court Reports
IRLR	Industrial Relations Law Reports
J.	Justice
JBL	Journal of Business Law
JLS	Journal of Legal Studies

Jur Rev	Juridical Review
KB	King's Bench Reports
LJ.	Lord Justice
LJCP	Law Journal, Common Pleas
Lloyd's List LR	Lloyd's List Law Reports
Lloyd's Rep	Lloyd's Reports
LMCLQ	Lloyd's Maritime and Commercial Law Quarterly
LQR	Law Quarterly Reports
LR CP	Law Reports, Common Pleas
LR Ex	Law Reports of the Exchequer
LR HL	Law Reports of the House of Lords
LR QB	Law Reports of the Queen's Bench
LT	Legal Times
MLR	Modern Law Review
N.E.	North Eastern Reporter
NLJ	New Law Journal
op. cit.	am angegbenen Ort
P	Probate/Pacific Reporter
P & CR	Planning (Property) and Compensation Reports
P. 2d.	Pacific Reporter, 2nd Series
PD	Probate, Divorce and Admiralty Division Law Reports
QB	Queen's Bench Reports
QBD	Queen's Bench Division
Restatetment 2d	Second Restatement
Rn.	Randnote
S Cal L Rev.	Southern California Law Review
s.	section
S.	Seite
Salk	Salkeld's Reports, King's Bench
SJ	Solicitors' Journal
ss.	sections
Ss.	Seiten
TLR	Times Law Reports
UCC	Uniform Commercial Code
v.	versus
Ves.	Vesey Jun's Reports, Chancery
vgl.	vergleiche
WLR	Weekly Law Reports

Einleitung

Grundlage und Ausgangspunkt des Schuldrechts, vor allem bei gegenseitigen Verträgen, ist die Maxime *pacta sunt servanda*, welche die genaue Ausführung von vertraglichen Obligationen verlangt, solange dies nicht unmöglich ist[1]. Müßten Verträge, die man freiwillig geschlossen hat, nicht grundsätzlich erfüllt werden, wäre ihre Zweckmäßigkeit und Bedeutung sehr fraglich, denn der Anreiz zur Erfüllung des eigenen Versprechens ist, zumindest im kommerziellen Sinne, erst durch das Wissen gegeben, daß die andere Partei ebenfalls ihre Obligationen erfüllen wird (notfalls auch unter dem Druck rechtlicher Sanktionen). Erst durch diesen beiderseitigen Erfüllungszwang bekommt das Versprechen der Gegenpartei einen Wert. Wenn daher ein Vertrag rechtskräftig zustande gekommen ist, muß er grundsätzlich erfüllt werden.

Allerdings leben wir in einer Welt, in der politische, wirtschaftliche und soziale Umbrüche sowie auch Naturkatastrophen häufig unverhofft über uns hereinbrechen, welche zum Zeitpunkt des Vertragsabschlusses nicht vorhersehbar waren[2] und aus diesem Grunde im Vertrag nicht oder nur unzureichend geregelt sind. Der Vertrag krankt insofern an einer falschen Bezugnahme auf die Wirklichkeit; die Umstände dieser Wirklichkeit haben aber unmittelbaren Einfluß auf die Möglichkeit der Erfüllung des Vertrages. Deutschland hat sich im 20. Jahrhundert mehreren Katastrophen wie Hyperinflation und Vertreibung stellen müssen, welche vor allem durch die zwei Weltkriege bewirkt wurden. Derartige außergewöhnliche Ereignisse können bei unveränderter Vertragsdurchführung für eine der Vertragsparteien direkt oder indirekt[3] derartig schwerwiegende wirtschaftliche und soziale Konsequenzen haben, daß es mit Recht und Gerechtigkeit unvereinbar erscheinen kann, sie weiterhin unverändert an den Vertrag zu binden, obwohl die Leistung noch nicht im strengen Sinne unmöglich geworden ist.

Als Rechtsfolgen kämen in derartigen Situationen neben dem strikten Festhalten am Vertrag seine den veränderten Umständen entsprechende Modifizierung oder aber seine Auflösung in Frage. Wenn man in einer derartigen Situation nicht mehr auf einer zumindest unveränderten Erfüllung des Vertrages besteht, gesteht

---

[1] „Lex non cogit ad impossibilia": Wade, [1940] 56 LQR 519

[2] „Vorhersehbar" wird hier im Sinne von „nicht mit Wahrscheinlichkeit vorhersehbar" gebraucht. Es ist natürlich so, daß sich fast alles mit ein bißchen Phantasie vorhersehen läßt, so zum Beispiel auch, daß ich von einem herabfallenden Satellitenstück erschlagen werden könnte - was allerdings höchst unwahrscheinlich ist; siehe hierzu Downes, *Textbook on Contract*, S.271.

[3] Z.B. aufgrund ausbleibender Materiallieferungen.

man ihm neben seiner traditionellen Funktion als Instrument der Privatautonomie auch eine soziale Funktion zu[4], denn der Nachteil, der einer Partei aus dem außergewöhnlichen Ereignis erwächst, kann der anderen Partei durchaus zum Vorteil gereichen, so daß sie ein Interesse am unveränderten Fortbestehen des Vertrages besäße. Ein offensichtliches Beispiel stellt hierbei ein dramatischer Währungsverfall dar, bei welchem der Käufer liebend gerne weiterhin den ursprünglich vereinbarten Preis zahlen würde. Allerdings würde das unveränderte Fortbestehen des Vertrages einer Partei allein das gesamte Risiko der Veränderungen bis hin zur Existenzvernichtung aufbürden[5] und sie des gesamten Vorteils berauben, der ihr nach dem Willen der Parteien bei Vertragsabschluß entstehen sollte. In vielen Rechtsordnungen wird es daher der Partei, welche vom außergewöhnlichen Ereignis nicht negativ betroffen worden ist, verwehrt, auf der unveränderten Durchführung des Vertrages zu bestehen.

Was bei von außergewöhnlichen Ereignissen negativ beeinflußten Verträgen schwer fällt, ist vor allem die Feststellung, wo die Grenze zwischen rechtlich unbeachtlichen und beachtlichen Veränderungen liegt. Diese ist immer eng mit den individuellen Bestimmungen eines Vertrages verbunden; eine Bestimmung des Vertragsrisikos ist unbedingt notwendig, da ein Überschreiten desselben für die rechtliche Beachtlichkeit von außergewöhnlichen Ereignissen von ausschlaggebender Bedeutung ist.

Diese Untersuchung beschäftigt sich mit den Rechtsfolgen, welche außergewöhnliche Ereignisse in England und in Deutschland nach sich ziehen. Die untersuchten Schuldverhältnisse beschränken sich dabei ausschließlich auf gegenseitige kommerzielle Verträge. Diese machen im Schuldrecht beider Länder den bei weitem wichtigsten Teil aus und es sind zumeist diese Verträge, welche von ungewöhnlichen Ereignissen am stärksten betroffen werden. Neben der Darstellung des geltenden Rechts in den betreffenden Jurisdiktionen bezieht die Untersuchung auch die im kaufmännischen Verkehr übliche Klauselpraxis sowie neuere Ansätze zur Rechtsvereinheitlichung mit ein, welche von UNIDROIT und der sogenannten „Commission on European Contract Law" gemacht wurden. Auch

---

[4]D.h. der Vertrag wird als Instrument des sozialen Verkehrs verstanden: Hay, (1961) 10 AJCL 345, 346. Die ausschließliche Funktion des Vertrages als Instrument der Privatautonomie (in England als „freedom of contract" bekannt) wurde von der zweiten Hälfte des 19. Jahrhunderts an zunehmend durch die Betonung der Gemeinschaftswerte in den Hintergrund gedrängt: Atiyah, The Binding Nature of Obligations, S.28 in: *Contract Law Today*, ed. D. Harris and D. Tallon.

[5]Obwohl dies natürlich im Vertrag ausdrücklich so geregelt werden kann, in welchem Fall grundsätzlich kein Grund besteht, an dieser Risikoverteilung durch die Parteien etwas zu ändern.

die Vorschläge zur Reform des schuldrechtlichen Teils des BGB werden berücksichtigt. Anhand der gewonnenen Erkenntnisse wird dann versucht, die Vor- und Nachteile der verschiedenen Lösungswege zu analysieren.

Teil I: Englisches Recht

1. Kapitel: Absolute Contract

In England gilt das Prinzip des „absolute contract“, welches gemeinhin aus dem Fall *Paradine v. Jane*[1], hergeleitet wird. Dieser Fall behandelte einen Pachtvertrag, der für den Pächter aufgrund der Invasion eines feindlichen deutschen Fürsten für einige Zeit wertlos wurde. Es wurde dort unterschieden zwischen Obligationen, die durch das Recht einer Partei ohne ihr Zutun aufgebürdet werden, und solchen, die eine Partei sich selbst durch einen Vertrag auferlegt. Im Falle der ersteren wird sie von der Leistungspflicht befreit, wenn diese ohne ihr Verschulden und ohne irgendeine andere Lösung unmöglich wird, wohingegen die Leistungsverpflichtung im Falle der letzteren auch dann erhalten bleibt, wenn diese durch „any accident by inevitable necessity“, also unausweichlich unmöglich wird, denn „he might have provided against it by his contract“[2].

Diese Sicht der Dinge stellt allein auf die im Vertrag ausgedrückten (vermutlich inklusive der notwendigerweise implizierten) Klauseln ab. „The law would not protect him beyond his own agreement“[3]. Eine Partei kann sich so angeblich durch ausdrücklich im Vertrag festgelegte Klauseln gegen unvorhergesehene Ereignisse absichern, obwohl gerade aufgrund der Tatsache, daß diese Ereignisse nicht vorhergesehen wurden, nichts über sie im Vertrag vermerkt worden ist. Auch wird diese Sicht des Vertrages nicht seiner Funktion in den Augen von Geschäftsleuten gerecht, die oft absichtlich oder wegen mangelnden Konsenses vieles in ihm ungeregelt lassen[4]. Zudem ist die Rationalität der Parteien nicht absolut, so daß sie gerade in komplexen Fällen durch große Mengen an Informationen überwältigt werden können, was der optimalen Nutzung dieser Informationen entgegensteht und zu falschen Einschätzungen der Umstände führen kann[5].

---

[1] (1647) Aleyn 26, 82 ER 897

[2] Aleyn 27

[3] Ibid. Ein weiterer Grund für die Entscheidung in *Paradine v. Jane* war die Überlegung daß, da der Pächter den Vorteil etwaiger Gewinne besitze, er auch das Risiko etwaiger Verluste tragen müsse.

[4] Beale and Dugdale, (1975) 2 BJLS 45

[5] Williamson, *Contract Analysis: The Transaction Cost Approach*, S. 45 spricht von „bounded rationality“. Vgl. auch Bell, *The Effect of Changes in Circumstances on Long-term Contracts*, S. 198 f.

Es ist allerdings heute in bestimmten Verträgen wie z.B. Charter- und Bauverträgen allgemein üblich, sogenannte *force majeure*- oder „Hardship"-Klauseln einzufügen. In diesen Verträgen läßt sich aber aus Erfahrung von vornherein absehen, daß unvorhergesehene Ereignisse mit schwerwiegenden Konsequenzen die Vertragserfüllung behindern können, ohne dessen Auflösung nach sich zu ziehen[6].

Probleme mit dem „absolute contract" ergeben sich vor allem bei mangelnder Vorhersehbarkeit bzw. Einigung über das betreffende Ereignis. Dies ist auch bei Langzeitverträgen mit „symbiotischen Qualitäten" der Fall, d.h. wo beide Parteien wirtschaftlich auf das Weiterbestehen des Vertrages angewiesen sind und daher eher bereit sein sollten, Probleme durch eine gütliche Einigung zu lösen[7]. In einem solchen Fall ist ein Anreiz für die Parteien vonnöten, den Vertrag neu zu verhandeln, und dieser ist durch den „absolute contract" nicht unbedingt gegeben.

Allerdings würde die Möglichkeit der gerichtlichen Überarbeitung und Anpassung von Verträgen die Rolle des freien Marktes in der Verteilung der Reichtümer untergraben. Da dieser freie Markt aber heutzutage sozialen Beschränkungen unterworfen ist, ist ein derartiger Einwand wohl etwas überholt. Eine weitere Verteidigung des „absolute contract" besagt, daß die Legitimität der vertraglichen Beziehungen der Parteien letztlich nur auf ihrer Vereinbarung beruht, an welcher daher nicht zu rütteln ist. Das Gebot der Privatautonomie dominiert das angelsächsischen Recht auch heute noch.

Das Prinzip des „absolute contract" stammt aus einer Zeit, in welcher das moderne Vertragsrecht in England Gestalt annahm. Die Philosophie ging davon aus, daß das Individuum frei und absolut war, d.h. nur seinem eigenen Willen unterworfen war. Die Erklärung für das Staatswesen fand man im sozialen Vertrag, den alle Individuen miteinander geschlossen hatten und aufgrunddessen sie sich den Gesetzen des Staates unterordneten[8]. Der Vertrag war also, im Gegensatz zu seinem Verständnis im römischen Recht, der Ursprung des Rechts und nicht umgekehrt[9]. Um die Unantastbarkeit von einmal geschlossenen Verträgen zu unter-

---

[6]Z.B. die verschiedenen Suezkanalkrisen

[7]Collins, *The Law of Contract*, S.272

[8]Siehe Hobbes, *Leviathan*, Ss. 192-193, 225, 227. Hobbes' Philosophie war grundlegend durch seine Eindrücke des englischen Bürgerkrieges von 1642-1651 geprägt. Er war bemüht, dem Volke jedes Recht auf Rebellion abzusprechen. Siehe auch Locke, *Second Treatise of Government*, S. 10.

[9]Gow, [1954] 3 ICLQ 291, 301

streichen, erklärte Hobbes, daß eines der wichtigsten Naturrechte sei, daß „Menschen einmal eingegangene Verpflichtungen erfüllen“[10].

Frühe Ausnahmen der „doctrine of absolute contracts“ waren einerseits Verträge, welche die persönliche Leistungsbewirkung durch eine Partei erforderten, die starb oder permanent dazu körperlich unfähig wurde[11], und andererseits die Fälle der „supervening illegality“[12]. Die erste dieser Ausnahmen und analoge Fälle wurden von Blackburn J. als Grundlage herangezogen, um in *Taylor v. Caldwell*[13] die sogenannte „doctrine of frustration“ zu formulieren[14]. Blackburn J. drückte dort aus, daß die Parteien nicht in jedem Falle beabsichtigen, einen „absolute contract“ abzuschließen und daß im Gegenteil ihre Leistungsbereitschaft oft von der weiteren Existenz bestimmter Dinge und Umstände abhängig ist. Der Untergang dieser Dinge bzw. Wechsel in den Umständen könne dazu führen, daß der Vertrag aufgrund „frustration“ aufgelöst wird. Dieser Fall fällt nicht von ungefähr in eine Zeit, als „community values“ (d.h. gesellschaftliche bzw. soziale Werte) auch im Vertragsrecht eine immer größere Bedeutung erlangten.

Alle Verträge sind also unverändert zu erfüllen, wenn sie nicht aufgrund des Eintritts äußerer Ereignisse der „frustration“ anheim fallen[15]. Werden sie nicht erfüllt, besteht grundsätzlich kein Erfüllungsanspruch, sondern lediglich ein Recht auf Schadensersatz. Ein Verschulden („fault“) der vertragsbrüchigen Partei, wie es etwa in Deutschland zumeist für eine Haftung für den Vertragsbruch unentbehrlich ist, wird im englischen Vertragsrecht generell für unerheblich erachtet. Was allein zählt, ist die Nichterfüllung.

---

[10]*Leviathan*, Ss. 190, 201

[11]*Taylor v. Caldwell* (1863) 3 B. & S. 826, 836

[12]*Brewster v. Kitchell* (1691) 1 Salk. 198; *Atkinson v. Ritchie* (1809) 10 East 530, 534-535; cf. Treitel, *The Law of Contract*, S.763

[13]Oben Fn. 11

[14]Dabei wird hier „supervening illegality" zu „frustration" dazugezählt, obgleich es dabei aufgrund der unterschiedlichen Merkmale der beiden Institute abweichende Meinungen gibt: siehe z.B. McNair, [1940] 56 LQR 173, 205-207 und in *Legal Effects of War*, S. 157. In dieser Arbeit wird „frustration" als Ausdruck eines generellen Prinzips der Entlassung aus dem Vertrag aufgrund eines Wechsels der Umstände gebraucht. Dies wird der Weiterentwicklung der „frustration“ durch die Gerichte von strikter Unmöglichkeit bis hin zu der sogenannten „frustration of purpose" am besten gerecht.

[15]Allerdings ist zu beachten, daß es den Parteien immer freisteht, einen „absolute contract“ abzuschließen, welcher dann nicht aufgrund „frustration“ sein Ende findet.

Die Folgen, die außergewöhnliche Ereignisse für die Vertragserfüllung nach sich ziehen, müssen unterteilt werden in solche, die sich aus dem Vertrag selber bestimmen bzw. welche von den Parteien in Übereinkunft beschlossen werden, und die auflösende Wirkung der „frustration“, welche eintritt, wenn der Vertrag diesbezüglich nicht weiterhilft.

2. Kapitel: Parteiunabhängige Folgen von außergewöhnlichen Ereignissen: Frustration

A. Geschichte

McNair führt die heutige „doctrine of frustration" auf zwei verschiedene Quellen zurück, „supervening difficulty and impossibility" auf der einen Seite und „commercial frustration of adventure" auf der anderen[16].

I. Supervening Impossibility

Das Urteil von Blackburn J. in *Taylor v. Caldwell* stellt die erste Formulierung einer generellen „doctrine of discharge" für die „supervening impossibility" dar. In diesem Fall hatten Kläger und Beklagte einen Vertrag abgeschlossen, der den Klägern an vier Tagen die Benutzung einer Konzerthalle für vier Konzerte und sogenannte „day and night fêtes" erlaubte. Bevor das erste Konzert abgehalten werden konnte, wurde die Halle ohne Verschulden der Parteien durch ein Feuer zerstört. Im Vertrag selbst war ein derartiges Ereignis offensichtlich nicht vorgesehen. Blackburn J. stützte sich auf frühere Autoritäten, um ein Prinzip zu formulieren, daß

> „...where, from the nature of the contract, it appears that the parties must from the beginning have known that it could not be fulfilled unless when the time for the fulfilment of the contract arrived some particular specified thing continued to exist, so that, when entering into the contract, they must have contemplated such continued existence as the foundation of what was to be done; there, in the absence of any express or implied warranty that the thing shall exist, the contract is not to be construed as a positive contract, but as subject to an implied condition that the parties shall be excused in case, before breach, performance becomes impossible from the perishing of the thing without default of the contractor."[17]

Diese Formulierung läßt die Möglichkeit eines „absolute contract", das Unmögliche zu tun, bestehen, wenn eine Partei die weitere Existenz einer Sache garantiert, nicht aber, wo beide Parteien diese lediglich annehmen.

Nach *Taylor v. Caldwell* wurde „frustration" schnell nicht nur auf Verträge *de certo corpore* angewandt, sondern auch auf solche, in denen die Leistung anders als durch die Zerstörung des Vertragsgegenstandes unmöglich wurde[18], und

---

[16]McNair, *Legal Effects of War*, S. 158-166

[17](1863) 3 B. & S. 826, 833

schließlich sogar auf die Fälle der „frustration of purpose", d.h. Fälle, in denen die Leistung zwar nicht unmöglich war, der wirtschaftliche Zweck des Vertrages („commercial object") jedoch zunichte gemacht worden war[19].

II. Frustration of the Adventure

Dieses Prinzip ist aus Fällen maritimer Unternehmungen hervorgegangen und besagt, daß es zwar trotz eines Wechsels in den Umständen physisch möglich bleiben kann, mit einem bestimmten Unternehmen fortzufahren, dies aber wirtschaftlich derartig impraktikabel ist, daß umsichtige Geschäftsleute das Unternehmen für beendet erklären würden. Diese wirtschaftliche Impraktikabilität kann zum einen aus den Kosten resultieren, welche so gewaltig wären, daß auch im Falle der Durchführung der Verlust „total" wäre. Dies ist als das Konzept des „constructive total loss" bekannt[20]. Die „frustration of adventure" kann zum anderen auch aufgrund einer langen Verzögerung erfolgen[21]. In *Jackson v. Union Marine Insurance Co.* wurde die Verzögerung von der Jury als so lang betrachtet, daß die wirtschaftliche Spekulation, welche Schiffseigentümer und Charterer eingegangen waren, im wirtschaftlichen Sinne beendet worden war[22].

Alle diese Fälle folgen einer anderen Präzedenzlinie als *Taylor v. Caldwell* und die Argumente haben einen „definite maritime flavour"[23], welches ihre Klassifikation als zweite Quelle der „frustration" Regeln rechtfertigt.

---

[18] So zum Beispiel durch den Verlust eines essentiellen Attributes: in *Nickoll v. Ashton* [1901] 2 KB 126 hörte der Dampfer *Orlando* aufgrund seiner Strandung auf, ein Frachter („cargo-carrying ship") zu sein. In *Robinson v. Davison* (1871) LR 6 Ex 269 sollte eine Mrs Davison an einem bestimmten Abend ein Klavierkonzert geben, wurde aber durch Krankheit daran gehindert. Mrs Davison existierte zwar weiterhin als Frau, aufgrund der Krankheit aber nicht mehr als klavierspielende Frau.

[19] *Krell v. Henry* [1903] 2 KB 740, einer der „Krönungszugfälle"

[20] *Moss v. Smith* (1859) 9 CB 94, 103

[21] *Freeman v. Taylor* (1831) 10 LJCP 26, 28; *Geipel v. Smith* (1872) LR 7 QB 404

[22] (1874) LR 10 CP 125. Die Verzögerung von 8 Monaten hätte aus einer Frühlingsfahrt eine Herbstfahrt gemacht und sich somit schon aufgrund der Witterungsbedingungen als völlig anders dargestellt.

[23] McNair, *op. cit.*, S. 165

III. Fusion

Die Fusion beider Linien fand während der Zeit des ersten Weltkriegs statt, als Lord Loreburn erklärte, daß der Ausdruck „frustration of adventure" das generelle Prinzip des „discharge of contract by the operation of an implied condition" nur an eine spezielle Klasse von Fällen anpasse[24]. Dies ist, wenn man etwa *Jackson v. Union Marine Insurance* betrachtet, eine richtige Schlußfolgerung, denn dort wurde wie in *Taylor v. Caldwell* eine „condition precedent"[25] in den betreffenden Vertrag impliziert.

Die Gerichte haben sich danach geweigert, „frustration" noch weiter auszudehnen, so daß „impracticability"[26], welche in den USA im Uniform Commercial Code ausdrücklich als Befreiungsgrund erwähnt wird[27], in England bisher wohl trotz mehrerer *obiter dicta*, welche „impracticability" erwähnen[28], nicht als Entschuldigung der Leistungsverweigerung gelten kann. Obwohl „impracticability" in den USA vor allem Fälle der Unmöglichkeit umfaßt, können z.B. auch Preissteigerungen um das zwölffache eine Partei vom Vertrag befreien[29]. Andere Beispiele sind extreme Rohstoffverknappungen aufgrund eines Embargos oder Krieges oder die Vernichtung einer Ernte[30]. Die Ablehnung, welche die „impracticability" in England erfahren hat, erklärt sich vermutlich aus der Furcht vor einer Aufweichung der strengen „frustration" Kriterien. So betonte etwa Lord Simon im House of Lords daß

---

[24] *F. A. Tamplin Steamship Co. v. Anglo-Mexican Petroleum Products Co. Ltd.* [1916] 2 AC 397, 404

[25] D.h. das weitere Bestehen eines bestimmten Zustandes ist für die Vertragserfüllung unerläßlich.

[26] Dieser Begriff umfaßt mehr als die oben angesprochene „commercial doctrine of frustration of adventure".

[27] UCC s.2-615. Darunter fallen „außergewöhnliche und unzumutbare Schwierigkeiten, Ausgaben, Unfälle oder Verluste" für eine der Parteien: Restatement 2d, *Contracts*, § 261 Comment d.

[28] Z.B. *Horlock v. Beal* [1916] AC 486, 492; *Nile Co. for the Export of Agricultural Crops v. H. & J. M. Bennett (Commodities) Ltd.* [1986] 1 Lloyd's Rep. 555, 581

[29] *Mineral Park v. Howard* 172 Cal. 289, 156 P 458 (1916)

[30] Calamari and Perillo, *Contracts*, § 13-8

> „...a wholly abnormal rise or fall in prices, a sudden depreciation of currency, an unexpected obstacle to execution, or the like...[do] not in [themselves] affect the bargain which [the parties] have made."[31]

Lord Roskill sprach die Warnung aus, daß die „doctrine of frustration"

> „...[is] not lightly to be invoked to relieve contracting parties of the normal consequences of imprudent commercial bargains."[32]

Nachdem also „frustration" in England zunächst eine Blüteperiode erlebt hatte, in welcher ihre Anwendungsmöglichkeiten stark erweitert wurden, haben die Gerichte ihr gegenüber während des größten Teil dieses Jahrhunderts deutliche Zurückhaltung bewiesen, was sich an der geringen Zahl von Fällen verdeutlicht, die etwa aus dem 2. Weltkrieg, den beiden Suezkrisen und der Energiekrise von 1973 hervorgegangen sind[33]. Gründe dafür könnten sowohl die Besorgnis der Gerichte sein, es könnte einer Partei irgendwann möglich sein, durch „frustration" einem „bad bargain" zu entkommen, als auch die Erkenntnis, daß eine völlige Auflösung des Vertrages nicht in jedem Falle seinem unveränderten Bestand vorzuziehen ist. Die englischen Gerichte scheinen bis heute der Meinung zu sein, daß ausdrückliche vertragliche Vorkehrungen oder spezielle gesetzliche Maßnahmen in Krisenzeiten genügen, um die notwendige Vertragsgerechtigkeit zu gewährleisten[34].

Allerdings findet „frustration" auch heute weiterhin auf Fälle Anwendung, in denen die Leistung tatsächlich unmöglich wird, wie z.B. in einer Reihe von Fällen, die sich aus dem ersten Golfkrieg zwischen Iran und Irak aufgrund der Schließung des Schatt-al Arab Wasserweges ergaben[35].

---

[31] *British Movietonews Ltd. v. London and District Cinemas* [1952] AC 166, 185

[32] *Pioneer Shipping Ltd. v. BTP Tioxide, The Nema* [1982] AC 724, 752

[33] Treitel, *The Law of Contract.*, S. 780 f.

[34] Z.B. *Courts (Emergency Powers) Acts 1917* und *1943* sowie *Liabilities (War Time Adjustments) Acts 1941* und *1944*. Diese Vorschriften waren zum einen mit Verträgen beschäftigt, welche etwa durch die Nichtverfügbarkeit von Baumaterialien beeinflußt wurden, und hatten zum anderen die Zahlungsunfähigkeit einer Partei unter einem Vertrag zum Gegenstand. Die Gerichte hatten den Gesetzen zufolge die Möglichkeit, die Verpflichtungen einer Partei zu suspendieren oder zu beenden, nicht aber, sie an die Umstände anzupassen.

[35] *The Agathon* [1982] 2 Lloyd's Rep. 211; *The Evia (No. 2)* [1983] 1 AC 736; *The Chrysalis* [1983] 1 Lloyd's Rep. 503; *The Wenjiang (No. 2)* [1983] 1 Lloyd's Rep. 400. Hinsichtlich der Probleme, welche in diesen Fällen vor allem hinsichtlich der Bestimmung des Zeitpunktes der „frustration" aufgetreten sind, siehe Hibbitts, (1985) 16 Journal of Maritime Law and Commer-

B. Theorien

Über die Jahre ist eine Reihe von verschiedenen Theorien über die theoretische oder juristische Basis der „doctrine of frustration" aufgestellt worden. Dabei geht es um die Frage, ob die Auflösung des Vertrages ihren Grund in den mutmaßlichen Absichten der Parteien hat oder in dem davon weitgehend unabhängigen Versuch der Gerichte, eine angemessene und gerechte Lösung für das eingetretene Problem zu finden.[36]

I. Implied Term

Die chronologisch erste Theorie war die des „implied term", welche darauf abstellt, daß der Vertrag selbst seine Auflösung bei Eintritt des betreffenden Ereignisses impliziert[37]. Diese Ansicht fiel in eine Zeit, als die Vorstellungen vom Vertrag als Instrument der Privatautonomie und vom „freedom of contract" besonders stark waren. Es war daher wichtig, daß das Recht nur das ausführte, was die Parteien selbst, wenn auch unbewußt, tun wollten.[38] Darstellungen der Theorie finden sich z.B. in *F. A. Tamplin Steamship Co.*[39], *Bank Line v. Arthur Capel & Co.*[40], *Hirji Mulji v. Cheong Yue Steamship Co.*[41] und in *In re Badische Co.*[42]. Sie bezieht ihre Rechtfertigung aus der Tatsache, daß es einem Gericht nicht freisteht, Parteien einfach vom Vertrag zu entbinden, und daß es die Auflösung daher mit den mutmaßlichen (gemeinsamen) Absichten der Parteien, welche sich aus den ausdrücklichen Vertragsbedingungen, seinem Zweck und seinen Umständen sowie den gemeinsamen Interessen der Parteien ergeben, rechtfertigen muß[43]. Daß dieser „implied term" nicht einer ausdrücklichen Klausel des Vertrages zu-

---

ce, 441, und Howard, *Frustration and Shipping Law*, p. 115 in: McKendrick (ed.), Force Majeure and Frustration of Contract.

[36]Cheshire, Fifoot and Furmston, *The Law of Contract*, S.584

[37]*Taylor v. Caldwell*

[38]*Hirji Mulji v. Cheong Yue SS Co. Ltd.*[1916] AC 497, 504

[39][1916] 2 AC auf S. 403, *per* Lord Loreburn

[40][1919] AC 435, 455, *per* Lord Sumner

[41][1926] AC 497, 510, *per* Lord Sumner

[42][1921] 2 Ch 331, 379, *per* Russell J.

[43]Die Absichten der Parteien sind auf objektive Weise zu suchen; das Gericht orientiert sich daher an den Reaktionen vernünftiger Personen, ohne auf die individuellen Vertragsparteien und ihre Interessen einzugehen: *Hirji Mulji v. Cheong Yue SS Co Ltd* [1926] AC 497, 510. Vgl. auch Smith, [1994] 110 LQR 400, 402.

wider laufen darf, versteht sich von selbst, da im Falle einer Regelung durch den Vertrag die „doctrine of frustration“ gar nicht zur Anwendung kommt.

Es ist natürlich klar, daß die Parteien häufig bezüglich der Folgen eines „frustrating events“ sehr unterschiedliche Vorstellungen haben, da der Nachteil, der einer Partei aus der Situation erwächst, für die andere oft einen Vorteil bedeutet. Selbst wenn sie sich einigen könnten, so dürfte doch die völlige, bedingungslose Entlassung aus dem Vertrag nur sehr selten die von beiden Seiten angestrebte Lösung sein; viel wahrscheinlicher wären Vorbehalte, Einschränkungen oder Kompensationen der einen oder anderen Partei[44]. In *Ocean Tramp Tankers Association v. V/O Sovfracht, The Eugenia*[45] sagte Lord Denning MR daher mit einiger Berechtigung daß

> „...the theory of the implied term has now been discarded by everyone, or nearly everyone, for the simple reason that it does not represent the truth“.[46]

Die Theorie ist somit heutzutage diskreditiert worden.

II. Disappearance of the foundation of the contract

Diese Theorie wurde von Lord Haldane folgendermaßen ausgedrückt:

> „When people enter into a contract which is dependent for the possibility of performance on the continued availability of a specific thing, and that availability comes to an end by reason of circumstances beyond the control of the parties, the contract is *prima facie* regarded as dissolved...Although the words of the stipulation may be such that the mere letter would describe what has occurred, the occurrence itself may yet be of a character and extent so sweeping that the foundation of what the parties are deemed to have had in contemplation has disappeared, and the contract itself has vanished with that foundation.“[47]

Diese Passage zeigt zum einen, daß die Brauchbarkeit dieser Theorie vor allem im Bereich der Verträge liegt, die für ihre Erfüllung auf die fortwährende Existenz einer bestimmten Sache angewiesen sind. Wenn dies nicht der Fall ist, wird die Feststellung, was das Fundament eines bestimmten Vertrages ist, häufig ebenso spekulativen Charakter haben wie das Einfügen eines „implied term“; beide sind auf die gerichtliche Auslegung des Vertrages und auf die Implizierung einer

---

[44] Lord Wright in *Denny, Mott & Dickson v. James B. Fraser* [1944] AC 265, 275

[45] [1964] 2 QB 226

[46] Auf S. 238

[47] *Tamplin Steamship v. Anglo-Mexican Petroleum Products* [1916] 2 AC 397, 406

Klausel in denselben angewiesen. Einer weit verbreiteten Meinung zufolge fand zwischen beiden Theorien eine Vereinigung statt[48].

Aus der Rede wird deutlich, daß die Gerichte in bestimmten Fällen Vertragsklauseln ignorieren können, welche ihrem Wortlaut nach die Folgen des eingetretenen Ereignisses regeln, wenn das Ereignis selbst so umstürzlerisch und von solch fundamentalem Ausmaß ist, daß die Vertragsparteien bei Abschluß des Vertrages (vermutlich) überhaupt nicht beabsichtigt haben, er solle auch in der tatsächlich eingetretenen Situation weiterbestehen. Beispiele finden sich etwa in Verträgen, die vor Eintritt des ersten Weltkriegs geschlossen wurden und eine Kriegsklausel enthielten. Da der Krieg dann aber vorher nie gekannte oder erwartete Ausmaße annahm, wurden sie dennoch in einigen Fällen von ihren Vertragspflichten entbunden[49].

III. Just Solution

Diese Theorie sieht „frustration“ als

> „...a device by which the rules as to absolute contracts are reconciled with a special exception which justice demands.“[50]

Das Gericht erreicht durch die Doktrin ein „gerechtes und angemessenes Resultat“[51]; allerdings ist es dem Gericht im „common law“ nicht möglich, die erlittenen Verluste „gerecht“ zu verteilen; der Vertrag wird lediglich aufgelöst und jede Partei muß ihre eigenen Verluste tragen[52]. Der Grund für das gelegentliche Abgehen vom „absolute contract“ wird bei dieser Theorie also lediglich vage mit den Erfordernissen der Gerechtigkeit umschrieben. Klar ist nur, daß nach dieser

---

[48]Treitel, *op. cit.*, S. 832 f., erwähnt in der neuesten Ausgabe seines Buches nur noch eine Theorie des „implied term“. Für eine historische Darstellung der Fusion siehe McNair, *Legal Effects of War*, S.173 ff.; McNair, [1940] 56 LQR 173, 178-179. Siehe auch Lord Loreburn in *Tamplin Steamship*, 404, der sprachlich beide Theorien miteinander vermischt. Gegenteilig anscheinend Lord Simon in *Joseph Constantine SS Line v. Imperial Smelting Corpn. Ltd* [1942] AC 154, 171.

[49]Z.B. *Naylor Benzon & Co. Ltd. v. Krainische Industriegesellschaft* [1918] 1 KB 331, 340, *per* McCardie J.

[50]Lord Sumner in *Hirji Mulji v. Cheong Yue SS* [1926] AC 497, 510

[51]Lord Wright in *Joseph Constantine SS Line Ltd. v. Imperial Smelting Corp. Ltd.* [1942] AC 154, 186

[52]Siehe etwa *Chandler v. Webster* [1904] 1 KB 49. Cf. die Position unter dem *Law Reform (Frustrated Contracts) Act 1943.*

Sicht das Gericht in der Ausübung seiner Jurisdiktion nicht auf die Fiktion des „implied term" angewiesen ist[53]. Allerdings sah Lord Wright „frustration" in einer anderen Entscheidung als ein Instrument an, mit dem das Gericht einem unvollständigen Vertrag in der Weise einen Sinn gibt, wie die Parteien dies fairer- und vernünftigerweise getan hätten[54], was wiederum die Theorie des „implied term" darstellt.

Was im Einzelfall von der Gerechtigkeit erfordert wird, muß durch die Feststellung der Absichten der Parteien[55] bei Vertragsabschluß ermittelt werden, was durch die Auslegung des Vertrages geschieht. Der „implied term", der auf den angeblichen Absichten der Parteien basiert, ist natürlich eine Fiktion, denn was das Gericht in Wirklichkeit tut, ist, den Vertrag gemäß dem, was es selber in einer bestimmten Situation für angemessen und gerecht hält, entweder für „frustrated" zu erklären oder ihn aufrechtzuerhalten. Was die Parteien selbst als Individuen in der entsprechenden Situation vereinbart hätten, ist dabei irrelevant, was auch bei Lord Wright zum Ausdruck kommt[56].

Die Theorie der „just solution" bedeutet nicht, daß die Gerichte das ihrer Meinung nach Gerechte immer schon dann tun können, wenn ein Wechsel in den Umständen für eine Partei Härten mit sich bringt[57], und es steht einem Gericht im „common law" auch nicht frei, die absoluten, wortwörtlichen Bedingungen eines Versprechens um der Gerechtigkeit und „reasonableness" willen einzuschränken[58].

---

[53]Lord Wright in *Denny, Mott and Dickson v. James B. Fraser* [1944] AC 265, 274

[54]*Fibrosa Spolka Akcyjna v. Fairbairn Lawson Combe Barbour Ltd.* [1943] AC 32, 70

[55]Allerdings sind ihre einseitigen Motive hiervon ausgenommen.

[56]*Fibrosa Spolka Akcyjna v. Fairbairn Lawson Combe Barbour Ltd.*

[57]Treitel, *op. cit.*, S. 833

[58]*British Movietonews v. London and District Cinemas* [1952] AC 166. Das House of Lords wies hier eine dergestalte radikale neue Theorie Lord Dennings im CA, [1951] 1 KB 190, 202, zurück, welcher auf diesem Wege anscheinend eine gerichtliche Anpassungsbefugnis zu rechtfertigen suchte. Schottische Gerichte sehen sich im Gegensatz zu englischen anscheinend in der Lage, in den Vertrag einzugreifen, um ihn zu retten: siehe Dawson, *Judicial Revision of Frustrated Contracts*, S. 91.

IV. Failure of Consideration

Diese Theorie wird häufig in den USA vertreten[59], um die Entlassung beider Parteien aus dem Vertrag in Fällen zu erklären, in denen die Leistung nur einer der beiden Parteien unmöglich wird. In England wird dies mit der „frustration of the common object of the parties“ umschrieben[60]. Die Theorie der „failure of consideration“ wurde im House of Lords abgelehnt[61], da „frustration“ nicht nur aufgrund einer „total failure of consideration“, sondern auch in den Fällen der sogenannten „partial destruction“ oder nach Teilerfüllung eintreten kann, d.h. wenn die Leistung nicht völlig unmöglich oder zerstört bzw. erst nach teilweiser Erfüllung die restliche Leistung unmöglich wird, womit der Gläubiger einen Teil der „consideration“ erhalten hat.

V. Construction

Die heutzutage gängige und anerkannte Theorie ist die der „construction of contract“. Dies kann man der Tatsache zuschreiben, daß alle bisher besprochenen Theorien (außer der letzten, die jedoch diskreditiert worden ist) im Endeffekt auf die Auslegung des Vertrages angewiesen sind und diese Theorie daher am besten erklärt, was die Gerichte eigentlich tun, wenn sie einen Vertrag für „frustrated“ erklären: sie versuchen, herauszufinden, welches „the true meaning of the contract“[62] ist.

Die beste Definition dieser Theorie stammt von Lord Radcliffe:

> „By this time it might seem that the parties themselves have become so far disembodied spirits that their actual persons should be allowed to rest in peace. In their place there rises the figure of the fair and reasonable man. And the spokesman of the fair and reasonable man, who represents after all no more than the anthropomorphic conception of justice, is and must be the court itself. So perhaps it would be simpler to say...that frustration occurs whenever the law recognises that without default of either party a contractual obligation has become incapable of being performed because the circumstances in which performance is called for would render it a thing radically different from that which was undertaken by the contract. *Non haec in foedera veni.*[63] It was not this that I promised to do.“[64]

---

[59] *Earn Line SS Co. v. Sutherland SS Co. Ltd.* 254 F. 126, 131 (1918); Restatement 2d, *Contracts*, Introductory Note Chapter 11, S. 310

[60] *Hirji Mulji v. Cheong Yue SS* [1926] AC 497, 510, *per* Lord Sumner

[61] *National Carriers Ltd. v. Panalpina (Northern) Ltd.* [1981] AC 675, 687, 702

[62] Lord Loreburn in *Tamplin Steamship* [1916] AC 397, 404

Durch die Auslegung des Vertrages wird also ermittelt, welche Leistung dem Vertrag nach zu erbringen ist, und falls diese sich aufgrund der veränderten Umstände nun radikal anders gestalten würde, d.h. eine andere als die vom Vertrag geforderte wäre, ist der Vertrag „frustrated". „Fairness" und „reasonableness" in einer bestimmten Situation werden vom Gericht bestimmt.

Voraussetzungen für „frustration" sind allerdings, daß die Ereignisse, welche die Veränderungen hervorrufen, von keiner Seite verschuldet sind[65], und daß die Leistung nicht nur schwerer oder teurer geworden ist, denn

> „...it is not hardship or inconvenience or material loss itself which calls the principle of frustration into play. There must be as well such a change in the significance of the obligation that the thing undertaken would, if performed, be a different thing from that contracted for."[66]

Es ist demnach nicht das Ereignis selbst, welches „frustration" hervorruft, sondern erst sein Einfluß auf die Vertragserfüllung, die dadurch grundlegend verändert würde.

In der bisher letzten umfassenden gerichtlichen Darstellung der „doctrine of frustration", welche in *The Super Servant Two*[67]zum Ausdruck kam, nannte Bingham LJ. fünf grundlegende Prinzipien, die von der höchsten Autorität, also dem House of Lords, aufgestellt worden seien[68]:

1. Die Doktrin wurde entwickelt, um die Strenge der common law Regeln hinsichtlich des „absolute contracts" zu mildern[69] und den Anforderungen von Gerechtigkeit, Fairness und „reasonableness" zu genügen[70];

---

[63]Dieser Satz stammt aus *Aeneid*, Buch IV, Zeilen 338,339: *nec conjugis umquam / praetendi taedas aut haec in foedera veni* . Aeneas sagt Dido beim Abschied, daß er ihr nie die Heirat versprach.

[64]*Davis Contractors v. Fareham UDC* [1956] AC 696, 728-729. Diese Definition wurde vom House of Lords in *National Carriers v. Panalpina* [1981] AC 675 und *The Nema* [1981] 2 Lloyd's Rep. 239 bestätigt und genießt daher Präzedenzwirkung.

[65]Vermutlich ist es im Falle eines Verschuldens heute der Fall, daß sich allein die Partei, welche die Veränderung verschuldet hat, nicht darauf berufen kann: siehe Treitel, *op. cit.*, S. 817 f.

[66]*Davis Contractors*, S.729, *per* Lord Radcliffe

[67][1990] 1 Lloyd's Rep 1. Siehe auch den Kommentar von McKendrick, [1990] LMCLQ1 53.

[68]Auf S. 8

2. Da der Effekt der Doktrin das „Töten" des Vertrages und die Befreiung der Parteien von allen weiteren Pflichten ist, muß sie engen Limitationen unterliegen und sollte nicht erweitert werden[71];

3. „Frustration" beendet den Vertrag vom Zeitpunkt ihres Eintritts an, ohne zusätzliche Bedingungen und automatisch[72];

4. Sie kann nicht aufgrund des Tuns oder der Wahl der Partei eintreten, die sich darauf beruft[73], und muß ihre Ursache in einem äußeren Ereignis oder Wechsel der Umstände haben[74];

5. Dieses Ereignis muß ohne die Schuld oder den Fehler der Partei eintreten, die sich darauf beruft[75].

Diese umfassende Analyse der Doktrin ist die jüngste, ist allerdings nicht ohne Kritik geblieben.[76]

VI. Akademische Theorien

1. Posner/Rosenfield und der „superior risk bearer"

Aus den USA stammt eine ökonomisch ausgelegte Theorie der „impossibility", welche von einem „superior risk bearer" ausgeht, d.h. derjenigen Partei, welche

---

[69] *Hirji Mulji v. Cheong Yue SS* [1926] AC 497, 510, *per* Lord Sumner; *Denny, Mott and Dickson v. James B. Fraser* [1944] AC 265, 275, *per* Lord Wright; *Joseph Constantine SS v. Imperial Smelting Corp.* [1942] AC 154, 171

[70] *Hirji Mulji*, S. 510; *Joseph Constantine SS*, Ss. 183, 193; *National Carriers v. Panalpina* [1981] AC 675, 701

[71] *Bank Line v. Arthur Capel* [1919] AC 435, 459; *Davis Contractors v. Fareham UDC* [1956] AC 696, Ss. 715, 727; *The Nema* [1982] AC 724, 752

[72] *Hirji Mulji*, Ss. 505, 509; *Maritime National Fish v. Ocean Trawlers* [1935] AC 524, 527; *Joseph Constantine Steamship*, Ss. 163,170, 171, 187, 200; *Denny Mott and Dickson*, S. 274

[73] *Hirji Mulji*, S. 510; *Maritime National Fish*, S. 530; *Joseph Constantine SS*, S. 170; *Denny Mott and Dickson*, S. 274; *Davis Contractors*, S. 728

[74] *The Hannah Blumenthal* [1983] 1 AC 854, 909

[75] *Bank Line*, S. 452; *Joseph Constantine SS*, S. 171; *Davis Contractors*, S. 729; *The Hannah Blumenthal*, Ss. 882, 909

[76] Für eine Kritik an Bingham LJ.'s fünf Punkten siehe McKendrick, *Frustration and Force Majeure*, S. 33, 37 ff., in: McKendrick (ed.), Force Majeure and Frustration of Contracts.

in einer bestimmten Situation das (nicht zugeordnete) Risiko besser zu tragen imstande ist[77]. Dies kann entweder deshalb der Fall sein, weil diese Person in einer besseren Position ist, das Eintreten des Risikos von vornherein zu verhindern[78], oder (unabhängig hiervon) weil sie sich besser dagegen versichern kann. Die Theorie soll die Rechtssicherheit verbessern, indem die Zuordnung des Risikos außergewöhnlicher Ereignisse *ex ante* bestimmt wird, anstatt die dadurch entstandenen Verluste *ex post* zu verteilen.

Das Risikomaß, welches für die Versicherungskosten entscheidend ist, wird als das Produkt der Wahrscheinlichkeit der Risikomaterialisierung und der Größe des dann eintretenden Verlustes angegeben. Versicherungen können entweder auf dem Markt gekauft werden, oder selbst durch die Diversifikation des Risikos vorgenommen werden, d.h. daß das Risiko mit anderen unsicheren Ereignissen in einem „pool" vereint wird, wodurch das Gesamtrisiko sich verringert[79]. Im Idealfall wäre der „superior risk bearer" diejenige Partei, welche sowohl die Wahrscheinlichkeit des Eintritts des betreffenden Risikos als auch die damit verbundenen Verluste besser einschätzen kann. Sie kann dann entscheiden, ob sie die Kosten einer Versicherung tragen will oder nicht.

Bei der Entscheidung, einen Vertrag aufzulösen oder nicht, nimmt das Gericht immer eine Risikoverteilung vor, d.h. eine der Parteien bekommt das Risiko des Eintritts des betreffenden Ereignisses zugesprochen. Posner und Rosenfield schlagen vor, daß dies immer nach dem Gesichtspunkt des „superior risk bearer" geschehen sollte, welcher, wie oben erwähnt, nach den Kriterien der Vermeidbarkeit des Ereignisses sowie den jeweiligen Versicherungskosten der Parteien (inklusive der etwaigen Möglichkeit, sich selbst zu versichern) in Bezug auf das Ereignis bestimmt wird. Wenn die Parameter in entgegengesetzte Richtungen weisen, wird auf ihre relative empirische Bedeutung verwiesen, d.h. daß z.B. möglicherweise eine der Parteien die Wahrscheinlichkeit des Risikoeintritts genauso gut bestimmen kann wie die andere, nicht aber die damit verbundenen Verluste. Der Partei, welche die Verluste besser einzuschätzen vermochte, würde dann das Risiko aufgebürdet. Da die Unvermeidbarkeit eines potentiellen „frustrating event" häufig gar nicht in Frage steht, ist es vermutlich die Frage nach dem effizienteren Versicherer, welche bei dieser Theorie den Ausschlag gäbe; es

---

[77]Posner & Rosenfield, 6 JLS 83 (1977)

[78]Was, wie bereits gesehen, auch für „self-induced frustration" von Bedeutung ist.

[79]So könnten die damit verbundenen Kosten z.B. zwischen vielen Verträgen verteilt werden. Auch Versicherungsgesellschaften „poolen" z.B. bei Lebensversicherungen die Sterberisiken ihrer vielen Versicherten; durch das diversifizierte Portfolio von Lebenserwartungen versichern sie sich selbst.

scheint, daß sich zumindest in den USA Gerichte schon mit dieser Frage beschäftigt haben[80].

Ein Resultat der ökonomischen Analyse ist, daß die leistungspflichtige Partei meistens als „superior risk bearer" zu sehen ist, wodurch die Zurückhaltung der Gerichte mit der Auflösung von Verträgen und die Behandlung der Entlassung aus dem Vertrag als selten zu gewährende Entschuldigung ihre wirtschaftliche Rechtfertigung erfährt.

2. Collins und „fairness"

Collins hat in England eine Theorie der „Fairness" in Bezug sowohl auf den Vertragsabschluß als auch auf die spätere Entlassung der Parteien aus dem Vertrag aufgestellt[81]. Er geht dabei von einer Situation aus, in der die Vertragsbedingungen zur Zeit des Vertragsabschlusses fair waren, durch einen nachträglichen Wechsel in den Umständen und Marktverhältnissen jedoch unfair werden, so daß die Gerichte daher den Vertrag aufgrund von Fairneßüberlegungen auflösen.

Collins führt drei verschiedene Techniken gerichtlicher Vertragsauslegung auf, aufgrund derer Parteien aus dem Vertrag entlassen werden. Zum einen ist dies die Einbeziehung eines „implied term" wie in *Taylor v. Caldwell*[82], so daß der Vertrag gemäß dem hypothetischen Parteiwillen aufgelöst wird; zweitens kann die Vertragsauslegung ergeben, daß die vertragliche Risikoverteilung das eingetretene Ereignis nicht mit einschließt und er deshalb aufgelöst wird[83]; und drittens kann ein Vertrag gemeinsame fundamentale Vorstellungen der Parteien über bestimmte Tatsachen enthalten, welche sich als falsch herausstellen [84].

Da die Parteien selbst bezüglich des eingetretenen Ereignisses im Vertrag keine klaren Absichten ausdrücken, muß ein Gericht sich Collins zufolge bei der Vertragsauslegung an bestimmten Kriterien orientieren, um die hypothetischen Absichten der Parteien festzustellen. Dieser Standard soll die Fairneß im Sinne der Erhaltung des Gleichgewichts der von den Parteien im Vertrag beabsichtigten respektiven Vor- und Nachteile sein[85]. So wäre etwa die Aufrechterhaltung eines

---

[80]Z.B. *Transatlantic Financing Corpn. v. United States* 363 F, 2d 312 (D.C. Cir. 1966)

[81]Collins, *The Law of Contract*, ch. 11

[82](1863) 3 B & S 826

[83]*Davis Contractors v. Fareham UDC* [1956] AC 696

[84]Siehe z.B. *Krell v. Henry* [1903] 2 KB 740.

Vertrages im Angesicht unverschuldeten Unmöglichwerdens der Leistung dem Leistungsschuldner gegenüber „unfair“. Die Bestimmung von Fairness beinhaltet auch eine Berücksichtigung der wirtschaftlichen „sophistication“ der Parteien und ihrer Ressourcen, da in einem solchen Fall weit eher erwartet werden kann, daß sie alle möglichen Risiken im Vertrag berücksichtigten[86]. Abhilfe ist dann nur in Ausnahmsfällen zu gewähren.

Allerdings gibt Collins zu, daß ein Gericht selten die Vertragsbedingungen aufgrund von Fairneß verändere; eine allgemeine Anpassungsbefugnis existiert nicht. Dies erschiene ihm aber ohnehin als unklug, da die Parteien viel besser wissen, unter welchen Bedingungen sie ihre Beziehungen wieder aufnehmen können und wollen. Daher ist ihm zufolge lediglich ein überzeugender Anreiz zu Neuverhandlungen vonnöten (hauptsächlich für die durch das Ereignis bevorteilte Partei, wie etwa in *Grist v. Bailey*), welcher durch die begrenzte Möglichkeit der Vertragsauflösung bei einer „frustration“ gegeben sei.

Ob die Gerichte tatsächlich Überlegungen hinsichtlich Fairneß in die „frustration“ Lehre miteinbeziehen, ist nicht klar. Ihre Uneinigkeit hinsichtlich der theoretischen Grundlage der Lehre, welche der Konstanz der praktischen Anwendung keinen Abbruch getan hat, zeigt aber, daß sich die Gerichte wohl doch von einem derartigen fundamentalen Gedanken der Vertragsgerechtigkeit leiten lassen, welcher in den Urteilen so nicht zum Ausdruck kommt.

C. Anwendungen

Es ist schwierig, eine Klassifizierung aller Fälle, in denen „frustration“ eintreten kann, vorzunehmen. Man kann jedoch gewisse Unterscheidungen vornehmen. Zum einen gibt es die Fälle, in denen Lord Radcliffes „radical change of circumstances without the default of the parties“ die Vertragserfüllung unmöglich macht. Diese lassen sich wiederum unterteilen in die Fälle der Unmöglichkeit

---

[85]Collins, *op. cit.*, S. 278

[86]Collins unterscheidet auf diese Weise *Amalgamated Investment and Property Co Ltd v. John Walker & Sons Ltd* [1977] 1 WLR 164, CA von *Grist v. Bailey* [1967] Ch 532. Im ersten Fall weigerte sich das Gericht, den Käufer eines Hauses, welches kurz nach Kauf zu einem Gebäude von speziellem architektonischen und historischen Interesse erklärt wurde, vom Vertrag zu befreien, obwohl auf diese Weise der bezahlte Kaufpreis um etwa das siebenfache zu hoch war. Im zweiten Fall hingegen wurde der Verkäufer vom Vertrag befreit, da er fälschlicherweise angenommen hatte, daß das Grundstück von einem gesetzlich geschützten Mieter besetzt sei, was den Kaufpreis heruntertrieb (die Befreiung vom Vertrag erfolgte unter dem Vorbehalt, daß er einen neuen Vertrag zu üblichen Marktbedingungen anböte). Der entscheidende Unterschied scheint zu sein, daß der Käufer im ersten Fall eine kommerzielle Gesellschaft war, der Verkäufer in letzterem aber ein normaler, relativ naiver Hausbesitzer war.

(durch Zerstörung bzw. fehlende Existenz der Sache oder Person oder durch Verzögerung) und die sehr seltene „frustration of purpose". Auf der anderen Seite gehören die Fälle der „supervening illegality" in eine gesonderte Kategorie. Auch Verträge über den Verkauf und die Vermietung von Grundbesitz sind zu unterscheiden, da es bei ihnen bis in jüngere Zeit umstritten war, ob sie überhaupt einer „frustration" anheim fallen können.

I. *Prospective Frustration*

Zunächst muß erwähnt werden, daß „frustration" auch im voraus möglich ist, d.h. daß die notwendige Störung des Vertrages noch gar nicht eingetreten ist, dies aber aufgrund außergewöhnlicher Ereignisse aller Voraussicht nach der Fall sein wird. Die (voraussichtlichen) Auswirkungen der Ereignisse müssen in einem solchen Fall dann bei ihrem Eintritt festgestellt werden, denn „rights should not be left indefinitely in suspense"[87]. Um „frustration" auszulösen, muß das Ereignis dabei so beschaffen sein, daß eine vernünftige Sicht seines wahrscheinlichen Effektes die spätere „frustration" des Vertrages annehmen würde. Sobald daher eine „vernünftige wirtschaftliche Prognose"[88] erstellt werden kann, derzufolge die vermutliche Dauer oder Auswirkungen des Ereignisses eine „frustration" bewirken würden, können die Parteien sich als vom Vertrag befreit erklären., obwohl sich die Prognose später möglicherweise als falsch erweist[89].

Es kann also nötig sein, z.B. im Falle eines Streiks, eine Weile abzuwarten, bis eine „vernünftige" Person annehmen würde, daß die Ereignisse die Vertragserfüllung wahrscheinlich grundlegend stören werden[90]. Was eine „sinnvolle" oder „vernünftige" Prognose ist, bestimmt sich dabei aus dem Urteil, zu welchem ein vernünftiger Angehöriger der betreffenden Berufssparte aufgrund der bisherigen Ereignisse und der diesbezüglich vorhandenen Informationen gelangen würde.

Ob man den Vertrag sofort für frustriert erklären kann oder erst eine Weile warten muß, hängt vom Ereignis selbst und vom Vertrag ab. Vorsicht ist z.B. im Fall der Blockade eines Hafens geboten, da diese aufgrund Erfahrung durchaus nach kurzer Zeit aufgehoben werden kann[91]. Grundsätzlich läßt sich sagen, daß die Gerichte verständlicherweise bemüht sind, ein allzu schnelles Berufen der Partei-

[87] *Bank Line v. Arthur Capel* [1919] AC 435, 454

[88] *The Wenjiang (No. 2)* [1983] 1 Lloyd's Rep 400, 403

[89] *Embiricos v. Sydney Reid & Co.* [1914] 3 KB 45

[90] *The Nema* [1982] AC 724, 753

[91] *Geipel v. Smith* (1872) LR 7 QB 404, 414, *per* Blackburn J.

en auf „frustration" zu verhindern; die Rechtsprechung erlaubt es daher den Parteien in der Regel nicht, sofort nach Eintritt eines potentiellen „frustrating event" den Vertrag für beendet zu erklären[92]. Das Bestimmen der „prospective frustration" ist eine sehr vage und unsichere Angelegenheit, welche nur bei längerfristigen Schuldverhältnissen eine Rolle spielt. Die „frustration" findet statt, wenn man vernünftigerweise der Ansicht sein kann, daß die Verzögerung so lange dauern wird, daß sie zu einer ernsthaften Behinderung der Leistung avanciert (im Sinne zeitweiliger Unmöglichkeit)[93].

II. *Radical Change of Circumstances*

1. Unmöglichkeit

Unmöglichkeit kann temporärer oder endgültiger Natur sein. Zeitweilige Unmöglichkeit befreit eine Partei nur für ihre Dauer von der Pflicht, die Leistung zu erbringen[94]. Der Vertrag wird endgültig aufgelöst, wenn sich die Leistung nach Ende des Hindernisses als eine fundamental andere darstellen würde[95].

a) Permanente Nichtverfügbarkeit einer für den Vertrag grundlegenden Sache oder Person

aa) Zerstörung einer bestimmten Sache

Die Zerstörung des Vertragsgegenstandes nach Vertragsabschluß sorgt für die „frustration" des Vertrages[96]. Dabei reicht eine teilweise Zerstörung aus, solange der Hauptzweck des Vertrages dadurch vereitelt wird[97]. Gleichermaßen sorgt die Zerstörung spezifischer Güter („ascertained or specific goods") ohne Verschulden der Parteien vor Gefahrenübergang für die Auflösung des Vertrages[98].

---

[92]Bateson, (1954) BLR 173, 176

[93]*The Nema* [1982] AC 724

[94]Die während dieser Unmöglichkeit anfallende Leistungspflicht wird hierbei nicht nur suspendiert, sondern fällt endgültig weg. Selbstverständlich kann dies nicht bei Verträgen gelten, welche nur ein ultimatives Ergebnis zum Ziel haben, etwa das Bauen eines Hauses. Wenn die Leistung dort wieder möglich wird, muß sie in ihrer Gesamtheit erbracht werden.

[95]*Jackson v Union Marine Insurance Company Ltd* (1874) LR 10 CP 125

[96]*Taylor v. Caldwell* (1863) 3 B & S 826

[97]*ibid.*

[98]S. 7 *Sale of Goods Act 1979 („SGA 1979")*

„Frustration" kann auch durch die Zerstörung einer Sache, welche für die Durchführung des Vertrages unbedingt notwendig ist, eintreten, so z.B. durch die Zerstörung einer Fabrik, in der Maschinen zu installieren sind[99].

„Frustration" hängt von den Regeln über die Verteilung des Verlustrisikos ab. Bei einem „sale of goods" geht dieses Risiko normalerweise zusammen mit dem Eigentum erst bei Lieferung an den Käufer über[100]. Dies kann schon vor Lieferung geschehen, wenn der Preis bezahlt wurde, der Vertrag keine weiteren Bedingungen enthält und spezifische Güter betrifft.[101] Im Falle von Gattungsschulden kann das Risiko bei Zahlung des Preises ebenfalls schon vor Lieferung an den Käufer übergehen, wenn ihm ein noch ungetrennter Teil an einer im Vertrag definierten Masse von Gütern zusteht[102].

Nach Übergang des Risikos wird der Vertrag durch die Zerstörung des Vertragsgegenstandes nicht frustriert. Davor tritt „frustration" ein im Falle von spezifischen Gütern oder Gütern, die aus einer bestimmten Quelle stammen sollten, wenn alle Güter aus dieser Quelle zerstört wurden. Gattungsschulden bleiben hingegen grundsätzlich trotz Zerstörung der (vom Verkäufer) vorgesehenen Quelle bestehen.

In Bauverträgen trägt der Bauunternehmer das Risiko der Arbeit bis zur Vollendung des Bauwerks[103]. Allerdings wird „substantial performance" (d.h. Erfüllung des größten Teils der Schuld) heutzutage in Abwesenheit klarer, gegenteiliger Vertragsbedingungen als ausreichend gesehen, um dem Bauunternehmer zumindest das Recht auf den Erhalt eines proportionalen Teiles des Preises zu verschaffen[104].

bb) Tod oder Behinderung

Der Tod einer Partei reicht aus, um „persönliche" Verträge zu frustrieren, d.h. Verträge, in welchen es auf die Person des Erfüllenden ankommt. Darunter fallen Arbeitsverträge, Ausbildungsverträge sowie „agency" Verträge (gesetzliche Ver-

---

[99] *Appleby v. Myers* (1867) LR 2 CP 651

[100] S. 20(1) *SGA 1979*

[101] S. 18, r. 1, *SGA 1979*

[102] S. 20 A *SGA 1979*

[103] *Sumpter v. Hedges* [1898] 1 QB 673

[104] *Hoenig v. Isaacs* [1952] 2 All ER 176

treter). Wirtschaftliche Verträge können ebenfalls betroffen sein, wenn der Vertragspartner sich bei der Ausführung des Vertrages auf die persönlichen Fertigkeiten einer bestimmten Person verläßt[105].

Die permanente Behinderung einer Partei, welche ihr die Durchführung des Vertrages unmöglich macht, hat hinsichtlich „frustration" dieselbe Wirkung wie ihr Tod[106]. Genauso kann auch das Unmöglichwerden des Leistungsempfangs aufgrund Tod oder geistiger Behinderung des Gläubigers die „frustration" des Vertrages herbeiführen[107].

cc) Ausfall einer bestimmten Quelle

Der Ausfall einer für die Vertragserfüllung vorgesehenen Quelle kann zur Auflösung des Vertrages führen. Bei ausdrücklicher Erwähnung einer oder mehrerer Quellen ist dies dann der Fall, wenn alle aufgeführten Quellen ausfallen[108]. Bezieht sich der Vertrag nicht ausdrücklich auf eine bestimmte Quelle und ist eine solche lediglich von einer der Parteien als Ursprung der Erfüllungsgüter vorgesehen, kommt „frustration" bei ihrem Ausfall nicht in Frage[109]. Dies ist sogar dann der Fall, wenn die Quelle eines Verkäufers die einzig verfügbare für die betreffende Sache darstellt, solange dies dem Käufer nicht bekannt war[110]. Es handelt sich hier um einseitig gebliebene Motive oder Absichten, welche nicht Bestandteil des Vertrages sind und daher vom Recht nicht für schützenswert erachtet werden. Damit der Ausfall von Quellen eine „frustration" bewirken kann, müssen die Parteien sich darüber einig geworden sein, daß die Güter nur aus bestimmten Quellen stammen sollten.

Bleibt es möglich, die Vertragsgüter aus anderen Quellen zu beziehen, ist der Verkäufer dazu grundsätzlich verpflichtet, es sei denn, ein solcher Versuch seinerseits und seitens anderer Verkäufer in ähnlicher Lage würde die Preise auf ein unerhörtes Niveau treiben[111].

---

[105] *Stubbs v. Holywell Railway Co.* (1867) LR 2 Ex 311, *Condor v. Barron Knights Ltd.* [1966] 1 WLR 87

[106] Z.B. *Notcutt v. Universal Equipment Co. (London) Ltd.* [1986] 3 All ER 582

[107] *Parker v. Arthur Murray Inc.*, 295 N.E. 2d. 487 (1973)

[108] *Howell v. Coupland* (1876) 1 QBD 258

[109] *Blackburn Bobbin Co Ltd v. T.W. Allen Ltd* [1918] 2 KB 467

[110] *Intertradex SA v. Lesieur-Tourteaux SARL* [1978] 2 Lloyd's Rep 509

[111] *Tradax Export SA v. André & Cie* [1976] 1 Lloyd's Rep 416, 423

Die schwierigsten Fälle sind die, in denen beide Parteien sich dieselbe Quelle vorstellen, dies aber nicht im Vertrag ausdrücken. Wenn eine gemeinsame Absicht, daß die Sachen nur aus dieser Quelle bezogen werden sollten, evident ist, wird diese vom Gericht bei der Vertragsauslegung im Wege einer „implied reference" berücksichtigt[112]. Nicht geklärt ist allerdings die Situation, wo beide Parteien eine bestimmte Quelle für die Erfüllung lediglich in Erwägung ziehen, aber nicht klar ist, daß ausschließlich diese Quelle in Frage kommt. In *Lipton Ltd v. Ford* führte der teilweise Ausfall einer solchen Quelle zur teilweisen Befreiung des Verkäufers von seiner Verpflichtung [113]. In *In re Badische Co*[114] wurde ein Vertrag über die Lieferung von Chemikalien, welche beide Parteien aus Deutschland zu beziehen gedachten, aufgrund des ersten Weltkrieges frustriert, wobei in diesem Fall aber auch das Verbot des „trading with the enemy" eine Rolle spielte.

Wenn es bei einem bestimmten wirtschaftlichen Vertrag im betreffenden Geschäftskreis üblich ist, sich mit *force majeure*-Klauseln z.B. für den Fall eines Ausfuhrverbots zu schützen, dürfte das Fehlen einer solchen Klausel es dem Verkäufer schwer machen, die „frustration" des Vertrages durch Ausfall einer bestimmten Quelle glaubwürdig darzulegen, da ihm dann das Ausfallsrisiko obliegen würde. Allerdings kann man aufgrund des Mangels an gerichtlichen Entscheidungen über dieses Gebiet nur spekulieren.

Der Teilausfall einer im Vertrag ausdrücklich bestimmten Quelle hat drei Folgen.

Erstens wird der Verkäufer aufgrund von „frustration" von der Leistung befreit. Dies war in *Howell v. Coupland*[115] der Fall. Dort sah der Vertrag den Verkauf von 200 Tonnen Kartoffeln vor, welche von einem bestimmten Stück Land stammen sollten. Auf diesem Land wuchsen aber aufgrund Krankheitsbefalls lediglich 80 Tonnen, welche der Verkäufer auch freiwillig lieferte. Obwohl dies aus der Begründung des Court of Appeal nicht deutlich wird, sah Blackburn J. in erster Instanz im High Court die Befreiung des Verkäufers nur für die nicht lieferbaren 120 Tonnen als gegeben an. Der Vertrag enthielt ihm zufolge (später

---

112 *Ockerby & Co Ltd v. Murdock* (1916) 22 CLR 420

113 [1917] 2 KB 647. Dem Käufer war in diesem Falle bewußt, daß der Verkäufer den Gegenstand des Vertrages, Himbeeren, quasi als Agent von Himbeerzüchtern verkaufte, obwohl der Vertrag selbst keine bestimmte Quelle nannte. Ein Teil der Himbeeren, welche auf dem betreffenden Land gewachsen waren, wurde für den Krieg beschlagnahmt und der Verkäufer bezüglich dieses Teils von seiner Lieferpflicht entbunden.

114 [1921] 2 Ch 331

115 (1876) 1 QBD 256

vom Court of Appeal bestätigt) eine „implied condition“, daß im Falle des Untergangs der Ernte beide Parteien von der Haftung (für den untergegangenen Teil) befreit würden[116]. Die zu liefernden Kartoffeln mußten sowohl vor dem Zeitpunkt der Erfüllung existieren als auch zum für die Erfüllung vorgesehenen Zeitpunkt weiterhin physisch Bestand haben[117]. Der Vertrag war daher nicht absolut, sondern sah die Lieferung einer bestimmten Menge Kartoffeln vor, falls sie von dem hierfür bestimmten Land lieferbar waren[118]. Der Vertrag war also für seine Erfüllung von vornherein auf die mögliche Ernte der Kartoffeln angewiesen.

Zweitens muß der Verkäufer die Menge, die tatsächlich produziert wurde, liefern[119]. Dies könnte theoretisch bedeuten, daß die von den Gerichten an sich abgelehnte „partial frustration“[120] eines Vertrages doch möglich ist; andererseits handelt es sich hier um eine spezielle Art von Verträgen, und die ausdrückliche und ausschließliche Erwähnung einer bestimmten Quelle im Vertrag scheint hier von den Gerichten dahingehend interpretiert zu werden, daß der Verkäufer verpflichtet ist, bis zu der im Vertrag bestimmten Obergrenze[121] aus dieser Quelle zu liefern. Ist ihm dies unverschuldeterweise unmöglich, so muß er nur das liefern, was produziert wurde.

Drittens ist der Käufer in derartigen Fällen nicht verpflichtet, eine geringere Menge als die vertraglich festgelegte zu akzeptieren[122].

Probleme können sich im Falle einer Vielzahl vom Verkäufer abgeschlossener Verträge ergeben, wenn eine für die Erfüllung designierte Quelle zuwenig produziert, um alle Verträge befriedigen zu können. Dies könnte vier mögliche Folgen nach sich ziehen.

116(1874) LR 9 QB 462, 465-466

117(1876) 1 QBD 256, 261, *per* Lord Coleridge CJ. Diese Ausdrucksweise erinnert an die von Blackburn J. in *Taylor v. Caldwell* und zeigt, wie dies Blackburn J. auch ausdrücklich sagte, an, daß das Gericht den Fall als einen von „frustration" ansieht.

118(1876) 1 QBD 256, 261, *per* Lord Coleridge CJ.

119*H.R. and S.Sainsbury Ltd. v. Street* [1972] 1 WLR 834, 837, *per* MacKenna J.

120Siehe z.B. Kerr J. in *Kawasaki Steel Corpn. v. Sardoil S p a* [1977] 2 Lloyd's Rep. 552, 555.

121*Sainsbury v. Street*, S. 836

122 S. 30 (1), *Sale of Goods Act 1979*

Erstens könnten alle Verträge frustriert sein. Diese Möglichkeit wurde von den Gerichten nie in Betracht gezogen, da der Verkäufer aufgrund der Knappheit der Güter dann mit neuen Verträgen einen unverdienten Gewinn machen könnte.

Zweitens könnte er einige Verträge seiner Wahl erfüllen und den anderen Käufern aufgrund einer „self-induced frustration" auf Schadensersatz haften[123].

Drittens könnte er nach rechtlichen Prinzipien (z.B. chronologische Reihenfolge) so viele Verträge wie möglich erfüllen, woraufhin die übrigen frustriert wären[124].

Viertens wäre eine *pro rata* Erfüllung der Verträge denkbar, d.h. die tatsächlich vorhandene Warenmenge wird so auf die Abnehmer verteilt, daß jeder den ihm im Vergleich zum Ganzen zustehenden Prozentsatz erhält. Die *pro rata* Erfüllung kam in Fällen, in denen die Leistungsbefreiung des Verkäufers nicht auf „frustration", sondern auf einer ausdrücklichen Klausel im Vertrag (z.B. *force majeure*) gründete, schon öfters zur Anwendung[125]. Worauf es in allen diesen Fällen grundsätzlich ankam, war eine „reasonable allocation" der vorhandenen Güter, welche sich zwar meistens, aber nicht immer in einer *pro rata* Verteilung ausdrücken mußte.[126] Ob ein solches Verteilungsprinzip allerdings auch bei „frustration" einen Platz hat, ist aufgrund der damit einhergehenden Modifizierung der Verträge durch die Verteilung fraglich, da „frustration" grundsätzlich nur die Auflösung des Vertrages vorsieht[127]. Die Erfüllung der Verträge der chronologischen Reihenfolge ihrer Abschlüsse nach scheint daher zumindest bei „frustration" die Lösung zu sein, welche Gerichte vorziehen würden[128].

---

[123] *The Super Servant Two* [1990] 1 Lloyd's Rep 1

[124] Siehe z.B. *Tennants (Lancashire) Ltd. v. C.S. Wilson & Co Ltd* [1917] AC 495. In der Praxis scheinen derartige Prinzipien von den Gerichten aber noch nicht angewendet worden zu sein.

[125] Hudson, [1968] 31 MLR 535, 543, führt die auffallende Seltenheit englischer „frustration" Fälle auf diesem Gebiet auf die generelle Verwendung von *force majeure*-Klauseln zurück. In den USA, wo dem Problem mehr Aufmerksamkeit von seiten der Rechtsprechung geschenkt wurde, ist die *pro rata* Verteilung bei „frustration" anerkannt: Hudson, *op. cit.*, 536.

[126] *Bremer Handelsgesellschaft mbH v. Continental Grain Co.* [1983] 1 Lloyd's Rep 269, 293

[127] *The Super Servant Two* [1989] 1 Lloyd's Rep 148, 158

[128] Und wird auch durch *The Super Servant Two* nicht strikt verneint, da der Schuldner dort die Auflösung des chronologisch früheren Vertrages suchte. Trotzdem ist es möglich, daß ein Gericht bezüglich nicht erfüllter Verträge auf „self-induced frustration" entscheiden würde, obwohl dies an sich dem Gerechtigkeitsgefühl zuwiderlaufen würde.

dd) Unmöglichkeit der Erfüllungsmethode

Wenn ein Vertrag für seine Erfüllung ausschließlich eine bestimmte Methode vorsieht, z.B. das Verschiffen von Waren auf einem bestimmten Schiff, und dies dann etwa durch den Untergang des Schiffes unmöglich wird, ist er frustriert[129]. Wenn diese Art der Erfüllung allerdings lediglich die vorgesehene, nicht aber die ausschließliche ist, kommt es darauf an, ob eine alternative verfügbare Methode sich grundlegend hiervon unterscheiden würde; dies dürfte nach den Entscheidungen, welche sich mit den Suezkanalschließungen 1956 und 1967 befaßten, nur äußerst selten der Fall sein.

In *Tsakiroglou & Co. Ltd. v. Noblee Thorl GmbH*[130] befand das Gericht, daß die Beförderung von Nüssen um das Kap der Guten Hoffnung, welche die zweieinhalbfache Zeit und die doppelten Kosten beansprucht hätte, sich nicht grundlegend von der durch den Suezkanal unterscheide. In einem anderen Fall wurde die Länge einer Reise aufgrund der Schließung des Kanals verdoppelt[131]; trotzdem stieß die Behauptung, der Vertrag sei frustriert worden, auf taube Richterohren. Allerdings war ein von den Parteien zuvor bestelltes Schiedsgericht zu derselben Auffassung wie das Gericht gekommen. Die kaufmännische Sicht scheint daher dahin zu gehen, daß ein Vertrag über die Verfrachtung nicht verderblicher Waren grundsätzlich immer zu erfüllen ist, wenn der Vertrag selbst nicht ausdrücklich eine bestimmte Route spezifiziert[132]. Bei leicht verderblichen Gütern könnte „frustration" aufgrund der Schließung des Kanals und der damit einher gehenden Verlängerung der Transportzeit vermutlich eher eintreten, da die Übergabe von verdorbenen Gütern den Vertrag seines Sinns berauben würde.

Auch der Versuch, die Suezroute als „gewöhnliche und übliche" Route darzustellen und sich so auf „frustration" zu berufen, war nicht erfolgreich, da der Zeitpunkt, an dem die „gewöhnliche Route" zu bestimmen ist, derjenige der Vertragserfüllung ist und nicht der des Vertragsabschlusses[133]. Grundsätzlich hielt der Court of Appeal es für unmöglich, aus den Verträgen eine Klausel herauszulesen, daß die Verschiffung über den Suezkanal erfolgen müsse. Allerdings waren alle diese Verträge c.i.f. Verträge, in welchen das Gericht nicht nach einem

---

[129] *Nickoll & Knight v. Ashton, Edridge & Co.* [1901] 2 KB 126

[130] [1962] AC 93

[131] *Palmco Shipping Co. v. Continental Ore Corpn.* [1970] 2 Lloyd's Rep 21

[132] Note, [1959] 75 LQR 156, 158; anderer Ansicht Whincup, *Contracts all at Sea*, (1985) NLJ 77, 87.

[133] *Carapanayoti & Co Ltd v. E.T. Green Ltd* [1960] 2 WLR 869, at 882

Wechsel in der Position des Schiffseigentümers, sondern der der Parteien des c.i.f. Vertrages fragte[134]. Ist der in Frage gestellte Vertrag hingegen eine „charterparty", ist die Route von zentraler Bedeutung, was die „frustration" des Vertrages in *Société Franco-Tunisienne D'Armement v. Sidermar*[135] erklären mag. Im Endeffekt war jedoch keiner der vorgebrachten Fälle, welche sich aus den Suezkrisen ergaben, erfolgreich, was sich aber nicht immer nur für den Schiffseigentümer negativ auswirkte[136]. Für eine „frustration" wäre in einer solchen Situation wohl ein extremer Fall wie das Verschiffen verderblicher Waren von Port Sudan nach Alexandria notwendig[137]. Ohnehin ist es seit der ersten Schließung des Suezkanals im Jahre 1956 üblich, ausdrückliche „Suezklauseln" in Frachtverträge mit aufzunehmen, welche für den Fall einer Sperrung des Kanals und der dadurch erzwungenen Verschiffung um das Kap der Guten Hoffnung eine Erhöhung der zu zahlenden Frachtkosten vorsehen[138].

Sieht der Vertrag selbst alternative Erfüllungsmethoden vor, kann eine „frustration" aufgrund des Unmöglichwerdens einer oder mehrerer der vorgesehenen Methoden nicht zustande kommen solange mindestens eine Alternative übrig bleibt[139].

b) Verzögerung

Dies bedeutet, daß eine Sache oder Person, welche für die Durchführung des Vertrages von grundlegender Bedeutung ist, anders als aufgrund von Zerstörung oder körperlicher Behinderung nicht verfügbar ist. Die Nichtverfügbarkeit ist also nicht permanenter, sondern nur temporärer Natur. Dies kann z.B. in Kriegszeiten durch die Requisition eines Schiffes[140] oder das Internieren einer Person[141] geschehen. Trotz des vorübergehenden Charakters der Nichtverfügbarkeit ist der Vertrag „frustrated", wenn der Erfüllungszeitpunkt „of the essence" ist, der Ver-

---

[134]Sellers LJ. in *Tsakiroglou* [1960] 2 WLR 869, 876

[135][1960] 3 WLR 701. Allerdings wurde das Urteil in der Berufung wieder aufgehoben: *The Massalia* [1961] 2 QB 278.

[136]Siehe z.B. *The Eugenia* [1964] 2 QB 226.

[137]Treitel, *op. cit.*, S. 792

[138]Siehe z.B. *Achille Lauro v. Total Societa Italiana per Azioni* [1969] 2 Lloyd's Rep 65 und *D I Henry Ltd v Wilhelm G Clasen* [1973] Lloyd's Rep 159.

[139]*The Furness Bridge* [1977] 2 Lloyd's Rep 367

[140]*Bank Line v. Arthur Capel* [1919] AC 435

[141]*Horlock v. Beal* [1916] 1 AC 486

trag also mit dessen Einhaltung steht oder fällt. So kann z.B. eine zeitweilige Krankheit, welche einer Partei das Spielen eines Konzerts an dem hierfür vorgesehenen Tag unmöglich macht, die „frustration" des Vertrages bewirken[142].

Ist der vorgesehene Leistungszeitpunkt nicht „of the essence"[143], kann trotzdem „frustration" eintreten, wenn die Leistung zu einem späteren Zeitpunkt „radically different" von der ursprünglich vorgesehenen wäre[144]. Die gleiche Situation kann auch dann entstehen, wenn überhaupt kein Zeitpunkt für die Erfüllung bestimmt ist[145]. Grundsätzlich muß dann innerhalb einer „reasonable time" geleistet werden, welche sich entsprechend der Verzögerung verlängert, solange den Schuldner hieran kein Verschulden trifft, er also nicht fahrlässig oder „unreasonable" handelt[146]. „Frustration" und die damit einhergehende automatische Vertragsauflösung tritt dann ein, wenn die spätere Erfüllung ihrer Natur nach eine radikal andere wäre[147].

Der Wechsel in den Umständen kann z.B. durch andere Marktbedingungen oder das Ende der Saison für eine bestimmte Frucht begründet sein. Langzeitverträge werfen ein anderes Problem auf. Hier läßt sich die verlorene Leistung nicht nachholen, aber der Vertrag kann oft noch wenigstens teilweise erfüllt werden (oder ist schon teilweise erfüllt worden). Das Gericht muß hier oft spekulieren, ob die Relation, in welcher die Unterbrechung des Vertrages vermutlich zur Vertragslaufzeit insgesamt stehen würde, ausreicht, um eine „frustration" zu begründen. In *Tamplin SS v. Anglo-Mexican Petroleum*[148] hatte ein fünfjähriger Chartervertrag zum Zeitpunkt der Requisition des Schiffes für die Zwecke des 1. Weltkriegs im Jahre 1915 noch eine Laufzeit von zwei Jahren vor sich. In diesem Fall lag das House of Lords falsch, als es eine „frustration" des Vertrages aufgrund der

---

[142] *Robinson v. Davison* (1871) LR 6 Ex 269

[143] Durch Mahnung des Schuldners nach dem Gläubiger unzumutbarer Verzögerung ("unreasonable delay") kann sie dazu gemacht werden: Halsbury, *Laws of England,* 4th edition (reissue) Butterworths 1998, Vol. 9 (1), para. 1935.

[144] *Davis Contractors v. Fareham UDC* [1956] AC 696; *Metropolitan Water Board v. Dick Kerr & Co.* [1918] AC 119

[145] *Jackson v. Union Marine Insurance* (1874) LR 10 CP 125; *Bank Line v. Arthur Capel* [1919] AC 435

[146] *Hick v. Raymond Reid* [1893] AC 22, 29, *per* Lord Herschell, and 32, *per* Lord Watson

[147] Für eine Kritik an der automatischen Vertragsauflösung in Verzögerungsfällen siehe Stannard, *Frustrating Delay,* [1983] 46 MLR 738, 744 ff. Gegen eine derartige Rechtsfolge auch Aubrey, [1963] 12 ICLQ 1165, 1188.

[148] [1916] 2 AC 397

„vielen Monate, die das Schiff vor Vertragsende vermutlich noch zur Verfügung stehen würde“ (wegen des antizipierten baldigen Endes des 1. Weltkriegs), ablehnte. Grundsätzlich läßt sich sagen, daß je größer die Unterbrechung in Relation zur Vertragslaufzeit ist, es desto wahrscheinlicher wird, daß der Vertrag frustriert ist. In der Folge werden einige Beispiele für eine derartige „frustration“ aufgeführt.
In *The Nema*[149] konnten wegen eines Streiks nur zwei der vorgesehenen sechs oder sieben Seereisen durchgeführt werden. In *Countess of Warwick SS v. Le Nickel SA*[150] machte die Requisition des Schiffes nach Ablauf von sechs Monaten bei einem einjährigen Chartervertrag seine weitere Nutzbarkeit vor Vertragsende unwahrscheinlich. In *Morgan v. Manser*[151] fiel der 1938 geschlossene zehnjährige Vertrag eines Managers aufgrund seiner Einberufung in die Armee 1940, als eine Demobilisierung auf lange Zeit nicht absehbar war, der „frustration“ zum Opfer.

Eine Verzögerung in der Leistungserfüllung kann auch durch das vorübergehende Ausbleiben von Materiallieferungen begründet sein. In dem Falle gilt es zu beachten, was oben über den Ausfall von Quellen gesagt wurde. Die Beachtlichkeit derartiger Verzögerungen hängt also zunächst davon ab, daß die fragliche Quelle tatsächlich die für die Erfüllung vorgesehene darstellt.

c) Ereignisse, welche sich nur auf die Leistung einer Seite auswirken

In einigen Fällen behindern außergewöhnliche Ereignisse nur die Leistung einer Partei. Schon in *Taylor v. Caldwell*[152] konnten die Kläger ihre vom Vertrag geforderte Leistung, nämlich die Zahlung der vereinbarten Miete, natürlich weiterhin erbringen. Allerdings wäre dies aufgrund der „frustration of the common object“[153] der Parteien sinnlos gewesen, und somit wurden auch die Kläger aus dem Vertrag entlassen. Obwohl die Parteien sich von dem Vertrag unterschiedliche Gewinne versprechen, verfolgen sie dieser Meinung zufolge doch ein gemeinsames Ziel, in diesem Falle, daß die Musikhalle den Klägern zur Verfügung gestellt würde. Als dies praktisch unmöglich wurde, entließ die dadurch begründete „frustration“ des Vertrages beide Parteien aus dem Vertrag.

---

[149][1982] AC 724

[150][1918] 1 KB 372

[151][1948] 1 KB 184

[152](1863) 3 B & S 826

[153]*Hirji Mulji v. Cheong Yue SS* [1926] AC 497, 507, *per* Lord Sumner

2. Frustration of Purpose

„Frustration of purpose" wird, im Gegensatz zu den bisher besprochenen Fällen, normalerweise vom Gläubiger geltend gemacht. Er behauptet, daß infolge des eingetretenen Wechsels der Umstände der Wert der vertraglichen Leistung für ihn so gering geworden ist, daß er den vereinbarten Preis dafür nicht mehr zahlen müsse und der Vertrag frustriert sei, obwohl man von Unmöglichkeit im eigentlichen Sinne nicht sprechen kann.

Das Prinzip wurde in einem der Krönungsfälle, *Krell v. Henry*[154], vom Gericht aufgestellt. In diesem Fall hatte der Beklagte an den für die Prozessionen vorgesehenen Tagen (nicht aber Nächten) eine Wohnung gemietet, um die Umzüge von dort zu betrachten. Dieser Zweck wurde im Vertrag allerdings nicht ausdrücklich erwähnt. Aus Zeugenaussagen wurde jedoch deutlich, daß die Vermietung des Zimmers aufgrund eines vom Kläger aufgestellten Schildes, er habe Fenster für einen guten Ausblick auf die Prozessionen zu vermieten, zustande kam. Die Absage der Prozessionen wegen Krankheit des Monarchen bewirkte daher eine „total failure of consideration"[155]; das Stattfinden der Prozessionen war grundlegender Bestandteil des Vertrages, welcher nicht einfach das Vermieten von Räumen, sondern das Vermieten von Räumen zum Zwecke der Betrachtung der Prozessionen zum Gegenstand hatte. Dieser Vertragszweck war beiden Parteien in diesem Fall gemeinsam[156].

Im Gegensatz hierzu wurde der Vertrag in *Herne Bay Steamboat Co. v. Hutton*[157] nicht als „frustrated" angesehen. Der Vertrag hatte die Miete eines Bootes für einen bestimmten Tag zum Gegenstand. Die zwei angegebenen Gründe für die Miete waren die Inspektion der Flotte durch den König, welche wegen dessen Krankheit ausfiel, und eine Tagesfahrt rund um die Flotte, welche noch möglich war und anscheinend von vielen Leuten an diesem Tag genossen wurde. Man kann also hier nicht von einer „total failure of consideration" sprechen; der Vertrag, welcher einfach als Vertrag für die Miete eines Bootes ausgelegt wurde, blieb trotz der Vereitelung eines der Motive des Mieters bestehen. Es ließ sich in *Herne Bay Steamboat* im Gegensatz zu *Krell v. Henry* nicht sagen, daß beide

---

[154] [1903] 2 KB 740

[155] McElroy and Williams, [1941] 4 MLR 241, 247-249

[156] Der „purpose" beider Parteien muß „frustrated" sein: *The Siboen and the Sibotre* [1976] 1 Lloyd's Rep 293.

[157] [1903] 2 KB 683

Parteien die Beobachtung der Flotteninspektion als gemeinsamen Vertragszweck verfolgten.

„Frustration of purpose" wird von den Gerichten nur höchst selten erlaubt. Notwendig ist hierfür das Unmöglichwerden eines fundamentalen Vertragszwecks; dies wird meistens schon dadurch ausgeschlossen, daß viele Verträge mehr als einen Zweck haben. Das Unmöglichwerden eines dieser Zwecke schließt dann das Erreichen der anderen nicht aus[158] und der Vertrag bleibt bestehen, wenn diese anderen Zwecke nicht nur trivial und nebensächlich sind[159].

Die Schwierigkeit, „frustration of purpose" glaubhaft zu machen, wird im Fall der *Amalgamated Investment & Property Co Ltd v. John Walker & Son Ltd*[160] deutlich, in welchem ein Grundstück mit Gebäuden zwecks deren Sanierung gekauft wurden. Unbemerkt von beiden Parteien wurden die Gebäude als von speziellem architektonischem oder historischen Wert eingestuft, womit die Sanierung praktisch unmöglich wurde und der Wert des Grundbesitzes auf £200.000 fiel - im Gegensatz zum vertraglichen Kaufpreis von über £1.700.000. Trotzdem wurde der Vertrag aufrecht erhalten. Das Gericht sah nicht als erwiesen an, daß die Sanierung der Gebäude einen fundamentalen Vertragszweck darstellte, welcher nun zunichte gemacht worden war.

Der Grund für diese Zurückhaltung der Gerichte liegt in der Gefahr, daß es einer Partei mit Hilfe dieses Prinzips zu leicht fallen könnte, von einem Vertrag loszukommen, der sich für sie lediglich als schlechtes Geschäft herausgestellt hat. Diese Gefahr ist es auch, die in England bisher die Einführung der „impracticability" als auslösende Ursache einer „frustration" verhindert hat. Englische Gerichte stufen die „certainty" und „sanctity" von Verträgen im Vergleich zur Vertragsgerechtigkeit als wichtiger ein als amerikanische, welche „impracticability" anerkennen.

Um mit „frustration of purpose" erfolgreich zu sein, muß erstens ein gemeinsamer Zweck der Parteien glaubhaft gemacht werden und zweitens muß dieser für den Vertrag selbst so grundlegend sein, daß dieser bei Nichterreichung des angestrebten Ziels praktisch aller Grundlage beraubt würde, also fast völlig wertlos würde. Eine „basic, though tacit assumption, on which the parties had contrac-

[158] Siehe z.B. *Leiston Gas Co v. Leiston-cum-Sizewell UDC* [1916] 2 KB 428.

[159] *Leiston Gas Co*, S. 433

[160] [1977] 1 WLR 164

ted“[161] muß durch die Intervention des außergewöhnlichen Ereignisses zunichte gemacht werden.

III. *Illegality*

Das nachträgliche Verbot der vom Vertrag geforderten Leistung muß gesondert betrachtet werden. In den bisher erwähnten Fällen wurde das Instrument der „frustration“ eingesetzt, um so eine gerechte Verlustverteilung zu erreichen, und dadurch die Interessen der beiden Parteien zu wahren. Bei der Illegalität einer Handlung muß aber als zusätzlicher Faktor das übergeordnete öffentliche Interesse an der Einhaltung von Gesetzen beachtet werden, welches die Parteiinteressen zur Nebensache machen kann.

Zu beachten ist, daß die Vornahme der Leistungshandlung auch ohne Gesetzeshandlungen illegal werden kann, z.B. durch das Ausbrechen eines Krieges oder die Besetzung eines Territoriums durch den Feind[162]. Zu unterscheiden sind hiervon Aktionen des Staates, welche die Durchführung eines Vertrages zwar nicht illegal, aber unmöglich machen. In *Baily v. De Crespigny*[163] baute eine Eisenbahngesellschaft auf dem Land, daß sie aufgrund der Vollmacht, welche ihr durch ein Statut verliehen worden war, gekauft hatte, entgegen einem „restrictive covenant“[164] eine Eisenbahnstation. Die Beschwerde des Klägers, welche sich auf den „restrictive covenant“ stützte, wurde abgewiesen, da dieser der „frustration“ anheim gefallen war.

Die wichtigste Gruppe der „illegality“, welche in jedem Falle zur „frustration“ des Vertrages führt, ist die des „trading with the enemy“, also des Handels mit dem Feind. Das öffentliche Interesse an einem derartigen Verbot ergibt sich zum einen aus der Gefährlichkeit jedweden Umganges mit einem feindlichen Land oder dort befindlichen Personen sowie zum anderen aus der Notwendigkeit, alles zu unterlassen, was die Ressourcen des Feindes vermehren bzw. die des eigenen Landes verringern würde[165]. Selbst die Vorhersehbarkeit des Konfliktes oder ei-

---

161 *Sir Lindsay Parkinson Ltd v. Commissioners of Works* [1949] 2 KB 632, 665

162 *Fibrosa Spolka Akcyjna v. Fairbairn Lawson Combe Barbour Ltd* [1943] AC 32

163 (1869) LR 4 QB 180

164 Diese sind einklagbare Restriktionen bezüglich der Verwendung von Grundstücken, welche zugunsten von Nachbargrundstücken eingegangen werden.

165 *Ertel Bieber* [1918] AC 260, 274, *per* Lord Dunedin, der sich auf die klassischen Fälle *The Hoop* (1799) 1 C. Rob. 196, *Furtado v. Rogers* (1802) 3 Bos. & P. 191 und *Esposito v. Bowden* (1857) 7 El. & Bl. 763 bezieht.

ne ausdrückliche Klausel im Vertrag bezüglich seines Weiterbestehens in einer derartigen Situation reichen nicht aus, um seine „frustration“ zu verhindern.

Im Falle anderer Verbote tritt die „frustration“ eines Vertrages hingegen nur ein, wenn die Aktion, welche später verboten wurde, vom Vertrag tatsächlich ausdrücklich und ausschließlich verlangt wird (und nicht nur vom Schuldner zwecks Erfüllung beabsichtigt war, selbst wenn dies dem Gläubiger bekannt war)[166] und er sich somit nicht auf eine andere Art und Weise erfüllen läßt, und wenn der Vertrag nicht für den Fall dieser Illegalität eine „exemption clause“ zugunsten des Schuldners enthält. Wenn etwa zum Zeitpunkt des Vertragsabschlusses eine Lizenz für die Durchführung des Vertrages erforderlich ist und diese später dem Schuldner verweigert wird, ist die „frustration“ des Vertrages nur in dem Falle möglich, daß derartige Lizenzen auf Antrag immer verliehen wurden, dies sich durch einen nachträglichen Wechsel in der Politik aber geändert hat[167].

Bei einem teilweisem Verbot der Vertragsausführung kommt es darauf an, ob der Hauptzweck des Vertrages hiervon betroffen ist. In *Denny Mott and Dickson v. James B. Fraser*[168] hatten die Parteien eine langwährende Übereinkunft über den Verkauf von Bauholz geschlossen. Um dessen Durchführung zu ermöglichen, sollte der Käufer dem Verkäufer ein Holzlager vermieten. Als der Handel mit dem betreffenden Bauholz verboten wurde, entschied das Gericht, daß damit auch der Vertrag inklusive der Vermietung des Lagers frustriert war, da der Hauptzweck des Vertrages in eben diesem Handel bestanden hatte. Im Gegensatz hierzu brachten in *Cricklewood Property Investment Trust Ltd v. Leighton's Investment Trust Ltd*[169] vorübergehende Baubeschränkungen während des Krieges nicht die „frustration“ eines 99 Jahre langen Baumietvertrages mit sich, da voraussichtlich nach der Aufhebung der Beschränkungen noch eine Menge Zeit zum Bauen zur Verfügung stehen würde.

Auch wenn der Vertrag aufgrund der zeitlichen Begrenzung des betreffenden Verbots nicht „frustrated“ ist, so entschuldigt die „illegality“ doch seine Nicht-

---

[166]„...the frustrated expectations and intentions of one party to a contract do not necessarily, or even usually, lead to the frustration of that contract“: *Congimex Companhia Geral SARL v. Tradax Export SA* [1983] 1 Lloyd's Rep 250, 253.

[167]*Maritime National Fish v. Ocean Trawlers* [1935] AC 524; *C. Czarnikow Ltd. v. Centrala Handlu Zagranicznego "Rolimpex"* [1979] AC 351, 372

[168][1944] AC 265

[169][1945] AC 221

durchführung während der Dauer des Verbots[170]. Das Gleiche sollte bei Illegalität einer subsidiären Obligation des Vertrages der Fall sein, wenn dies auch in *Eyre v. Johnson*[171] vom Gericht anders gesehen wurde. Es ist allerdings fraglich, ob dieser Fall, in welchem es um einen Mietvertrag ging, heute genauso entschieden würde. Der Mieter wurde dort zur Leistung von Schadensersatz verurteilt, da er einer im Vertrag enthaltenen Reparaturverpflichtung nicht nachgekommen war. Nach Vertragsschluß verhängte Kriegsverordnungen hatten derartige Arbeiten verboten. Ein Teil des Mietvertrages wurde somit illegal und das Gericht hätte ihn an sich für die Dauer dieses Verbotes von der Reparaturpflicht befreien, die anderen Vertragsbestimmungen aber aufrechterhalten müssen[172].

IV. *Verträge über die Vermietung und den Verkauf von Grundbesitz*

1. Mietverträge („Leases")

Bis zu der Entscheidung des House of Lords in *National Carriers Ltd v. Panalpina (Northern) Ltd.*[173] herrschte in England die Auffassung, daß Verträge über das Vermieten von Grundbesitz nicht frustriert werden könnten, da diese einen sogenannten „legal estate" ins Leben riefen, welcher in dem ausschließlichen Besitzrecht des Mieters inklusive aller damit verbundenen Rechte und Pflichten für die Dauer des Vertrages bestand; dieses Recht galt als eigentlicher Gegenstand des Vertrages, welcher auch durch nachträgliche Ereignisse, welche es dem Mie-ter verwehrten, hieraus irgendwelchen Nutzen zu ziehen, nicht zunichte gemacht wurde[174]. Der „lease" als solcher ist daher sowohl als Vertrag als auch als Eigentumsübertragung zu sehen und schafft dadurch auf der einen Seite Rechte *in personam* und auf der anderen Rechte *in rem*. Der „lease" mußte allerdings immer schon von den Fällen der sogenannten „licence to occupy", also einer Lizenz, das Land für eine gewisse Zeit zu besetzen, unterschieden werden, da *Taylor v. Caldwell*[175] und *Krell v. Henry*[176] eindeutig belegten, daß „frustration" bei der-

---

170 *Libyan Arab Foreign Bank v. Bankers Trust Co.* [1989] QB 728, 772

171 [1946] KB 481

172 Treitel, *op. cit.*, S. 802

173 [1981] AC 675

174 Siehe *Whitehall Court Ltd v.* Ettlinger [1920] 1 KB 680 (Requisition durch die Regierung), *Matthey v. Curling* [1922] 2 AC 180 (Zerstörung durch Feuer), *Redmond v. Dainton* [1920] 2 KB 256 (Zerstörung durch den Feind).

175 (1863) 3 B & S 826

176 [1903] 2 KB 740

artigen Verträgen möglich war. Die Unterscheidung zwischen „leases" und „licenses to occupy" ist jedoch nicht immer leicht zu treffen, da auch viele „leases" nur zu einem bestimmten Nutzungszweck abgeschlossen werden. Die alte Auffassung ist daher insofern überholt, als sie dieser kommerziellen Realität nicht gerecht wird; einem Mieter ist der „legal estate" manchmal völlig gleichgültig.

In *National Carriers*[177] entschied das House of Lords, daß auch „leases" der „frustration" anheim fallen können, obwohl dies selten der Fall sein wird. Dies liegt daran, daß es in vielen Fällen tatsächlich in der Absicht der Parteien liegt, den „estate" mit allen Rechten und Risiken zu transferieren, obwohl dies rechtlich gesehen nicht notwendigerweise so ist. Da ein „lease" zudem auch ein Vertrag ist und aufgrund der notwendigen Einheitlichkeit des Vertragsrecht kein Vertragstyp von der „doctrine of frustration" ausgeschlossen werden sollte, muß beim „lease" zumindest die Möglichkeit ihrer Anwendung bestehen[178]. Am wahrscheinlichsten wird es dazu kommen, wenn der „lease" nur für eine kurze Zeit und zu einem bestimmten Zweck abgeschlossen wurde[179].

2. *Verkauf von Land*

Auch bei einem Landverkauf ist die „frustration" des Vertrages möglich, wenn auch in sehr begrenztem Ausmaß. Obwohl das Land normalerweise der auf ihm gebauten Häuser wegen gekauft wird, frustriert deren Zerstörung in der Zeit zwischen Vertragsabschluß und Übereignung des Landes nämlich nicht den Kaufvertrag. Der Käufer trägt von Vertragsabschluß an das Risiko bezüglich des Anwesens und muß daher auch im Falle ihrer Zerstörung den vollen Kaufpreis zahlen[180]. Allerdings genießt er den Schutz der Versicherung des Verkäufers[181]. Da diese allerdings nicht notwendigerweise ausreicht bzw. s. 47 *LPA 1925* im Kaufvertrag häufig ausgeschlossen wird[182], schließt der Käufer oft seine eigene Versicherung ab, welche vom Vertragsabschluß an gilt. Um nicht den Versicherungen den gesamten Nutzen dieser Regel zu bescheren, wird im Vertrag oft ausdrücklich vermerkt, daß der Verkäufer bis zur Übereignung das Risiko trägt und

---

[177] [1981] AC 675

[178] Cheshire/Fifoot/Furmston, *op. cit,* S. 596, Fn. 139

[179] Treitel, *op. cit.*, S. 807, nennt als Beispiel die Vermietung eines Ferienhauses für einen Monat, wobei das Haus noch vor Beziehen durch den Mieter abbrennt.

[180] *Paine v. Meller* (1801) 6 Ves. 349

[181] S. 47 *Law of Property Act 1925*

[182] Condition 5.1.4 Law Society's Standard Conditions of Sale (1995)

daß entweder der Käufer ein Recht des Rücktritts vom Vertrage hat, wenn er seinen Zweck nicht mehr erreichen kann, oder der Verkäufer im Falle der Zerstörung, wenn er keine Planungserlaubnis zum Wiederaufbau bekommen kann[183].

Auch wenn die Gebäude erst noch gebaut werden müssen, kann der Vertrag frustriert werden, wenn z.B. die Verzögerung in der Fertigstellung der Gebäude, welche durch widrige Ereignisse wie etwa Erdrutsche verursacht wird, die Vertragserfüllung (z.B. Verkauf einer Wohnung) radikal anders gestalten würde, z.B. aufgrund wechselnder Marktbedingungen[184].

V. Inflation

Inflation ist traditionell nicht ausreichend, um die „frustration" eines Vertrages herbeizuführen. Dies gilt aufgrund des Nominalprinzips zumindest grundsätzlich dann, wenn der Vertrag selbst hinsichtlich inflationären Auswirkungen keine Vorkehrungen trifft, denn

> „In England we have always looked on a pound as a pound, whatever its international value..."[185]

Der Verkäufer trüge demnach das Risiko der Geldentwertung. Allerdings hat sich das zwanzigste Jahrhundert inzwischen zur Ära der Inflation entwickelt, und die Gerichte haben, mit dem Problem der Dauerinflation konfrontiert, ihren Standpunkt seit der obigen Äußerung etwas modifiziert. So kam Lord Denning später zu der Auffassung, daß

> „[sterling] was a stable currency which had no equal. Things are different now. Sterling floats in the wind. It changes like a weathercock with every gust that blows. So do other currencies. This change compels us to think again."[186]

Dennoch halten sich die Gerichte weiter zurück, da es den Parteien freisteht, im Vertrag selbst gegen den Wertverlust Vorsorge zu treffen.

In Abwesenheit von Anpassungsklauseln wird grundsätzlich der Verkäufer das Risiko des Wertverlustes tragen. Formulierungen wie Lord Radcliffes

---

[183] Conditions 5.1.1.-5.1.4., Law Society's Standard Conditions of Sale (1995)

[184] *Wong Lai Ying v. Chinachem Investment Co.* (1979) 13 Build LR 81

[185] *Treseder-Griffin v. Co-operative Insurance Ltd* [1956] 2 QB 127, 144, *per* Denning LJ.

[186] *Schorsch Meier GmbH v. Hennin* [1974] 3 WLR 823, 828

„...even so, it is not hardship or inconvenience or material loss itself which calls the principle of frustration into play. There must be as well such a change in the significance of the obligation that the thing undertaken would, if performed, be a different thing from that contracted for."[187]

machen deutlich, daß Inflation grundsätzlich nicht ausreicht, um einen genügend radikalen Wechsel der Umstände zu bewirken, welcher die Auflösung des Vertrages mit sich bringt. Ausschlaggebend für diese Haltung ist die Sorge der Gerichte, daß ein Verkäufer sich auf wirtschaftliche Schwierigkeiten und Inflation berufen könnte, um den Folgen eines für ihn schlechten Geschäfts zu entgehen, wodurch die Stabilität von Verträgen gefährdet würde[188]. Andererseits läßt Lord Radcliffes Rede offen, ob es doch Situationen geben könnte, in welchen Inflation und materielle Verluste Grund für eine „frustration" sein könnten, nämlich wenn sich dadurch die Bedeutung der Verpflichtung völlig verändert. Dies wäre bei einer Hyperinflation wie im Deutschland der zwanziger Jahre dieses Jahrhunderts wohl zu bejahen. Die Stabilität von Verträgen wäre in einer solchen Situation nicht mehr zu gewährleisten, da Vertragsbruch dann als mindestens genauso attraktiv erscheint wie die Erfüllung der Verpflichtung. Ein abrupter, hundertfacher Anstieg in den Kosten könnte vermutlich eine „frustration" herbeiführen[189].

Es ist möglich, daß ein wirtschaftlicher Umbruch allein eine „wirtschaftliche frustration" nie bewirken kann, sondern daß ein „primary frustrating event" notwendig ist[190]. Dieses Ereignis muß demnach als Auslöser der betreffenden Inflation, Preisanstiege und anderen wirtschaftlichen Schwierigkeiten fungieren. Ein derartiges Ereignis wird sich bei in Frage kommenden Inflationen aber wohl meistens finden lassen, ob in Form einer staatlichen Intervention wie z.B. einer künstlich herbeigeführten Geldentwertung, Import- bzw. Exportverboten oder auch in Form einer Naturkatastrophe, etwa eines Erdbebens, welches das finanzielle Herz eines Landes zerstört.

---

187 *Davis Contractors Ltd v. Fareham UDC* [1956] AC 696, 729

188 Vgl. auch *Wates Ltd v GLC* (1987) 25 Build LR 1, 35: „Things may have turned out differently from what the parties contemplated in that inflation increased, not at a trot or at a canter, but at a gallop. But that difference in degree or tempo was not so radical a difference from the inflation contemplated or provided for as to frustrate the contract." Allerdings betrug die fragliche Inflation nur etwa 20 bis 25%.

189 Siehe die Äußerungen Lord Dennings in *Brauer & Co (Great Britain) Ltd v James Clark (Brush Materials) Ltd* [1952] 2 All ER 497, welche allerdings anscheinend bezüglich einer *force majeure*-Klausel gemacht wurden.

190 Forte, (1986-1987) Jur Rev 1

Worauf es hierbei wieder ankommt, ist die Vorhersehbarkeit des Ereignisses. Normale schleichende Inflation ist heutzutage ein alltägliches Phänomen und ist mit großer Wahrscheinlichkeit vorhersagbar. Das vom Verkäufer übernommene Vertragsrisiko sollte daher mindestens die offiziellen Vorhersagen mit einschließen. Geht die tatsächliche Entwertung darüber hinaus, müßte es wohl auf ihren Grad ankommen. Der zu erreichende Standard für „frustration“ ist dabei sehr hoch, und es ließe sich z.B. selbst bei einer Inflation von mehr als 30 % darüber streiten, ob ein „radical change of circumstances“ vorliegt, wenn auch diese im Normalfall, natürlich abhängig von der Dauer des Vertrages, nicht vorhersehbar sein dürfte. Was jedoch klar scheint ist, daß die Gerichte einen Vertrag nicht einfach anpassen können.

Vom ökonomischen Standpunkt aus scheint es sinnvoll zu sein, die Parteien nur aus dem Vertrag zu entlassen, wenn der Preisanstieg mehr als doppelt so hoch ist wie erwartet und wenn Inflation dazu mehr als 50 % beitrug[191]. Der Grund hierfür liegt darin, daß auch andere Faktoren wie zum Beispiel voraussehbare Lieferschwierigkeiten zu einem Preisanstieg beitragen. Diese sollten zu Lasten des Schuldners gehen, welcher den Vertragspreis danach auszurichten imstande ist. Wenn jedoch mehr als die Hälfte des Anstiegs in unerwarteter, nicht voraussehbarer Inflation begründet liegt, würde eine Entlassung aus dem Vertrag unverdiente Verluste und Gewinne minimieren[192]. Es ist allerdings außerordentlich schwierig, den genauen Beitrag von Inflation zu einem bestimmten Preisanstieg zu bestimmen[193]; es ist daher zu erwarten, daß die Gerichte auch in Zukunft davor zurückscheuen werden, „wirtschaftliche frustration“ zu gewähren, solange Inflation und Preisanstiege einigermaßen den gewohnten Weg gehen.

D. Einschränkungen

„Frustration“ unterliegt einigen strikten Limitationen. Der generelle Trend des zurückhaltenden Umganges der Gerichte mit der Doktrin hat sich auch in dieser Beziehung so ausgewirkt, daß die Begrenzungen in den letzten Jahren anstatt einer Auflockerung eine eher noch enger ausgelegte Interpretation erfahren haben[194].

---

[191]Schwartz, (1976) 50 S. Cal. L. Rev. 1, 16-17

[192]Schwartz, op. cit. 16 f.

[193]Als weitere Faktoren sind z.B. wechselnde Verbrauchergeschmäcke, höhere Preise bei vergleichbaren Produkten (z.B. Butter und Margarine), etc. denkbar: Schwartz, *op. cit.*, 17

[194]Z.B. „self-induced frustration" in *Lauritzen A/S v. Wijsmuller BV, The Super Servant Two* [1990] Lloyd´s Rep 1.

I. Self-induced Frustration

Das Ereignis, welches die „frustration" verursacht, darf nicht durch das Verschulden der Parteien zustande kommen[195]. Dies wird meistens so ausgedrückt, daß eine „frustration" nicht „self-induced" sein darf. „Self-induced frustration" kann durch die Aktivitäten (oder Unterlassungen) der Partei selbst oder durch das Verhalten von jemandem, für den sie verantwortlich ist, herbeigeführt werden[196]. In der Praxis bedeutet dies, daß „frustration" in Situationen, in welchen diejenige Partei, die sich darauf beruft, vertragsbrüchig wurde, nur möglich ist, wenn die „frustration" selbst durch von der Vertragsverletzung gänzlich unabhängige Umstände verursacht wurde[197].

1. Willkürliches Verhalten einer Partei

Der Vertragsbruch einer Partei kann nicht in einer Auflösung des Vertrages durch „frustration" resultieren. Dabei ist es gleichgültig, ob der Vertragsbruch selbst das angebliche „frustrating event" darstellt, oder die „frustration" lediglich eine Folge des Vertragsbruchs darstellt, etwa wenn ein Gläubiger entgegen seiner vertraglichen Pflicht die Abnahme einer spezifischen verderblichen Ware verweigert, diese verdirbt, und er sich dann auf „frustration" beruft. „Self-induced frustration" war auch einer der Gründe für die Ablehnung der Vertragsauflösung in *The Eugenia*[198]. Der Vertrag enthielt dort eine Kriegsklausel, welche die Einfahrt in ein Kriegsgebiet verbot. Da der Suezkanal zu dieser Zeit ein Kriegsgebiet darstellte (oder sich dies zumindestens absehen ließ) und seine Sperrung durch die Versenkung von etwa 50 Schiffen das angeblich frustrierende Ereignis darstellte, wurde der Berufung auf „frustration" nicht stattgegeben.
Der Vertragsbruch braucht nur einer von mehreren relevanten Faktoren zu sein, solange ein kausaler Zusammenhang zwischen ihm und dem frustrierenden Ereignis besteht[199].

---

[195] D.h. der Partei, welche sich auf die „frustration" beruft; der anderen Partei ist es in einem solchen Fall weiterhin gestattet, „frustration" geltend zu machen: *The Super Servant Two* [1990] 1 Lloyd's Rep 1.

[196] *Bank Line v. Arthur Capel & Co.* [1919] AC 435, 452

[197] *Adelfamar SA v. Silos Mangimi Martini (The Adelfa)* [1988] 2 Lloyd's Rep 466

[198] [1969] 2 QB 226

[199] Z.B. *The Eugenia* [1964] 2 QB 226; *Monarch SS v. A/B Karlshamns Oljefabriker* [1949] AC 196.

Wenn die Vertragsverletzungen beider Parteien zu der angeblichen „frustration" beitragen, wie z.B. die vertragswidrige Weigerung beider Parteien, ein Schiedsgericht zur Lösung ihres Disputes anzurufen, gilt diese gleichermaßen als „self-induced"[200].

Eine Vertragspartei kann sich nicht auf ein „frustrating event" berufen, welches aus ihrem eigenen willkürlichen Verhalten folgt, auch wenn dieses Verhalten keinen Vertragsbruch darstellt[201]; allerdings kann die andere Vertragspartei, d.h. die nicht vertragsbrüchige, sich vermutlich darauf berufen. In *Shepherd v. Jerrom*[202] kam es zu einer interessanten Variante : Dort weigerte sich ein Arbeitgeber, einen Lehrling nach Verbüßen einer Haftstrafe, welche er aufgrund seines Verhaltens außerhalb der Arbeitszeit erhalten hatte, wieder aufzunehmen, da der Vertrag dadurch „frustrated" worden sei[203]. Der Lehrling behauptete nun seinerseits, diese „frustration" sei „self-induced", um in den Genuß einer Kompensation für unfaire Entlassung zu kommen. Dies wurde ihm allerdings vom Gericht verwehrt.

Umgekehrt kann sich eine vertragsbrüchige Partei nicht auf „frustration" berufen, um dadurch einer Klage der anderen Partei aufgrund Vertragsbruches zu begegnen[204].

---

[200]*Paal Wilson & Co A/S v. Partenreederei Hannah Blumenthal, The Hannah Blumenthal* [1983] 1 AC 854

[201]*Black Clawson International Ltd. v. Papierwerke Waldhof-Aschaffenburg AG* [1981] 2 Lloyd's Rep 446, 457. In diesem Falle wurde ein Schiedsgericht gemäß einer entsprechenden Vertragsklausel von den Parteien bezüglich der Eigenschaften von verkauften Maschinen angerufen. Das Schiedsgericht saß in der Schweiz, wandte aber englisches Recht an. Es entschied zugunsten des Käufers. Der Verkäufer rief daraufhin ein ordentliches Schweizer Gericht an, welches den Schiedsspruch für nichtig erklärte und den Fall an das Schiedsgericht zurückverwies. Hierauf wandte der Verkäufer sich an ein englisches Gericht, da die Schiedsgerichtsklausel inzwischen aufgrund der langen Verzögerungen der „frustration" anheim gefallen sei. Das englische Gericht entschied, daß die Verzögerungen durch sein (legitimes) Verhalten verursacht worden waren und er sich daher nicht auf sie stützen könne.

[202][1987] QB 301, [1986] 3 All ER 589

[203]In der Tat fand das Gericht, daß die Haftstrafe in Relation zur Ausbildungszeit lang genug war, um einen „radical change of circumstances" zu bewirken.

[204]*Sumnall v. Statt* (1984) 49 P & CR 367

2. Negligence und Kontrolle

Nach- oder Fahrlässigkeit schließt den Eintritt einer „frustration" grundsätzlich aus; das wird aus dem Fall der *Super Servant Two*[205] deutlich, auch wenn die diesbezüglichen Äußerungen möglicherweise *obiter* waren. Dort wurde gesagt, „negligence" wäre in diesem Zusammenhang nicht nur auf einen „breach of an actionable legal duty" beschränkt[206]; die eigentliche Frage sei, ob das betreffende Ereignis

> „...is truly an outside event or extraneous change of situation or whether it is an event which the party seeking to rely on it had the means and opportunity to prevent but nevertheless caused or permitted to come about."[207]

Dieses Prinzip ist sehr weit und erstreckt sich auf alle potentiellen „frustrating events"; das Kriterium, welches hierfür von Bedeutung ist, ist allein die Möglichkeit der Verhinderung des Ereignisses, welche nicht wahrgenommen wurde[208], also, ob das Ereignis der Kontrolle der betreffenden Partei unterliegt. „Negligence" ist daher nicht davon abhängig, ob eine „legal duty of care" im Sinne des Law of Torts vorliegt oder nicht.

Ihre Rechtfertigung bezieht die Einbeziehung der „negligence" in diesem Sinne unter die Einschränkungen der „frustration" aus der Tatsache, daß es nicht ersichtlich ist, warum die andere Partei, die keine Möglichkeit der Verhinderung des Ereignisses hatte, in einem solchen Fall den Verlust oder einen Teil des Verlustes tragen soll. „Frustration" ist ein Instrument, welches der Vertragsgerechtigkeit dienlich ist; Verschulden, auch in diesem beschränkten Sinne, verwehrt einer Partei daher seine Geltendmachung.

3. Auswahl unter mehreren abgeschlossenen Verträgen

Dieses Problem stellt sich, wenn eine Partei eine Anzahl von Verträgen eingegangen ist, es ihr aber durch die Intervention außergewöhnlicher Ereignisse unmöglich wird, alle zu erfüllen; allerdings kann sie weiterhin einen Teil der Verträge erfüllen. Kann sich die Partei auf die „frustration" der übrigen Verträge berufen?

---

[205] [1990] 1 Lloyd's Rep 1

[206] Dies ist ein Konzept aus dem „Law of Torts" (Deliktsrecht).

[207] [1990] Lloyd's Rep 1, 10

[208] Einschließlich einer nachlässigen Unterlassung: *Amalgamated Investment & Property Co. Ltd. v. John Walker & Sons Ltd.* [1977] 1 WLR 164.

a) Maritime National Fish

In *Maritime National Fish Ltd. v. Ocean Trawlers Ltd.*[209] betrieben die Kläger eine Flotte von fünf Schiffen, welche mit sogenannten „otter trawls" fischten. Drei dieser Schiffe waren ihr Eigentum, zwei hatten sie von den Beklagten gechartert. Das Fischen mit „otter trawls" bedurfte einer Lizenz[210], und es konnten nur drei Lizenzen erstanden werden. Zwei der fünf Schiffe mußten daher nutzlos vor Anker liegen. Die Kläger teilten zwei der Lizenzen ihren eigenen Schiffen zu, und die dritte einem der gecharterten Schiffe. Hierauf behaupteten sie, daß der Charter des anderen Schiffes (die „St. Cuthbert") „frustrated" wäre. Der Privy Council[211] wies dieses Argument mit der folgenden Begründung ab:

> „...it was the act and election of the appellants which prevented the *St. Cuthbert* from being licensed for fishing with an otter trawl."[212]

Dies war hier sicherlich richtig, und wenn man wie der Privy Council annimmt, daß die Kläger das Risiko, weniger als fünf Lizenzen zu erhalten, auf sich genommen hatten, ist das Resultat gerechtfertigt.

b) The Super Servant Two

Ein schwierigerer Fall ist *The Super Servant Two*[213]. Die Beklagten hatten sich vertraglich verpflichtet, den Ölförderturm der Kläger zu transportieren. Dazu konnten sie nach ihrem Belieben einen ihrer beiden Schlepper *Super Servant One* und *Super Servant Two* einsetzen. Sie wählten, bevor der Zeitpunkt der Erfüllung gekommen war, die *Super Servant Two* aus, die aber bei der Erfüllung eines anderen Auftrags sank. Die *Super Servant One* war zu diesem Zeitpunkt schon für die Ausführung anderer Verträge vorgesehen und stand somit nicht zur Verfügung. Aus diesem Grunde erklärten die Beklagten den Vertrag für „frustrated".

209[1935] AC 524

210Aufgrund neuer Gesetzgebung, die vor Vertragsabschluß in Kraft trat. Lord Wright fand in dem Fall, daß aufgrund des Wissens beider Parteien um die neue Vorschrift zum Zeitpunkt des Vertragsabschlusses die Beklagten das Risiko, weniger als die erforderlichen fünf Lizenzen zu erstehen, auf sich genommen hätten. Dies gehe aus dem verminderten Charterpreis und dem Fehlen einer „protection clause" hervor: [1935] AC 524, 527.

211Das House of Lords, wenn es als oberstes Gericht in einer „common law" Jurisdiktion außerhalb Großbritanniens entscheidet - diesen Entscheidungen fehlt allerdings trotz ihrer starken Überzeugungskraft die unbedingte Präzedenzwirkung der Urteile des House of Lords.

212[1935] AC 524, 529

213[1990] 1 Lloyd's Rep 1

Dies wurde vom Gericht abgelehnt, da die Beklagten eine Wahl gehabt hätten und die „frustration" daher „self-induced" sei. Dabei hielt es der Court of Appeal für irrelevant, daß diese Wahl keine echte gewesen war. Vorgebrachte Entscheidungen, die im Falle einer vernünftigen Zuweisung und Verteilung der vorhandenen Ressourcen „frustration" zuzulassen scheinen, wurden vom Gericht als andersliegend differenziert[214].

The Super Servant Two läßt sich von *Maritime National Fish* insofern unterscheiden, als es den Klägern im letzteren Fall möglich war, die vorhandenen Lizenzen beiden gecharterten Schiffen zuzuweisen. Auf den ersten Blick scheint die Entscheidung in *The Super Servant Two* daher äußerst harsch zu sein. Es hat allerdings den Anschein, daß die Beklagten die *Super Servant One* dazu benutzten, Aufträge auszuführen, die nach Abschluß des Vertrages mit den Klägern angenommen wurden, und daß dies nach einer Art Versteigerung geschah: Sie hatten nach dem Verlust der *Super Servant Two* Verhandlungen über zusätzliche Zahlungen auf schon bestehende Aufträge aufgenommen, und dann die Verträge der Meistbietenden erfüllt[215]. Es konnte also im Grunde gar keine Rede von einer vernünftigen Zuweisung des Schiffes auf schon bestehende Verträge, etwa entsprechend der chronologischen Reihenfolge des Zeitpunktes ihrer Abschlüsse, sein, und die Entscheidung ist somit sicherlich nicht ungerecht. Im übrigen weist Bingham LJ. darauf hin, daß ein entscheidender Faktor seiner Ablehnung einer „frustration" in diesem Falle die Tatsache war, daß den Beklagten zur Ausführung des Auftrags die freie Wahl zwischen ihren beiden Schiffen zustand; hätte der Vertrag ausdrücklich die *Super Servant Two* vorgesehen, wäre „frustration" eingetreten[216].

The Super Servant Two war ein Fall, in dem der Vertrag entweder ganz oder gar nicht erfüllt werden konnte. Es gibt aber auch Fälle, in denen z.B. ein Zulieferer sich verpflichtet, 2000 Tonnen Erdnüsse in Portionen von je 200 Tonnen an zehn Kunden zu liefern, und er aufgrund eines außergewöhnlichen Ereignisses, z.B. eines wirtschaftlichen Embargos, nur 1000 Tonnen zu verteilen hat. Er hätte nun realistischerweise die Möglichkeiten, entweder fünf Verträge ganz oder alle teilweise zu erfüllen (sogenannte *pro rata* Erfüllung, siehe oben), denn es ist zumin-

---

[214]Mit der vertretbaren Begründung, diese hätten sich mit der Interpretation von *force majeure*-Klauseln befaßt: *Bremer Handelsgesellschaft mbH v. Continental Grain Co* [1983] 1 Lloyd's Rep 269; *Intertradex SA v. Lesieur-Tourteaux SARL* [1978] 2 Lloyd's Rep 509.

[215][1990] 1 Lloyd's Rep 1, 9 und 13

[216]Auf S. 9. Dies natürlich vorausgesetzt, die *Super Servant Two* war nicht aufgrund von „negligence" gesunken. Dieser Punkt wurde nicht ausdrücklich entschieden.

dest klar, daß er sich nicht auf die „frustration" aller Verträge berufen kann[217]. Die Frage ist nun, ob seine Verpflichtungen als eine Reihe von unabhängigen Einzelverträgen oder in ihrer Gesamtheit zu betrachten sind. Im ersteren Falle wäre der Schuldner für jegliche Nichterfüllung schadenersatzpflichtig, im zweiten könnte er sich möglicherweise auf „frustration" des nicht erfüllten Teils berufen.

Einer Meinung zufolge kann der Schuldner die Nichterfüllung bestimmter Verträge nicht mit der Verweisung auf seine anderen Verpflichtungen entschuldigen; es ist ihm verwehrt, bestimmten Verträgen Priorität über andere geben[218]. Den Gläubigern der nicht erfüllten Verträge ist er daher aufgrund einer „self-induced frustration" zu Schadensersatz verpflichtet[219].

Eine andere Meinung ist der Auffassung, daß der Schuldner eine vernünftige Zuteilung der vorhandenen Sachen an einen oder mehrere Verträge durchführen könne, woraufhin der nicht erfüllte Rest der „frustration" anheim fällt[220]. Dabei kommt es darauf an, daß der Schuldner eine „reasonable allocation" des vorhandenen Materials vornimmt, d.h. eine Aufteilung, welche der betreffende Wirtschafts- oder Handelszweig als vernünftig erachten würde, unter Umständen auch eine *pro rata* Verteilung[221]. Was eine vernünftige Verteilung wäre, hängt dabei von der Menge der vorhandenen Güter, ihrer Verderblichkeit, Lagerpro-blemen bei bestimmten Käufern, etc. ab[222]. Eine zeitliche Präferenz, d.h. *qui prior est tempore potior est jure*, käme in manchen Fällen auch in Betracht. Außerdem könnten manche Gläubiger aufgrund ihrer Wichtigkeit für den Schuldner, die Allgemeinheit, u.ä. bevorzugt werden. Dies muß vom Einzelfall abhängen.

---

[217] *Benjamin's Sale of Goods*, 5th edition, Sweet & Maxwell 1997, § 6-046

[218] *Hong Guan & Co Ltd v. R. Jumbahoy & Sons Ltd.* [1960] AC 684, 701-702; *Kawasaki Steel Corpn. v. Sardoil S p a.* [1977] 2 Lloyd's Rep 552, 555

[219] *Maritime National Fish* [1935] AC 524; *Pancommerce SA. v. Veecheema BV.*[1983] 2 Lloyd's Rep 304, 307

[220] *Tennants (Lancashire) Ltd. v. C.S. Wilson & Co Ltd.* [1917] AC 495, 508; *Intertradex SA. v. Lesieur Tourteaux SARL* [1978] 2 Lloyd's Rep 509, 513; *Continental Grain Export Corpn. v. S.T.M. Grain Ltd.* [1979] 2 Lloyd's Rep 460, 473

[221] *Tennants (Lancashire)*, Ss. 508, 511-512; *Pool Shipping v. London Coal Co of Gibraltar* [1939] 2 All ER 432; *Bremer Handelsgesellschaft mbH v. Vanden Avenne-Izegem PVBA* [1978] 2 Lloyd's Rep 109, 115; *Bremer Handelsgesellschaft mbH v. C. Mackprang Jr.* [1979] 1 Lloyd's Rep 221, 224; *Bremer Handelsgesellschaft mbH v. Continental Grain Co.* [1983] 1 Lloyd's Rep 269, 280-281, 291-294

[222] Siehe *Bremer Handelsgesellschaft v. Continental Grain*, S. 293.

Dillon LJ.'s Ablehnung eines Prinzips der „reasonable allocation“ in *The Super Servant Two*[223] aufgrund der Meinung Lord Wrights in *Maritime National Fish*, es sei gleichgültig, nach welchen Gesichtspunkten die Kläger dort ihre drei Lizenzen verteilten[224], unterstützt die erste Meinung. Allerdings muß *Maritime National Fish* natürlich unter dem Gesichtspunkt seiner tatsächlichen Umstände gesehen werden, und dort war die Erfüllung des Vertrages ohne weiteres möglich. Dies war in *The Super Servant Two* nicht der Fall, wo allerdings auch von einer vernünftigen Zuteilung keine Rede sein konnte.

Die zweite Meinung ist, zumindest theoretisch, zu bevorzugen, wenn den Schuldner aufgrund des Fehlens einer echten Wahlmöglichkeit keine Schuld trifft. Dies setzt voraus, daß er sein möglichstes tut, die Güter anderweitig zu beschaffen[225]. Man kann mit Sicherheit sagen, daß das Prinzip der „reasonable allocation“ zumindest bei der Leistungsbefreiung durch die Auslegung einer „exemption clause“ zur Anwendung kommt. Ob es auch in der Lehre von der „frustration“ einen Platz hat, muß wahrscheinlich irgendwann vom House of Lords in letzter Instanz entschieden werden. Alle bisherigen Fälle, in denen die Gesamtheit der Verpflichtungen eines Schuldners als relevant erachtet wurde, sind als Fälle der Interpretation von „exemption clauses“ zu betrachten. Daß die Berufung auf andere Verpflichtungen in einem solchen Falle zulässig ist (wenn der Wortlaut der Klausel hierfür weit genug ist), scheint unbestreitbar[226]. Es empfiehlt sich daher in jedem Fall, eine derartige Klausel in den Vertrag aufzunehmen.

II. Vorkehrungen im Vertrag

Da „frustration“ eine Risikoverteilung im Falle des Eintritts außergewöhnlicher Ereignisse vornimmt, wird sie durch eine entsprechende Regelung im Vertrag ausgeschlossen. Das Prinzip der Privatautonomie bedeutet, daß die Parteien die Risiken im Vertrag grundsätzlich so verteilen können, wie sie dies wünschen. Sie können daher ausdrücklich bestimmen, daß das Risiko außergewöhnlicher Ereig-

---

[223] S. 13-14

[224] [1935] AC 524, 530

[225] Auch unter Ausnutzung sogenannter „loopholes“: *Bremer Handelsgesellschaft v. Mackprang*, Ss. 223, 229, 230.

[226] Z.B. *Tennants (Lancashire)* [1917] AC auf Ss. 508, 511-512, 526; *Pool Shipping v. London Coal Co of Gibraltar* [1939] 2 All ER 432, 434 (der Ausdruck „the normal working of the contract“ in der „exemption clause“ ermöglichte es dem Gericht, auch die anderen Verpflichtungen in seine Erwägungen mit einzubeziehen).

nisse von einer von ihnen und nicht von der anderen getragen werden soll[227]. Eine weitere Möglichkeit stellen z.B. „price-adjustment clauses“ dar, welche den zu zahlende Preis aufgrund irgendwelcher Kriterien, z.B. Inflation oder eines bestimmten Indexes, anpassen[228].

Eine Risikoverteilung kann auch impliziert werden. Dies geschieht dann oft nach dem Grundsatz, der Verlust solle dort liegen, wohin er fällt. Der Vertrag enthält in einem solchen Fall keine ausdrückliche Regelung für den eingetretenen Fall, und das Gericht schließt dann aus der Natur des Vertrages[229], seinen Umständen und/oder dem Verhalten der Parteien, daß sie das Risiko einer Veränderung der Umstände bewußt auf sich genommen hätten. Das Risiko derartiger Veränderungen kann so einer Partei zu hundert Prozent aufgebürdet werden, nämlich als „absolute contract“.

Die Risikoverteilung im Vertrag unterliegt einigen Einschränkungen. So machen die der Sprache innewohnenden Beschränkungen eine Interpretation des Vertrages durch die Gerichte notwendig, um seine eigentliche Bedeutung und die Absichten der Parteien zu bestimmen. Ansatzpunkt ist dabei das geschriebene Vertragsdokument selbst, dessen Worten unabhängig von den vorherigen Absichten und Handlungen der Parteien ihre gewöhnliche grammatikalische Bedeutung gegeben werden muß, es sei denn, die Wörter hätten eine spezielle, nicht sofort offensichtliche Bedeutung[230]. Diese Bedeutung kann dann mit Hilfe eines unabhängigen Experten bewiesen werden. Auch bei offensichtlicher Mehrdeutigkeit eines Wortes ist es den Parteien erlaubt, Beweise für eine bestimmte Bedeutung des Wortes im Vertrag beizubringen[231]. Die vorhergehenden Verhandlungen werden ignoriert; dies beruht auf der Überlegung, daß der eigentliche *consensus ad idem* erst im Vertrag selbst zum Ausdruck komme[232].

---

[227] *Budgett v. Binnington & Co* [1891] 1 QB 35, 41

[228] *Superior Overseas Development Corpn. v. British Gas Corpn.* [1982] 1 Lloyd's Rep 262; *Queensland Electricity Generating Board v. New Hope Collieries Pty Ltd* [1989] 1 Lloyd's Rep 205; *Aluminium Corpn. of America Inc v. Essex Group Inc* 499 F. Supp. 53 (1980)

[229] Z.B. aufgrund seines spekulativen Charakters: *Larrinaga & Co v. Société Franco-Américaine des Phosphates de Médulla* [1923] All ER 1.

[230] *Lovell & Christmas v. Wall* (1911) 104 LT 85

[231] *The Karen Oltmann* [1976] 2 Lloyd's Rep 708

[232] *Prenn v. Simmonds* [1971] 3 All ER 237

Eine Vertragsklausel kann ihrem Wortlaut nach weit genug sein, die eintretende Situation zu erfassen, dem Gericht zufolge aber ihrem wahren Sinn nach nicht. Dies war vor allem bei Vertragsauslegungen im 1. Weltkrieg der Fall, als den Gerichten zufolge die Parteien einen derartig fundamentalen Wechsel der Umstände nicht mit in ihre Überlegungen bei Vertragsschluß einbezogen hatten[233]. Dies kann natürlich bei Verträgen, die nach Kriegsbeginn geschlossen wurden, durchaus anders liegen.

Vertragsklauseln, die für einige potentielle „frustrating events" Vorsorge treffen, schließen nicht unbedingt die „frustration" durch andere, nicht genannte Ereignisse aus[234]. Im Endeffekt zählen hierfür nur die Absichten der Parteien bei Vertragsabschluß.

1. Grenzen der express terms

Klauseln, die für ein Ereignis Vorsorge treffen sollen, können dies in unzureichender Form tun. Dies ist z.B. der Fall, wenn eine solche Klausel bei Eintritt eines bestimmten Ereignisses einer Partei zwar die Leistungsbefreiung ermöglicht, obwohl der Vertrag nicht „frustrated" ist, aber für den Fall eines potentiellen „frustrating event" keine ausdrückliche Aussage hinsichtlich der weiteren Rechtsfolgen trifft[235]. Der Effekt der Klausel beschränkt sich dann auf das Verhindern eines Vertragsbruches, wenn das Ereignis nicht zur „frustration" führt; im Falle einer „frustration" ist sie aber unzureichend, den Vertrag am Leben zu halten[236].

Da „frustration" aufgrund eines Wechsels der Umstände sich oft nicht mit hundertprozentiger Sicherheit feststellen läßt und eine Partei, welche sich darauf verläßt, vertragsbrüchig werden könnte, wird der Effekt des Eintritts von bestimmten Ereignissen oft schon vorher im Vertrag ausdrücklich festgelegt. Tritt das betreffende Ereignis dann ein, ist es unerheblich, ob es tatsächlich von genügend umwälzender Bedeutung ist, den Vertrag entsprechend der „doctrine of frustration" aufzulösen. Als Folgen könnten dann entweder die automatische Auflö-

---

[233] *Metropolitan Water Board v. Dick, Kerr & Co.* [1918] AC 119, 126; andere Fälle sind *The Penelope* [1928] P 180 (Streik); *F.C. Shepherd & Co Ltd v. Jerrom* [1987] QB 301 (Haftstrafe); *Notcutt v. Universal Equipment Co. (London) Ltd.* [1986] 1 WLR 641 (Herzanfall machte es Angestelltem unmöglich, je wieder zu arbeiten)

[234] *Intertradex SA v. Lesieur-Tourteaux SARL* [1978] 2 Lloyd's Rep 509, 515

[235] *Bank Line v. Arthur Capel* [1919] AC 435, 456

[236] *Jackson v. Union Marine Insurance* (1874) LR 10 CP 125, 144; *Blane Steamships Ltd. v. Minister of Transport* [1951] 2 KB 965. Eine Partei wird durch eine solche Klausel zwar entschuldigt, bezieht aber aus ihr keine Rechte.

sung des Vertrages[237] oder eine Option der Parteien, den Vertrag zu beenden[238], vorgesehen sein. Denkbar wären in diesem Zusammenhang auch Anpassungsmechanismen[239].

Im Kriegsfall kann ein Vertrag über den Import bzw. Export von Gütern aus einem bzw. in ein feindliches Land aufgrund „supervening illegality" aufgelöst werden, obwohl der Vertrag hierzu eine ausdrückliche Regelung vorsieht[240]. Dies geschieht aufgrund des Verbots des „trading with the enemy", einer Regel des ordre public gegen das Gewähren jedweder Hilfe für eine feindliche Wirtschaft. Dieses Verbot geht jeder vertraglichen Regelung vor. Handel, der unter dieses Verbot fällt, ist nur mit einer Lizenz der Krone möglich[241].

2. *Implied terms*

Da Verträge meistens nicht alle für ein reibungsloses Ablaufen notwendigen Regelungen ausdrücklich treffen, werden häufig von der Rechtsprechung zusätzliche Klauseln impliziert. Diese Implikation kann auf verschiedenen Grundlagen basieren.

a) Custom

Wirtschaftliche oder andere Bräuche können eine Klausel in den Vertrag implizieren, wenn eine der Parteien die Existenz eines solchen Brauchs beweisen kann[242]. Allerdings kann ein Brauch durch die ausdrückliche Sprache des Vertrages ausgeschlossen werden, denn *expressum facit cessare tacitum*[243]. Dasselbe gilt für Vertragsklauseln, welche aufgrund eines Statuts dispositiv impliziert wer-

---

[237] *Tsakiroglou & Co Ltd v. Noblee Thorl GmbH* [1962] AC 93, 95. Dies wird als „vertragliche frustration Klausel" bezeichnet: *Bremer Handelsgesellschaft v. Vanden Avenne-Izegem* [1978] 2 Lloyd's Rep 109, 112.

[238] *Bank Line v. Arthur Capel* [1918] AC 119

[239] Siehe hierzu weiter unten V. Exclusion and Limitation of Liability.

[240] *Fibrosa Spolka Akcyjna v. Fairbairn Lawson Combe Barbour Ltd.* [1943] AC 32; *Ertel Bieber & Co v. Rio Tinto Co Ltd* [1918] AC 260

[241] McNair, *Legal Effects of War*, S. 347

[242] Über die Schwierigkeiten, einen solchen Beweis zu erbringen, siehe Devlin J., [1951] 14 MLR 249.

[243] *Les Affréteurs Réunis SA v. Walford* [1919] AC 801

den[244]. Die Absicht, einen Brauch in den Vertrag mit aufzunehmen, wird bei nicht erkennbarer gegenteiliger Absicht angenommen.

b) Statute

Einige Gesetze, z.B. der *Sales of Goods Act 1979* oder der *Supply of Goods and Services Act 1982*, implizieren eine ganze Menge wichtiger Obligationen in die betreffenden Verträge, welche allerdings zum großen Teil im Vertrag selbst ausdrücklich ausgeschlossen werden können[245]. Der Grund hierfür liegt darin, daß mit Ausnahme des Preises in den betreffenden Verträgen oft sehr wenig vereinbart wird. Wichtige, auf diese Weise implizierte Klauseln beziehen sich auf die Beschreibung und Qualität der Ware[246] sowie Ort und Zeit der Lieferung[247].

c) Gerichte

Die Gerichte implizieren von sich aus zweierlei Arten von Klauseln in bestehende Verträge: „terms implied in law" und „terms implied in fact". Die ersteren werden durch die Natur des Vertrages erfordert[248] und dienen dazu, bestimmte, häufig auftretende Vertragstypen zu standardisieren. Die Absichten der Parteien sind dabei irrelevant[249]. Die letzteren hingegen werden verwendet, um Verträge zu „reparieren", deren Ausdrucksweise nicht den eigentlichen Absichten der Parteien entspricht. Dem Vertrag wird dadurch „business efficacy" (geschäftliche Wirksamkeit) verliehen[250]. Die implizierte Klausel muß dabei so selbstverständlich sein. daß sie

> „...must have been intended at all events by both parties who are businessmen."[251]

---

[244] *London Export Corpn Ltd v. Jubilee Coffee Roasting Co* [1958] 1 WLR 661, 675, *per* Lord Jenkins

[245] Nicht ausschließen läßt sich eine Garantie, daß der Verkäufer das Recht hat, die Ware zu verkaufen: s. 12 *SGA 1979.*

[246] Ss. 13, 14 und 14 A (as substituted by *Sale and Supply of Goods and Services Act* 1994) SGA *1979* ; s.4 *SGSA 1982*

[247] S. 29 *SGA 1979*

[248] *Liverpool City Council v. Irwin* [1977] AC 239, 254, *per* Lord Wilberforce

[249] Downes, *Textbook on Contract* , S.224

[250] *The Moorcock* (1889) 14 PD 64

[251] *The Moorcock*, S. 68, *per* Bowen LJ.

Dieser Test wurde später so formuliert, daß die fehlende Klausel so selbstverständlich sein muß, daß die Parteien, würden sie von dritter Seite auf sie aufmerksam gemacht, ausrufen würden, daß eine derartige Provision natürlich im Vertrag nicht fehlen dürfe. Aufgrund dieser ins Auge springenden Selbstverständlichkeit wurde dieser Test als „officious bystander test" bezeichnet[252]. Die Klausel muß notwendig sein, um den (erkennbaren) Vertragszweck zu erreichen.

III. Vorhergesehene und vorhersehbare Ereignisse

Die Vorhersehbarkeit eines Ereignisses hat auf die Vertragsauslegung und die daraus gewonnene Risikoverteilung Einfluß, da sie bedeuten kann, daß die Parteien das Risiko des betreffenden Ereignisses einer von ihnen haben aufbürden wollen. Ist eine derartige Risikoverteilung tatsächlich für die Gerichte aus dem Vertrag ersichtlich, kann es nicht zu einer „frustration" desselben kommen.

Wenn sich aus dem Vertrag oder seinen Umständen ergibt, daß die Parteien das Risiko des Eintritts eines bestimmten Ereignisses vorausgesehen haben, was sich z.B. in einem reduzierten bzw. erhöhten Kaufpreis niederschlagen kann, scheint grundsätzlich nichts dagegen zu sprechen, die Verluste dort zu lassen, wohin sie fallen[253]. Allerdings gibt es natürlich Fälle, in denen die Parteien trotz Vorhersehens des Ereignisses bewußt auf eine vertragliche Regelung verzichten: Dies könnte aufgrund mangelnder Einigung[254] geschehen, oder weil es unmöglich ist,

---

[252] *Shirlaw v. Southern Foundries (1926) Ltd* [1939] 2 KB 206, 227, *per* MacKinnon LJ. MacKinnon LJ. bezog seine Formulierung des Tests aus einer von ihm selbst 13 Jahre zuvor gehaltenen Vorlesung, *Some Aspects of Commercial Law - A Lecture Delivered at the London School of Economics by Sir Frank MacKinnon.* Interessanterweise gab er in der Vorlesung zu, daß das Gericht zwar die offensichtliche Bestimmung zu finden habe, es aber häufig so sei, daß sich die Parteien entweder gar keine Gedanken bezüglich einer derartigen Klausel gemacht haben oder wenn doch, sie bezüglich des Wortlauts der Bestimmung vermutlich grundverschiedener Meinung gewesen wären. Diese Sicht der Dinge ist realitätsnah und zeigt, daß es trotz des Wortlauts des Tests dem Gericht obliegt, eine offensichtlich notwendige Bestimmung in den Vertrag einzufügen, ohne sich in einer individuellen Situation zu sehr um die vermutlichen Absichten der Parteien zu bekümmern. Für eine Darstellung der Entstehung des „officious bystander tests" siehe Phang, [1998] JBL 1.

[253] Siehe *Comptoir Commercial Anversois v. Power, Son & Co* [1920] 1 KB 868; *Krell v. Henry* [1903] 2 KB 740, 752; Treitel, *op. cit.*, 813.

[254] *The Eugenia* [1964] 2 QB 226. Hier wurde das Ereignis, die Sperrung des Suezkanals und darauffolgende Verzögerungen, tatsächlich vorausgesehen. Der Vertrag wurde aber trotzdem „frustrated", was aufgrund der mangelnden Einigung wohl das gerechteste Resultat war. Außerdem fand das Gericht, daß den Parteien zwar bewußt war, daß es zu Verzögerungen kommen könnte, daß diese aber ungeahnte Ausmaße annahmen.

jede vorhersehbare Eventualität zu berücksichtigen[255]. Möglicherweise sind die Parteien auch nicht in der Lage, die praktischen und rechtlichen Konsequenzen eines Ereignisses richtig einzuschätzen, oder vielleicht verlassen sie sich einfach darauf, daß im Falle des Eintritts eines außergewöhnlichen Ereignisses „...they would leave the lawyers to sort it out"[256]. Eine weitere Möglichkeit wäre, daß die Parteien im Vertrag selbst festlegen, daß sie sich im Falle des Eintritts eines bestimmten Ereignisses über die Folgen desselben verständigen werden[257].

Man sollte den Parteien zugestehen, daß sie als Wirtschaftsfachleute einem Vertrag oft eine andere Bedeutung zumessen, als dies ein Jurist tun würde. Der Vertrag dient aus ihrer Sicht vor allem der Vereinfachung von wirtschaftlichen Austauschgeschäften. Aufgrund praktischer Schwierigkeiten werden viele Eventualitäten von ihnen oft nicht ausdrücklich im Vertrag geregelt; er würde sonst womöglich nie geschlossen oder ein viel zu umfangreiches Instrument werden. Man vertraut darauf, daß man bei eintretenden Schwierigkeiten zu einer Verständigung gelangt, wie dies auch in der überwiegenden Zahl der Fälle der Fall ist, da sich die Parteien häufig nicht als Gegner, sondern als Partner verstehen[258]. Wenn dies daher von den Parteien so beschlossen oder beabsichtigt wurde, und sie dann dennoch nicht zu einer Einigung gelangen, weil der Nutzen der vertrag-lichen Beziehung für die Parteien nicht mehr gegeben ist, wäre die Auflösung des Vertrages wohl die gerechteste Lösung, da eine unveränderte Vertragserfüllung in der aufgetretenen Situation gar nicht in der Absicht der Parteien lag.

Die endgültige Rolle, welche Vorhersehbarkeit bei „frustration" spielt, ist allerdings zumindest dann zweifelhaft, wenn trotz offensichtlicher Vorhersehbarkeit der Möglichkeit eines außergewöhnlichen Ereignisses von den Parteien darüber gar keine Aussage gemacht wurde und keine Absicht erkennbar ist, was dann zu tun wäre. Soll das Gericht ihnen dann mit einem „implied term" aus der selbstverschuldeten Misere helfen?[259] Dies kann für die Partei, der aus der Situation kein Nachteil entsteht, zu Ungerechtigkeiten führen. Allerdings meinte Lord Denning in *The Eugenia*[260], das einzige, was zähle, sei, ob die Parteien im Vertrag Vorsorge getroffen hätten oder nicht. Wenn nicht, mache es hinsichtlich der

---

[255] *Société Franco-Tuisienne D'Armement v. Sidermar* [1961] 2 QB 278

[256] *The Eugenia*, S. 234, *per* Lord Denning

[257] *Autry v. Republic Productions* 180 P. 2d. 888 (1947)

[258] Beale and Dugdale, *op. cit.*

[259] Siehe *Maritime National Fish* [1935] AC 524, 529, *per* Lord Wright

[260] S. 234; siehe auch den *Sidermar* Fall

Anwendbarkeit von „frustration" keinen Unterschied, ob das Ereignis vorhersehbar gewesen sei oder nicht. Diese Bemerkung war allerdings ein *obiter dictum*. Auch war die durch die Sperrung des Suezkanals verursachte Verzögerung in diesem Fall dermaßen lang, daß die Parteien ihr tatsächliches Ausmaß nicht voraussehen konnten.

Eine automatische, durch die Vorhersehbarkeit eines Ereignisses implizierte Risikoverteilung wird von den Gerichten teils abgelehnt[261], teils befürwortet[262]. Professor Treitel vertritt eine derartige implizierte Risikoverteilung; ihm zufolge soll eine derartige Risikoverteilung zunächst impliziert, bei Beweis einer gegenteiligen Absicht der Parteien aber verdrängt werden[263]. Dies würde der Suche nach einer „just and reasonable solution" durch die moderne Theorie der „frustration" sicherlich keinen Abbruch tun. Ob die Parteien im Vertrag eine Risikozuordnung getroffen haben oder nicht, muß durch Vertragsauslegung ermittelt werden; die Vorhersehbarkeit des Ereignisses beschert den Gerichten diesbezüglich den Ausgangspunkt, daß die Parteien *prima facie* das Risiko verteilt haben. Andere Faktoren können dann eine gegenteilige Absicht evident machen, z.B. wenn „...no reasonable man would enter these contracts on that footing"[264]. Weiter muß der Vertragstyp bei einer Risikozuteilung berücksichtigt werden. Hat der Vertrag nämlich bewußt spekulativen Charakter, kann auch die Tatsache, daß das eingetretene Ereignis so unwahrscheinlich war, daß von Vorhersehbarkeit nicht gesprochen werden kann, im Normalfall nicht seine „frustration" bewirken. Vorhersehbarkeit ist daher lediglich ein Faktor, der bei der Vertragsauslegung zu berücksichtigen ist.

Grundsätzlich geben also das Vorhersehen oder die Vorhersehbarkeit eines außergewöhnlichen Ereignisses mit der notwendigen Wahrscheinlichkeit und seine nicht ausdrückliche Berücksichtigung im Vertrag zu der Schlußfolgerung Anlaß,

---

261 *The Eugenia* [1964] 2 QB 226; *Palmco Shipping Inc v. Continental Ore Corpn* [1970] 2 Lloyd's LR 21, 31, *per* Mocatta J.; *Fibrosa Spolka Akcyjna v. Fairbairn Lawson Combe Barbour Ltd.* [1943] AC 32, 40, *per* Lord Simon LC; *BP Exploration (Libya) Ltd, v. Hunt* [1979] 1 WLR 783, 830, *per* Robert Goff J.

262 Siehe die *obiter dicta* in *Baily v. De Crespigny* (1869) LR 4 QB 180, 185, *per* Hannen J.; *Krell v. Henry* [1903] 2 KB 740, 752, *per* Vaughan Williams LJ.; *Cricklewood Investment Trust Ltd v. Leighton's Investment Trust Ltd* [1945] AC 221, 228, *per* Lord Simon; *Davis Contractors Ltd v. Fareham UDC* [1956] AC 696, 724, *per* Lord Reid und 731, *per* Lord Radcliffe.

263 *Op. cit.*, S. 816 f.

264 *In re Badische* [1921] 2 Ch 331, 379, *per* Russell J.

daß eine Risikozuordnung vorhanden ist und der Vertrag unverändert bestehen bleibt[265].

Die Vorhersehbarkeit des Ereignisses sollte so beschaffen sein, daß eine Person von gewöhnlicher Intelligenz sein Eintreten als wahrscheinlich erkennen würde[266]. Es kommt daher auf den „Grad" der Vorhersehbarkeit an, denn es läßt sich, wie schon vorher angesprochen, so ziemlich alles theoretisch vorhersehen; einige Ereignisse werden jedoch mit an Sicherheit grenzender Wahrscheinlichkeit niemals eintreten. Weiter muß das Ereignis in „some detail" vorhersehbar sein[267], vermutlich von den Parteien bei Vertragsabschluß, da dies einer normalen Person ohne die Fachkenntnisse und Ressourcen der Parteien oft nicht möglich wäre. Grundsätzlich wird man daher bei der Bestimmung der Vorhersehbarkeit von einem hypothetischen „reasonable man" ausgehen müssen, welcher das Wissen und die Expertise der Parteien besitzt.

Eine zusätzliche Einschränkung hinsichtlich der Bedeutung von Vorhersehbarkeit stellt der schon erwähnte „Handel mit dem Feind" dar, bei welchem selbst das Vorhersehen eines Ereignisses einen Vertrag nicht vor der „frustration" rettet[268].

Hall möchte Vorhersehbarkeit in das Konzept der „self-induced frustration" miteinbeziehen[269]. Als Begründung hierfür führt er an, daß die Parteien, indem sie durch die Nichtberücksichtigung eines vorhersehbaren Problems im Vertrag ein nicht zu rechtfertigendes Risiko eingingen, rücksichtslos gehandelt hätten. Vorhersehbarkeit ist für ihn ein Konzept aus dem Strafrecht[270]. Da „negligence" im Sinne von Kontrolle in *The Super Servant Two* ausdrücklich als ausreichend für

---

265 *Baily v. De Crespigny* (1869) LR 4 QB 180, 185, *per* Hannen J.; *Scottish Navigation Co v. W.A. Souter & Co.* [1917] 1 KB 222, 249, *per* A.T. Lawrence J.; *Bank Line v. Arthur Capel* [1919] AC 435, 460, *per* Lord Sumner

266 Siehe Hall, 4 Legal Studies 300, 301-302. Diese Person muß allerdings in den Schuhen der Parteien stecken.

267 Treitel, *op. cit.*, S. 814 f.

268 McNair, *Legal Consequences of War*, S. 347

269 *Op. cit.*, Ss. 305-307

270 „knowledge of a possibility": Wissen um eine Möglichkeit schließt dabei wohl zumindest das Vorhersehen eines „unjustifiable risk" ein, möglicherweise aber auch schlicht die Möglichkeit, mit den der Partei zur Verfügung stehenden Mitteln ein derartiges Risiko zu erkennen. Ein nicht zu rechtfertigendes Risiko müßte vermutlich ein solches sein, welches im Falle seines Eintritts die Erfüllung des Vertrages nicht nur erschweren würde, sondern seine „frustration" verursachen würde. Es muß also hinsichtlich seiner Auswirkungen detailliert vorhersehbar sein.

eine „self-induced frustration“ erklärt wurde, ist ein ähnliches Konzept für Rücksichtslosigkeit, die aus der Vorhersehbarkeit eines Ereignisses resultiert, zumindest denkbar. Dafür wäre die Definition der „negligence“ in *The Super Servant Two*[271], welche auf die Möglichkeit der Kontrolle über das betreffende Ereignis abstellt, bei entsprechend weiter Auslegung von „Kontrolle“, welche dann die Möglichkeit der Kontrolle im Vertrag mit einschließen müßte, ausreichend. „Vorhersehbarkeit“ ließe sich dann als ein Aspekt der „vernünftigen Kontrolle“ behandeln.

Wie die Lösung für die Zukunft aussehen wird, ist nicht geklärt. Es bleibt wohl den Gerichten überlassen, der Vorhersehbarkeit im Einzelfall einen größeren oder kleineren Stellenwert bei der Vertragsauslegung zuzugestehen. In jedem Fall ist es ratsam, bezüglich vorhersehbarer Risiken ausdrückliche Vorkehrungen im Vertrag zu treffen[272].

IV. Partial Frustration

„Partial frustration“ ist grundsätzlich nicht möglich, da der Vertrag entweder in seiner Gesamtheit oder überhaupt nicht aufgelöst wird. Dabei muß allerdings durch Vertragsauslegung erst einmal der wahre Vertragsinhalt herausgefunden werden. In Fällen wie *Howell v. Coupland*[273] und *Sainsbury v. Street*[274], in denen scheinbar eine teilweise „frustration“ des Vertrages zugelassen wurde, befanden die Gerichte, daß die Verträge jeweils eine „implied condition“ enthielten, daß die im Vertrag bestimmte Quelle auch die notwendige Menge an Waren produzierten. War dies nicht der Fall, mußte der Verkäufer lediglich das liefern, was tatsächlich produziert worden war. Sowohl Blackburn J. in *Howell v. Coupland* als auch McKenna J. in *Sainsbury v. Street* drücken mit ihren Worten aus, daß dies Fälle von „frustration“ sind; McKenna J. geht sogar noch weiter und sagt, daß seiner Meinung nach das Scheitern einer „implied condition“ nicht immer die Auflösung des gesamten Vertrages zur Folge haben müsse[275]. Dies ist im Prinzip eine Billigung der „partial frustration“, auch wenn er sich auf die Absichten der Parteien als „reasonable men“ beruft.

---

[271] [1990] 1 Lloyd's Rep 1, 10

[272] Vgl. Battersby, (1990) 134 SJ 354, 356.

[273] (1874) LR 9 QB 462; in (1876) 1 QBD 258 vom CA gebilligt

[274] [1972] 1 WLR 834

[275] Auf S. 839

Allerdings wird „partial frustration" von den Gerichten generell abgelehnt[276]. Zumindest *Howell v. Coupland*, wo der Beklagte geliefert hatte, was ihm möglich war, läßt sich auch so lesen, daß „frustration" des Vertrages erst dann eintrat, als weitere Lieferungen nicht mehr möglich waren, und es nur diese weiteren Lieferungen waren, von welchen er befreit wurde. In *Sainsbury v. Street* hatten die Beklagten die Menge, welche sie zu liefern imstande waren, an einen Dritten verkauft, und die „frustration" des gesamten Vertrages hätte ihnen einen unverdienten Gewinn beschert. Auch hier könnte man sagen, daß sie lediglich von den Lieferungen, zu denen sie nicht imstande waren, befreit wurden. Voraussetzung für eine solche Sicht der Dinge ist die Interpretation des Vertrages nicht als gesamte Obligation für die Lieferung der vorgesehenen Menge an Gütern, sondern lediglich für soviel, wie die spezielle Quelle zu liefern imstande ist bis hin zu der im Vertrag vorgesehenen Menge, welche dann die Obergrenze der Verpflichtung des Verkäufers darstellen würde. Auch wenn sich dies vielleicht als gewagte Vertragsauslegung kritisieren läßt, so muß man doch bedenken, daß zumindest das Resultat gerecht war und beide Fälle insofern gesondert betrachtet werden müssen, als sie ausschließlich eine im Vertrag genannte Quelle für die Produktion der Güter vorsehen.

E. Effekt einer Frustration

> „Frustration brings the contract to an end forthwith, without more and automatically"[277].

Der Vertrag wird für die Zukunft automatisch, d.h. unabhängig vom Parteiwillen, aufgelöst[278]. Dies bedeutet, daß vertragliche Obligationen, welche vor dem Zeitpunkt der „frustration" hätten ausgeführt werden müssen, weiterhin bestehen bleiben, wohingegen die Rechte, welche zur Zeit der „frustration" noch nicht entstanden sind, nicht durchgesetzt werden können.

„Frustration" ist außerdem auch dann möglich, wenn die Parteien für einige Zeit nach dem Ereignis so handelten, als würde der Vertrag noch existieren, da sie nicht vom Parteiwillen abhängt und es somit den Parteien auch nicht freisteht, sie einfach zu übergehen. Der automatische Effekt bedeutet, daß sich beide Parteien

---

[276]Siehe z.B. *The Zuiho Maru* [1977] 2 Lloyd's LR 552, 555, *per* Kerr J.

[277]*Hirji Mulji v. Cheong Yue SS* [1926] AC 497, 505, *per* Lord Sumner

[278]Kritisch gegenüber der Auflösung als Rechtsfolge Trakman, [1983] 46 MLR 39, 49. Ihm zufolge ziehen Geschäftsleute häufig eine Anpassung vor, wenn diese möglich ist. McInnis, *Force Majeure in Building Contracts*, 139, 157 in: McKendrick (ed.), Force Majeure and Frustration of Contract, befürwortet ebenfalls eine Anpassung, da diese häufig den Interessen und Wünschen der Vertragsparteien entspräche.

auf „frustration" berufen können, auch wenn eine Partei dadurch einen Profit machen würde. Allerdings scheint es, als ob die Gerichte im letzteren Falle davor zurückscheuen, den Vertrag für „frustrated" zu erklären[279]. Es gäbe eigentlich auch keinen Grund, warum „frustration" nicht nur der Partei als Option zur Verfügung stehen sollte, welche durch das Ereignis einen Nachteil erfährt[280], solange sie mit der Wahl nicht zu lange zögert (eine solche relativ zügige Wahl muß auch bei Vertragsbruch in Form der Verletzung einer „condition", also einer Hauptpflicht, getroffen werden); bislang gilt aber weiterhin das Prinzip der automatischen „frustration".

Hinsichtlich der Rechte, welche schon vor Eintritt der „frustration" entstanden sind, muß zwischen den Regeln des common law und dem *Law Reform (Frustrated Contracts) Act 1943 („LR(FC)A")* unterschieden werden. Obwohl der *LR(FC)A* verabschiedet wurde, um die offensichtlichen Defekte des common law zu beheben, bleibt dieses weiterhin von Bedeutung, weil der *LR(FC)A* auf einige Vertragstypen nicht anwendbar ist.

I. Common Law

Im common law sind die Vertragsklauseln vom Eintritt der „frustration" an unwirksam[281]. Eine Vertragspartei kann daher für schon ausgeführte Teilleistungen eines ganzen Vertrages keine Kompensation erhalten, wenn sich der Vertrag als „entire obligation" darstellt[282].

Ausnahmen von dieser Regel sind erstens die Fälle, in denen die Parteien die Folgen einer „frustration" selbst bestimmt haben; zweitens, wenn es in der Absicht der Parteien liegt, daß eine Vertragsklausel trotz „frustration" ihre Gültigkeit behält wie z.B. eine Klausel, daß Streitigkeiten von Schiedsgerichten zu lösen sind[283]; und drittens bleiben Rechte (inklusive solcher, die aufgrund eines vorherigen Vertragsbruches der anderen Partei entstanden sind), welche schon vor der „frustration" entstanden sind, weiterhin durchsetzbar[284]. Dieses Prinzip

---

[279]Siehe z.B. *Tamplin SS* [1916] 2 AC 397 und *Tsakiroglou* [1962] AC 93.

[280]Siehe Treitel, *op. cit.*, 822.

[281]*Metropolitan Water Board v. Dick Kerr & Co. Ltd* [1918] AC 119

[282]*Cutter v. Powell* (1795) 6 TR 320; *Appleby v. Myers* (1867) LR 2 CP 651

[283]*The Hannah Blumenthal* [1983] 1 AC 854, 917

[284]Allerdings beschränkt sich diese Durchsetzbarkeit wohl auf Schadensersatz, da „specific performance" von den Gerichten in so einem Fall nicht angeordnet würde: Stewart/Carter, [1992] CLJ 66, 70.

führt in den Fällen zu Ungerechtigkeiten, wo eine Partei schon vor der „frustration" des Vertrages zur Leistung verpflichtet ist, die andere hingegen erst danach leisten muß. Die erstere muß in diesem Falle nämlich leisten, ohne dafür etwas als Gegenleistung zu erhalten. Dies wird durch *Chandler v. Webster*[285], einen der Krönungszugfälle, illustriert, wo der Mietpreis für ein Zimmer, von welchem aus die Prozessionsroute überblickt werden konnte, im voraus zu entrichten war. Wie schon erwähnt, fand der Krönungszug aufgrund der Krankheit des Monarchen nicht statt, woraufhin auch dieser Vertrag frustriert wurde; der Mieter mußte jedoch den Mietpreis trotzdem voll bezahlen. Die Rückerstattung des Geldes wegen einer „total failure of consideration" wurde ihm nicht zugestanden, da das Gericht befand, „frustration" befreie die Parteien nur von der weiteren Leistungspflicht, mache den Vertrag aber nicht von Anfang an nichtig.

Dieses Resultat ist oft kritisiert worden[286], und in *Fibrosa Spolka Akcyjna v. Fairbairn Lawson Combe Barbour Ltd.*[287] wurde es vom House of Lords zurechtgerückt. In dem Fall wurde die Zurückerstattung einer Anzahlung aufgrund „total failure of consideration" gestattet, da die Klägerin für das Geld keine Gegenleistung erhalten hatte.

Trotzdem wirft das common law weiterhin zwei Probleme auf. Zum einen muß die „consideration" in ihrer Gesamtheit fehlen, d.h. erhält die betreffende Partei einen selbst geringen Teil der Gegenleistung, kann sie sich auf deren völliges Fehlen nicht mehr berufen. Zum anderen kann das Zurückerhalten einer Vorauszahlung aufgrund einer „total failure of consideration" gegenüber der anderen Partei ungerecht sein, die damit möglicherweise die ersten Schritte zur Vertragserfüllung ihrerseits finanziert hat und durch die Zurückzahlung nun den gesamten entstandenen Verlust allein tragen muß. Diese Probleme sollten mit dem *Law Reform (Frustrated Contracts) Act 1943* gelöst werden.

II. Law Reform (Frustrated Contracts) Act 1943

Das Gesetz enthält einen Mechanismus zur Verteilung von Verlusten, welche bei einer „frustration" entstehen. Es beschäftigt sich sowohl mit den erwähnten Schwierigkeiten aus *Chandler v. Webster* als auch mit dem Problem von Teilleistungen, aus denen dem Leistenden im „common law" kein Entgeltanspruch entsteht.

---

[285] [1904] 1 KB 493

[286] Stewart/Carter bezeichnen es z.B. als die „*Chandler v. Webster* Ketzerei": [1992] CLJ, S. 71.

[287] [1943] AC 32

1. Zurückerstattung schon bezahlten Entgelts

S. 1(2) des Act bestimmt daß:

1. alle Geldleistungen, welche vor der Entlassung der Parteien aus dem Vertrag zahlbar sind, bei „frustration" nicht mehr bezahlt werden müssen;

2. alle Geldleistungen, welche aufgrund des Vertrages schon bezahlt worden sind, zurückverlangt werden können;

3. die Partei, welche das Entgelt erhalten hat oder erhalten sollte, bei aufgrund des Vertrages schon entstandenen Ausgaben[288] entweder einen Teil oder die ganze bezahlte oder zahlbare Geldleistung behalten bzw. erhalten kann (aber nur, wenn der Vertrag eine Vorauszahlung vorsieht)[289]; dies liegt ganz im Ermessen des Gerichts, welches auf diese Weise die entstandenen Verluste in ihm gerecht erscheinenden Proportionen verteilen kann.

S. 1(2) und der gesamte *LR(FC)A* enthalten Robert Goff J. zufolge als Grundlage das Prinzip der „prevention of unjust enrichment"[290], also die Verhinderung einer ungerechtfertigten Bereicherung[291]. Anders als im „common law" kommt es nicht mehr auf einen „total failure of consideration" an. Allerdings ist s. 1(2) nicht anwendbar, wenn der Vertrag entweder keine Vorauszahlungen vorsieht oder der Zeitpunkt für die Zahlung noch nicht gekommen war oder wenn die Leistung überhaupt keine Geldzahlung umfaßt.

---

[288] „in, or for the purpose of, the performance of the contract". Fraglich ist, ob diese Formulierung im Vertrauen auf ein Zustandekommen eines Vertrages schon vorher eingegangene Ausgaben mit einschließt. Dies wird zumindest dann nicht der Fall sein, wenn z.B. ein Großhändler dabei noch keinen bestimmten Vertrag im Sinn hat.

[289] Robert Goff J. sieht dies als „statutory recognition of the defence of change of position": *BP v. Hunt* [1979] 1 WLR 783, 800. Allerdings müssen unter s. 1(2) die Ausgaben nicht mit dem Erhalt des Geldes in kausalem Zusammenhang stehen, wie dies bei einem „change of position" der Fall sein müßte: siehe Stewart/Carter, *op. cit.*, S. 81.

[290] *BP (Exploration) Libya Ltd v. Hunt* [1979] 1 WLR 783, 799-800, *per* Robert Goff J.

[291] Zu beachten ist allerdings die Aussage von Lawton LJ. im Court of Appeal daß „ein Gericht von Worten, welche nicht im Statut enthalten sind, keine Hilfe erhält": *BP v. Hunt*, [1982] 1 All ER 925, 983. Es ist also zweifelhaft, ob dies wirklich die Basis des *LR(FC)A* bildet.

2. Entschädigung für erhaltene „benefits"

S. 1(3) behandelt die Fälle, in denen eine der Parteien vor der Auflösung des Vertrages aus den Handlungen der anderen einen wertvollen Nutzen („valuable benefit") gezogen hat, welcher allerdings nicht in Geldzahlungen bestehen darf, da sonst s. 1(2) anzuwenden wäre. Diese Handlungen müssen mit der Vertragsleistung zusammenhängen[292], d.h. sie müssen entweder Teil der Leistung selbst sein oder zumindest darauf abzielen, die Leistung zu ermöglichen. Die Partei, welche die Handlung ausgeführt hat, kann in diesem Fall von der anderen als Entschädigung eine Geldsumme verlangen, welche nicht höher als der Wert des Nutzens für die zahlende Partei sein darf. Diese Summe wird vom Gericht bestimmt[293], welches dabei unter s. 1(3)(a) und (b) vor allem folgendes berücksichtigen soll:

(a) die vor Auflösung des Vertrages entstandenen Ausgaben der Partei[294], welche den Nutzen aus der Handlung zieht, inklusive aller Summen, welche sie gemäß dem Vertrag bezahlt oder erhalten hat und auch solcher Summen, welche sie unter s. 1(2) behalten hat oder welche ihr zustehen; sowie

(b) die Auswirkungen der Umstände, welche zur „frustration" des Vertrages führten, in Bezug auf den besagten Nutzen.

S. 1(3) wirft einige Probleme auf. Diese beziehen sich vor allem auf die Bedeutung des Wortes „benefit" sowie einen *casus omissus*[295] (siehe unten d).

Obwohl der *LR(FC)A 1943* nun schon seit über fünfzig Jahren in Kraft ist, wurde s. 1(3) bisher erst einmal gerichtlich angewendet und interpretiert. Dies geschah in *BP (Exploration) Libya Ltd v. Hunt*[296]. Robert Goff J. sagte dort, daß ein Gericht bei der Anwendung von s. 1(3) erstens das „benefit" identifizieren, zweitens seinen Wert bestimmen und drittens die resultierende „just sum" festlegen müsse.

---

[292] „in, or for the purpose of, the performance of the contract"

[293] „a just sum having regard to all the circumstances of the case". Dies stellt die übliche Formulierung für das Ermessen de Gerichtes bei der Feststellung eines gerechten Entgelts dar.

[294] Sofern sie wieder „in, or for the purpose of, the performance of the contract" entstanden sind.

[295] Haycroft and Waksman, [1984] JBL 207, 216

[296] [1979] 1 WLR 783

a) „Benefit"

„Benefit" kann mehrere Formen annehmen. Geldzahlungen etwa bringen der bezahlten Partei immer einen Nutzen, welcher sich auch im „zeitlichen Wert" von Geld niederschlägt, d.h. Zinsen, gesparten Kosten, etc., oder bei Zahlung in fremder Währung auch in Wechselkursschwankungen. Die (unter s. 1(2)) zurückzuzahlende Summe kann daher vom Gericht erhöht werden[297], wenn ein derartiger „time value" für die andere Partei bewiesen werden kann.

Auch der Transfer von Eigentum bringt einen Nutzen. Wenn ein ausgeführter Transfer sich nicht gemäß s. 2(4) vom Rest des Vertrages abtrennen läßt, ist wohl der Marktwert für die Bestimmung des Nutzens ausschlaggebend[298].

Problematisch ist der Nutzen, welchen eine Partei aus Dienstleistungen bezieht. *BP v. Hunt* zufolge ist „benefit" nur als Endprodukt, welches die andere Partei erhalten hat, zu verstehen, und nicht als die Kosten, welche dem Leistenden bei der Ausführung des Vertrages entstanden sind. Einschränkend sagte Robert Goff J. allerdings, daß dies in einem „appropriate case" der Fall sein könne, schloß also die Möglichkeit, die Dienstleistung selbst als „benefit" anzusehen, nicht kategorisch aus. Dies wird einerseits dann der Fall sein, wenn die Leistung in keinem Endprodukt resultiert[299], und andererseits wenn ein solches Endprodukt keinen objektiven Wert hat[300], jedoch subjektiv für die Partei, welche die Dienste erhält, logischerweise einen solchen darstellt, da sie die leistende Partei sonst nicht engagiert hätte.

Eine dritte Situation, in welcher ein Endprodukt durch das „frustrating event" selbst zerstört wurde, fällt Goff J. zufolge allerdings nicht unter diese Ausnahmen, da der Wert des „benefit" dann auf null reduziert sei und „Nutzen" unter s. 1(3)(b) sich in einem derartigen Fall offensichtlich auf das Endprodukt der Dienstleistung beziehe, nicht die Leistung selbst. Dem wird nicht zu Unrecht entgegengehalten, daß s. 1(3)(a) und (b) sich lediglich auf die Festlegung der „just sum", also den dritten Schritt beziehen; zudem besagt s. 1(3), daß die betreffende Partei das „benefit" vor der Entlassung aus dem Vertrag erhalten haben soll, so daß der Wert des „benefit" wohl vor der „frustration" des Vertrages zu bestim-

---

297 Aufgrund der in s. 3(1) *Law Reform (Miscellaneous Provisions) Act 1934* verliehenen Befugnis. Siehe heute s. 35A *Supreme Court Act 1981* und s. 69 *County Courts Act 1984.*

298 Stewart/Carter, *op. cit.*, S. 91

299 [1979] 1 WLR 783, 802

300 [1979] 1 WLR auf S. 803

men wäre und seine spätere Zerstörung nur als Faktor für eine geringere (oder gar keine) „just sum" relevant zu sein scheint[301]. Da *BP v. Hunt* ohnehin kein derartiger Fall war, sind Robert Goff J.'s diesbezügliche Äußerungen nur als *obiter dictum* zu betrachten.

b) Bestimmung des Wertes

Die Bestimmung des Wertes des „benefit" wirft ebenfalls Probleme auf. Ein vergleichsweise geringer Dienst kann für die andere Partei einen enormen Nutzen haben. In dem Fall muß sich der Wert aus dem Nutzen bestimmen, nicht aus der Dienstleistung. Wenn hingegen die Leistung in keinem Nutzen von objektivem Wert resultiert, muß sich ein Gericht vermutlich an der Leistung selbst orientieren. Unbedingte Voraussetzung ist jedoch, daß der Beklagte etwas erhält, was zumindest für ihn von Wert ist. Die Tatsache allein, daß der Kläger Ausgaben gehabt hat, genügt noch nicht, um ein „benefit" für die andere Partei darzustellen[302].

Der Zeitpunkt der Wertbestimmung ist Robert Goff J. zufolge der Eintritt des „frustrating event", obwohl, wie oben erwähnt, s. 1(3) von einem Nutzen vor dem Zeitpunkt der Entlassung aus dem Vertrag spricht. Daher läßt sich über diesen Punkt wohl noch streiten[303]. Außerdem meint Robert Goff J., daß Ausgaben, welcher der Partei entstanden sind, die den Dienst erhalten hat, von dem Wert des „benefits" abzuziehen sind und nicht von der „just sum", wie dies die Worte unmittelbar vor s. 1(3)(a) sowie s. 1(3)(a) selbst anzudeuten scheinen.

c) „Just sum"

Die „just sum" wird vom Richter in der ersten Instanz festgelegt und von den Berufungsgerichten nur bei offensichtlich falscher und ungerechter Bestimmung untersucht[304]. Sie kann gemäß s. 1(3) nicht mehr als den Wert des „benefits" betragen und hängt möglicherweise auch von der vertraglichen Risikoverteilung ab[305].

---

301 Stewart/Carter, *op. cit.*, S. 99

302 So ist z.B. in *Taylor v. Caldwell* kein Nutzen für den Mieter der zerstörten Music Hall ersichtlich.

303 McKendrick, *Consequences of Frustration*, 65 in: McKendrick (ed.), Force Majeure and Frustration of Contract

304 Lawton LJ. in *BP v. Hunt* [1982] 1 All ER 925, 980

305 *BP v. Hunt* [1979] 1 WLR 783, 806

Der Prozeß der Feststellung einer „just sum" ähnelt vermutlich dem der Bestimmung eines *quantum meruit*, d.h. der leistenden Partei wird für ihre erbrachten Dienste eine „reasonable sum" zuerkannt.

Ein vorheriger Vertragsbruch der Partei, welche unter dem *LR(FC)A* Forderungen erhebt, hat auf die Anwendbarkeit von ss. 1(2) und 1(3) keinen Einfluß; allerdings können etwaige Schadensersatzansprüche, welche dem Beklagten hieraus entstehen, der „just sum" gegenüber gestellt werden und zu ihrer Reduzierung führen[306].

d) Casus omissus

Nichts in s. 1(3) deutet darauf hin, daß eine Partei so wie in s. 1(2) von Obligationen befreit wird, welche schon vor der „frustration" des Vertrages hätten erfüllt werden sollen, jedoch nicht erfüllt worden sind. Wenn daher eine solche Obligation in der Bezahlung einer Geldsumme besteht, wird sie mit der Entlassung aus dem Vertrag hinfällig. Handelt es sich hingegen um eine anderweitige Leistungsforderung, bleibt diese trotz der „frustration" des Vertrages weiter bestehen. Auch kann die leistungspflichtige Partei für den Wert dieser Leistung keine Forderung unter s.1(3) stellen, da diese auf „benefits" beschränkt ist, welche der anderen Partei schon vor der Auflösung des Vertrages entstanden sind. Es scheint sich hierbei daher offensichtlich um einen *casus omissus* zu handeln, welcher aber bisher nicht behoben worden ist.

3. Teilbare Verträge

S. 2(4) des *LR(FC)A* sagt aus, daß im Falle eines „severable contract", also eines Vertrages, dessen Obligationen sich teilen und abtrennen lassen, ein bereits ausgeführter abtrennbarer Teil vom Rest des Vertrages zu differenzieren ist und durch den Wechsel der Umstände nicht frustriert wird. Der *LR(FC)A 1943* wird dann folgerichtig auf solche Obligationen nicht angewandt; allerdings muß hierfür die fragliche Teilleistung vollständig erbracht worden sein. Ist eine derartige Obligation nicht vollendet worden, kann die dafür geleistete Geldzahlung oder das „benefit" unter dem *LR(FC)A* zurückerlangt werden[307].

---

306 *BP v. Hunt* 81979] 1 WLR 783, 808, *per* Robert Goff J.

307 Im Gegensatz zum „common law": *Stubbs v. Holywell Railway Co.* (1867) LR 2 Ex 311.

4. Disposition

S. 2(3) gibt den Parteien die Möglichkeit, die Anwendung des *LR(FC)A* durch entsprechende Vertragsklauseln auszuschließen. Das Statut ist aber wohl dem „common law" und dessen Beharren auf einer „total failure of consideration" vorzuziehen; dieses käme bei Ausschluß im Vertrag anstelle des *LR(FC)A* zur Anwendung, es sei denn, die Parteien selbst hätten die Folgen der „frustration" im Vertrag festgelegt[308]. In dem Fall müssen sie dies aber sehr deutlich machen, damit eine solche Klausel nicht zusammen mit dem Rest des Vertrages der „frustration" zum Opfer fällt[309].

5. Vom LR(FC)A *ausgenommene Vertragstypen*

Der *LR(FC)A* schließt in s. 2(5) seine Anwendung auf bestimmte Vertragstypen aus:

(a) „Voyage charterparties" und andere Verträge für die Beförderung von Gütern über den Seeweg. „Voyage charterparty" bedeutet, daß ein Schiff nur für eine bestimmte Reise gechartert wird und nicht für eine gewisse Zeit („time charters").

(b) Versicherungsverträge. Dies ist deshalb sinnvoll, weil es grundsätzlich unter einer Versicherungspolice keine Aufteilung der Prämien geben kann, da normalerweise eine Versicherung für das gesamte Risiko gilt[310] und der Versicherer somit das gesamte „versicherte" Risiko eines Verlustes trägt. Ist das eintretende Ereignis hingegen unversichert, trägt der Versicherte das gesamte Risiko.

(c) Bestimmte Kaufverträge:

1. Verträge unter s. 7 *Sale of Goods Act 1979*. S. 7 betrifft den Verkauf von spezifischen Gütern, in welchen die Güter ohne Verschulden der Parteien vor Übergang des Risikos untergehen. In einem solchen Fall werden beide Parteien aus dem Vertrag entlassen. Vorauszahlungen des Käufers können aufgrund einer

---

[308]Eine Vertragsklausel kann auch Vorsorge für das frustrierende Ereignis selbst treffen. Wenn sie auf diese Weise die „frustration" gar nicht erst zustande kommen läßt, ist der *LR(FC)A* ebenfalls nicht anwendbar.

[309]*BP v. Hunt* [1979] 1 WLR 783, 829, *per* Robert Goff J.

[310]Und kein Teil der „consideration" zurückerstattet wird.

„total failure of consideration" zurückerhalten werden. Ist ein Teil der Güter schon geliefert worden, kann er einen proportionalen Anteil der Anzahlung zurückverlangen, da die nicht gelieferten Güter weiterhin dem Risiko des Verkäufers unterliegen[311]. Hat der Verkäufer einen Teil geliefert und dafür noch keine Bezahlung erlangt, wird er im „common law" nur entgolten, wenn aufgrund des Verhaltens des Käufers (z.B. Behalten oder Weiterverkauf der Güter) ein neuer Vertrag impliziert werden kann.

2. Alle anderen Verträge über den Kauf oder den Kauf und die Lieferung von spezifischen Gütern, welche aufgrund des Untergangs der Güter „frustrated" sind. Dies sind vermutlich die Fälle, welche aus dem Grund nicht unter s. 7 fallen, weil das Risiko bereits auf den Käufer übergegangen ist[312]; allerdings ist nicht ganz klar, wie ein solcher Vertrag frustriert werden kann, da die Risikoverteilung in ihm bereits geregelt ist und der Käufer dann grundsätzlich den vollen Kaufpreis entrichten muß.

S. 2(5)(c) ist insofern unverständlich, als sie nur Kaufverträge ausschließt, welche aufgrund des Unterganges von spezifischen Gütern frustriert werden, nicht aber solche, die etwa wegen „illegality" ihre Auflösung erfahren. Der Grund für den Ausschluß von Kaufverträgen von der Anwendung des *LR(FC)A* ist die Priorität, welche die Rechtssicherheit gegenüber der Gerechtigkeit in solchen Verträgen besitzt[313]; allerdings müßten dann folgerichtig alle Kaufverträge ausgeschlossen werden[314].

6. Restitution

Ein angemessenes Entgelt kann einer Partei auch in der Form von „restitution" gewährt werden. Diese stellt einen separaten Anspruch dar, wenn beide Parteien den Vertrag nach Eintritt einer „frustration" als weiterhin in Kraft behandeln und demzufolge weiter ihre jeweiligen Leistungen erbringen[315]. Da der Vertrag durch die „frustration" unabhängig vom Parteiwillen automatisch seine Auflösung er-

---

[311] Atiyah, *The Sale of Goods* S. 336

[312] Treitel, *op. cit.*, S. 831

[313] Treitel, S. 831

[314] Alternativ könnte das Statut auf alle Kaufverträge anwendbar sein: siehe z.B. s. 3(1) *South Australia Frustrated Contracts Act 1988.*

[315] Zu Restitution generell siehe Birks, *Introduction to the Law of Restitution.*

fuhr, wurden diese Leistungen unter keinem gültigen Vertrag erbracht. Der *LR(FC)A* hilft nicht weiter, da er sich nur mit Leistungen und Verlusten, welche bis zum Zeitpunkt der „frustration" entstanden, beschäftigt.

Später erbrachte Leistungen werden mit einem sogenannten *quantum meruit* entgolten, d.h. einer der erbrachten Leistung angemessenen Summe. Dieser Summe sind keine Grenzen gesetzt; sie kann auch höher ausfallen als der ursprünglich vereinbarte Vertragspreis[316]. Es kommt lediglich darauf an, was die Leistung unter den gegebenen Umständen wert ist.

F. Frustration unterschieden von Mistake

„Frustration" muß von dem in mancher Hinsicht ähnlichen Konzept des „common mistake" unterschieden werden. „Frustration" bedeutet die nachträgliche Auflösung eines Vertrages, der vorher rechtlich einwandfrei geschlossen wurde. Dies geschieht aufgrund späterer Ereignisse, welche die Vertragserfüllung radikal anders gestalten würden. „Mistake" ist hingegen mit dem gültigen Abschluß des Vertrages selbst befaßt; durch ihn wird der Vertrag von Anfang an hinfällig („void *ab initio*"), er gilt also aufgrund des grundlegenden Irrtums beider Parteien als nie rechtskräftig geschlossen. Dieser Irrtum muß sich auf den Vertragsgegenstand selbst beziehen („subject matter"). In Frage kommen hierbei *res extincta*, also die Nichtexistenz des Vertragsgegenstandes[317], *res sua*, wenn der Vertragsgegenstand dem Käufer bereits gehört[318], und auch Irrtümer über die Qualität des Vertragsgegenstandes. Diese Qualität muß von beiden Parteien als essentiell angesehen werden und muß von grundlegender Bedeutung sein[319]; es ist nicht ganz klar, welche Qualitäten diesen Test erfüllen würden, aber es sei hier auf Treitel verwiesen, der vorschlägt, die Qualität müsse sich auf die Identität des Gegenstandes beziehen, so daß er ohne die betreffende Qualität eigentlich ein anderer ist[320]. Dieser Vorschlag kann sich auf Lord Atkin stützen, der meint, die Qualität müsse von solcher Bedeutung sein, daß ohne sie der Gegenstand ein wesentlich anderer wäre[321].

---

[316] *Société Tunisienne d'Armement v. Sidermar SpA (The Massalia)* [1961] 2 QB 278

[317] Z.B. *Galloway v. Galloway* (1914) 30 TLR 531, *Strickland v. Turner* (1852) 7 Ex 208

[318] *Cooper v. Phibbs* (1867) LR 2 HL 149

[319] *Bell v. Lever Bros.* [1932] AC 161

[320] *Op. cit.*, S. 255

[321] *Bell v. Lever Bros.*, S. 218

Daß „frustration“ und „common mistake“ bei unterschiedlichen Zeitpunkten der Vertragsabschlüsse auf denselben Tatbestand anwendbar sein können, zeigen die Krönungszugfälle. In *Krell v. Henry*[322], wo der Vertrag vor Erkrankung des Monarchen geschlossen wurde, war die Krankheit auslösendes Ereignis für die „frustration“ des Vertrages. In *Griffith v. Brymer*[323], wo ein ähnlicher Vertrag nach schon erfolgter Absage der Prozessionen geschlossen wurde, war dieser aufgrund eines „common mistake“ der Parteien nichtig.

Allerdings sind „frustration“ und „mistake“ „different juristic concepts“[324], was sich schon in den unterschiedlichen Folgen ausdrückt. Während nämlich bei „mistake“ aufgrund der völligen Nichtigkeit des Vertrages *ab initio* Vorauszahlungen vollständig zurückzuerstatten waren, war dies in *Chandler v. Webster*[325] nicht der Fall, denn „frustration brings the contract to an end forthwith, without more and automatically“[326], anstatt ihn von Anfang an nichtig zu machen; da die Vorauszahlung vor der „frustration“ des Vertrages zu leisten war, mußte sie damals noch nicht zurückerstattet werden. Allerdings hat sich die Situation seit dem *Law Reform (Frustrated Contracts) Act 1943* in dieser Beziehung geändert.

Unterschiede sind weiterhin insofern gegeben, als Gerichte eine „frustration“ eines Vertrages eher zuzulassen scheinen als seine Nichtigkeit aufgrund eines „common mistake“; wenn daher eine Partei sich vertraglich dazu verpflichtet, das Unmögliche zu tun, kann dies durchaus aufrecht erhalten werden[327], wohingegen nachträgliche Unmöglichkeit in den meisten Fällen die „frustration“ des Vertrages bewirkt. Allerdings ist natürlich auch die Vorhersehbarkeit zukünftiger Geschehnisse weitaus ungenauer und ungewisser als das potentielle Wissen um gegenwärtige Zustände[328].

---

[322] [1903] 2 KB 740

[323] (1903) 19 TLR 434

[324] *Joseph Constantine SS v. Imperial Smelting* [1942] AC 154, 186

[325] [1904] 1 KB 493

[326] *Hirji Mulji v. Cheong Yue SS*[1926] AC 497, 505, *per* Lord Sumner

[327] *The Epaphus* [1987] 2 Lloyd's LR 215

[328] Treitel, *op. cit.*, S. 836 f.

G. Discharge by Construction

In einigen Fällen haben die Gerichte die Parteien aufgrund des Eintritts bestimmter Ereignisse aus einem Vertrag entlassen, ohne sich dabei ausdrücklich auf „frustration" zu berufen.

In *Staffordshire Area Health Authority v. South Staffordshire Waterworks Co.*[329] hatte der Court of Appeal es mit einem Langzeitvertrag über die Versorgung eines Krankenhauses mit Wasser zu tun. Der 1929 geschlossene Vertrag, welcher „at all times hereafter" gültig sein sollte, gestand dem Krankenhaus täglich 5.000 Gallonen (knapp 19.000 Liter) Wasser umsonst zu, sowie alles zusätzlich benötigte Wasser zu einem Preis von 2.9p pro 1.000 Gallonen. 1975 betrug der normale Preis für diese Menge 45p, also das gut fünfzehnfache, und die Wassergesellschaft beschloß, den Vertrag einseitig zu kündigen; das Krankenhaus sollte weiterhin täglich 5.000 Gallonen Wasser umsonst erhalten, alles zusätzlich benötigte Wasser jedoch zu dem normalen Preis von 45p beziehen.

Das Gericht sagte, daß bei der Vertragsauslegung nicht die strikte Auslegung des Vertrages, sondern seine Interpretation in Beziehung zu den Umständen, welche den Parteien bei Abschluß des Vertrages bekannt waren oder welche sie sich zu diesem Zeitpunkt vorstellten, im Vordergrund stehen müsse. Bei zeitlich unbegrenzten Verträgen mit Versorgungscharakter, welche zu einem festgesetzten Preis ausgeführt werden, zögern die Gerichte aufgrund ihres Ungleichgewichtes, sie als bis in alle Ewigkeit gültig auszulegen. Statt dessen befand Lord Denning im Court of Appeal, daß der Vertrag mit einer „reasonable notice" beendet werden könne, wenn sich die Situation wie hier seit Vertragsschluß radikal gewandelt hat. Die Definition von Lord Denning bezüglich des „radical change" ähnelt wohl nicht zufällig derjenigen der „frustration", welche allerdings automatisch und nicht entsprechend den Wünschen der Parteien operiert. Zudem war in diesem Falle die Inflation der Grund für die radikal geänderten Umstände, und dies ist grundsätzlich für „frustration" nicht ausreichend; der Grund dafür liegt vermutlich daran, daß es in England eine Hyperinflation wie im Deutschland der Zwanziger Jahre dieses Jahrhunderts bisher noch nie gab und daher das Nominalprinzip im Normalfall unantastbar ist, wenn nicht gerade eine Extremsituation wie hier eintritt. Trotzdem wäre der Vertrag wohl auch hier unberührt geblieben, hätte er anstatt einer unbegrenzten Zeitdauer eine Laufzeit von z.B. 99 Jahren vorgesehen.

Die beiden anderen Richter, Goff LJ. und Cumming-Bruce LJ., fanden auf einer anderen Basis, daß der Vertrag gekündigt werden könne. Ihnen zufolge war „at

[329] [1978] 3 All ER 769

all times hereafter“ nicht wörtlich zu nehmen, sondern bedeutete „während der Laufzeit des Vertrages“, welcher demzufolge lediglich unbestimmt, aber nicht auf ewig ausgelegt war. Einem generellen Prinzip zufolge implizieren Gerichte in kommerziellen Verträgen mit unbestimmter Laufzeit oft eine Klausel, daß jede Partei den Vertrag mit „reasonable notice“ kündigen darf[330]. Der Fall kann also schlecht zur Rechtfertigung einer generellen gerichtlichen Anpassungsbefugnis im Falle einer „frustration“ herangezogen werden. Dieser Fall zeigt aber, daß schleichende Inflation über fünfzig Jahre die Auflösung zumindest eines unbestimmten Vertrages zur Folge haben kann, wenn die benachteiligte Partei ihn kündigt.

---

[330]Siehe z.B. *Martin-Baker Aircraft Co. v. Flight Refuelling Equipment Ltd.* [1955] 2 QB 556.

3. Kapitel: Von den Parteien selbst bestimmte Folgen des Eintritts außergewöhnlicher Ereignisse

A. Auflösung und Anpassung des Vertrages

Es steht den Parteien jederzeit frei, den Vertrag gemeinschaftlich für beendet zu erklären bzw. ihn an die veränderten Verhältnisse anzupassen. Da ein angepaßter Vertrag einen neuen Vertrag darstellt („novation"), muß er alle Charakteristiken eines normalen Vertrages aufweisen, vornehmlich eine neue „consideration". „Consideration" besteht in irgendeinem Wert, welcher von einer Partei an die andere übergeht. Dieser Wert braucht nicht objektiv zu sein. Er kann jedoch nicht in der Ausführung von Pflichten bestehen, welche eine Partei schon dem alten Vertrage zufolge schuldete. In Fällen von „frustration" sind die ursprünglichen Pflichten allerdings infolge der Auflösung des Vertrages weggefallen. Demnach kann die Erbringung der ursprünglichen oder einer anderen Leistung in einer solchen Situation durchaus als neue „consideration" gelten. Das Abschließen eines neuen Vertrages, sei dieser auch nur an die neuen Umstände angepaßt, ist nach Eintritt einer „frustration" daher immer rechtskräftig.

Ist eine bestimmte Situation allerdings nicht ernst genug, um eine „frustration" zu bewirken, gilt grundsätzlich, daß eine Anpassung des Vertrages irgendeine „neue" consideration (im Vergleich zum ursprünglichen Vertrag) erfordert. Die einzige Ausnahme hiervon stellt das „promissory" bzw. „equitable estoppel" dar.

B. Promissory Estoppel

Eine vorübergehende Vertragsanpassung durch die Parteien ist durch das „promissory estoppel" möglich. Dieses stellt eine Ausnahme zu der Regel in *Foakes v. Beer*[331] dar, welche besagt, daß ein Versprechen des Gläubigers, weniger als die vertraglich vereinbarte Leistung endgültig als Erfüllung zu akzeptieren, rechtlich nicht bindend sei, da es von keiner neuen „consideration" seitens des Schuldners begleitet ist.

„Estoppel" wurde ursprünglich als „equitable estoppel" in der zweiten Hälfte des 19. Jahrhunderts von den Gerichten entwickelt[332] und drückt aus, daß im Falle neuer Verhandlungen über einen schon bestehenden Vertrag eine Partei durch ihr Verhalten der anderen zu verstehen geben kann, daß sie nicht auf ihren strikten Vertragsrechten bestehen wird. Sollte sie dies später doch tun, wird ihr dieses

---

[331] (1884) 9 App Cas 605

[332] Siehe *Hughes v. Metropolitan Railway Co.* (1877) 2 App Cas 439

vom Gericht verwehrt, da es im Hinblick auf die Geschäfte der Parteien „inequitable", also unbillig, wäre. Damit dieses „estoppel" zustande kommen kann, ist eine klare, unmißverständliche Darstellung der Partei, welche von der Durchsetzung ihrer Rechte „estopped" wird, unbedingt notwendig; dazu kann ein bestimmtes Verhalten dieser Partei genügen. Außerdem ist es nötig, daß sich die andere Partei auf diese Darstellung tatsächlich verläßt, da dies sowohl die Existenz des Versprechens und seine Ernsthaftigkeit beweist und es erst dadurch „inequitable" würde, die strikten Vertragsrechte weiterhin durchzusetzen; verläßt sich die andere Partei nicht auf diese Darstellung, muß dies bedeuten, daß sie am ursprünglichen Vertrag weiterhin festhält.

Die Vertragsrechte, welche aufgrund des „equitable estoppel" nicht durchsetzbar sind, werden nicht endgültig ausgelöscht, sondern lediglich solange suspendiert, bis die betreffende Partei der anderen zu verstehen gibt, daß sie ihre Rechte nach einer angemessenen Frist wieder aufnehmen wird[333]. Allerdings kann dies wohl nicht rückwirkend geschehen, so daß z.B. während der Suspendierung fällig werdende Kompensationen nicht nachträglich verlangt werden können[334]. „Equitable estoppel" kann nur als Verteidigung gegen den Versuch der anderen Partei, ihre Vertragsrechte durchzusetzen, dienen, nicht jedoch, um eine eigene Klage zu untermauern[335].

In *Central London Property Trust v. High Trees House*[336] erweiterte Denning J. die Doktrin auf Fälle, in denen die Teilzahlung einer Summe anstatt der ganzen Summe vom Gläubiger als ausreichend angesehen wird. Dies ist als „promissory estoppel" bekannt und hat im Grunde genommen dieselben Voraussetzungen wie das „equitable estoppel". Der Unterschied ist, daß ein ausdrückliches Versprechen der einen Partei, nicht auf ihren strikten Vertragsrechten zu bestehen, notwendig ist, auf welches sich die andere Partei dann verläßt, z.B. indem sie weniger als das vereinbarte Entgelt bezahlt.

Obwohl „promissory estoppel" bis heute nicht vom House of Lords ausdrücklich abgesegnet worden ist, muß er als fester Bestandteil des englischen Rechts gelten, da es nur die logische Einbeziehung von Vertragsklauseln über den Preis und die Bezahlung unter die bestehende Lehre vom „equitable estoppel" darstellt, auch wenn es damit eigentlich gegen die Autorität von *Foakes v. Beer* verstößt.

---

[333] *Tool Metal Manufacturing Co. Ltd v. Tungsten Electric Co. Ltd* [1955] 1 WLR 761

[334] *ibid.*

[335] *Combe v. Combe* [1951] 2 KB 215

[336] [1947] KB 130

Bei Verträgen, welche von außergewöhnlichen Ereignissen behindert werden, kann ein „equitable" bzw. „promissory estoppel" dazu führen, daß der von den Ereignissen belasteten Partei z.B. eine längere Erfüllungszeit gewährt wird oder sich die Menge der zu liefernden Ware verringert. Denkbar sind viele Permutationen, welchen lediglich gemein ist, daß sie alle vom Willen der Parteien, den Vertrag weiterhin am Leben zu erhalten, abhängig sind.

Ist ein Vertrag von einer „frustration" betroffen, muß man beachten, daß Robert Goff J. in *BP Exploration v Hunt* gesagt hat, „estoppel" könne eine Partei nicht davon abhalten, „frustration" geltend zu machen, da „frustration" kein „legal right", sondern eine „legal doctrine" sei[337]. Trotz dieser Äußerung kann „estoppel" aber wohl zumindest in Fällen der teilweisen oder vorübergehenden Unmöglichkeit eine Rolle spielen[338]. Wenn eine Partei freiwillig auf einen Teil ihrer vertraglichen Rechte verzichtet, sollte sie daran festgehalten werden, selbst wenn die Einwirkungen auf den Vertrag die Voraussetzungen der „frustration" erfüllen.

C. Exclusion and Limitation of Liability

Der Ausschluß bzw. die Begrenzung der Haftung ist in kommerziellen Verträgen weitverbreitet, was die Seltenheit von Gerichtsentscheidungen betreffs „frustration" zum Teil zu erklären vermag. In der Tat kann das Fehlen einer Ausschlußklausel[339] zur Annahme eines „absolute contract" führen, wenn eine Beschränkung der vertraglichen Pflichten in Verträgen des betreffenden Typs üblich ist[340]. Allerdings ist die „frustration" des Vertrages selbst bei einer entsprechenden Klausel im Vertrag möglich, wenn die Vertragsauslegung ergibt, daß sie auf die

---

[337][1979] 1 WLR 783, 809. Bestätigt in [1983] 2 AC 352. In *Black Clawson v. Papierwerke Waldhof-Aschaffenburg* [1981] 2 Lloyd's Rep 446, 457, sagte Mustill J. hingegen : „...frustration can be excluded if the party relying on it has affirmed the contract". Aufgrund seines Präzedenzwertes muß *BP Exploration* als autoritär gelten. *Black Clawson* zeigt jedoch, daß das Thema umstritten ist. Robert Goff J. hat insofern Recht, als „frustration" unabhängig vom Parteiwillen automatisch eintritt. Gerade diese automatische Auflösung kann aber zu Ungerechtigkeiten führen, welche bei Gewährung eines Rücktritts- oder Kündigungsrechts nur an die benachteiligte Partei nicht entständen: siehe Teil III 6. Kapitel C I.

[338]Treitel, *Frustration and Force Majeure*, §15-603

[339]Dieser Ausdruck wird hier generell gebraucht. Klauseln, welche auf außergewöhnliche Ereignisse Anwendung finden, schließen meistens nicht die Haftung aus, sondern begrenzen die Leistungspflicht des Verwenders. Am häufigsten vertreten sind *force majeure*-Klauseln.

[340]*Budgett v. Binnington* [1891] 1 QB 35, 41. Der Vertrag behandelte das Ausladen von Gütern von einem Schiff. Im Normalfall enthielten derartige Verträge exkulpatorische Bestimmungen für den Fall schlechten Wetters oder eines Streiks. Das Fehlen einer solchen Klausel bewirkte eine Zuordnung des Risikos an die betreffende Partei.

tatsächlich eingetretene Situation nicht anwendbar ist. Dies kann der Fall sein, weil die Klausel bestimmte Ereignisse, bei deren Eintreten sie zur Anwendung kommen soll, auflistet, und das nun aufgetretene Hindernis sich nicht darunter befindet, oder weil das Gericht trotz der dem Wortlaut der Klausel zu entnehmenden Anwendbarkeit auf die betreffende Situation zu dem Schluß gelangt, das Ereignis selbst habe solch überraschende und verheerende Ausmaße angenommen, daß nicht ersichtlich sei, daß die Parteien bei Vertragsschluß das Weiterbestehen des Vertrages selbst bei einem derartig radikalen Wechsel der Umstände beabsichtigt hätten[341].

I. Contra proferentem

Die *contra proferentem* Regel besagt, daß „exemption clauses" strikt zum Nachteil des Verwenders ausgelegt werden[342]. Dabei werden allerdings Klauseln, welche die Haftung insgesamt auszuschließen suchen, strenger behandelt als solche, welche die Haftung lediglich begrenzen[343], da die Gerichte es für unwahrscheinlicher halten, daß die Partei, zu deren Lasten sich die Klausel auswirkt, die Absicht hatte, dem Verwender die gesamte Haftung zu erlassen als daß sie einer Begrenzung dieser Haftung zugestimmt hat.

II. Standard Form Contracts

Die Mehrheit der heutzutage geschlossenen kommerziellen Verträge kommen als sogenannte „standard form contracts" zustande[344]. Diese bestehen zum einen aus standardisierten gedruckten Klauseln, welche immer gleich bleiben, und zum anderen aus mündlichen oder schriftlichen Klauseln, welche bei einer bestimmten Transaktion hinzugefügt werden. Wenn diese beiden Arten von Klauseln miteinander in Konflikt stehen, tragen die letzteren das größere Gewicht, da sie die wahren Absichten der Parteien besser und klarer zum Ausdruck bringen und sie im Gegensatz zu den Standardklauseln von den Parteien individuell ausgehandelt wurden[345].

---

341 *Metropolitan Water Board v. Dick Kerr & Co. Ltd* [1918] AC 119

342 Siehe z.B. *Wallis, Sons & Wells v. Pratt & Haynes* [1911] AC 394; *Beck & Co. v. Szymanowski* [192] AC 43. Obwohl diese Regel an sich nicht für *force majeure*-Klauseln gilt, wird sie von den Gerichten häufig auf diese angewandt.

343 *Ailsa Craig Fishing Co. Ltd v. Malvern Fishing Co.* [1983] WLR 964

344 Jacobs, *Effective Exclusion Clauses*, S. 40

345 *Robertson v. French* (1803) 4 East 130, 136, *per* Lord Ellenborough

Bei der Beurteilung von Haftungsausschlußklauseln berücksichtigen die Gerichte, ob sie in Individualvereinbarungen zum Ausdruck kommen oder dies in den „standard form contracts" geschieht. Im Falle des ersteren wird eine Klausel *prima facie* als harmlos angesehen, wohingegen das Gericht in letzterer Situation zumindest in sogenannten Verbraucherverträgen zunächst annimmt, daß die verwendende Partei ihre wirtschaftliche Überlegenheit ausnutzen will[346].

Legitime Zwecke der „standard form contracts" stellen die Einsparung von Zeit und die Auferlegung etwaiger Versicherungskosten auf eine der Parteien dar. Ein nicht vertretbarer Zweck dieser Verträge ist hingegen die Ausbeutung und Ausnutzung der stärkeren wirtschaftlichen Situation durch die verwendende Partei, die z.B. gegenüber einem Verbraucher ihre Haftung weitgehend ausschließen könnte, ohne daß dieser dagegen etwas zu tun vermag (wenn ihm die Bedeutung einer derartigen Klausel überhaupt bewußt wird). Derartigen Praktiken haben zum Teil die Gerichte vorgebeugt; es wurde jedoch für nötig befunden, zumindest den Gebrauch von „exemption clauses" durch Gesetz zu kontrollieren; die wichtigste Intervention der Legislative in dieser Hinsicht stellen der *Unfair Contract Terms Act 1977* und die *Unfair Terms in Consumer Contracts Regulations 1999* dar.

III. Unfair Contract Terms Act 1977 („UCTA")

UCTA macht einige „exemption clauses" gänzlich unwirksam und erfordert von anderen, daß sie den Ansprüchen der „reasonableness" genügen. Er ist zum größten Teil nur auf Fälle von „business liability" anwendbar[347], welche entweder

a) durch das Tun oder Unterlassen einer Person „in the course of a business", also in Ausübung einer Geschäftstätigkeit (welche nicht seine eigene sein muß); oder

b) durch das Bewohnen oder Besetzen („occupation") von Grundeigentum, welches vom Bewohner oder Besetzer für Geschäftsausübung genutzt wird, entsteht[348].

Unter Paragraph a) fallen auch die Fälle der „vicarious liability" (Dritthaftung) und die der „agency". Unter b) kommen Fälle, in welchen auf einem geschäftlich genutzten Grundstück Schaden entsteht. „Business", obwohl schwierig zu defi-

---

[346] *Schroeder Music Publishing Co. Ltd v. Macaulay* [1974] 3 All ER 616

[347] Die einzige Ausnahme bildet s. 6.

[348] S. 1(3)

nieren, wird zumindest durch die Ausübung einer Tätigkeit, durch die eine Person ihren Lebensunterhalt verdient (oder einen Teil davon) charakterisiert[349]. Diese Tätigkeit muß zusätzlich einen gewissen Grad an Organisation besitzen[350].

Die Anwendung von *UCTA* erfordert in einigen Fällen, daß die durch die Vertragsklausel benachteiligte Partei gegenüber der anderen als „Verbraucher" handelt[351]. Dazu ist es notwendig, daß sie den Vertrag nicht „in the course of a business" abschließt und auch nicht vorgibt, dies zu tun, wohingegen die andere eben dieses tut[352].

UCTA ist im wesentlichen nur auf Klauseln anwendbar, welche die Haftung auszuschließen oder zu begrenzen suchen[353]. Zusätzlich verhindert er, daß eine Partei die Pflichten ausschließen oder begrenzen kann, welche ihr aufgrund der Sorgfaltspflicht in Tort[354] oder durch Klauseln, welche per Gesetz in Warenlieferungsverträge impliziert werden[355], entstehen. Da *force majeure*-Klauseln eine Haftung bei Eintritt außergewöhnlicher Ereignisse gar nicht erst aufkommen lassen, sondern die Leistungspflichten in diesem Falle definieren, ist *UCTA* auf diese nicht anwendbar.

IV. Force Majeure-Klauseln

Die in kommerziellen Verträgen verbreitetste Art von Klauseln, welche bei Eintritt außergewöhnlicher Ereignisse zur Anwendung kommen sind *force majeure*-Klauseln. Diese machen es den Parteien möglich, den nicht immer vorteilhaften

---

[349]*Customs and Excise Commissioners v. Lord Fisher* [1981] 2 All ER 147, 157, *per* Gibson J.

[350]*Chapman v. Aberdeen Construction Group plc* 27 February 1990

[351]Dies ist auch Voraussetzung für die Anwendbarkeit der *Unfair Terms in Consumer Contracts Regulations 1999.*

[352]S. 12

[353]Einige Bestimmungen gehen weiter, etwa s.3(2)(b)(i). Diese verwehrt dem Verwender die Berufung auf eine Klausel, welche es ihm erlaubt, eine Leistung zu erbringen, die substantiell von der Leistung abweicht, welche vernünftigerweise von ihm erwartet werden konnte.

[354]Ss. 2 und 5. Die Haftung muß sich aus „negligence" begründen.

[355]Ss. 6 und 7

Folgen der restriktiven richterlichen Interpretation des Konzepts der „frustration“ zu entgehen[356].

Der Ausdruck *force majeure* erscheint in Artikel 1148 des französischen Code Napoléon und bedeutet im französischen Recht ein leistungsverhinderndes Ereignis, welches sich sowohl als unvorhersehbar als auch als unwiderstehlich im Sinne von unvermeidbar und unüberwindbar herausstellt[357]. Den Parteien muß daher jegliche Kontrolle über das Ereignis fehlen. Das englische Recht kennt die *force majeure* traditionell an sich nicht[358]. Da sie jedoch häufig in kommerziellen Verträgen auftauchen, gibt es diesbezüglich einige gerichtliche Äußerungen.

Oft ist der Ausdruck *force majeure* lediglich ein Teil einer längeren Liste von Ausnahmen[359]. In diesem Fall müssen die Worte, welche davor und dahinter stehen, bei der Konstruktion von *force majeure* beachtet werden[360]. Allerdings kommt die *eiusdem generis* Regel, welche bei Aufzählung bestimmter Ereignisse und einer folgenden generellen „wrap-up clause“ (welche die Aufzählung aller nur denkbaren Ereignisse unnötig machen soll) normalerweise bewirkt, daß alle nicht aufgezählten Ereignisse, auf welche die Klausel anwendbar wäre, von derselben Art wie die erwähnten sein müssen, bei *force majeure*-Klauseln nicht zur Anwendung[361].

---

[356]Schmitthoff, [1980] JBL 82, 84. Obwohl keine ausdrückliche derartige Gesetzesregel existiert, werden *force majeure*-Klauseln oft *contra proferentem* ausgelegt: Treitel, *Frustration and Force Majeure*, S. 434 ff.

[357]Swadling, *The Judicial Construction of Force Majeure Clauses*, 3, S. 6 f. in: McKendrick (ed.), Force Majeure and Frustration of Contract. Auch das EU Recht kennt einen Tatbestand der *force majeure*: siehe Parker, *Force Majeure in EC Law*, 213 in: McKendrick (ed.), Force Majeure and Frustration of Contract.

[358]Siehe z.B. *Thomas Borthwick (Glasgow) Ltd v. Faure Fairclough Ltd* [1968] 1 Lloyd's Rep 16, 28, *per* Donaldson J.

[359]Ereignisse, welche vor allem in Verträgen mit internationalem Charakter häufig zu finden sind, umfassen Naturkatastrophen, Kriege, Streik und Aussperrung sowie immer öfter auch Behinderungen, welche aufgrund der steigenden Intervention von Staaten oder staatlichen Körperschaften in Geschäftsaktivitäten verursacht werden (z.B. Genehmigungen, Konzessionen und Verordnungen): Draetta, Lake and Nanda, *Breach and Adaptation of International Contracts.*

[360]*Lebeaupin v. Crispin & Co.* [1920] 2 KB 714, 720, *per* McCardie J.

[361]*Ambatielos v. Anton Jürgens Margarine Works* [1932] AC 175. Siehe Furmston, *Drafting of Force Majeure Clauses*, S. 23 in: McKendrick (ed.), Force Majeure and Frustration of Contract.

Force majeure hat grundsätzlich eine weitere Bedeutung als die englische *vis major* oder „act of God", welche nur Ereignisse, welche nicht durch den Menschen verursacht werden, beinhalten[362]. Allerdings können alltägliche Ereignisse wie z.B. schlechtes Wetter oder Begräbnisse, welche die Leistung behindern, nicht darunter fallen. Zusätzlich kann ein Schuldner sich nicht auf seine eigene Tat, Fahrlässigkeit, Unterlassung oder Versäumnis als *force majeure* berufen[363]. *Force majeure* muß eine physische oder rechtliche Behinderung darstellen, was ungenügende Geldmittel nicht mit einschließt[364]. Ein Preisanstieg um 20-30 % fällt daher auch nicht darunter[365]. Es steht einer Partei aber natürlich frei, derartige Hindernisse zusätzlich zur *force majeure* ausdrücklich in der Klausel zu erwähnen.

Es ist, anders als bei „frustration", nicht unbedingt notwendig, daß die Leistung verhindert wird und das Hindernis für den Schuldner unüberwindbar ist; die Klausel kann auch besagen, daß die lediglich Behinderung oder Verzögerung der Vertragserfüllung ausreichend ist[366]. Es kommt ganz auf den Wortlaut der Bestimmung an. Dieser kann z.B. besagen, daß nur die **Verhinderung** der Leistung ausreicht; auf der anderen Seite kann auch die **Behinderung** der Leistung genügen[367]. Weiterhin kann die Klausel erst zur Anwendung kommen, wenn die Leistung **aufgrund** des betreffenden Ereignisses beeinflußt wird[368] oder sie kann aussagen, daß der Schuldner bereits **im Falle** eines derartigen Ereignisses frei wird[369]. Die Konsequenzen, welche sich aus der Anwendung der Klausel ergeben, können ebenfalls vielfältig sein und müssen nicht unbedingt in der Vertragsauflösung bestehen.

---

362 *Matsoukis v. Priestman & Co.* [1915] 1 KB 681

363 *Lebeaupin v. Crispin & Co.*

364 *The Concadero* [1916] 2 AC 199

365 *Brauer & Co. v. James Clark & Co.* [1952] 2 Lloyd's Rep 147

366 *Peter Dixon & Sons Ltd v. Henderson, Craig & Co. Ltd* [1919] 2 KB 778, 789

367 Allerdings können höhere Kosten allein keine Behinderung darstellen. Hierzu ist z.B. der Ausfall der vorgesehenen Erfüllungmethode oder der primären Bezugsquelle vonnöten (siehe *Peter Dixon & Sons* , wo alle für die Vertragserfüllung brauchbaren englischen Schiffe beschlagnahmt worden waren, es aber zumindest theoretisch möglich war, Frachtraum auf skandinavischen Schiffen zu mieten. Siehe *Tennants (Lancashire) Ltd v. C.S: Wilson & Co Ltd* [1917] AC 495 für den Ausfall einer Quelle).

368 *Zijden Wildhedel NV v. Tucker & Cross* [1975] 2 Lloyd's Rep 240

369 *Ford & Sons (Oldham) Ltd v. Henry Leetham & Sons Ltd* (1915) 21 Com Cas 55

Die Ereignisse selbst, welche die Klausel zur Anwendung kommen lassen, können auch solche sein, welche nicht in der „frustration“ des Vertrages resultieren würden. In der Tat ist dies häufig der Fall[370], da sich die restriktiven Regeln der „frustration“ auf diese Weise legitimerweise erweitern lassen[371].

Aufgrund dieser weitreichenden Variationsmöglichkeiten läßt sich generell nur sagen, daß eine *force majeure*-Klausel das Ausmaß der Leistungspflicht des Schuldners begrenzt[372]. Eine *force majeure*-Klausel enthält im Normalfall eine Definition des Ereignisses, Benachrichtigungspflichten, Rechtsfolgen sowie Mechanismen zur Schlichtung etwaiger Streitigkeiten[373].

Die Präsenz einer *force majeure*-Klausel im Vertrag bedeutet nicht, daß dieser nicht trotzdem der „frustration“ zum Opfer fallen könnte. Allerdings kann die ausdrückliche Erwähnung des angeblich frustrierenden Ereignisses selbstverständlich ein Beweis dafür sein, daß die Parteien hierfür ihre eigenen Vorkehrungen getroffen haben oder das Ereignis doch zumindest vorausgesehen haben. „Frustration“ wird im Normalfall dadurch von vornherein ausgeschlossen, daß ein „frustrating event” unvorhergesehen und nicht bereits im Vertrag selbst antizipiert sein muß[374]. *Force majeure*-Klauseln haben jedoch in dieser Beziehung eine restriktive Interpretation erfahren, so daß die Tatsache, daß der Vertrag Vorkehrungen für Ereignisse der gleichen generellen Art enthält, noch nicht bedeuten muß, daß dies für alle Ereignisse dieser Art gilt[375]. Es ist also durchaus noch Platz für eine mögliche „frustration“ des Vertrages, wenn sich das betreffende Ereignis als besonders verheerend herausstellt.

---

[370]Siehe z.B. *Ellis Shipping Corporation v. Voest Alpine Intertrading (The Lefthero)* [1992] 2 Lloyd's Rep 109, wo es dem Schiffseigentümer möglich war, einen Vertrag zu kündigen, wenn die Versicherungsprämien derartig stiegen, daß seine weitere Leistung „economically unfeasible“ (wirtschaftlich unpraktisch) würde.

[371]In *Bremer Handelsgesellschaft mbH v. Vanden Avenne-Izegem PVBA* [1978] 2 Lloyd's Rep 109, 112, wurde eine derartige Klausel als „contractual frustration clause“ bezeichnet. Streng genommen stimmt dies nicht, da sie zwar dieselben Rechtsfolgen aufweist, aber weniger strenge Anforderungen an den Tatbestand stellt.

[372]Swadling, *op. cit.*, S. 10 f.

[373]Furmston, *op. cit.*, S. 23

[374]*Paal Wilson & Co. A/S v. Partenreederei Hannah Blumenthal, The Hannah Blumenthal* [1983] 1 AC 854, 909

[375]Siehe z.B. *Metropolitan Water Board v. Dick Kerr & Co.* [1918] AC 119.

V. „Hardship"-Klauseln

„Hardship"-Klauseln (auf französisch *clauses d'adaptation* oder *amendment*) werden vor allem in Verträgen mit langer Laufzeit benutzt, um den Vertrag an unvorhersehbare Ereignisse anpassen zu können.

Die Umstände, in denen „hardship" existiert, müssen außerhalb der Kontrolle beider Parteien liegen, einen fundamentalen Charakter haben und gänzlich unvorhersehbar sein[376]. Diese drei Kriterien ähneln denen der „frustration" und auch der *force majeure*.

„Hardship"-Klauseln machen es zudem erforderlich, daß diese Umstände eine bestimmte Wirkung auf den Vertrag ausüben[377]. Dabei kann ein objektives Kriterium (das vertragliche Äquilibrium zum Zeitpunkt des Vertragsschlusses) oder ein subjektives („Unfairness", „undue hardship") gewählt werden; die Wahl des subjektiven Kriteriums ermöglicht die spätere Evolution des Vertrages inklusive einer vielleicht erforderlichen Veränderung des vertraglichen Gleichgewichts, wohingegen das objektive Kriterium nur die Rückführung auf das ursprüngliche Äquilibrium gestattet.

Die Anpassung des Vertrages erfolgt durch Verhandlungen. Die Verhandlungspflicht wird den Parteien durch die „Hardship"-Klausel auferlegt und wird oft durch Sanktionen für den Fall des Nichterfolges oder der Weigerung einer Partei, zu verhandeln, unterstrichen. Diese Sanktion besteht meistens in der Weiterleitung des Falles an ein Schiedsgericht[378].

In *Queensland Electricity Generating Board v New Hope Collieries Pty Ltd*[379]besagte eine „Hardship"-Klausel in einem Vertrag über die Lieferung von Kohle für 15 Jahre, daß nach 5 Jahren Laufzeit (zu einem Festpreis) Preis und Mechanismus zur Anpassung desselben von den Parteien zu bestimmen wären. Sollte eine Einigung nicht zu erreichen sein, war ein Schiedsgericht zu bestellen.

---

[376]Schmitthoff, [1980] JBL 82, 85

[377]In der Praxis tun *force majeure*-Klauseln dies häufig auch. Die Abgrenzung der beiden Klauselarten fällt schwer, da die Praxis sie miteinander vermischt. Allerdings beschränken sich die Rechtsfolgen der *force majeure* meist auf die Suspendierung und den eventuellen endgültigen Wegfall der Leistungspflicht, wohingegen „Hardship"-Klauseln die Anpassung des Vertrages in Neuverhandlungen anstreben (obwohl auch diese Unterscheidung nicht immer zutrifft).

[378]Die Effektivität einer derartigen Schiedsgerichtsklausel wurde in *Vosper Thornycroft Ltd v Ministry of Defence* [1976] 1 Lloyd's Rep 58 bestätigt

[379][1989] 1 Lloyd's Rep 205, PC

Der Privy Council befand, daß die Klausel nicht zu unbestimmt war. Die Parteien hatten die Pflicht, vernünftige Anstrengungen zu unternehmen, um zu einem Verhandlungsergebnis zu gelangen. War dies nicht möglich, mußte ein Schiedsgericht eine „faire" und „vernünftige" Struktur für die Parteien finden[380].

Eine „Hardship"-Klausel könnte auch zunächst verschiedene Mechanismen zur Anpassung des Preises enthalten und dann als „Auffangnetz" eine Bestimmung vorsehen, daß bei deren Nichtfunktionieren ein Experte im Falle von „hardship" den Preisanpassungsmechanismus anpassen solle[381].

Andere Sanktionen können z.B. in der Auflösung oder Suspendierung des Vertrages bestehen.

Enthält die Klausel keine unterstützende Sanktionen, ist sie im Grunde genommen wertlos, da eine Anpassung dann von der durch die „hardship" betroffene Partei nicht durchsetzbar ist.

VI. Third-Party Intervener Clauses[382]

Die Intervention einer dritten Partei anstatt eines Schiedsgerichts kann in den Fällen der „hardship" eine bessere Lösung sein, da sie, anders als das Schiedsgericht[383], nicht an das Gesetz gebunden ist, sondern ihre Autorität aus dem Vertrag selbst bezieht und diesen daher anzupassen vermag. Ein Streit wird von ihr beizulegen versucht, indem sie die beiden Vertragsparteien zu einer Übereinkunft zu überreden versucht.

Eine derartige Intervention muß im Vertrag vorgesehen sein. Die Parteien haben dabei die Möglichkeit, dem Urteil des „interveners" lediglich die Autorität einer Empfehlung zu geben, oder ihn bindend zu machen, so daß er Teil des Vertrages wird[384].

---

[380] 210, *per* Sir Robin Cooke

[381] Siehe etwa *Superior Overseas Development Corporation v British Gas Corporation* [1982] 1 Lloyd's Rep 262, CA, wo der Preis von zu lieferndem Gas zunächst entsprechend der Inflation der Kapitalkosten steigen sollte, dann an vergleichbaren Energieträgern zu messen war und als drittes eine derartige Klausel enthielt.

[382] Siehe Schmitthoff, *op. cit.*, Ss. 89-91.

[383] *Orion Compagnia Espanola de Seguros v. Belfort Maatschappij voor Algemeene Verzekeringeen* [1962] 2 Lloyd's Rep 257

[384] Siehe ICC Brochure No. 326 on Adaptation of Contracts.

Die „Third-party intervener clause“ könnte als Sanktion eine „Hardship“-Klausel unterstützen. Dies würde den Parteien zunächst die Möglichkeit geben, den Vertrag in Neuverhandlungen selber an die veränderten Umstände anzupassen. Ist dies nicht möglich, können die Streitpunkte dann von einer neutralen dritten Partei entschieden werden. Da der Vertrag dann in veränderter Form am Leben erhalten wird, wäre dies in jedem Falle der endgültigen Beendigung des Vertrages, welche die „frustration“ mit sich bringt, vorzuziehen.

VI. Indexierung

Es ist den Parteien erlaubt (und widerspricht nicht, wie vorher teils behauptet, dem ordre public), die unter einem Vertrag fälligen Zahlungen an einen Index, etwa den Wert einer fremden Währung, z.B. des Schweizer Frankens, zu koppeln[385]. Diese Möglichkeit einer Angleichung an die Inflation ist notwendig, um überhaupt z.B. Banken einen Anreiz zu verschaffen, Langzeitanleihen zu gewähren, und ist vom Parlament selbst in einigen Fällen wie etwa den Renten des öffentlichen Dienstes autorisiert worden[386].

In Bezug auf die Möglichkeiten der Indexierung darf man freilich nie vergessen, daß sie sehr stark von den Einflußmöglichkeiten einer Partei auf den Vertrag abhängen, welche sich bei den hier behandelten Verträgen aus dem jeweiligen wirtschaftlichen Gewicht ergibt. Aufgrund der Privatautonomie ist es somit der stärkeren Partei möglich, einen für sie sehr günstigen Index zu wählen. Da eine Indexierung weder einen Ausschluß noch eine Begrenzung der Haftung im Sinne des *UCTA 1977* darstellt, kann eine derartige Klausel nur mit den Auslegungsregeln der Gerichte kontrolliert werden.

Was im Falle eines Versagens eines vertraglich festgelegten Indexes und fruchtlosen Neuverhandlungen der Parteien passiert, ist nicht ganz klar. In *Pole Properties Ltd v. Feinberg*[387] sah sich der Court of Appeal in der Lage, einen Index, welcher aufgrund eines „radikalen Wechsels der Umstände“ nicht mehr funktionierte, anzupassen. Als Präzedenzfall wurde hierfür *Staffordshire Area Health Authority v. South Staffordshire Waterworks Co.*[388] herangezogen, wo das Gericht es einer Partei, welche verpflichtet war, Wasser zu einem fixierten Preis „at all times hereafter“ zu liefern, ermöglichte, den Vertrag mit „reasonable notice“

---

385 *Multiservice Bookbinding Ltd v. Marden* [1979] Ch 84

386 Downes, [1985] 101 LQR 98, 101

387 (1982) 43 P & CR 121

388 [1978] 3 All ER 769

zu beenden, was dann zu Neuverhandlungen führte. In beiden Fällen saß Lord Denning dem Court of Appeal als Master of the Rolls vor, was möglicherweise die vergleichsweise innovativen Entscheidungen zu erklären vermag. Wo jedoch die Entscheidung in *Staffordshire AHA* noch vertretbar erscheint, kann man dies von der Entscheidung in *Pole Properties* nicht mehr ohne weiteres sagen. Die Fälle unterscheiden sich auch schon insofern, als in ersterem der Vertrag keine Anpassungsklausel enthielt, wohingegen dies in letzterem der Fall war, sie bloß nicht mehr funktionierte.

Der Fall handelte von einem Mietvertrag, welchem zufolge der Mieter steigende Heizkosten mitzutragen hatte, und zwar zu 2/7 des Preises für das gesamte Gebäude. Dies wurde entsprechend der Fußbodenfläche errechnet. Später kauften die Vermieter ein anliegendes Gebäude hinzu und installierten ein neues Heizsystem, welches beide Gebäude bediente. Für die Beteiligung der Mieter an den Heizkosten verwendeten sie weiter eine Kalkulation basierend auf der Proportion der Fußbodenfläche. Dies war insofern nicht gerechtfertigt, als das gesamte neue Gebäude beheizt wurde, wohingegen dies im alten nur bei einzelnen Zimmern der Fall war. Aufgrunddessen sollte der Kläger etwa 59% mehr bezahlen, als er tatsächlich verbrauchte. Daß in der neuen Situation der alte Index fairerweise nicht mehr herangezogen werde sollte, läßt sich nicht bestreiten. Auch war klar, daß die Klausel ihrem Sinn nach interpretiert werden mußte. Am Ergebnis, daß nämlich die Beteiligung aufgrund des Heizvolumens der vermieteten Räume erfolge sollte, läßt sich denn auch nichts aussetzen. Was allerdings befremdet, sind Lord Dennings Äußerungen, daß

> „[T]he situation has been radically changed by the new building and the new system of heating. The change is so radical, that the terms of the lease no longer apply. The court has to do what is fair and reasonable in the circumstances."[389]

Dies stellt vermutlich einen weiteren Versuch seinerseits dar, eine gerichtliche Anpassungsbefugnis in Fällen des „radical change" durch die Hintertür einzuführen. Darauf deutet hin, daß er auf seine eigenen Worte in *Staffordshire AHA* verweist, welche wiederum aus dem diskreditierten Fall der *British Movietonews Ltd. v. London and District Cinemas* [390] stammen. *Pole Properties* sollte daher besser als Fall einer (sehr weitgehenden) gerichtlichen Auslegung einer bestimmten Vertragsklausel angesehen werden.

Prinzipiell haben Gerichte im Falle des Nichtfunktionierens eines Indexes zwei Möglichkeiten. Zum einen können sie das Risiko des Nichtfunktionierens einfach

---

[389] Auf S. 124

[390] [1951] 1 KB 190

bei der Partei belassen, welche davon betroffen wäre (der Verkäufer), was aber mit den Absichten der Parteien bei Vertragsschluß wohl nicht übereinstimmt, da sie das Risiko der Inflation durch eine Klausel ja gerade vom Verkäufer auf den Käufer zu übertragen trachteten. Dies läßt die zweite Möglichkeit, den Vertrag aufgrund eines „radical change of circumstances“ für frustriert zu erklären, wenn die Inflation ungeheure Ausmaße annimmt. Dabei käme es dann auf die Nichtvorhersehbarkeit und mangelnden Kontrollmöglichkeiten der Parteien an.

Für die Anpassung, welche das Gericht in *Pole Properties* vornahm, scheint jedoch grundsätzlich keine Ermächtigung zu bestehen; es ist aufgrund der Rückbesinnung auf die Parteiautonomie und die Ablehnung der Gerichte, einen „Vertrag für die Parteien“ zu schreiben, heutzutage unwahrscheinlich, daß sich ein Gericht zu einer derartigen Anpassung wieder in der Lage sähe. Die einzige Situation, wo dies doch der Fall sein könnte, ist, wo ein Index aufgrund des Vergessens einer Klausel nicht funktioniert. In diesem Falle könnte ein Gericht den Parteien durch Einfügen der entsprechenden Klausel im Interesse der „business efficacy“ den Parteien aus der Misere helfen.

4. Kapitel: Spezielle Ereignisse

A. Krieg

Kriege spielen in dem Recht der Leistungshindernisse eine wichtige Rolle. Ein Krieg allein reicht jedoch noch nicht aus, um die „frustration" eines Vertrages herbeizuführen[391]. Allerdings sind die durch den Krieg verursachten Veränderungen der Umstände oft derart, daß sie „frustration" eines Vertrages bewirken können. Dabei kommt es auf die tatsächlichen Gegebenheiten und die aus dem Krieg resultierenden Folgen an[392].

Die Auflösung von Verträgen aufgrund eines Krieges kommt meistens durch Unmöglichkeit oder durch Illegalität zustande. Im Falle der letzteren sind die Vorhersehbarkeit der Ereignisse und die Erwartungen der Parteien bedeutungslos[393]. Allerdings besitzt „Krieg" dann im Gegensatz zu den sonstigen Fällen eine technische Bedeutung; die vorherige Feststellung eines Kriegszustandes ist z.B. für das Verbot des „trading with the enemy" von zentraler Bedeutung. Ob sich das Land im Krieg mit einem anderen befindet, muß im Zweifelsfall durch die zuständige Regierungsbehörde festgestellt werden, da die Meinung der potentiell kriegführenden Parteien hinsichtlich des Zustandekommens eines offiziellen Krieges ausschlaggebend ist[394]. Damit ein Vertrag, vor allem bei längerer oder unbestimmter Laufzeit, aufgrund von Illegalität aufgelöst werden kann, muß diese Illegalität „permanent" sein, d.h. daß sich ihr Ende zum betreffenden Zeitpunkt nicht absehen läßt[395].

Die „frustration" des Vertrages kann im Krieg z.B. durch den Untergang des Vertragsgegenstandes, durch staatliche Intervention oder auch durch in ihrer Dauer unabsehbare Verzögerungen bewirkt werden. Verschiedene weitere, die

---

391 McNair, *The Legal Effects of War*, S. 157

392 *Court Line v. Dant* (1939) 161 LT 35, *per* Branson J. Es gibt eine richterliche Tendenz, Kriegsklauseln so auszulegen, daß sie nicht auf Kriege anwendbar sind, an welchen die Länder der Vertragsparteien beteiligt sind: Treitel, *Frustration and Force Majeure* , S. 421, welcher als Beispiele die Fälle *Fibrosa Spolka Akcyjna v. Fairbairn Lawson Combe Barbour Ltd* [1943] AC 32 und *Re Badische Co* [1921] 2 Ch 331 heranzieht. Ohnehin greift in Fällen, in welchen sich die Länder der Vertragsparteien feindlich gegenüberstehen, oft das Verbot des „trading with the enemy" ein.

393 *Furtado v. Rogers* (1802) 3 Bos & P 191

394 McNair, *op. cit.*, Ss. 7-9. Im Vereinigten Königreich wäre diese Behörde das „Foreign Office".

395 *Metropolitan Water Board v. Dick Kerr & Co.* [1918] AC 119, 128, *per* Lord Dunedin

„frustration" bewirkende Ursachen wurden in *Naylor Benzon & Co. v. Krainische Industriegesellschaft* aufgezählt[396]: hierzu gehören höchste administrative Intervention, welche jedwede Kommunikation zwischen den Parteien verhindert; völlig veränderte Umstände des Schiffsverkehrs; eine andere Basis des Handelsverkehrs; außergewöhnlich hohe Preise und Frachtkosten; sowie die neuen Bedingungen von Handel und Transport, welche nach Ende des Krieges bestehen würden. Ausschlaggebend ist hierbei, daß bei einem vor Kriegsbeginn abgeschlossenen Vertrag die Parteien diese Veränderungen nicht in ihre Überlegungen mit einbezogen haben. Unvorhersehbarkeit in diesem Sinne war zumindest beim bis dahin präzedenzlosen ersten Weltkrieg gegeben. Heutzutage ist man sich der potentiell verheerenden Wirkungen eines Krieges eher bewußt, und es kommt möglicherweise weit mehr als früher darauf an, ob sich der Krieg an sich zur Zeit des Vertragsabschlusses voraussehen ließ oder nicht.

Wenn „Krieg" in kommerziellen Verträgen erwähnt wird, besitzt er die Bedeutung, welche gewöhnliche Wirtschaftsleute ihm geben würden[397]. Es kommt dann nicht auf offizielle Kriegserklärungen an; die charakteristischen Begleitumstände des Krieges, wie etwa Kämpfe zwischen den Armeen von mindestens zwei Ländern, sind aber für das Vorliegen eines Kriegszustandes unumgänglich.

Neben Krieg taucht auch der Ausdruck „arrestor, restraint of princes, rulers and peoples" in manchen Vertragsklauseln auf. Grundsätzlich bedeutet dies die gewaltsame Einmischung eines Staates oder einer Regierung, welche Güter mit „starker Hand" in Besitz nimmt. Die hierzu verwendeten Methoden umfassen Arrest, Embargo, Blockaden, etc., und sogar das common law Verbot des „tra-ding with the enemy"[398].

Der Krieg kann sich auf verschiedene Vertragstypen störend auswirken.

396[1918] 1 KB 331, 339, *per* McCardie J.

397*Kawasaki Kisen Kabushiki Kaisa of Kobe v. Bantham Steamship Co.* [1938] 3 All ER 83, bestätigt durch CA in [1939] 2 KB 544. Da Krieg heutzutage in vielen verschiedenen Formen auftritt, kann auch die Meinung der Medien hinsichtlich des Vorliegens eines Kriegszustandes von Bedeutung sein: Davenport, *War Clauses in Time Charterparties*, p. 133, 138, in: McKendrick (ed.), Force Majeure and Frustration of Contract.

398Scrutton, *Charterparties*, S. 221

I. Bauverträge

„Frustration“ von Bauverträgen aufgrund von Krieg kommt häufig aufgrund staatlicher Intervention zum Tragen, z.B. aufgrund eines Verbots der weiteren Durchführung des Vertrages auf unbestimmte Zeit[399] oder durch die Suspension des Baus bestimmter Schiffe zugunsten von anderen Schiffstypen[400]. „Frustration“ aufgrund fehlenden Materials würde von den Gerichten vermutlich nicht anerkannt, da der Bauunternehmer grundsätzlich das Risiko bis zur Fertigstellung trägt. Es steht den Parteien allerdings frei, im Vertrag eine andere Risikoverteilung vorzunehmen und z.B. bestimmte Quellen, aus denen das Material zu liefern ist, zu benennen[401]. Zudem kann bei Beschlagnahme aller im Vereinigten Königreich verfügbaren Vorräte eines bestimmten Materials bei damit einhergehenden Embargos oder Blockaden eine echte Unmöglichkeit der Beschaffung vorliegen, welche die „frustration“ oder zumindest Suspension des Vertrages zur Folge hätte[402].

Wird die Vertragsdurchführung aufgrund der Zerstörung des Geländes des Gläubigers unmöglich, an welcher keine der Parteien die Schuld trifft, gilt der Vertrag als frustriert, da dieses Ereignis beide Parteien gleichermaßen betrifft.[403]

II. Charterparties und Frachtverträge

Wie bei allen Verträgen, welche einem Krieg zum Opfer fallen, gilt es auch hier zu unterscheiden, ob ein Vertrag aufgrund von Illegalität aufgelöst wird, oder ob dies aufgrund von „frustration“ (im Sinne von Verzögerung und Unmöglichkeit) geschieht. Die Feststellung des ersteren ist vergleichsweise unproblematisch und beruht hauptsächlich auf einer technischen Bestimmung des Kriegszustandes sowie eines entsprechenden Verbotes, wohingegen letzteres sich aus den tatsächlichen Umständen ergeben muß. Der Kriegszustand allein genügt nicht. Probleme ergeben sich dabei zunehmend in Bezug auf die Festlegung eines bestimmten Datums für eine „frustration“. Wie die Fälle zeigen, welche aus dem ersten Golfkrieg zwischen Iran und Irak entstanden, können Schiedsgerichte dabei in ähnlich gelagerten Situationen in ihren Meinungen deutlich voneinander ab-

---

[399] *Metropolitan Water Board v. Dick Kerr & Co.* [1918] AC 119

[400] *Federal Steam Navigation Co. v. Sir Raylton Dixon & Co.* (1919) Lloyd's List LR 63

[401] Siehe 2. Kapitel C II 1. cc).

[402] Ein generelles Verbot hinsichtlich der Verwendung eines bestimmten Materials würde wohl auch zur „frustration“ führen.

[403] *Appleby v. Myers* (1867) LR 2 CP 651, 659

weichen[404]. Schiedsgerichtsentscheidungen können von einem Gericht nur überprüft und verändert werden, wenn das Schiedsgericht das Recht falsch angewandt hat oder wenn kein vernünftiger Schiedsrichter zu demselben Ergebnis hätte kommen können[405]. Dies schließt derartige Abweichungen in der Bestimmung eines Datums jedoch gewöhnlich nicht mit ein, so daß betroffene Kaufleute in dieser Hinsicht nicht mit Sicherheit sagen können, wann sie sich als endgültig aus dem Vertrag entlassen betrachten können. Klar ist nur, daß dies nicht schon bei Beginn der Feindseligkeiten oder mit einer Kriegserklärung der Fall ist, da der Krieg allein einen Vertrag noch nicht frustriert.

1. Das Vereinigte Königreich als Kriegspartei

Charterparties sind vor allem durch Kriege gefährdet, in welchen das Vereinigte Königreich Partei ist. Dabei wird ein Chartervertrag über eine einzige Reise sehr viel schneller aufgrund von „frustration" aufgelöst als Charterverträge, welche für einen bestimmten Zeitraum gelten sollen. Der Grund hierfür liegt darin, daß ein Gericht zunächst von der unbestimmten Dauer eines Krieges ausgeht[406]. Jedoch besteht die Möglichkeit einer „frustration" auch bei „time charterparties", z.B. wenn das betreffende Schiff im Hafen eines im Krieg befindlichen Landes festgehalten wird und eine kurzfristige Freilassung nicht ersichtlich ist[407] oder wenn ein Schiff durch die eigene Regierung beschlagnahmt wird[408]. Worauf es dabei ankommt ist, daß die (voraussichtliche) Verzögerung die Identität des Vertrages grundlegend verändern würde, wie dies etwa bei einem Chartervertrag über ein Jahr der Fall wäre, wenn während dessen Laufzeit das Schiff für eine Dauer von sechs Monaten oder mehr nicht benutzt werden kann.

Verträge über „cost, insurance, freight" (c.i.f.) machen zusätzlich zum Hauptvertrag über die Lieferung der Ware Verträge über den Abschluß von Versicherungen und bezüglich der Verfrachtung der Ware notwendig. Diese können durch den Ausbruch eines Krieges aufgrund ihrer Illegalität nichtig werden, wenn die

---

[404]Die Kämpfe begannen am 22. September 1980. Als Daten für eine frustration wurden bestimmt: der 24. November in *The Wenjiang* [1981] 2 Lloyd's Rep 308; der 4. Oktober in *The Evia (No. 2)* [1981] 2 Lloyd's Rep 613; 24. November in *The Chrysalis* [1983] 1 Lloyd's Rep 503 (die Übereinstimmung dieses Datums mit dem in *The Wenjiang* scheint eher zufällig zu sein).

[405]*The Wenjiang (No. 2)* [1983] 1 Lloyd's Rep 400, 402, *per* Bingham J.

[406]*Esposito v. Bowden* (1857) 7 El & Bl 763

[407]*Admiral Shipping Co. v. Weidner Hopkins & Co.* [1917] 1 KB 222

[408]*Bank Line Ltd v. Arthur Capel & Co.* [1919] AC 435

Parteien, mit denen sie abgeschlossen werden, Feinde im territorialen Sinne werden[409]. Der Hauptvertrag, welcher die Übergabe von gültigen Dokumenten bezüglich dieser Verträge vorsieht, wird hierdurch ebenfalls hinfällig. Ist jedoch keine Illegalität im Spiel, muß man die speziellen Obligationen eines c.i.f. Vertrages beachten, welche darin bestehen, daß der Verkäufer dem Käufer gültige Dokumente hinsichtlich der Versicherung und Verfrachtung der Ware übergibt. In *Weis & Co. v. Crédit Colonial et Commercial*[410] war das Schiff, welches die Ware unter einem c.i.f. Vertrag transportierte, auf dem Weg nach Antwerpen, als es aufgebracht und nach Hamburg geschleppt wurde. Die Dokumente wurden dem Käufer noch am selben Tag übergeben, womit der Verkäufer dem Richter zufolge seine Obligationen erfüllt hatte, da es zu dieser Zeit noch legal war, die Ware ins unbesetzte Antwerpen zu bringen, auch wenn dies aufgrund des Festliegens des Schiffes physisch unmöglich war. Dieses Risiko liegt daher in einem c.i.f. Vertrag beim Käufer, dem allerdings auch die Versicherung in dieser Beziehung zugute kommt. Diese muß die zur Zeit der Verschiffung handelsüblichen Bedingungen enthalten[411], was zumindest nach Kriegsausbruch durch den Krieg verursachte Kalamitäten beinhalten dürfte.

Ein Chartervertrag oder ein Frachtvertrag kann aufgrund von Illegalität aufgelöst werden, wenn ein Schiff einen feindlichen Hafen anzusteuern beabsichtigt[412]. In einem solchen Fall kommt das Verbot des „trading with the enemy“ ins Spiel. Dieses verbietet es grundsätzlich, Verträge mit dem Feind abzuschließen oder zu erfüllen. Dabei ist es unerheblich, ob der Schiffseigentümer selbst neutral ist und sich somit an sich keiner Rechtsverletzung schuldig machen würde, wenn er das Schiff beladen würde, solange der Charterer ein Brite ist[413].

Wenn andererseits ein Schiff bei Kriegsausbruch bereits beladen und bereit zur Abreise in einem feindlichen Hafen liegt, bleibt der Chartervertrag weiterhin bestehen. In so einem Fall hat der Kapitän des Schiffes die Pflicht, sofort aus dem feindlichen Hafen zu entkommen, solange dies noch möglich ist[414]. Natürlich kann sich dies in der Praxis trotz Pflichtbewußtseins des Kapitäns als unmöglich herausstellen und Schiff und Ware beschlagnahmt werden; in einem derartigen

---

[409] *Esposito v. Bowden*

[410] [1916] 1 KB 346

[411] *Biddell Brothers v. E. Clemens Horst & Co* [1911] 1 KB 214

[412] *Esposito v. Bowden*

[413] *Esposito v. Bowden*

[414] *Esposito v. Bowden* S. 786

Falle würde der Vertrag wohl der „frustration“ aufgrund von Unmöglichkeit anheim fallen.

2. Wenn das Vereinigte Königreich sich neutral verhält

Im Falle der Neutralität des Vereinigten Königreiches ist es einem Charterer grundsätzlich erlaubt, mit beiden Kriegsparteien Handel zu treiben. Allerdings kann er einen ausländischen Schiffseigentümer nicht dazu zwingen, mit dessen Feinden illegal Handel zu treiben[415]. Die weitere Durchführung des Vertrages könnte dann faktisch unmöglich werden.

Wenn Illegalität andererseits nicht ins Spiel kommt, wird ein Vertrag nicht schon aufgrund des Kriegsausbruches „frustrated“. Den zusätzlichen, außergewöhnlichen Gefahren müssen sich die Parteien stellen, wenn sie nicht gemeinsam beschließen, den Vertrag zu beenden[416], was ihnen selbstverständlich immer freisteht. Auf der anderen Seite ist die „frustration“ des Vertrages möglich, wenn sich etwa herausstellt, daß eine der Kriegsparteien ohne Rücksicht auf neutrale Flaggen alle Schiffe in einem Gebiet angreift, welches das Schiff auf seiner Reise zu durchqueren hat[417]. Gegebenenfalls muß das Schiff dann eine andere Route nehmen, wenn dies den (tatsächlichen und vertraglichen Umständen zufolge) möglich ist.

Zusätzliche Gesichtspunkte gilt es im Falle von Schmuggelware oder dem Durchbrechen einer Blockade zu beachten. Das englische Recht selbst macht derartige Praktiken nicht illegal[418], erkennt aber das Recht der Kriegsparteien an, diese unter Androhung von Strafe zu verbieten.

Im Fall einer friedlichen Blockade oder, wie heute üblich, eines Embargos gegen einen anderen Staat dürfte das offizielle Verhalten des Vereinigten Königreichs eine entscheidende Rolle spielen. Ist es an dem Embargo beteiligt, wäre ein Vertrag, der dieses zu unterlaufen sucht, illegal. Als Folgen dieser Illegalität kämen die vorübergehende rechtliche Unmöglichkeit des Vertrages während des Embargos oder aber auch seine „frustration“ in Betracht. Zu berücksichtigende Faktoren wären dabei die voraussichtliche Dauer des Embargos und die Laufzeit des Vertrages. Zu beachten ist hierbei, daß Verträge, welche auch auf eine andere Art

---

[415] *Esposito v. Bowden* S. 791

[416] *Avery v. Bowden* (1855) 5 El & Bl 714, 724, 725, *per* Lord Campbell CJ.

[417] McNair, *op. cit.*, S. 215

[418] McNair, *op. cit.*, S. 215

und Weise als gerade durch Verletzung des Embargos erfüllt werden können, unverändert bestehen bleiben, solange im Vertrag keine ausschließliche Erfüllungmethode vereinbart wurde.

Ist das Vereinigte Königreich am Embargo nicht beteiligt, wäre ein Unterlaufen desselben durch einen seiner Staatsangehörigen nicht illegal, womit ein Vertrag *prima facie* erst einmal bestehen bliebe. Andererseits könnten etwaige Drohungen eines anderen Staates, der das Embargo durchzusetzen sucht, daß er auch Schiffe unter der Flagge von Drittländern aufbringen und festsetzen würde, die tatsächliche Situation so gestalten, daß der Vertrag aufgrund Unmöglichkeit der „frustration“ anheim fiele.

III. Kaufverträge

Kaufverträge, welche mit Bürgern eines sich mit dem Vereinigten Königreich im Krieg befindlichen Landes vor Kriegsausbruch abgeschlossen wurden, werden immer aufgrund des Verbotes des „trading with the enemy“ ungültig. Eine Vertragsklausel, welche die Suspension des Vertrages während des Krieges vorsieht[419], ist normalerweise nicht imstande, diesen vor der Auflösung zu retten, da es gegen den ordre public verstoßen würde, dem Feind für die Zeit nach dem Krieg die Lieferung von Gütern zu sichern[420].

Es kann jedoch möglich sein, sich von einer Regierungsbehörde eine Lizenz zu beschaffen, welche den Handel ausnahmsweise gestattet. So wurde es den Eigentümern von Frachtgut, welches auf Schiffen in nichtfeindlichen Häfen lagerte, gewöhnlich erlaubt, die Fracht zu bezahlen, um in den Besitz der Güter zu gelangen, obwohl dies auch einen Nutzen für den Feind mit sich brachte[421]. Ein illegaler Kaufvertrag, welcher während des Krieges geschlossen wird, ist nichtig *ab initio.*

Ein Krieg kann auch auf Verträge Einfluß nehmen, in denen die Parteien keine offiziellen Feinde sind. Dies ist z.B. in Lieferverträgen möglich, welche als (exklusive) Quelle der Güter ein inzwischen verfeindetes Land vorsehen[422]. Der Kriegsausbruch bewirkt in diesem Fall offensichtlich einen „radical change of circumstances“, so daß der Vertrag frustriert wird. Die vorgesehene Art der Lei-

[419] Diese tauchten vor allem in Verträgen mit langer Laufzeit auf.

[420] *Ertel Bieber & Co. v. Rio Tinto Co.* [1918] AC auf S. 275

[421] McNair, *op. cit.*, Ss. 356-363

[422] *In re Badische & Co.* [1921] 2 Ch 331

stungserfüllung wird objektiv unmöglich. Gattungsschulden könnten ebenfalls frustriert werden, wenn sich die Situation aufgrund extensiver staatlicher Intervention radikal ändert, z.B. in Form von Importbeschränkungen oder von Zwangsankäufen des Vertragsgegenstandes, ohne daß es dem Verkäufer möglich ist, diesen anderswo zu beschaffen. Die Intervention muß dabei auf unbestimmte Zeit ausgelegt sein oder zumindest so lange, daß der Gegenstand für die Zwecke des Vertrages nicht mehr verfügbar wird. Der Maßstab, welcher an die „frustration" von Gattungsschulden angelegt wird, ist allerdings aufgrund traditioneller Maximen wie *genus numquam perit* weit strenger als bei spezifischen Schulden. Ein gewöhnlicher Vertrag über Gattungsschulden wird ohne zusätzliche Bestimmungen über Herkunftsort, Transportweg, o. ä. der „frustration" fast nie anheim fallen können.

Unklar ist der Effekt einer ungültigen (*ultra vires*) staatlichen Intervention auf einen Vertrag. Da in einem derartigen Falle Ungehorsam nicht illegal ist, könnte Gehorsam zumindest solange als freiwillig angesehen werden, wie die Intervention nicht von Sanktionen oder deren Androhung begleitet wird[423]. In der Praxis dürfte dies allerdings kein großes Problem darstellen, da staatliche Maßnahmen im Kriegsfall wohl immer von entsprechenden Sanktionen begleitet werden und außerdem die weitverbreiteten *force majeure*-Klauseln gewöhnlich auch rechtlich ungültige staatliche Interventionen in der Liste der auslösenden Ereignisse aufzählen.

Auch der Wegfall des normalen Transportweges aufgrund des Krieges könnte einen „radical change" bewirken. In allen diesen Fällen ist es aber nötig, daß beide Parteien die Vertragsausführung tatsächlich ausschließlich in dieser Art und Weise beabsichtigten[424]. Sieht der Vertrag hingegen (noch mögliche) Alternativen vor oder blieb der Transportweg lediglich Motiv des Schuldners, muß der Vertrag erfüllt werden.

B. Streik und andere Arbeitskämpfe

Streiks können die Möglichkeiten einer Partei, den Vertrag zu erfüllen, durch die mit ihm einhergehenden Verzögerungen äußerst negativ beeinflussen. Denkbar sind dabei Verzögerungen aufgrund des Streiks der eigenen Arbeitskräfte oder der eines Zulieferanten, dessen Lieferungen für die Erfüllung der eigenen Verpflichtungen notwendig sind. Die Frage, welche sich in einem solchen Fall stellt,

---

[423] Vgl. *Russian Bank for Foreign Trade v. Excess Insurance Co.* [1918] 2 KB 123, 131, *per* Bailhache J.. Bestätigt vom CA in [1919] 1 KB 39.

[424] *Blackburn Bobbin Co. v. T.W. Allen & Sons* [1918] 2 KB 467, 471, *per* Warrington LJ.

ist, welche der Parteien den hieraus entstandenen Verlust zu tragen hat. Die Antwort ist nicht ganz so offensichtlich wie es scheinen mag, da im Falle der Haftung des Schuldners dieser nicht unbedingt nur für seine eigenen Taten, sondern auch für die von anderen haften würde. Auf der anderen Seite wäre es denkbar, daß zur Verfügung stehende arbeitsrechtliche Rechtsmittel wie etwa „injunctions“ (einstweilige Verfügungen) das Berufen des Schuldners auf eine etwaige *force majeure*-Klausel beeinflussen könnten[425].

Bei der Beurteilung, ob ein Streik die Ursache einer „frustration“ eines Vertrages sein kann, haben die Gerichte vor allem auf den vorübergehenden Charakter eines Streiks[426] sowie auf die Möglichkeit eines unerwarteten, plötzlichen Endes verwiesen[427]. Im Gegensatz zu Kriegen dauern Streiks selten länger als ein paar Monate, so daß bei der Beurteilung einer etwaigen „frustration“ die Umstände des Vertrages selbst eine bedeutende Rolle spielen müssen. Grundsätzlich scheint es, daß „frustration“ nur bei außergewöhnlich langen Streiks in Betracht kommt[428]. Dies ergibt sich schon aus den theoretischen Voraussetzungen der „frustration“, welche verlangen, daß das „frustrating event“ zumindest in seinen Auswirkungen bei Vertragsschluß nicht vorhergesehen wurde. Da Streiks heute jedoch ein übliches Geschäftsrisiko darstellen (es sei denn, sie wären in einem bestimmten Betrieb oder Geschäftszweig entweder noch nie vorgekommen oder illegal), werden sie gewöhnlich in die vorvertraglichen Überlegungen mit einbezogen. Ein Streik muß daher schon außergewöhnliche, abnormale Auswirkungen mit sich bringen, wie dies vielleicht bei einem monatelangen Generalstreik der Fall wäre.

I. Interne Arbeitskämpfe

Bei innerbetrieblichen Aktionen fällt es einem Unternehmer schwer zu beweisen, daß ein Streik außerhalb seiner Kontrolle und Verantwortung lag. Das Fehlen von Kontrolle ist aber notwendig, um dem Verbot der „self-induced frustration“ zu entgehen[429]. Allerdings könnte man dies dahingehend interpretieren, daß ein Unternehmer, welcher die Forderungen seiner streikenden Arbeitnehmer zu erfüllen imstande ist (was meistens der Fall ist), diesen Streik niemals als Ursache

---

[425]Palmer, *The Private Law Effects of Industrial Action*, S.85 f. in: McKendrick (ed.), Force Majeure and Frustration of Contract

[426]*Braemont SS v. Andrew Weir & Co.* 15 Com. Cas. 101

[427]*Metropolitan Water Board v. Dick Kerr & Co. Ltd* [1917] 2 KB 1, 35, *per* Scrutton LJ.

[428]*The Penelope* [1928] P 180; *Pioneer Shipping v. BTP Tioxide, The Nema* [1982] AC 724

[429]*J. Lauritzen A/S v. Wijsmuller BV, The Super Servant Two* [1990] 1 Lloyd's Rep 1

einer „frustration" seiner Verträge darzustellen vermag[430]. Praktisch betrachtet hat dies sicherlich den Vorteil, daß ein Gericht nicht darüber zu spekulieren braucht, ob ein Unternehmer unvernünftig gehandelt hat, indem er es auf einen Disput ankommen ließ oder diesen verlängert hat[431]. Derartige Spekulationen sollten, wenn möglich, vermieden werden. Hinsichtlich der Rückbesinnung der Gerichte auf den „absolute contract" und ihre zurückhaltende Anwendung der „frustration" auf Verträge dürfte diese wohl in Bezug auf interne Arbeitskämpfe keine große Rolle mehr spielen. Obwohl damit den Arbeitnehmern ein potentielles Druckmittel in die Hand gegeben wird, stände ein Unternehmer diesem aufgrund der ihm arbeitsrechtlich zur Verfügung stehenden Rechtsmittel nicht hilflos gegenüber. Wünschenswert ist ein solcher objektiver Kontrolltest zumindest für einen Gläubiger, der in Bezug auf die Vertragserfüllung eine größere Sicherheit gewinnt. Es ist nicht einzusehen, warum ein Gläubiger den aufgrund eines Arbeitskampfes im Betrieb des Schuldners entstehenden Schaden tragen sollte, wenn das Risiko nicht vertraglich ausdrücklich auf seiner Seite liegt.

Zusätzliche Probleme würden sich für einen Unternehmer ergeben, wenn die Gerichte sich in Zukunft veranlaßt sähen, der Linie von *Dairyvale Foods Ltd v. Intervention Board for Agricultural Produce*[432] zu folgen, welche es praktisch unmöglich macht, einen internen Streik als *force majeure* zu klassifizieren, da diese ein von außen kommendes Ereignis darstellen muß, über welches er keine Kontrollmöglichkeiten besitzt und dessen Konsequenzen er nicht abwenden konnte. Damit bliebe ihm letztlich nichts anderes übrig, als einen internen Streik entweder ausdrücklich in einer derartigen Klausel zu benennen (wobei Vorsicht bei der Formulierung der Auswirkungen angezeigt ist, welche dieser auf den Vertrag haben muß, um die Klausel ins Spiel zu bringen) oder ihn in einer klassischen „exclusion clause" auszuschließen, welche unter die Kontrolle von *UCTA 1977* fiele.

Probleme würden sich in dieser Hinsicht auch bei Streiks ergeben, bei welchen eine gesamte Branche bestreikt wird. Diese stellen für den Schuldner trotz der überregionalen Ziele der Streikenden an sich ein internes Problem dar. Aller-

---

[430] Palmer, *op. cit.*, S. 106 ff.

[431] Dies gilt nur für die strikten Vertragspflichten. Einige Obligationen wie z.B. ss. 13,14 *Supply of Goods and Services Act 1982* sind jedoch nur „reasonably" zu erbringen (dies kann auch im Vertrag festgeschrieben werden). In dem Fall wird einem Gericht nichts anderes übrig bleiben, als auch einen Arbeitskampf in die Überlegungen, was in einer bestimmten Situation „reasonable" bedeutet, miteinzubeziehen - wichtig ist dies vor allem auch in dem Fall, daß kein fester Leistungstermin vereinbart wurde; dann ist nur innerhalb einer „reasonable time" zu leisten, welche Streiks miteinschließt: *Hick v. Raymond & Reid* [1893] AC 22, 29, *per* Lord Herschell und 32, *per* Lord Watson.

[432] [1982] 3 CMLR 358

dings besteht die Möglichkeit, daß ein Schuldner geltend machen kann, daß er keine Kontrolle hinsichtlich eines derartigen Streiks hat, da selbst ein Nachgeben seinerseits diesen nicht ohne weiteres beenden würde, und daß er daher von seiner Leistungspflicht für die Dauer des Streiks entbunden werden sollte.

Ein Schuldner, dessen Betrieb bestreikt wird, hat arbeitsrechtlich immerhin die Möglichkeit, bei Rechtswidrigkeit des Arbeitskampfes Schadensersatzforderungen gegen dessen Führer, Organisatoren und die beteiligten Gewerkschaften zu stellen[433]. Zusätzlich ist es möglich, mit einer „interlocutory injunction" (welche *ex parte*, d.h. in Abwesenheit des Beklagten, verhängt werden kann) den Arbeitskampf gerichtlich stoppen zu lassen[434].

II. Externe Arbeitskämpfe

Spielt sich ein Streik in einem anderen Betrieb ab, ist es für einen Schuldner weitaus einfacher zu beweisen, daß das Ereignis objektiv außerhalb seiner Kontrolle lag, womit „frustration" wieder in Betracht kommt. Je nach Art der ausgebliebenen Lieferungen sowie den Bestimmungen des Vertrages kann er jedoch in einem solchen Fall trotzdem verpflichtet sein, die Güter anderweitig zu beschaffen, um seinen Vertrag zu erfüllen. Ausschlaggebend ist in diesem Fall der „radically different performance" Test. „Impracticability" allein reicht nicht aus, d.h. ein Unternehmer kann sich nicht aufgrund der ihm zusätzlich entstehenden Kosten und Schwierigkeiten als aus dem Vertrag entlassen betrachten.

Bei Obligationen, welche lediglich „reasonably" ausgeführt werden müssen, wird es einem Schuldner bei aufgrund externen Arbeitskämpfen auftretenden Erfüllungsschwierigkeiten noch leichter fallen, zu beweisen, daß er alles vernünftigerweise Zumutbare getan hat, um die Schwierigkeiten zu bewältigen.

---

433 Rechtswidrig ist jeder Arbeitskampf, welcher nicht durch die in s. 219 *Trade Union and Labour Relations (Consolidation) Act 1992* enthaltenen Immunitäten geschützt ist

434 Dazu ist es lediglich erforderlich, einen „arguable case fit to go on trial" zu demonstrieren, was aufgrund der vielen technischen Anforderungen des *TULR(C)A 1992* für einen rechtmäßigen Arbeitskampf häufig problemlos sein wird. Ein Richter entscheidet daraufhin gemäß einer „balance of convenience", d.h. welcher Partei aus dem Verhängen bzw. Nichtverhängen einer „injunction" der größere Nachteil erwachsen würde. Dies ist aufgrund seiner kommerziellen Verpflichtungen meist der Kläger (die Kriterien wurden in *American Cyanamid Co. v. Ethicon Ltd* [1975] AC 396 vom House of Lords bestimmt). Eine „injunction" wurde z.B. in *RJB Mining (UK) Ltd & Others v. National Union of Mineworkers* (1997) IRLR 621 gewährt; der Grund für die „injunction" lag in einem Verstoß der Gewerkschaft gegen bestimmte Vorschriften des *TULR(C)A 1992* hinsichtlich der notwendigen Abstimmungen, welche einem Streik vorausgehen müssen.

III. Ausschlußklauseln

Arbeitskämpfe werden in „exemption clauses" oft ausdrücklich erwähnt. Hinsichtlich der Wirksamkeit einer derartigen Klausel können sich aber je nach Wortlaut der Klausel Probleme ergeben. Die Gerichte haben es sich z.B. nicht nehmen lassen, im Falle einer Klausel, welche mit den Worten „while every effort will be made to carry out a contract..." begann, die „reasonableness" des Verhaltens eines Unternehmers bei einem innerbetrieblichen Streik zu beurteilen, etwa hinsichtlich etwaiger Prinzipien, welche sich der Unternehmer zu verteidigen gezwungen sehen könnte (und welche laut Gericht nicht vorhanden waren)[435]. Auch die Worte „beyond the control" können zur Nichtanwendung einer Ausschlußklausel zumindest bei innerbetrieblichen Arbeitskämpfen führen[436]. Auf der anderen Seite befand das Gericht in *The Penelope*[437], daß der Vertrag, welcher eine Streikklausel enthielt, trotzdem durch den Generalstreik von 1926 der „frustration" anheim gefallen war. Dies stellt eine Anwendung des generellen Prinzips dar, daß die Präsenz einer vertraglichen Bestimmung für das betreffende außergewöhnliche Ereignis noch nicht die Möglichkeit einer „frustration" ausschließt, wenn das Ereignis besonders schwerwiegende Auswirkung-en mit sich bringt.

IV. Vicarious Liability

Ein Arbeitgeber kann für Schäden, welche seine Angestellten während ihres „employments" angerichtet haben, aufgrund seiner „vicarious liability in tort" haftbar gemacht werden. Dies wird bei Arbeitskämpfen jedoch sehr selten möglich sein, da ein Streik sowie andere Aktionen, welche mit den vertraglichen Pflichten eines Arbeitnehmers unvereinbar sind, das Arbeitsverhältnis für die Dauer der Aktionen beenden[438]. Worauf es bei der „vicarious liability" daher ankommt ist, ob die Aktionen der Angestellten mit deren vertraglichen Pflichten noch vereinbar sind, also z.B. lediglich eine „nichtautorisierte Art und Weise der Erfüllung" ihrer Pflichten darstellen. Im Falle eines „go-slow" etwa kommt es darauf an, was die vertraglichen Pflichten eigentlich beinhalten. Hinsichtlich der heutigen strikten Einstellung der Gerichte in Bezug auf die Beurteilung der aus

---

[435] *B & S Contracts and Design Ltd v. Victor Green Publications Ltd* [1984] ICR 419

[436] *Channel Island Ferries Ltd v. Sealink Ltd* [1987] 1 Lloyd's Rep 559

[437] [1928] P 180

[438] *Rookes v. Barnard* [1964] AC 1129; *British Telecommunications plc v. Ticehurst* [1992] ICR 383

einem Arbeitsverhältnis resultierende Pflichten eines Angestellten dürften die Fälle einer „vicarious liability" aber äußerst selten sein[439].

Muß ein Unternehmer trotz Pflichtverletzung eines Angestellten für diesen einstehen, kann er unter Umständen den Betrag von ihm zurückfordern[440].

[439]Vgl. *General Engineering Services Ltd v. Kingston and St. Andrew Corpn* [1988] 3 All ER 867; *British Telecommunications v. Ticehurst.*

[440]*Lister v. Romford ICE & Cold Storage Co. Ltd* [1957] AC 555

Teil II: Deutsches Recht

1. Kapitel: Leistungsstörungen

A. Verschuldensprinzip

In Deutschland gilt wie in England das Prinzip *pacta sunt servanda*, welches die Parteien zur Leistung verpflichtet und beiden Vertragspartnern durchsetzbare Ansprüche auf die Leistung des anderen garantiert. Wer ein schuldrechtliches Versprechen abgegeben hat, muß dieses daher grundsätzlich auch erfüllen. Tut er dies nicht, weil die Leistung unmöglich geworden ist, richten sich die Rechtsfolgen, vor allem die Haftung auf Schadensersatz, danach, ob der Schuldner die Nichterfüllung zu vertreten hat oder nicht[1]. Eine Ausnahme hiervon findet sich lediglich in den seltenen Garantieversprechen, in welchen der Schuldner die Leistung in jedem Falle zu erbringen hat, und eingeschränkt in den Gattungsschulden des § 279[2].

Vertreten muß der Schuldner gemäß § 276 I 1 Vorsatz und Fahrlässigkeit. Vorsatz besteht im Wissen und Wollen der maßgeblichen Umstände des gesetzlichen Tatbestandes[3]. Fahrlässigkeit umfaßt nach § 276 I 2 das Außerachtlassen der im Verkehr erforderlichen Sorgfalt, stellt also innerhalb des betreffenden Verkehrskreises einen objektiven Maßstab dar. Geschuldet wird das Maß an Umsicht und Sorgfalt, welches besonnene und gewissenhafte Angehörige dieses Verkehrskreises für erforderlich halten[4]. Diese Sorgfaltspflicht bewirkt, daß neben der Leistungspflicht weitere Pflichten entstehen, deren Nichteinhaltung ein Übernahme-, Vorsorge- oder auch Abwendungsverschulden zur Folge haben kann. Der Schuldner muß von Beginn des Schuldverhältnisses an alles ihm mögliche und zumutbare tun, um sich bei Fälligkeit die Leistung zu ermöglichen, und hat alles unterlassen, was dieselbe gefährden könnte[5]. Selbst herbeigeführte Unmöglichkeit ist demnach zu vertreten. Ausschlaggebend für einen Verstoß gegen die Sorgfaltspflicht ist in den meisten Fällen die Vorhersehbarkeit des später eintretenden Ereignisses[6]. Diese dürfte bei außergewöhnlichen Ereignissen zumindest

---

[1] Zum Wegfall der Geschäftsgrundlage, bei welchem das Nichtvertretenmüssen der sich darauf berufenden Partei ebenfalls eine Voraussetzung darstellt, siehe unten 2. Kapitel.

[2] Paragraphen ohne Gesetzesangabe sind solche des BGB.

[3] *Medicus*, Schuldrecht I AT, Rn. 306

[4] BGH NJW 72, 151. Der Schuldner muß die Störung durch vorwerfbares Verhalten verursachen oder zumindest mitverursachen: *Palandt*-Heinrichs, § 276 Rn. 3.

[5] RGZ 140, 378

zum Zeitpunkt des Vertragsabschlusses oft nicht gegeben sein. Die Vorsorgepflichten greifen aber auch zu einem späteren Zeitpunkt ein, nämlich sobald sich die Möglichkeit des Eintritts des Ereignisses als relativ wahrscheinlich abzeichnet, also einen bestimmten Grad erreicht hat. Vorhersehbar (im Sinne von theoretisch denkbar) ist mit ein wenig Phantasie fast alles; trotzdem braucht ein Unternehmer nicht für alle diese Risiken Vorsorge zu treffen, da bei vielen der Eintritt so unwahrscheinlich ist, daß man ihn als praktisch ausgeschlossen bezeichnen kann. Der Grad der Wahrscheinlichkeit kann sich jedoch während der Dauer eines Vertrages so weit erhöhen, daß der Schuldner sich veranlaßt sieht (oder veranlaßt sehen sollte), Vorsorge dagegen zu treffen. Wann dieser Grad der Wahrscheinlichkeit/Vorhersehbarkeit erreicht ist, richtet sich vor allem danach, wann ein besonnener Angehöriger des betreffenden Verkehrskreises diese als gegeben ansehen würde.

Wenn der Schuldner die künftige Unmöglichkeit voraussehen sollte, können sich daraus Abwendungspflichten für ihn ergeben, deren Nichteinhaltung Verschulden bewirkt[7]. Wie weit der Schuldner in seinen Abwendungsbemühungen zu gehen hat, richtet sich nach den ihm in der individuellen Situation möglichen und zumutbaren Anstrengungen. Abwendungspflichten stellen sich z.B. in der Form dar, daß der Leistungs-schuldner, dessen Lieferquelle ausgefallen ist, sich von anderer Seite um Ersatz bemühen muß.

B. Nachträgliche Unmöglichkeit

I. Arten der Unmöglichkeit

Unmöglichkeit kann zum einen sowohl physischer als auch rechtlicher Natur sein. Vereinfacht ausgedrückt bedeutet dies, daß die Leistung entweder entsprechend den Naturgesetzen einfach nicht erbracht werden kann oder aber daß die Erfüllung gesetzlich verboten ist[8].

Weiter gibt es die „faktische" und die „wirtschaftliche" Unmöglichkeit. Diese beiden Bereiche sind im Grunde miteinander verbunden, da die faktische Un-

---

[6]Der Tatbestand muß vorhersehbar sein, d.h. die Möglichkeit des schädigenden Erfolges: BGHZ 39,285.

[7]RGZ 93,18

[8]Bei naturgesetzlicher Unmöglichkeit ist die Leistung nach den Naturgesetzen oder dem derzeitigen Stand von Wissenschaft und Technik nicht erbringbar (*Palandt*-Heinrichs §275 Rn. 5 mit Nachweisen). Bei einer hier interessierenden rechtlichen Unmöglichkeit stehen der Leistung dauernde Rechtshindernisse entgegen.

möglichkeit der Leistungserbringung in der Regel auf prohibitiv hohen Kosten beruht[9]. Die Leistung ist bei der faktischen Unmöglichkeit dermaßen schwierig geworden, daß kein vernünftiger Mensch auf den Gedanken käme, den Versuch der Erbringung zu wagen[10]. Der Unterschied zur wirtschaftlichen Unmöglichkeit ist gradueller Art, da bei der wirtschaftlichen Unmöglichkeit die Schwierigkeiten geringer sind, aber den Schuldner trotzdem wegen Unzumutbarkeit befreien. Die Fälle wirtschaftlicher Unmöglichkeit sind heute[11] unter den Wegfall der Geschäftsgrundlage einzuordnen, vor allem auch deswegen, da die Leistung eben nicht im strengen Sinne unmöglich, sondern unzumutbar geworden ist. Die Anpassung des Vertrages ist in diesen Fällen der Auflösung als Rechtsfolge vorzuziehen.

§ 275 II stellt das subjektive nachträgliche Unvermögen des Schuldners der objektiven Unmöglichkeit gleich. Dies bedeutet, daß die Leistung zwar noch einem anderen möglich wäre, nicht aber dem individuellen Schuldner. Eine Ausnahme von § 275 II stellen die (marktbezogenen) Gattungs-schulden des § 279 dar. Diese müssen unabhängig von Verschulden und subjektivem Unvermögen in der Regel erfüllt werden, solange die Ware am Markt überhaupt noch erhältlich ist[12], da *genus numquam perit*. Bei objektiver Unmöglichkeit entfällt jedoch die Einstandspflicht des Schuldners. In Grenzfällen kann der Schuldner aufgrund Unzumutbarkeit der Beschaffung von seiner Pflicht frei werden[13], dies in der Regel aber nur, wenn die Ware auf dem (vernünftigerweise) für das Geschäft vorgesehenen Markt nicht mehr erhältlich ist[14]. Grundsätzlich müssen Beschaffungs-

---

[9]Siehe *Medicus*, aaO, Rn. 369 und 370. Bei faktischer Unmöglichkeit wäre die Leistung theoretisch zwar möglich. Jedoch stünde der Aufwand in einem offensichtlichen Mißverhältnis zum Wert: BGH NJW 1983, 2874.

[10]*Emmerich*, Das Recht der Leistungsstörungen, § 3 III 2 c. Als Beispiel werden das Suchen eines Ringes auf dem Meeresgrund und das Heben eines Schatzes, welcher unter einem Hochhaus begraben liegt, genannt.

[11]Das Konzept der wirtschaftlichen Unmöglichkeit wurde zum einen mit der Veränderung des Leistungsinhaltes (RGZ 42, 114) und zum anderen mit Unzumutbarkeit (RGZ 57, 116) begründe. Das Hauptgewicht lag in den meisten Fällen auf § 242; siehe unten 2. Kapitel A I.

[12]Grundsätzlich sollte die Einstandspflicht des Schuldners daher enden, wenn der betreffende Gegenstand nur noch (theoretisch) von Verbrauchern erstanden werden kann: vg. RGZ 57, 116; 88, 172 107, 156. Allgemein muß die Ware noch mit Mitteln beschaffbar sein, mit deren Anwendung nach Treu und Gauben zu rechnen ist. Gattungsschulden schließen vor allem Geldschulden mit ein, denn für seine finanzielle Leistungsfähigkeit hat jeder Schuldner einzustehen: RGZ 75, 337; 106, 181; BGH LM § 133 (C) Nr. 32.

[13]RGZ 57, 116; 88, 172; 107, 158; BGH NJW 72, 1702, 1703; BGH MDR 1994, 135

schwierigkeiten, welche die Haftungsbefreiung des Verkäufers bewirken, unvorhersehbar sein.

Eine weitere Unterscheidung kann zwischen vorübergehender und dauernder Unmöglichkeit getroffen werden. Obwohl dies im Gesetz nicht ausdrücklich geregelt ist, geben vorübergehende Leistungshindernisse einem Schuldner ein zeitweiliges Leistungsverweigerungsrecht[15]. Die vorübergehende Unmöglichkeit kann in bestimmten Situationen der dauernden gleichgesetzt werden. Wann dies der Fall ist, bestimmt sich vornehmlich aus den Umständen des Vertrags. Beim absoluten Fixgeschäft geschieht dies sofort, bei relativen Fixgeschäften erst nach einer (kurzen) Zeitspanne. Der Unterschied zwischen absolutem und relativem Fixgeschäft besteht darin, daß zwar in der Regel bei beiden die Leistung zu einem bestimmten Zeitpunkt erbracht werden soll, eine kleine Verzögerung aber das letztere noch nicht sinnlos bzw. unmöglich macht. Das relative Fixgeschäft überwiegt bei wirtschaftlichen Verträgen. Geschäfte ohne festgesetzten Erfüllungstermin werden auch durch eine längere Verzögerung aufgrund Unmöglichkeit nicht vollständig nichtig. Dauernde Unmöglichkeit liegt allerdings vor, wenn die Gegenpartei, welche während der Verzögerung die Gegenleistung nicht zu erbringen braucht[16], das Interesse an der Leistung verliert.

Unmöglichkeit läßt sich zudem in Teil- und Vollunmöglichkeit unterteilen. Für gegenseitige Verträge bestimmt § 323 I, daß sich bei Teilunmöglichkeit der Anspruch auf die Gegenleistung mindert. §§ 472 und 473 betreffen die Art und Weise der Minderung. Teilunmöglichkeit wird zumeist in Lieferverträgen auftreten, wenn ein Teil der zu liefernden Ware untergegangen ist und Ersatz nicht beschafft werden kann. Verliert der Gläubiger das Interesse an der Teilleistung, tritt Vollunmöglichkeit ein[17]. Die Teilunmöglichkeit des Schuldners kann, vor allem bei Lieferverträgen, mehrere Gläubiger zugleich betreffen. Die möglich gebliebene Teilleistung muß dann grundsätzlich *pro rata* auf alle Kunden verteilt werden[18].

---

[14]Z.B. RGZ 107, 158, wo die Ware bei einem reinen Inlandsgeschäft im Ausland hätte beschafft werden müssen.

[15]*Müko*-Emmerich, Vor § 275 Rn. 27 f. Zeitweilige Unmöglichkeit hebt die Verpflichtungen des Schuldners nur während ihrer Dauer auf: RGZ 117, 127 (130).

[16]§ 323 I

[17]Dies ergibt sich aus § 325 I 2.

[18]RGZ 84, 125; 100, 134

II. Rechtsfolgen

Die Rechtsfolgen der Unmöglichkeit im gegenseitigen Vertrag sind in §§ 323-325 zu finden und richten sich danach, ob eine der beiden Parteien das Unmöglichwerden zu vertreten hat oder nicht. Wenn dies nicht der Fall ist, verlieren zunächst beide Parteien ihren Anspruch auf die Gegenleistung (bzw. dieser Anspruch mindert sich entsprechend, siehe oben)[19]. Allerdings gibt es von dieser Risikoverteilung einige Ausnahmen, vor allem nach schon erfolgter Übergabe einer Kaufsache[20], bei Scheitern eines Werkvertrages aus Gründen, welche in der Sphäre des Bestellers zu finden sind[21] und bei einer anderslautenden vertraglichen Risikoverteilung. Hat der Schuldner gemäß § 281 aufgrund der Unmöglichkeit der Leistung ein stellvertretendes Commodum erlangt, z.B. eine Versicherungssumme, kann der Gläubiger die Herausgabe derselben verlangen, muß dann aber die Gegenleistung erbringen[22]. Die Gegenleistung mindert sich dabei um den Betrag, um welchen das Surrogat hinter dem Wert der ursprünglich geschuldeten Leistung zurückbleibt. Eine schon erbrachte Gegenleistung, welche nicht geschuldet worden wäre, kann als ungerechtfertigte Bereicherung (§§ 812-822) zurückgefordert werden[23].

Hat der Schuldner die Unmöglichkeit zu vertreten, hat der Gläubiger das Recht (auch bei Teilunmöglichkeit), Schadensersatz zu verlangen oder vom Vertrag zurückzutreten[24]. Alternativ kann er die oben besprochenen Rechte aus § 323 geltend machen, was in der Praxis wohl auf den Anspruch auf das stellvertretende Commodum hinausläuft. Bei den selteneren Fällen des Gläubigerverschuldens behält der Schuldner den Anspruch auf die Gegenleistung, welcher allerdings entsprechend seiner Ersparnis bei der Leistungserbringung bzw. den durch die möglich gewordene anderweitige Verfügung seiner Arbeitskraft erlangten Vorteilen gemindert wird[25].

---

[19] § 323 I

[20] § 446. Der Käufer hat dann die Kontrollmöglichkeit und das Untergehen der Verkaufssache befreit ihn nicht von seiner Leistungspflicht.

[21] §§ 644 und 645, welche besagen, daß der Unternehmer nicht für Probleme verantwortlich ist, welche etwa durch das vom Besteller gelieferte Material entstehen, und in einem solchen Fall einen Anspruch auf Vergütung behält. Diese Vorschriften sind analog auf alle Unmöglichkeitsfälle anzuwenden, bei denen der Grund aus der Sphäre des Gläubigers stammt: BGHZ 40, 71.

[22] § 323 II

[23] § 323 III

[24] § 325 I 1 und 2

III. Die Zweckerreichung: ein Sonderfall

Die Erreichung des Vertragszweckes auf eine andere Weise als durch die vorgesehene Leistung stellt einen Sonderfall des Unmöglichkeitsrechts dar. Er muß von der Zweckverfehlung, also dem Unmöglichwerden des Vertragszweckes (z.B. in den Krönungszugfällen das Vermieten eines Zimmers zwecks Besichtigung des dann ersatzlos ausfallenden Krönungszuges[26]), unterschieden werden; bei letzterer sind die Unmöglichkeitsregeln unverändert anzuwenden[27].

Bei Zweckerreichung wird der Schuldner gemäß § 275 frei[28]. Das Schicksal der Gegenleistung richtet sich nach einem etwaigen Vertretenmüssen des Gläubigers[29] sowie danach, ob der Grund für die Zweckerreichung aus der „Risikosphäre" des Gläubigers stammt. Bei ersterem ist § 324 I (bzw. §§ 649 und 552 als Sonderregelungen für Werk- und Mietverträge) anzuwenden. Bei Zurechnung des Grundes in die Risikosphäre des Gläubigers sind die Rechtsfolgen entsprechend den Vertragstypen einzuteilen[30]. Bei Sach- und Geldleistungen greift § 324 II (bzw. bei Dienstverträgen §§ 615 und 616) ein. Bei Werkleistungen hingegen geben §§ 645 und 642 den Ausschlag. Bei Vertretenmüssen des Gläubigers oder Zurechnung des Risikos an denselben erhält der Schuldner somit in jedem Fall seine Auslagen sowie seinen anteiligen Gewinn. Ist der Grund für die Zweckerreichung hingegen von keiner Seite zu vertreten, entfällt der Anspruch auf die Gegenleistung gemäß § 323 I.

---

[25] § 324 I

[26] *Krell v. Henry* [1903] 2 KB 740

[27] Siehe *Fikentscher*, Schuldrecht, Rn. 353

[28] *Fikentscher*, aaO, Rn. 354; *Larenz*, Schuldrecht I, § 21 c S. 290

[29] Z.B. wenn der Zweck von einer dritten Partei ausgeführt wurde, welche der Gläubiger (etwa weil billiger) angestellt hat.

[30] *Fikentscher*, aaO, Rn. 355 und 356

2. Kapitel: Wegfall der Geschäftsgrundlage

Der Wegfall der Geschäftsgrundlage als rechtliches Institut gründet sich auf § 242, welcher den Schuldner verpflichtet, die Leistung so zu erbringen, wie Treu und Glauben mit Rücksicht auf die Verkehrssitte es erfordern[31]. Voraussetzung für einen Wegfall der Geschäftsgrundlage ist eine Änderung der Umstände außerhalb des Vertrages und der damit einhergehenden Risikoverteilung, welche jedoch die Leistung noch nicht unmöglich macht. Eine vertragliche Lösung ist bei Eintritt außergewöhnlicher Ereignisse auf zweierlei Weise möglich:

1. Der Vertrag sieht für den Eintritt des Ereignisses eine bestimmte Rechtsfolge vor, z.B. ein unbedingtes Festhalten am Vertrag oder seine Suspension aufgrund einer *force majeure*-Klausel; oder

2. Eine Lösung kann mit Hilfe einer ergänzenden Vertragsauslegung gefunden werden.[32]

Bietet der Vertrag keine Lösung, bleibt nur der Rückgriff auf den Wegfall der Geschäftsgrundlage. Um Beachtung zu finden, muß die Änderung der Verhältnisse wesentlich sein[33], die Grenzen auch der normativen Risikozuweisung überschreiten und ein unverändertes Festhalten am Vertrag für die betroffene Partei unzumutbar machen. Die Unzumutbarkeit ergibt sich dabei vornehmlich daraus, daß die Partei(en) das Risiko des Eintritts des betreffenden Ereignisses nicht geregelt haben[34]. Sie ist insoweit mit der englischen Theorie des „radical change of

---

[31]Dies ist insofern problematisch, als die Verfasser des BGB die *clausula rebus sic stantibus* als allgemeines Rechtsinstitut für das BGB ablehnten: Motive II 199, 314 f., 843; Protokolle I 631; Protokolle II 47. Insoweit ist also eine Lücke im Gesetz vorhanden. Die Rechtsprechung griff daher auf § 242 zurück, welcher von einer schuldrechtlichen Auslegungsvorschrift zur allumfassenden Korrekturnorm im Zeichen der Billigkeit weiterentwickelt wurde: *Weber*, JuS 1992, 631, 636. Vgl. auch § 306 BGB-KE der Kommission zur Überarbeitung des Schuldrechts, in welchem der Wegfall der Geschäftsgrundlage ausdrücklich im Gesetz verankert wird.

[32]Zu beiden Möglichkeiten siehe unten D III.

[33]Eine Änderung ist dann wesentlich, wenn nicht ernsthaft zweifelhaft ist, daß eine oder beide Parteien bei Kenntnis dieses Umstandes den Vertrag nicht oder mit einem anderen Inhalt abgeschlossen hätten: *Palandt*-Heinrichs § 242 Rn. 125.

[34]Daher ist auch der häufig propagierten Meinung, daß die Geschäftsgrundlagenlehre mit dem Gebot des *pacta sunt servanda* konkurriere, nicht ohne weiteres zuzustimmen. So aber auch die Rechtsprechung, siehe z.B. OGHZ 2, 202 (208f.); BGHZ 2, 176 (183 ff.); BGH LM § 284 BGB Nr. 2. Der Hinweis auf die Durchbrechung des Grundsatzes der Vertragstreue dient in der Praxis dazu, das Anwendungsgebiet der Geschäftsgrundlagenlehre zu beschränken. M.E. läßt sich dies auch mit dem Gebot der Rechtssicherheit (welches häufig in den Entscheidungen ebenfalls

circumstances" vergleichbar[35]. Dies macht deutlich, daß das Problem der Behandlung von Verträgen bei veränderten Umständen im Grunde genommen ein Problem fehlender Risikoverteilung zwischen den Parteien ist; die Geschäftsgrundlagenlehre ist daher auf die Fälle beschränkt, in denen die vertragliche Risikoverteilung eine Lücke aufweist[36].

Um Entwicklung, Zweck und Inhalt des Instituts des Wegfalls der Geschäftsgrundlage zu verdeutlichen, wird in kurzen Zügen seine Entstehungsgeschichte geschildert.

A. Geschichte

I. Wirtschaftliche Unmöglichkeit

Das Problem der veränderten Umstände oder, wie es auch formuliert wird, einer falschen Bezugnahme der Parteien auf die Wirklichkeit[37], ist dem Schuldrecht schon seit langem bekannt. Es fand seine Lösung früher in den *clausula rebus sic stantibus*, nach welchen ein Vertrag nur solange Bestand haben soll, wie sich die für seinen Abschluß maßgeblichen Verhältnisse nicht grundlegend geändert haben. Dieser Grundsatz wurde (ausgenommen einige speziellen Vorschriften) für das BGB verworfen, da das Vertrauen in den Bestand der Verträge als zu sehr gefährdet angesehen wurde[38]. Allerdings wird die Problematik der veränderten

hinzugezogen wird) bewerkstelligen, da die primäre Folge eines Wegfalls der Geschäftsgrundlage, die Anpassung des Vertrages, dieser sicherlich nicht förderlich ist.

[35]Siehe *Davis Contractors v. Fareham UDC* [1956] AC 696, 728-729, *per* Lord Radcliffe:

„*non haec in foedera veni*. It was not this that I promised to do."

[36]Der Kern der gesamten Geschäftsgrundlagenproblematik liegt darin, daß letztlich immer das Äquivalenzverhältnis zwischen Leistung und Gegenleistung gestört wird: vgl. *Ascheid*, Änderung der Geschäftsgrundlage und wirtschaftliche Notlage, 109, S: 116 in: Hromadka (Hrsg.), Änderungen von Arbeitsbedingungen, und *Chiotellis*, Rechtsfolgenbestimmung bei Geschäftsgrundlagenstörungen in Schuldverträgen, 20.

[37]*Flume*, Allgemeiner Teil des Bürgerlichen Rechts II, S. 497

[38]Motive II 199, welche sich auch so deuten läßt, daß hier die ergänzende Vertragsauslegung zur Problemlösung herangezogen werden soll: vgl. *Braun*, JuS 1979, 693 Fn. 28. Siehe auch Motive II 314 ff., 843; Protokolle I 631 f.; Protokolle II 47 ff., wo eine Prüfung im Einzelfall durchaus für möglich gehalten wird. In der Entscheidung RGZ 103, 328, in welcher das Reichsgericht erstmals die Lehre von der Geschäftsgrundlage übernahm, verwarf es die Befürchtungen des Berufungsrichters, welcher bei Zugestehen eines Rücktrittsrechts an einen Schuldner im Falle einer Veränderung der wirtschaftlichen Verhältnisse eine völlige Rechtlosigkeit auf dem Gebiete des Vertragsrechts voraussagte. Das Reichsgericht befand lediglich,

Umstände damit nicht gelöst. Die Risikoverteilung im BGB setzt nämlich voraus, daß die Parteien die Umstände, unter denen sie ihre Leistung zu erbringen haben, einigermaßen zutreffend einschätzen.

In der zweiten Hälfte des 19. Jahrhunderts versuchte *Windscheid*, die wichtigsten Fälle der Geschäftsgrundlagenproblematik mit seiner Lehre von der Voraussetzung, welche in der Willenserklärung als Beschränkung eben dieses Willens zum Ausdruck gelangen soll, zu lösen[39]. Bei einer Bedingung ist der wirkliche Bindungswille beschränkt, da er vom ungewissen Eintritt oder Nichteintritt bestimmter Umstände abhängig gemacht wird. Bei einer Voraussetzung geht die Partei von der Gewißheit bestimmter Umstände aus und macht sie daher nicht zur Bedingung des Vertrages. Ihr „eigentlicher" (hypothetischer) Wille ist jedoch beschränkt, da sie die Bindung an den Vertrag nicht gewollt hätte, wenn sie nicht von der Gewißheit dieses Umstandes ausgegangen wäre. Bei einer Änderung dieses Umstandes soll der Erklärende daher nicht mehr an seine Erklärung gebunden sein. Diese Lehre hat sich nie durchzusetzen vermocht, da *Windscheid* die Abgrenzung zum anerkanntermaßen unbeachtlichen Motiv nicht überzeugend gelang und auch die Unterscheidung seiner Voraussetzung als „unentwickelter Bedingung" zur echten Bedingung nicht unproblematisch ist[40].

Die Rechtsprechung wurde mit der Problematik der veränderten Umstände bis zum Ausbruch des 1. Weltkrieges nur sehr vereinzelt konfrontiert und löste diese Fälle mit Hilfe der Unmöglichkeitsregeln[41], welche als Rechtsfolge die Vertragsauflösung nach sich zogen[42]. Auch nach Ausbruch des Krieges mußte die Rechtsprechung sich wegen der Ablehnung sowohl der *clausula*[43] als auch der Windscheidschen Voraussetzung[44] mit „wirtschaftlicher Unmöglichkeit" behelfen. Diese Fälle weisen häufig eine tatsächlich gegebene zeitweilige physische oder

---

daß die Grenzen, innerhalb welcher der Einwand eines Wegfalls der Geschäftsgrundlage beachtlich sei, vorsichtig zu ziehen seien: RGZ 103, 331.

[39]Die Lehre des römischen Rechts von der Voraussetzung, Düsseldorf 1850; Die Voraussetzung, AcP 78 (1892), 161 ff.

[40]Kritisch vor allem *Lenel*, AcP 74 (1889), 213 und AcP 79 (1892), 49.

[41]Siehe für das gemeine Recht RGZ 42, 114 (zeitweilige Unmöglichkeit der dauernden wegen Änderung des Leistungsinhalts gleichgesetzt) sowie nach Inkrafttreten des BGB RGZ 57, 116 (Erlöschen weiterer Vertragspflichten aufgrund Unzumutbarkeit, welche der Unmöglichkeit gleichgesetzt wird).

[42]RGZ 58, 256 (Kündigungsrecht); 60, 56 (Rücktrittsrecht)

[43]RGZ 50, 255 (257)

[44]RGZ 24, 169

rechtliche Unmöglichkeit auf[45]. Wirtschaftliche Unmöglichkeit geht auf zwei verschiedene Entscheidungsketten zurück[46].

In der ersten wird die wirtschaftliche Unmöglichkeit der „echten" wegen Veränderung des Leistungsinhaltes gleichgesetzt[47]. Beispiele für eine Änderung des Leistungsinhaltes sind die Lieferung von Getreide aus einer späteren Ernte als der vorgesehenen[48], der Erhalt von bestellten Waren mit zwei Jahren Verspätung[49] oder auch die Vereitelung des Reklamezwecks in einem Anzeigenvertrag, da der Verkauf des fraglichen Gegenstandes im freien Handel verboten wurde[50].

Der zweite Tatbestand der wirtschaftlichen Unmöglichkeit ist die Unzumutbarkeit der Leistung. Dabei gilt, daß die Erbringung der Leistung „mit so außergewöhnlichen Schwierigkeiten verbunden sein [muß], daß diese Schwierigkeiten nach der Auffassung des Verkehrs der Unmöglichkeit gleichgeachtet werden"[51]. Ausschlaggebend war hierfür § 242, welcher dem RG zufolge § 279 einschränkte.

Der Zusammenschluß der beiden Entscheidungsketten fand statt, als die wirtschaftliche Unmöglichkeit aufgrund Veränderung des Leistungsinhaltes, deren Existenz zuvor ohne Rechtfertigung aus dem Gesetz einfach behauptet wurde, mit den §§ 157 und 242 begründet wurde[52].

---

45 Von einer diesbezüglichen Erfordernis ging das Reichsgericht in RGZ 99, 258 aber wieder ab.

46 Welche an die beiden Mühlenbrandfälle RGZ 42, 114 und RGZ 57, 116 anknüpfen.

47 Z.B. RGZ 88, 71 (74); 90, 102 (105); 92, 87 (88); 93, 341 (342); 94, 45 (47); 94, 68; 99, 258. Die „echte" Unmöglichkeit ist allerdings keine unbedingte Voraussetzung. Jeder vorübergehender Leistungsaufschub genügt, durch welchen sich der Inhalt der Leistung verändert. In vielen Fällen wäre die Leistung an sich nach Kriegsende durchaus wieder möglich gewesen, hätte sich aber in der Sache vor allem wegen des zeitlichen Aufschubs und der inzwischen erfolgten grundlegenden Veränderung der wirtschaftlichen Verhältnisse als eine völlig andere dargestellt.

48 RG Warn. 1916, 60

49 RGZ 88, 71 (74)

50 OLG Frankfurt, JW 1919, 940

51 RGZ 57, 116 (119)

52 RGZ 94, 68; 99, 115; 99, 258; 101, 79

Als Rechtsfolge sah die wirtschaftliche Unmöglichkeit anfangs nur die automatische völlige Beseitigung der Vertragspflichten gemäß §§ 275, 323 vor. Diese wurde allmählich zugunsten eines dem Schuldner zustehenden Rücktrittsrechts verdrängt[53]. Unter Berufung auf die Gebote von Treu und Glauben, Billigkeit und Gerechtigkeit tat das Reichsgericht schließlich den Schritt von der Vertragsauflösung hin zur Vertragsänderung[54]. Der 3. Senat befand hierbei, daß aufgrund wirtschaftlicher Unmöglichkeit eine ausfüllungsbedürftige Vertragslücke entstehe. Der richterliche Eingriff wurde allerdings an folgende drei Voraussetzungen gebunden:

1. den Willen beider Parteien zur Fortsetzung des Vertragsverhältnisses;

2. eine außergewöhnliche, umstürzende Veränderung der Verhältnisse; und

3. ein Ausgleich der beiderseitigen Interesse durch angemessene Schadensteilung.

Dies bedeutete, daß eine Anpassung nur mit dem Willen beider Parteien vorgenommen werden konnte. Andernfalls kam es weiterhin zur Auflösung des Vertrages[55].

II. Wegfall der Geschäftsgrundlage

Kurz nach Ende des 1. Weltkriegs schuf *Oertmann* mit der Geschäftsgrundlage die auch heute noch zumindest dem Wortlaut nach gebräuchliche Lösung für das Problem der veränderten Umstände[56]. Das Reichsgericht übernahm diese Theorie in seiner Aufwertungsrechtsprechung am 3. Februar 1923 in RGZ 103, 328. Sie wird seitdem in ständiger Rechtsprechung zumindestens als Ornament herangezogen.

---

[53]RGZ 99, 115 (117)

[54]RGZ 100, 129 (132)

[55]Dies war anfangs auch die Lösung der Rechtsprechung zur Geschäftsgrundlagenlehre: vgl. RGZ 103, 328 (333); 106, 7 und 11; 107, 124 (128). Das Reichsgericht befand zwar, daß bei Bejahung eines Wegfalls der Geschäftsgrundlage noch der Versuch gemacht werden müßte, den Vertrag mit entsprechender Änderung aufrechtzuerhalten. Allerdings stünde es nicht in der Macht des Richters, hier durch Gestaltungsurteil in den Inhalt des Vertrages einzugreifen. Vielmehr müßte der Schuldner den Gläubiger zur Änderung auffordern. Bei Verweigerung des Gläubigers konnte der Schuldner vom Vertrag zurücktreten.

[56]*Oertmann*, Die Geschäftsgrundlage, 1921

Geschäftsgrundlage sind die bei Abschluß des Vertrages zutage getretenen, dem anderen Teil erkennbar gewordenen und von ihm nicht beanstandeten Vorstellungen der einen Partei oder die gemeinsamen Vorstellungen beider Parteien von dem Vorhandensein oder dem künftigen Eintritt bestimmter Umstände, sofern der Geschäftswille der Partei auf diesen Vorstellungen aufbaut[57]. Als Ornament kann man diese Formel deshalb bezeichnen, weil sich aus ihr allein noch keine Rechtsfolgen ergeben. Zunächst muß nämlich noch geprüft werden, ob das Fehlen bzw. der Wegfall einer Geschäftsgrundlage ein weiteres Festhalten am Vertrag für die davon betroffene Partei unzumutbar macht[58]. Erst dann wird entsprechend dieser Unzumutbarkeit Abhilfe gewährt, welche primär in der Anpassung des Vertrages besteht. Die Vertragsanpassung ist dabei nicht mehr auf die Zustimmung der Parteien angewiesen. Ihnen obliegt es zwar, bei Feststellung der Anpassungsbedürftigkeit des Vertrages die Leistung neu zu bestimmen. Tun sie dies jedoch nicht, nimmt das Gericht die Anpassung nach billigem Ermessen vor[59].

Die Lehre ist bis heute über die Geschäftsgrundlagentheorie zerstritten. Im folgenden wird ein kurzer Überblick über das Spektrum der Meinungen gegeben werden.

B. Theorien

I. Oertmann

Oertmanns Theorie geht von den subjektiven Vorstellungen einer Partei aus, welche für ihren Willen zum Vertragsabschluß bestimmend waren. Die Geschäftsgrundlage wird demzufolge gebildet „durch die bei Vertragsabschluß zutage getretene, vom Geschäftsgegner in ihrer Bedeutung erkannte und nicht beanstandete Vorstellung eines Beteiligten oder die gemeinsame Vorstellung beider Teile vom Vorhandensein oder dem künftigen Eintritt oder Nichteintritt gewisser Umstände, auf denen sich der Geschäftswille aufbaut“[60]. Zur Abgrenzung vom Motiv sollte es dabei darauf ankommen, daß die andere Partei diese Vorstellungen habe erkennen können oder ihnen, auch stillschweigend, zugestimmt habe. Die Abgrenzung zum einseitigen Motiv gelang *Oertmann* allerdings ebensowenig überzeugend wie zuvor schon *Windscheid*, da sich nicht bestimmen läßt, wann die andere

---

[57]RGZ 103, 328 (332); 168, 121 (126 f.); OGHZ 1, 62 (68); BGHZ 25, 390 (392); BGH WM 1961, 212; 1969, 335 und 496; BGHZ 74, 370

[58]BGH WM 1957, 401; 1967, 561; 1969, 335 und 496; 1973, 752; 1975, 1131. Siehe hierzu weiter unten B VI.

[59]BGH MDR 1993, 586; MDR 1994, 1053, 1054

[60]*Oertmann*, Die Geschäftsgrundlage, 1921, 37

Partei den ihr bekannten Vorstellungen der einen Partei „stillschweigend zugestimmt“ hat. Durch das bloße Wissen um diese Vorstellungen hat sich die andere Partei diese nämlich noch nicht so zu eigen gemacht, daß sie bei einer späteren Veränderung bzw. Nichteintritt der betreffenden Umstände nicht mehr auf der strikten Einhaltung des Vertrages bestehen könnte[61]. *Oertmanns* Theorie ist in dieser Hinsicht zu weit, da so bei ihm auch unbeachtliche einseitige Motivirrtümer berücksichtigt werden[62].

Auf der anderen Seite kann er gerade die Fälle der außergewöhnlichen Ereignisse nicht lösen, in denen sich die Parteien gar keine Gedanken um das Fortbestehen der maßgeblichen Umstände gemacht haben, da ihnen eine umstürzende Veränderung der Verhältnisse aufgrund ihrer Unvorhersehbarkeit nicht in den Sinn kam[63]. Dieses Nichtbedenken eines möglichen Wechsels bedeutet psychologisch gesehen keinesfalls notwendigerweise eine positive Vorstellung von der Fortdauer der Umstände[64]. *Oertmanns* Lehre vermag daher nicht vollständig zu überzeugen.

II. Objektive Lehren

Die objektiven Lehren von der Geschäftsgrundlage gehen von einem bestimmten, dem Vertrag immanenten Zweck bzw. von einem den Parteien gemeinsamen Geschäftszweck aus, welcher unter bestimmten Umständen beachtlich sein soll[65].

---

[61] Vgl. etwa bei *Lenel*, 74 AcP 1889, 213 (224 f.) den bekannten Aussteuerfall. Der Verkäufer hat dort keine Veranlassung, dem mitgeteilten Motiv des Käufers, nämlich der Heirat von dessen Tochter, zu widersprechen, muß sich aber dieses Nichtwidersprechen noch lange nicht als schweigende Zustimmung anrechnen lassen. Bei dem so zustandegekommenen Vertrag entfällt die Geschäftsgrundlage bei Nichtzustandekommen der Hochzeit nicht. Vgl. auch *Larenz*, Geschäftsgrundlage und Vertragserfüllung, S. 7 ff.

[62] *Oertmann*, aaO, will ganz allgemeine Vorstellungen der Parteien von der Fortdauer der Umstände oder dem Nichteintritt eines Ereignisses genügen lassen.

[63] Siehe z.B. zu den Auswirkungen des 1. Weltkrieges RGZ 100, 129 (133 f.):

> „Kein Mensch in Deutschland ahnte derartiges und konnte es ahnen; es liegen hier außer jeder menschlichen Berechnung stehende Ereignisse vor.“

[64] *Larenz*, GG, S.10; *Kegel-Rupp-Zweigert*, Die Einwirkung des Krieges auf Verträge, S.108; *Fikentscher*, Die Geschäftsgrundlage als Frage des Vertragsrisikos, S. 7f.

[65] *Kaufmann*, Wesen des Völkerrechts und die clausula rebus sic stantibus, S.110, nennt diesen Zweck den „Wesenszweck“ eines Vertrages. Siehe auch *Locher*, AcP 121 (1923), 1 (76) und *Krückmann*, AcP 116 (1918), 157.

Demnach soll bei *Kaufmann* die vertragliche Verpflichtung jeder Partei dadurch begrenzt sein, was ihr aufgrund ihres den Wesenszweck eines bestimmten Vertragstyps erstrebenden Wirkungswillens zugemutet werden darf. Der Wesenszweck ist zwar nicht Vertragsbestandteil, beschränkt aber dessen Wirkungsbreite. Wenn der Vertrag diesen Zweck verloren hat, soll er demnach auflösbar sein. Dies stellt im Grunde genommen eine Wiederbelebung des alten Gedankens von den einem jeden Vertrag immanenten *clausula rebus sic stantibus* dar. Diese Lehre krankt neben dem Problem der Auffindung eines derartigen Zwecks an der mangelnden Antwort darauf, wann der Vertrag diesen Wesenszweck verloren hat.

Krückmann und *Locher* sprechen von einem Geschäftszweck, welcher von den Parteien in Übereinstimmung in den Vertrag einbezogen wird. Das Problem des gemeinsamen Geschäftszwecks liegt darin, daß die Zwecke der Parteien gerade bei den hier behandelten wichtigen Austauschverträgen häufig entgegengesetzt sind und diese Lehre somit auf derartige Fälle keine Anwendung finden kann[66]. Gemeinsam ist den Parteien meist nur der Zweck, sich gegenseitig zu binden[67], was, wenn überhaupt, gegen eine Berücksichtigung späterer Veränderungen der Umstände spricht. Ein gemeinsamer Geschäftszweck findet sich lediglich in den sogenannten „symbiotischen" Vertragsverhältnissen, in welchen beide Parteien im eigenen Interesse aufeinander angewiesen sind und daher danach trachten, die Erfüllung des Vertrages zu gewährleisten. In derartigen Fällen werden jedoch häufig keine rechtlichen Hilfestellungen benötigt, da die Parteien in ernsthaft geführten Neuverhandlungen selbst eine Lösung des aufgetretenen Problems suchen.

III. Lehmanns „Vereinigungsformel"

Wie ersichtlich, vermögen weder eine nur subjektiv noch eine nur objektiv gehaltene Theorie alle denkbaren Fallkonstellationen zu lösen. *Lehmann* versucht eine Verbindung von beiden und sieht als entscheidend an, ob

> „der Vertragsgegner sich nach Treu und Glauben mit Rücksicht auf den Zweck des Vertrages auf die Abhängigmachung desselben von dem fraglichen Umstand eingelassen hätte oder redlicherweise hätte einlassen müssen, wenn man die Unsicherheit des Umstandes beim Vertragsschluß in Betracht gezogen hätte"[68].

---

[66] *Fikentscher*, Die Geschäftsgrundlage als Frage des Vertragsrisikos, S. 9, 26

[67] *Flume*, Allgemeiner Teil des Bürgerlich Rechts Bd. I, S. 513, 515

[68] *Ennecerus*-Lehmann, Allgemeiner Teil, § 41; jetzt *Lehmann*/Hübner, Allgemeiner Teil, § 35 A VII

Der fragliche Umstand hätte also, obwohl er nicht ausdrücklich zur Bedingung erhoben worden ist, dazu gemacht werden können, da sich auch der Vertragsgegner gemäß Treu und Glauben darauf hätte einlassen müssen.

Die Formel verdeutlicht zwar, daß eine normative Wertung vorzunehmen ist und das Problem eines der Vertragsgerechtigkeit ist. Sie ist aber zu weit, da die Definition auch Umstände der Wirklichkeit umfassen kann, welche den Leistungsinhalt selbst beeinflussen und für welche daher die gesetzlichen Leistungsstörungsregelungen ausreichen. So könnte „redlicherweise" auch zu vereinbaren sein, daß der Schuldner zu einer bestimmten Zeit leistungsfähig ist, wenn der Gläubiger die Leistung in besonderer Weise benötigt[69].

IV. Ablehnung der Geschäftsgrundlagenlehre

Ein Teil der Lehre lehnt die Geschäftsgrundlage weitestgehend ab und will sie nur bei den Fällen der „Beeinträchtigung der Sozialexistenz", welche auch als „große Geschäftsgrundlage" bekannt ist, anwenden[70]. Der Grund hierfür liegt in der Meinung, daß alle anderen Fallkonstellationen mittels ergänzender Vertragsauslegung und Ausschöpfung der vertraglichen und gesetzlichen Risikoregelungen[71] zu lösen seien. Nur bei umwälzenden Veränderungen sei eine Billigkeitsentscheidung geboten, da der Vertrag hierfür keine Anhaltspunkte bezüglich seiner Risikoverteilung bereithält[72].

Flume weist auf die Gefahren und Versuchungen der Geschäftsgrundlagenlehre hin, welche sich vor allem in Billigkeitsentscheidungen manifestieren kann[73].

---

[69]Vgl. Kritik von *Soergel*-Teichmann, § 242 Rn. 213.

[70]*Flume*, Allgemeiner Teil Bd. II, § 26 (S. 499 ff.); *Medicus*, Vertragsauslegung und Geschäftsgrundlage, Festschrift Flume Bd. I, S. 629 ff.; *Goltz*, Motivirrtum und Geschäftsgrundlage im Schuldvertrag, S. 228 ff.; so auch *Littbarski*, JZ 1981, 8 (13 f.)

[71]Vor allem die Gewährleistungs- und Leistungsstörungsregeln

[72]Eine gewisse Berechtigung findet diese Auffassung darin, daß die Geschäftsgrundlagenlehre ursprünglich anläßlich eines Falls der „großen Geschäftsgrundlage", nämlich der Währungskatastrophe, vom Reichsgericht übernommen wurde. Eine Unterscheidung in große und kleine Geschäftsgrundlage wird zum Teil auch bei der Rechtsfolgenbestimmung verwendet: siehe *Kegel*, Gutachten für den 40. Deutschen Juristentag Bd. I, S. 135 ff., 201 (hälftige Schadensteilung bei Wegfall der großen Geschäftsgrundlage); *Rüthers*, Die unbegrenzte Auslegung, S. 60-63 (enge Anlehnung an vertragliche Grundkonzeption bei Wegfall der kleinen Geschäftsgrundlage, Anpassung gemäß allgemeinen Rechtsprinzipien und bewährter Tradition bei Wegfall der großen Geschäftsgrundlage).

Verbreitete Zustimmung findet seine weitgehende Ablehnung der Geschäftsgrundlage wohl auch deshalb, weil die Fälle der „Beeinträchtigung der Sozialexistenz", auf welche er die Lehre anwenden will, mit Währungsänderung und -verfall, Änderungen der Gesetzgebung sowie Krieg, kriegsähnlichen, politischen Geschehen und allgemeinen Naturkatastrophen weit reichen und damit viele außergewöhnlichen Ereignisse umfassen. Nicht unproblematisch sind hingegen *Flumes* aus den jeweiligen Vertragstypen abgeleiteten Wertungen, mit deren Hilfe er seine Risikoregelungen gewinnt und auf die Geschäftsgrundlagenlehre verzichten zu können glaubt. *Koller* beanstandet z.B. seine Schlußfolgerung, daß ein Verkäufer bei extraordinären Leistungserschwernissen frei werde, obwohl § 433 ff. dies eindeutig nicht vorsehen[74]. § 275 ff. lassen sich für eine derartige Auslegung auch nicht heranziehen, da dort der Schuldner nur bei (subjektiver oder objektiver) Unmöglichkeit der Leistung frei wird, nicht schon bei außergewöhnlichen Leistungsschwierigkeiten. Die gesetzlichen Regelungen müßten also zum Teil äußerst weit interpretiert werden, um die Fälle der Leistungserschwernisse zu lösen. Abschließend bleibt außerdem zu fragen, ob durch die extensive Anwendung von ergänzenden Vertragsauslegung und Gesetz tatsächlich mehr Rechtssicherheit gegenüber den Geschäftsgrundlagengrundsätzen gewonnen wird[75].

Fikentscher[76] entwickelt eine Theorie der „Vertrauensumstände", welche für Schuldner und Gläubiger getrennt bezeichnet werden. Das vertragliche Risikogefüge soll dabei Aufschluß über die Verteilung der Risiken innerhalb der Vertrauensgrundlage geben. Diese erstreckt sich über die eigentliche vertragliche Risikoverteilung hinaus. Er will seine Lehre nur dort anwenden, wo die Irrtums- und Unmöglichkeitsregelungen versagen.

Koller zufolge bedarf es keines eigenständigen Institutes der Geschäftsgrundlage. Er befürwortet eine Risikoverteilung anhand dreier Kriterien, mit denen alle Fälle

---

[73]*Flume*, aaO, S. 526 f. Allerdings gibt er zu, daß der Erfolg der Lehre gerade auf im Ergebnis richtigen Entscheidungen beruht, welche sich auf die Geschäftsgrundlage beziehen: S. 515 f.

[74]*Koller*, Risikozurechnung bei Vertragsstörungen in Austauschverträgen (1979), S. 53

[75]Zum Verhältnis der beiden Rechtsinstitute siehe unten B III und IV. Es wird hier nicht bestritten, daß es, zumindest theoretisch, einen Unterschied zwischen beiden insofern gibt, als dem Richter mit den Geschäftsgrundlagengrundsätzen weitergehende Vertragsgestaltungsrechte in die Hand gegeben sind. Allerdings spielen auch bei der ergänzenden Vertragsauslegung normative Kriterien wie Treu und Glauben eine bedeutende Rolle, und zwar dies um so mehr, als der Vertrag selbst für die Lösung der eingetretenen Situation oft nur wenig Anhaltspunkte bietet.

[76]Die Geschäftsgrundlage als Frage des Vertragsrisikos

zu erfassen seien: (verschuldensunabhängige) abstrakte Beherrschbarkeit, Absorptionsmöglichkeiten der Parteien sowie als Auffangprinzip[77] die arbeitsteilige Veranlassung[78]. So kann etwa in der Regel der Schuldner die Risiken hinsichtlich der Erfüllung seiner vertraglichen Verpflichtung besser beherrschen oder absorbieren als sein Vertragspartner[79]. Der Grund hierfür liegt in der Tatsache, daß die meisten dieser Risiken der Sphäre des Schuldners entspringen, sei es, daß sie mit seiner Organisation zusammenhängen, sei es, daß sie sich als Störungen des betreffenden Marktes manifestieren. Selbst hinsichtlich von außen kommender hoheitlicher Maßnahmen besitzt der Schuldner in der Regel einen Informationsvorsprung, da er deren Entwicklung regelmäßiger verfolgt als sein Vertragspartner.

Beherrschbarkeit umschreibt die Theorie, daß sich eine Partei nicht auf Risiken berufen kann, welche ihrem Bereich (ihrer Sphäre) entspringen. Störungen innerhalb des Einflußbereichs einer Partei müssen weitgehend unberücksichtigt bleiben, da die Partei diese Störungen bei besserer Planung meist hätte abwenden können. Zudem wird die Art und Weise der Erfüllung selten Bestandteil des Vertrages[80]. Die Beherrschbarkeit von außergewöhnlichen Ereignissen hängt stark von der Vorhersehbarkeit des betreffenden Ereignisses ab. Jedoch muß selbst bei Vorhersehbarkeit des Ereignisses die potentielle Möglichkeit zur Vorsorge gegeben sein; so kann auch ein vorhersehbares Ereignis Auswirkungen haben, welche mit zumutbaren Mitteln vom Schuldner nicht beherrscht werden können. Weiter ist z.B. denkbar, daß die betroffene Partei sich im Vertrag gegen den Eintritt des Ereignisses absichern wollte, ihr dies jedoch aufgrund ihrer schwächeren Verhandlungsposition versagt blieb[81]. Dies sollte ihr dann nicht ohne weiteres zum Vorwurf gemacht werden.

---

[77]D.h. wenn das Risiko unbeherrschbar oder unvorhersehbar ist oder die ersten beiden Kriterien keine eindeutige Zuteilung an eine der beiden Parteien ergeben. Das Prinzip der arbeitsteiligen Veranlassung bedeutet, daß jede Partei die Risiken tragen soll, welche die andere in ihrem Interesse eingegangen ist.

[78]Für eine Anwendung dieser Kriterien auf die Entscheidung BGHZ 83, 197 siehe *Kronke*, JuS 1984, 758.

[79]*Koller*, Fn. 74, 211 f.

[80]Eine Ausnahme von dieser Regel kann z.B. gegeben sein, wenn der Leistungsschuldner eine Ware auf einem bestimmten Markt zu beschaffen gedachte und dies der Gegenpartei bekannt war. Dies kann dazu führen, daß die Beschaffung von ebendiesem Markt zum Bestandteil des Vertrages wird.

[81]*Koller*, aaO, 214, Fn. 18, warnt zu Recht davor, die Fähigkeit der Risikoverlagerung im Vertrag als Beherrschungsmöglichkeit zu klassifizieren, da diese letztlich eine Machtfrage darstellt.

Das Absorptionsprinzip soll vorhersehbare, aber nicht beherrschbare Risiken an die Partei verteilen, welche sie durch Versicherungen, Streuung von Risiken, Rückstellungen, etc. besser aufzufangen vermag[82]. In vielen Fällen wird dies die Partei sein, aus deren Sphäre das Risiko stammt, d.h. der Schuldner hinsichtlich seiner Leistungspflicht und der Gläubiger hinsichtlich der Verwendung, da sie die Kosten eines potentiellen Verlustes besser einschätzen und daraufhin eventuelle Vorsorgemaßnahmen ergreifen kann. Bei vorhersehbaren außersphärischen Störungen muß im Einzelfall bestimmt werden, welche Partei diese besser absorbieren kann.

V. Die Unterscheidung in eine subjektive und eine objektive Geschäftsgrundlage

Larenz trennt die Geschäftsgrundlagenproblematik in subjektive und objektive Fälle[83]. Die subjektive Geschäftsgrundlage ist für den Willensentschluß einer Partei oder beider Parteien maßgeblich. Sie besteht aus Vorstellungen, welche beim Vertragsabschluß zutage getreten sind und im Motivationsprozeß eine bestimmende Rolle gespielt haben[84]. Die objektive Geschäftsgrundlage hingegen ist als Gesamtheit der Umstände zu verstehen, deren Vorhandensein oder Fortdauer der Vertrag voraussetzt, da er andernfalls sinn-, zweck- oder gegenstandslos würde[85].

Dieser Unterteilung in subjektive und objektive Geschäftsgrundlage wird entgegengehalten, daß sie ihre Entsprechung nicht auf der Rechtsfolgenseite findet und daher keinen dogmatischen Wert habe[86]. Trotzdem macht sie zumindest insofern Sinn, als sie auf der Tatbestandsseite eine Unterscheidung in die zumindest theoretisch verschieden gelagerten Fälle der subjektiven Vorstellungen und der objektiven äußeren Umstände ermöglicht. Es darf allerdings nicht verkannt werden, daß es auch hier oft zu Überschneidungen kommt.

VI. Die Rechtsprechung

Die Rechtsprechung hat sich von Anfang an der Auffassung Oertmanns angeschlossen. Seit der Entscheidung RGZ 103, 332 taucht seine Definition der Ge-

---

[82]Typischerweise wird dies die leistungspflichtige (Sach- und Geldleistung) Partei sein.

[83]*Larenz*, Geschäftsgrundlage. Ihm schließt sich *Köhler* an: JA 1979, 498

[84]*Larenz*, Geschäftsgrundlage, S.17

[85]ebenda

[86]Siehe z.B. *Emmerich*, Das Recht der Leistungsstörungen, S. 314.

schäftsgrundlage formelhaft in den Urteilen auf, stellt allerdings häufig nicht mehr als ein Ornament dar. Zusätzlich wird nämlich vom Gericht vor allem der Gesichtspunkt der Unzumutbarkeit verwendet, und zwar sowohl bei der Feststellung des Tatbestandes als auch bei der Bestimmung der Rechtsfolgen.

Die Unzumutbarkeit im Rahmen des Tatbestandes wird mit Hilfe einer Vielzahl von Entscheidungskriterien bestimmt: so soll sie z.B. nicht gegeben sein, wenn die Fehlplanung bei verkehrsüblicher Sorgfalt vermeidbar gewesen ist[87]. Weiter ist es von Bedeutung, ob die Störung zum Verantwortungsbereich[88] der von ihr betroffenen Partei gehört, insbesondere ob sie von ihr herbeigeführt worden ist[89]. Die Störung selbst muß durch außergewöhnliche Umstände verursacht worden sein[90] und ein erhebliches Ausmaß erreicht haben[91]. In der Regel wird Abhilfe auch nur bei längerfristigen Verträgen gewährt[92].

Bedeutung kommt auch dem Vertragstyp selbst zu. So ist die Berufung auf einen Wegfall der Geschäftsgrundlage bei Spekulationsgeschäften[93] grundsätzlich ausgeschlossen. Weiter werden zum Teil sozialethische Kriterien wie die drohende Existenzvernichtung[94] der betroffenen Partei oder zum Teil sogar der drohende

---

[87]RG HRR 1918 Nr. 220; 1923 Nr. 4; BGH LM § 242 (Bb) BGB Nr. 61; RGZ 147, 218 und OGHZ 2, 208 betonen die notwendige Unvorhersehbarkeit des Ereignisses. Das Abstellen auf die verkehrsübliche Sorgfalt entspricht dem im Leistungsstörungsrecht verwendeten Verschuldensprinzip und ist daher grundsätzlich nicht zu beanstanden. Kritisch betrachten kann man lediglich Entscheidungen, denen zufolge schon die Vorhersehbarkeit des „ob" der Veränderung genügen soll, ohne daß dieses etwa im Detail vorauszusehen war: BGH WM 62, 53.

[88]BGH WM 56, 355; WM 75, 919

[89]BGH LM § 242 (Bb) BGB Nr. 47 und 50; BGH WM 56, 355; BGH DB 67, 1172. Das Ereignis unterläge dann der Kontrolle der Partei und ihr würde somit mit Recht die Berufung hierauf verwehrt.

[90]BGH WM 71, 243

[91]BGH WM 65, 955; BGH LM § 242 (Bb) BGB Nr. 25; BGH DB 58, 1325; BGH NJW 1976, 847

[92]BGH BB 1953, 552

[93]RGZ 101, 82; BGH WM 62, 53. Allerdings nimmt auch ein Spekulant selten schlechthin alle Risiken einer zukünftigen Änderung der Umstände in Kauf. Er kann nur aufgrund des Risikocharakters seines Geschäfts voraussehen, daß dieses gegenüber zukünftigen Ereignisses wesentlich anfälliger ist als andere Geschäfte, was sich zumeist in deutlich höheren Gewinnmargen ausdrückt. Die Grenze, bis zu der ihm ein unverändertes Festhalten am Vertrag zugemutet werden kann, ist daher entsprechend höher anzusetzen.

Ruin ihres Betriebes[95] in die Erwägungen mit einbezogen. Die Berücksichtigung sozialer Gesichtspunkte geht zum Teil soweit, daß der Grundsatz, daß sich eine Partei nicht auf einen von ihr selbst herbeigeführten Wegfall der Geschäftsgrundlage berufen kann, aufgrund sozialer Kriterien ignoriert wird[96].

Neben den bereits erwähnten Kriterien gibt es eine Vielzahl weiterer Gesichtspunkte, welche die Rechtsprechung in ihren Entscheidungen herangezogen hat. Dies liegt zum großen Teil daran, daß eine Beachtlichkeit von veränderten Umständen in Hinblick auf den ursprünglich geschlossenen Vertrag sehr stark von der Ausgestaltung des Einzelfalles abhängt. Die Unzumutbarkeit gibt den Gerichten dabei die nötige Flexibilität bei der Auswahl geeigneter Kriterien für eine umfassende Interessenabwägung. Die Gefahr dabei besteht jedoch darin, daß sich die Gerichte mit immer neuen Kriterien[97] einer weitgehenden Billigkeitsrechtsprechung hingebe und so die Rechtssicherheit erheblich gefährden könnten. Es wird daher immer wieder versucht, dieser Gefahr durch die Herauskristallisierung von bestimmten Fallgruppen zu begegnen[98].

---

[94]Vor allem das Reichsgericht hatte seine eigene „Ruintheorie“ entwickelt: RGZ 98, 18 (21); 99, 258 (260); 100, 134 (137 f.); 101, 79 (81); 102, 98 (100); 103, 177 (179). Siehe auch BGHZ 2, 176 (188) und BGH LM § 242 (Bb) BGB Nr. 50. Nicht nur die Vernichtung der Existenz des Schuldners, sondern schon eine schwere Beeinträchtigung seines wirtschaftlichen Fortkommens, kann unter Umständen für eine Überschreiten der Opfergrenze ausreichen: BGHZ 30, 273 (280).

[95]BGH JZ 52, 147. Zumindest soweit nur der Ruin des Betriebes droht, nicht aber der des Schuldners als natürlicher Person, muß die Bedeutung dieses Kriteriums gegenüber den legitimen Interessen des Vertragspartners wohl erheblich eingeschränkt werden.

[96]Vgl. etwa BGH LM § 242 (Bb) BGB Nr. 22, wo der Belegschaft im Falle der Stillegung eines unrentablen Betriebes die Arbeitslosigkeit drohte. Der Schuldner hatte in einem Vergleich die Anteile des Gläubigers am Betrieb erworben und zahlte ihm dafür ein jährliches Entgelt. Er hielt sich nach einiger Zeit nicht mehr an die Vereinbarung und veräußerte den Betrieb unentgeltlich an den Freistaat Bayern. OLG und BGH gaben seiner Behauptung statt, daß damit die Geschäftsgrundlage des Vergleichs weggefallen sei, obwohl dieser unbestritten durch ihn selbst herbeigeführt worden war. Die sozialen Erwägungen gaben hierfür den Ausschlag. Die Entscheidung an sich ist nicht zu bemängeln, da die Übereignung an den Freistaat und die Weiterführung des Betriebes mit öffentlichen Mitteln nur aus sozialpolitischen Gründen geschah. Hätte sich Bayern nicht dazu bereitgefunden, hätte der Schuldner den Betrieb aus Rentabilitätsgründen stillegen können, womit die Geschäftsgrundlage gleichermaßen weggefallen wäre. Die Stillegung wäre nicht unter „selbst herbeigeführten Wegfall der Geschäftsgrundlage“ gefallen, da es einem Privatunternehmer nicht zumutbar ist, völlig unrentable Betriebe weiterzuführen, und dem BGH zufolge eine Stillegung dann als von außen kommende Zwangsgewalt anzusehen ist.

[97]Insbesondere wenn soziale Faktoren ins Spiel gebracht werden: siehe *Koller*, Risikozurechnung bei Vertragsstörungen in Austauschverträgen, S. 47.

VII. Fazit

Die vielen Versuche, eine Definition für einen Wegfall der Geschäftsgrundlage zu finden, tragen zur praktischen Lösung des Problems wenig bei. Wenn ein außergewöhnliches Ereignis einen Vertrag dermaßen beeinflußt, daß es die vertragliche Risikoverteilung übersteigt oder sprengt, ist es für die weitere Durchführung des Schuldverhältnisses von grundlegender Bedeutung. Es kommt dann nicht darauf an, ob dieser Umstand etwa als subjektive oder objektive Geschäftsgrundlage klassifiziert wird. Vielmehr muß untersucht werden, ob die Änderung der Verhältnisse rechtlich insofern beachtlich ist, daß sie der unveränderten Durchführung des Vertrages entgegensteht, und, wenn ja, auf welche Weise Abhilfe gewährt werden kann.

Geschäftsgrundlage kann nur ein Umstand außerhalb des Vertragsinhaltes sein[99]. Demnach muß die Auslegung des Vertrages ergeben, ob das Risiko des Ereignisses einer der Parteien zuzuordnen ist. Hierfür sind eine Reihe von Kriterien zu prüfen. Dabei ist beachtlich, ob der Vertrag oder das Gesetz hinsichtlich der Störung eine Risikoverteilung beinhalten. Dies kann z.B. der Fall sein, weil eine diesbezügliche Risikoverteilung in den Vertrag impliziert werden kann, da das Ereignis vorhersehbar war oder weil der Vertrag ein Spekulationsgeschäft darstellt. Weiter ist ein derartiges Ereignis grundsätzlich unbeachtlich, wenn es von der betreffenden Partei „herbeigeführt" wurde, also ihrer Kontrolle und somit auch ihrem Risiko unterlag. Möglicherweise läßt sich auch mit Hilfe der ergänzenden Vertragsauslegung eine Lösung finden, soweit sich im Vertrag Anhaltspunkte für eine derartige Risikoverteilung finden lassen.

Für die Geschäftsgrundlage ist daher auf der einen Seite bedeutsam, um welche Art Risiko es sich bei der Störung handelt. Typische Risiken bleiben dabei grundsätzlich genauso unbeachtlich[100] wie ausdrücklich übernommene. Auf der anderen Seite kommt es auch bei außergewöhnlichen Ereignissen darauf an, wie wesentlich sie sich auf den Vertrag auswirken. So bleibt eine leichte Störung der Vertragserfüllung aufgrund eines außergewöhnlichen Ereignisses unberücksichtigt. Auf der anderen Seite kann ein typischerweise der einen oder anderen Seite zugerechnetes Risiko im Rahmen der Geschäftsgrundlagenlehre bedeutend sein, weil die daraus resultierende Störung ganz und gar ungewöhnliche Ausmaße angenommen hat. Das unveränderte Festhalten am Vertrag kann dann unzumutbar

---

[98]Dies ist aufgrund der starken Einzelfallorientierung der Geschäftsgrundlagenlehre mit bedeutenden Schwierigkeiten verbunden.

[99]RGZ 168, 121 (127)

[100]Abgesehen von den Fällen tatsächlicher und rechtlicher Unmöglichkeit.

sein, weil die Einwirkung der Störung auf den Vertrag den übernommenen Risikorahmen sprengt.

Die Änderung der Verhältnisse muß daher Auswirkungen auf den Vertrag haben, welche außerhalb seines Risikogefüges liegen. Ist dies der Fall, ist ein Wegfall der Geschäftsgrundlage zu bejahen und die geeignete Rechtsfolge zu suchen.

C. Fallgruppen

Die Einteilung von Geschäftsgrundlagenfällen in bestimmte Gruppen dient hauptsächlich der besseren Übersicht. Es geht nämlich in jedem Fall grundsätzlich um dasselbe: ist das unveränderte Festhalten am Vertrag unter den neuen Umständen der (oder den) Partei(en) noch zumutbar, oder nicht? Die Bestimmung dieser Zumutbarkeit hängt allerdings von der Art des Problems und dem Typ des davon betroffenen Vertrages ab. So wird z.B. die (zahlenmäßige) Bewertung von Inflationsfällen nach dem Gesichtspunkt vorgenommen, ob der Vertrag Versorgungscharakter hatte oder nicht. Ob man die Einteilung nach dem Gesichtspunkt der subjektiven/objektiven Geschäftsgrundlage vornimmt oder auf eine andere Art und Weise, ist für die Praxis relativ unerheblich. Die Rechtsfolgen bleiben in jedem Fall dieselben.

Die hier gewählte Unterteilung in Fallgruppen sollte nicht als definitiv und nicht flexibel verstanden werden. Es kann zwischen den einzelnen Gruppen immer wieder zu Überschneidungen kommen. Es sollen hier lediglich bestimmte Umstände aufgezeigt werden, welche in der Rechtsprechung zur Geschäftsgrundlage Berücksichtigung gefunden haben.

I. Nachträgliche übermäßige Leistungserschwerung

Benachteiligte Vertragsparteien berufen sich oft auf eine durch die Veränderung der Umstände bewirkte nachträgliche Leistungserschwerung, welche ihnen die weitere Durchführung des Vertrages unzumutbar macht. Das Risiko einer nachträglichen Leistungserschwerung liegt grundsätzlich beim Schuldner der Leistung, da er das Aufwands- bzw. Beschaffungsrisiko trägt[101]. Die Grenze für das übernommene Risiko war ursprünglich in der (physischen und rechtlichen) Unmöglichkeit des § 275 festgelegt[102]; später erkannten die Gerichte dann auch die

---

[101] Insbesondere trägt er grundsätzlich das Risiko, daß die Kosten der Leistungserbringung höher ausfallen als erwartet: vgl. *Koller*, NJW 1996, 300.

[102] Dies ist der ausdrückliche Leistungsbefreiungstatbetand im BGB. Es überrascht deshalb nicht, daß die Gerichte anfangs die Beachtlichkeit der Leistungserschwerung durch eine zumin-

„wirtschaftliche Unmöglichkeit“ an, welche, obwohl oft mit vorübergehender tatsächlicher Unmöglichkeit verbunden, mit Zumutbarkeitsgesichtspunkten der §§ 242, 157 begründet wurde. Um wirtschaftliche Unmöglichkeit begründen zu können, mußte die Leistung nicht mehr im strengen Sinne unmöglich werden; es genügte, daß sie sich aufgrund der Schwierigkeiten als eine völlig andere darstellte bzw. vom betreffenden Geschäftskreis als der echten Unmöglichkeit gleich erachtet wurde. Die wirtschaftliche Unmöglichkeit wurde schließlich vom Wegfall der Geschäftsgrundlage verdrängt, welcher bei Überschreiten einer gewissen „Opfergrenze“, welche man häufig erst bei drohendem Ruin fand[103], als wesentlich anerkannt wurde.

Die Grenze des übernommenen Risikos der Leistungserschwerung muß durch Auslegung des Vertrages ermittelt werden. Diese ist z.B. vom Vertragstyp und dem Geschäftszweig abhängig. So ist etwa der spekulative Charakter eines Geschäftes von Bedeutung. Den großen Risiken eines solchen Geschäftes stehen dabei die großen Gewinnchancen gegenüber. Geht das Geschäft schief, gibt es grundsätzlich keinen überzeugenden Grund, den Schuldner von seiner Einstandspflicht zu entbinden bzw. diese zu reduzieren[104]. Weiter ist die Situation auf den Beschaffungsmärkten zu berücksichtigen[105]. Bei „normalen“ Geschäften hingegen ist die Risikogrenze niedriger anzusetzen.

Auch die Unvorhersehbarkeit eines Ereignisses schränkt seine Übernahme durch eine oder beide Parteien ein. Die Vorhersehbarkeit der Störung bedeutet allerdings noch nicht, daß ein Wegfall der Geschäftsgrundlage nicht möglich ist. So muß man etwa in Erwägung ziehen, ob bei einer vorhersehbaren Störung eine Absicherung überhaupt möglich war. Zeichnet sich erst nach Vertragsabschluß die Möglichkeit des Eintritts einer gravierenden Störung ab, muß der Schuldner

---

dest verbale Orientierung an § 275 zu rechtfertigen suchten (die „wirtschaftliche Unmöglichkeit“).

[103]Z.B. RGZ 101, 272 (273); 163, 91 (96); OGHZ 1, 62 (70 f.); BGHZ 17, 317 (372); BGH LM § 242 (Bb) BGB Nr. 91; LM & 284 BGB Nr. 2.

[104]Zur Zurückhaltung der Gerichte bei derartigen Geschäften siehe z.B. RGZ 103, 328 (332); 106, 233 (236); BGHZ 17, 317 (327); BGH LM § 242 (Bb) BGB Nr. 61.

[105]Ein Heizölimporteur muß insofern mit größeren (Beschaffungs-)Schwierigkeiten rechnen als z.B. ein Händler mit in Deutschland gewonnenem Erdgas. Siehe z.B. den Ölpreissteigerungsfall BGH JR 1979, 60, welcher aus dem Jom Kippur Krieg resultierte. Siehe auch BGH NJW 1977, 2262 (durch die Ölkrise herbeigeführte Kostensteigerungen für ein Fernheizwerk). Aufgrund der höheren Risiken ist es gerade auf dem Energiesektor üblich, sich bei langfristigen Lieferverträgen spätere Vertragsanpassungen ausdrücklich vorzubehalten. Bei kurzfristigen Verträgen fällt es demgegenüber schwer, die Unzumutbarkeit eines weiteren Festhaltens am Vertrag aufgrund deutlich gestiegener Kosten darzulegen.

Vorsorge treffen (wenn dies möglich ist)[106]. Zum anderen müssen auch unvorhersehbare Störungen ein gewisses zumutbares Ausmaß überschreiten, um rechtliche Beachtung zu finden. Obwohl sich die Grenze der Zumutbarkeit nicht immer leicht bestimmen läßt, kann man zumindest sagen, daß sie bei einer vorhersehbaren Störung höher anzusetzen ist als bei einer unvorhersehbaren.

Auch bei drohender Existenzvernichtung braucht noch keine Unzumutbarkeit gegeben sein; es muß ermittelt werden, ob der Schuldner das Risiko der Existenzvernichtung bei seinem Geschäft zumindest konkludent übernommen hat (was sich z.B. an dessen Spekulationscharakter ablesen läßt).

Außerdem ist es für die Risikoverteilung allgemein bedeutsam, aus wessen „Sphäre" das außergewöhnliche Ereignis stammt. Bricht das Ereignis plötzlich von außen über die Parteien herein, ist die Zuordnung unproblematisch, da in der Regel keine der Parteien dieses Risiko übernommen hat. Ist das Ereignis aber der einen oder anderen Seite zuzurechnen, kann dies normalerweise zu keinem beachtlichen Wegfall der Geschäftsgrundlage führen, da die Leistungsfähigkeit eines Schuldners normalerweise nicht Bestandteil der gemeinsamen Geschäftsgrundlage ist[107]. Hierfür ist es nicht notwendig, daß die betreffende Partei eine echte Kontrolle über das betreffende Ereignis hat. Dies ist z.B. bei einer Geldschuld nicht der Fall, wenn eine geplante günstige Finanzierung unerwarteterweise nicht verwirklicht werden kann[108]. Trotzdem ist dies für die andere Partei unerheblich, es sei denn, daß der Vertrag selbst von der erfolgreichen Finanzierung abhängig gemacht würde.

Beachtlich kann eine Leistungserschwerung z.B. bei einem Anstieg der Herstellungskosten um das fünfzehnfache sein[109]. Auch in Betracht kommen Brände im Herstellungsbetrieb[110] oder wenn höhere Gewalt das Verlagern eingelagerter Güter notwendig macht und dadurch erhebliche Kosten entstehen[111].

---

[106]BGH JR 1979, 60. Diese Bestimmung fällt allerdings nicht leicht. Der Jom Kippur Krieg war z.B. für die Bundesregierung mit Sicherheit früher vorhersehbar als für einen einfachen Kaufmann. Entscheidend muß wohl sein, wann ein gewissenhafter Angehöriger des betreffenden Geschäftskreises die Störung hätte vorhersehen können, obwohl auch diese Bestimmung Schwierigkeiten bereiten dürfte.

[107]*Medicus*, AcP 188 (1988), 489, 504. Wenn auf einer Seite zunächst Unwägbarkeiten hinsichtlich ihrer Leistungsfähigkeit bestehen, kann sie dies im Vertrag zur Sprache bringen.

[108]BGH WM 1979, 204

[109]RGZ 101, 81

[110]RGZ 57, 118

Bei Fällen, welche einer allgemeinen wirtschaftlichen Notlage entspringen, wie sie etwa nach dem Zusammenbruch des deutschen Reiches 1945 gegeben war, stellt sich die Rechtsprechung auf den Standpunkt, daß alle Parteien hiervon prinzipiell in derselben Weise betroffen sind und sich daher aus den Umständen allein noch kein Wegfall der Geschäftsgrundlage herleiten läßt[112]. Diese Ablehnung war in der Praxis vertretbar, da mit dem VertragshilfeG ohnehin ein Mechanismus zur Anpassung zur Verfügung stand. Ansonsten müssen diese Fälle nach denselben Gesichtspunkten behandelt werden wie alle anderen auch. Obwohl der Zusammenbruch *per se* nicht genügt, um die Nichterbringung der Leistung zu entschuldigen, können seine konkreten Auswirkungen auf den einzelnen Vertrag einen Wegfall der Geschäftsgrundlage begründen, wenn sie sich für den individuellen Schuldner als besonders verheerend herausstellen.

II. Geldentwertung

Die inflationäre Katastrophe im Gefolge des 1. Weltkrieges bildete den eigentlichen Anlaß zur Übernahme der Lehre vom Wegfall der Geschäftsgrundlage durch die Rechtsprechung[113]. Die Äquivalenz von Leistung und Gegenleistung wird von der Rechtsprechung bei allen Austauschverträgen zur Geschäftsgrundlage hinzugezählt[114]. Grundsätzlich muß aber der Gläubiger einer Geldforderung das Risiko der Entwertung tragen. Jedoch stellte sich die Situation in den Anfängen der Weimarer Republik als so verheerend dar, daß die Gerichte trotzdem dem Anspruch auf Anpassung stattgaben, da der Wert der Geldleistung nicht einmal mehr annähernd gewahrt blieb und somit ein untragbarer, mit Recht und Gerechtigkeit nicht mehr zu vereinbarender Zustand entstand.

Unterscheiden muß man zwischen der (sehr seltenen) Hyperinflation und der zum Dauerphänomen gewordenen schleichenden Inflation. Letztere stellt gerade in langfristigen Verträgen ein Problem dar.

---

[111]BGH NJW-RR 1995, 1117

[112]OGHZ 1, 386 (394 ff.); BGHZ 1, 62 (79); 2, 176 (188 f.); 7, 238 (243 f.); 15, 27 (34). Wiederholt wird der Begriff von einer „Gefahrengemeinschaft" gebraucht, welche es den Parteien verwehre, sich auf den Zusammenbruch als Wegfall der Geschäftsgrundlage im Einzelvertrag zu berufen; vgl. Kritik bei *Kegel*, Gutachten 40. Deutscher Juristentag Bd. I, 135, 216 f.

[113]Vgl. *Mügel*, Das gesamte Aufwertungsrecht, 156: „Auf die außergewöhnlichen Zustände waren die Vorschriften des BGB nicht berechnet; eine gesetzliche Regelung erfolgte nicht." Es oblag daher den Gerichten, eine Lösung für das Problem zu finden.

[114]Zur Abwertung des Geldes und die dadurch bedingte Inäquivalenz siehe schon RGZ 103, 177 (179), damals noch unter dem Gesichtspunkt der wirtschaftlichen Unmöglichkeit. Der Übergang zur Geschäftsgrundlagenlehre erfolgte dann in RGZ 103, 328 (332).

Weiterhin sind die sogenannten Fremdwährungsfälle beachtlich, in welchen die Gegenleistung in einer fremden, als stabil angesehenen Währung vereinbart wurde, diese dann aber (unvorhersehbar[115]) abgewertet wurde, wie dies beim Abgehen vom Goldstandard bei Pfund und Dollar der Fall war. Ein Ausgleichsanspruch wurde hier schon bei einer Abwertung um nur 30%, teils sogar nur 13% gewährt[116]. Diese Großzügigkeit erklärt sich aus der in diesen Fällen fehlenden Berücksichtigung des Nominalprinzips[117].

1. Hyperinflation

Die Folgen einer Hyperinflation wie der zwischen 1914 und 1923, als die Papiermark bis auf ein Billionstel ihres Ausgangswertes herabsank und schließlich die Eigenschaft als Geld etwa im Sinne des § 733 II nicht mehr besaß[118], müssen zunächst vom Gesetzgeber reguliert werden[119]. Passiert dies nicht, verspätet oder nur unzureichend, haben die Gerichte sich befugt gesehen, eine gerichtliche Aufwertung von Geldschulden zuzulassen[120]. Die dabei entstandenen Abwicklungsprobleme werden aber wohl dazu beitragen, daß der Gesetzgeber in einer vergleichbaren zukünftigen Situation sofort regulierend eingreift.

Zunächst wurde die Berufung auf Preissteigerungen infolge zunehmender Geldentwertung nur bei Werklieferungs- und ähnlichen Verträgen gestattet[121]. Großhändler oder Fabrikanten, welche Verträge über marktgängige Gattungsware ab-

---

[115] Im Gegensatz zu der schleichenden Inflation, die heutzutage ein universelles Problem darstellt, sind plötzliche starke Abwertungen „stabiler" Währungen unwahrscheinlich, obwohl nicht unmöglich (so z.B. die zweite Abwertung des Pfundes Anfang der siebziger Jahre).

[116] RGZ 141, 212 (216); 147, 286 (289); 163, 324 (333). Diese Ausgleichsansprüche, welche aufgrund einer Störung der Äquivalenz von Leistung und Gegenleistung gewährt werden, sind aber nicht mit einer generellen Aufwertung gleichzusetzen.

[117] *Müko*-Roth, § 242 Rn. 589

[118] RG JW 1925, 1996

[119] Wie dies nach dem 2. Weltkrieg auch geschah, als eine der Aufwertungsrechtsprechung vergleichbare Entwicklung aufgrund der Mark=Mark-Gesetze ausblieb: MRG Nr. 56

[120] Z.B. RGZ 107, 78 (87 ff.); 108, 110 (112); 122, 200 (203). Das RG hat hierbei eine allgemeine Aufwertung aller Forderungen nicht zugelassen. Vielmehr mußte die Einzelfallprüfung ergeben, ob eine Aufwertung von der Billigkeit gefordert wurde: RG JW 1925, 1380. Es galt auch hier zu berücksichtigen, ob etwa ein Spekulationsgeschäft vorlag oder ob ein Kaufgeschäft mit Lieferfrist trotz der bestehenden Verhältnisse zu einem Festpreis abgeschlossen wurde - siehe hierzu *Mügel,* aaO, 232 ff.

[121] RGZ 98, 18; 101, 79 (82)

schlossen, mußten hingegen zunächst jede Preissteigerung in Kauf nehmen, solange die verkaufte Ware auf dem Markt noch erhältlich war[122]. Im Zuge der Aufwertungsrechtsprechung wurde aber auch ihnen später zumindest ein Ausgleichsanspruch gewährt.

Als Rechtsfolge wurde dem Geldleistungsgläubiger gestattet, den Geldleistungsschuldner um eine Erhöhung der Geldleistung anzugehen. Bei Nichteingehen auf diese Forderung wurde dem Gläubiger dann ein Rücktritts- bzw. Kündigungsrecht zugestanden[123]. Später erhielt der Geldgläubiger einen erzwingbaren Anspruch auf Erhöhung des Entgelts[124]. Der Anspruch auf Entgelt in Papiermark wurde dabei von den Gerichten in einen Anspruch auf Bezahlung in Goldmark umgewandelt[125]. Der gewährte Aufwertungsanspruch war von der bei Vertragsschluß vereinbarten Geldleistung abhängig, d.h. es wurde versucht, den Wert des Geldes zum Zeitpunkt des Vertragsabschlusses festzustellen und eine diesem Wert entsprechende Summe in der neuen (stabilen) Währung zu gewähren. Berücksichtigt werden mußte die gesamte Sachlage. Dabei fiel sowohl ins Gewicht, daß z.B. der Geldleistungsgläubiger möglicherweise das Risiko einer gewissen Entwertung übernommen hatte[126], als auch, daß das gesamte deutsche Volk als Schicksalsgemeinschaft vom Rückgang des Volkswohlstandes betroffen war. Ziel der Aufwertungsurteile war es daher, einen gerechten Ausgleich zwischen den Parteien zu schaffen.

2. Schleichende Inflation

Weitaus bedeutsamer ist heutzutage die schleichende Inflation. Diese ist auf absehbare Zeit zu einem Dauerproblem geworden, welchem sich weder Rechtsprechung noch Politik entziehen können und welches zum Teil staatlich

---

[122] Vgl. führende Entscheidung RGZ 88, 172.

[123] RGZ 103, 328; 106, 7; 106, 11; 107, 124

[124] RGZ 107, 78; *Mügel*, aaO, 257 ff. Bei Verweigerung der Aufwertung nach ihrer gerichtlichen Anerkennung geriet der Geldschuldner somit in Verzug. Allerdings wurde bei der Höhe der einzelnen Aufwertung der allgemeinen Verarmung Rechnung getragen: RGZ 110, 40. Es fand daher eine Verteilung der Verluste zwischen den Parteien statt.

[125] Nach der Währungsumstellung gewährten die Gerichte einen Anspruch auf eine bestimmte Summe der neuen, festen Reichsmark: vgl. *Mügel*, aaO, 185.

[126] Etwa aufgrund des Spekulationscharakters des Geschäfts oder bei Abschluß eines Kaufgeschäfts mit Lieferfrist zu einem festen Preis; siehe z.B. RG DRZ 24, 443; RG JW 1925, 461. Nur die oberhalb des übernommenen Risikos zum Tragen gekommene Entwertung wurde bei der Aufwertung berücksichtigt.

gesteuert wird[127]. Es ist daher fraglich, ob man die schleichende Inflation überhaupt noch als außergewöhnliches Ereignis bezeichnen kann. In den Kaliabbaufällen 1959, 1960 und 1965 war dies noch möglich, da sich die Währung zum Zeitpunkt der Festsetzung der Forderungsbeträge (um die Jahrhundertwende) noch als stabil dargestellt hatte[128]; trotz einer Wertsenkung um 2/3 wurde ein Wegfall der Geschäftsgrundlage dort aber noch verneint[129]. Dies folgt vor allem aus der überragenden rechtspolitischen Bedeutung des Nominalismus, welcher das Vertrauen in die Festigkeit der Währung garantieren soll, sowie auch aus der Furcht, unversehens eine stillschweigende Währungsgleitklausel in Dauerschuldverhältnisse hineinzuinterpretieren[130].

Eine gewisse Geldentwertung gehört der Rechtsprechung zufolge zum normalen Gläubigerrisiko; vor allem bei Langzeitverträgen muß mit unvorhersehbaren Äquivalenzstörungen immer gerechnet werden, da diese Verträge bis in eine ungewisse Zukunft weitergeführt werden[131]. Grundsätzlich läßt es die Rechtsprechung daher nicht zu, eine „stillschweigende Währungsgleitklausel" in langfristige Verträge ohne Anpassungsklausel[132] hineinzuinterpretieren[133].

Eine Anpassung kommt ausnahmsweise in Betracht, wenn das Gleichgewicht von Leistung und Gegenleistung so stark gestört ist, daß die Grenze des übernommenen Risikos überschritten und das Interesse der benachteiligten Partei auch nicht mehr annähernd gewahrt ist[134]. Diese Formel bedarf einiger Konkretisierung.

---

[127]*Simitis*, Inflationsbewältigung im Zivil- und Arbeitsrecht, S. 49 ff., S. 69 f. , in: *Kötz/Reichert-Facilides (Hrsg.)*, Inflationsbewältigung im Zivil- und Arbeitsrecht; vgl. auch *Reuter*, ZHR 137 (1974) 482, 485f.

[128]BGH LM § 242 (Bb) BGB Nr. 34, 39 und 49

[129]Dies unter anderem auch, da der „innere Wert" der Bodenschätze in der Zwischenzeit nicht gestiegen sei: BGH LM § 242 (Bb) BGB Nr. 39.

[130]BGH LM § 242 (Bb) BGB Nr. 34, 39 und 49

[131]BGH LM § 242 (Bb) BGB Nr. 72; BGH WM 1979, 1212; NJW 1981, 1668; 1983, 1309. Den Gerichten zufolge rechnen die Vertragsparteien als „verständige Menschen" auch gar nicht damit, daß die Gleichwertigkeit von Leistung und Gegenleistung während der gesamten Laufzeit unverändert bleiben werde: BGH § 242 (Bb) BGB Nr. 97 und 134. In der Praxis werden langfristige Verträge seit etwa Mitte der sechziger Jahre regelmäßig mit Wertsicherungsklauseln abgeschlossen, so daß sich das Problem nicht mehr in so großem Maße stellt: *Soergel*-Teichmann, § 242 Rn. 252.

[132]Zu Verträgen mit Anpassungsklausel siehe unten 3. Kapitel B II.

[133]BGH BB 1976, 578; BB 1974, 1224

[134]BGHZ 77, 198; BGH BB 1976, 578; BB 1976, 1046

Generell läßt sich hierbei zur Rechtsprechung sagen, daß sie bei Verträgen mit Versorgungscharakter eine Anpassung weit eher gewährt als bei sonstigen Verträgen[135]. Als Begründung dienen dabei das derartigen Verträgen innewohnende Bedürfnis nach Existenzsicherung und das Interesse an Gleichstellung mit Empfängern anderer dynamisierter Versorgungsbezüge. Ausschlaggebend für einen Wegfall der Geschäftsgrundlage ist in allen Fällen eine signifikante Steigerung der Lebenshaltungskosten.

Die Zumutbarkeit des Festhaltens an der ursprünglichen Geldforderung bestimmt sich allein aus der Entwicklung der Lebenshaltungskosten und dem sich daraus errechnenden Kaufkraftschwund der DM. Das Ausmaß einer eventuellen Anpassung ergibt sich hingegen aus dem sogenannten „Mittelwert", der das Ausmaß der Änderung der allgemeinen wirtschaftlichen Verhältnisse darstellen soll. Der Mittelwert wird folgendermaßen berechnet: das Ergebnis der Addition von Lebenshaltungskosten[136] und Entwicklung der Einkommensverhältnisse wird durch zwei dividiert. Der so erhaltene Wert bildet die Obergrenze der möglichen Anpassung[137]. Aufgrund der notwendigen Berücksichtigung von anderen Faktoren,

---

[135]Rechtstechnisch wurde dies ursprünglich dadurch erreicht, daß diesen Verträgen regelmäßig nach einer gemäß § 157 vorzunehmenden Auslegung die *clausula rebus sic stantibus* innewohnen sollte: RGZ 126, 233 (235); 111, 287; BGH NJW 1962, 2147; BGH VersR 1968, 451. Inzwischen wendet die Rechtsprechung den Wegfall der Geschäftsgrundlage als Weiterentwicklung der *clausula* Lehre an: BGHZ 128, 329. Dieser wird schon bei jeder erheblichen Änderung der Verhältnisse bejaht: BGH NJW 1986, 2055; 1993, 974; 1995, 1892. So wird im Falle von Ruhegeld eine Anpassung schon bei einer Entwertung von 30% gewährt: BAG NJW 1973, 959, jetzt § 16 BetrAVG (die Anpassung erfolgt dabei in beiden Fällen nicht automatisch, sondern der Arbeitgeber hat zunächst nach billigem Ermessen über sie zu entscheiden: vgl. BAG WM 1973, 566 und § 16 I BetrAVG). Bei Unterhaltsverträgen liegt die Grenze sogar nur bei etwa 10%: OLG Düsseldorf Rechtspfleger 1983, 462 .
Bei sonstigen Verträgen sind die Gerichte nicht so großzügig: in BGHZ 86, 167 genügte eine Steigerung der Lebenshaltungskosten um 133% in 25 Jahren nicht zur Anpassung eines Erbbauzinses; ausreichend war dafür erst eine Steigerung um 150% in 30 Jahren in BGHZ 77, 194 (199), was einer Entwertung um 60% entspricht. Siehe auch BGHZ 86, 167; 90, 228; 91, 34; 94, 259; 97, 173. Seit BGH LM § 242 (Bb) BGB Nr. 109 ist die Opfergrenze in derartigen Fällen auf einen Anstieg der Lebenshaltungskosten um 150% fixiert. Eine Anpassung wird jedoch auch bei ungewöhnlich starkem Kaufkraftschwund verweigert, wenn dieser „als Möglichkeit vorausgesehen und bewußt in Kauf genommen" wurde: BGH BB 1981, 1121.

[136]Genauer gesagt der Entwicklung der Lebenshaltungskosten seit Vertragsschluß.

[137]Die Verwendung des Mittelwertes ist insofern problematisch, als die Rechtsprechung hier bei der Ermittlung der Zumutbarkeit der unveränderten Vertragsdurchführung und bei der Berechnung des Ausgleichsbetrages zwei unterschiedliche Wertmaßstäbe verwendet. Der Maßstab sollte aber in beiden Fällen der gleiche sein, da eine Anpassung des Vertrages nur dazu dient, um die festgestellte Unzumutbarkeit der unveränderten Vertragserfüllung zu beseitigen. Siehe hierzu unten E II.

vor allem den Interessen der anderen Vertragspartei, wird die Höhe der Anpassung aber wohl grundsätzlich erheblich nach unten korrigiert[138].

III. Eingriffe von hoher Hand

Eingriffe von hoher Hand wie z.B. Gesetzesänderungen können sowohl die Äquivalenz der Leistungen beeinflussen als auch die Erbringung der Leistung deutlich erschweren bzw. unmöglich machen. Bei Unmöglichkeit ist das Recht der Leistungsstörungen anzuwenden.

Grundsätzlich gehört das Risiko unvorhersehbarer Rechtsänderungen nicht zu den normalen wirtschaftlichen Risiken, welche eine Partei zu tragen hat[139]. Voraussetzung für eine Berücksichtigung von Rechtsänderungen ist allerdings, daß das betreffende Gesetz nicht anordnet, daß bestehende Verträge unberührt bleiben sollen bzw. seine Auswirkungen auf derartige Schuldverhältnisse selbst abschließend regelt[140]. Ebenso kann eine Rechtsänderung keine Folgen für Verträge haben, denen die Parteien gerade gegenüber einer solchen Situation Bestandskraft zu geben beabsichtigten.

Ebenso wie für die Gesetzgebung gilt auch für die Rechtsprechung eine, wenn auch geringere, „Bestandsgarantie"[141].

Um eine Anpassung des Vertrages begründen zu können, muß der Eingriff den Vertrag seiner Eignung als Mittel eines gerechten Interessenausgleiches zwischen

---

[138]Zumindest in Verträgen ohne Versorgungscharakter.

[139]Siehe z.B. BGH LM § 242 (Bb) BGB Nr. 130/131. Dies bedeutet jedoch nicht, daß sich die Parteien grundsätzlich auf den unveränderten Weiterbestand der derzeitigen Rechtslage verlassen dürfen. Vor allem hinsichtlich steuerlicher Veränderungen gilt dies nicht. Ähnlich befreien höhere Zölle auf den Import von Kohle den Importeur nicht von der Verpflichtung, die Zahlung für den von ihm gecharterten Frachter zu leisten: BGH LM § 629 HGB Nr. 1. Ob ein Schuldner bei unerwarteter Einführung hundertprozentiger Strafzölle seine Leistung unverändert erbringen müßte, hängt von der Risikoverteilung im Vertrag ab. Grundsätzlich ist dies wohl zu bejahen, da mit der Beschaffung zusammenhängende Probleme seiner Sphäre zuzurechnen sind.

[140]BGH LM ZPO § 301 Nr. 7=NJW 1958, 1540. Siehe auch *Ulmer*, AcP 174 (1974), 167 ff., 194-198, welcher fordert, den Lenkungszweck des Eingriffs ebenfalls zu berücksichtigen, da dieser konkludent auf die unveränderte Aufrechterhaltung von Verträgen gerichtet sein könne.

[141]BGHZ 25, 390 (392); 58, 362; BGH NJW 1983, 1548 (1552); NJW 1984, 2947. Geringer ist diese Bestandsgarantie deshalb, weil die Parteien die Möglichkeit einer Rechtsänderung einzukalkulieren haben: *Müko*-Roth, §242 Rn. 625. Einen Wegfall der Geschäftsgrundlage kann daher grundsätzlich nur eine unvorhersehbare Änderung gefestigter höchstrichterlicher Rechtsprechung bewirken.

den Parteien berauben[142]. So verlor z.B. eine gerade erworbene Apothekenkonzession durch die Einführung der Niederlassungsfreiheit ihren wirtschaftlichen Wert[143]. Der Eingriff als solcher genügt noch nicht; vielmehr müssen seine konkreten Auswirkungen berücksichtigt werden. Diese müssen außerhalb der Risikosphären der Parteien liegen und die unveränderte Durchführung des Vertrages für diese unzumutbar machen[144].

Zusätzlich sollen die mit dem Eingriff verfolgten Lenkungszwecke beachtlich sein. Dies kann, wie im Branntweinsteuerfall[145], dazu führen, daß entsprechend dem Lenkungszweck der Maßnahme eine Anpassung des Vertrages in der vollen Abwälzung der Steuer auf den Verbraucher liegen müßte (freilich unter dem Vorbehalt, daß dieser aufgrund der Kaufpreissteigerung um mehr als 100% vom Vertrag Abstand nehmen darf)[146]. Der Lenkungszweck kann daher die unveränderte Aufrechterhaltung des Vertrages zur Folge haben, etwa die Auswirkung der Einführung eines gesetzlichen Mindestpreises für Kohle auf langfristige Kohlelieferverträge[147]. Der Lenkungszweck (d.h. die Subventionierung und Förderung des Kohlebergbaus) würde in diesem Falle die Kündigung aus wichtigem Grund erschweren.

Einen Fall einer unvorhergesehenen und tiefgreifenden Änderung der Rechtslage stellt auch die deutsche Wiedervereinigung dar. Wirtschaftsverträge wurden dabei vor allem durch die Veränderung preisbestimmender Faktoren betroffen, beispielsweise aufgrund der Währungsumstellung und des Wegfalls der Preisbindung. § 32 DM-BilanzG sieht hierfür eine hälftige Schadensteilung vor; eine durch die Wiedervereinigung bedingte Anpassung gemäß § 242 sieht in der Regel ebenso eine hälftige Schadensteilung vor[148]. Auch bei von der deutschen Einheit betroffenen Verträgen ist an den Umständen des Einzelfalls zu prüfen, ob das

---

142 *Emmerich*, aaO, S. 350

143 BGH LM § 242 (Bb) BGB Nr. 33

144 So geschehen etwa bei einem Bierlieferungsvertrag durch den Erlaß eines Einfuhr- und Handelsverbotes für alkoholische Erzeugnisse durch die iranische Regierung: BGH NJW 1984, 1746. Vgl. Kommentar von *Wieling*, JuS 1986, 272. Siehe auch z.B. hinsichtlich der Ostenteignungen OGH, BB 1949, 258=MDR 49, 353.

145 RGZ 21, 178

146 *Ulmer*, aaO, 197

147 *Ulmer*, aaO, 198

148 BGH NJW 1993, 259; NJW 1993, 1387

Festhalten an der ursprünglichen Regelung für die betroffenen Parteien unzumutbar ist[149].

Außerdem beachtlich sind wirtschaftliche Embargos wie etwa gegenüber dem Irak. Die handelnden Parteien suchen ein derartiges Embargo häufig sowohl mit rechtlichen als auch mit militärischen Mitteln durchzusetzen. Der Versuch des Unterlaufens kann demzufolge einerseits z.B. das Aufbringen und die Beschlagnahme eines Schiffes als auch die Verhängung von Strafen zur Folge haben. In einer derartigen Situation wäre Unmöglichkeit gemäß § 275 anzunehmen[150]. Stellt sich die Lage als nicht ganz so drastisch dar, etwa weil die Bundesrepublik am Embargo nicht beteiligt ist und deshalb kein deutsches rechtliches Verbot hinsichtlich des Handels besteht, ist die Erfüllung aber vermutlich doch gemäß § 242 unzumutbar geworden, da der Versuch derselben gravierende Konsequenzen mit sich bringen kann. Voraussetzung hierfür ist aber jedenfalls, daß die Parteien ihren Vertrag vor Verhängung des Embargos abgeschlossen haben und dasselbe nicht mit in ihre Überlegungen aufgenommen haben. Haben sie hingegen beabsichtigt, den Vertrag trotz Embargo auszuführen, bleibt die Leistungspflicht bestehen.

IV. Zweckstörungen

Zweckstörungen treten ein, wenn der vom Gläubiger mit der vom Schuldner erbrachten Leistung verfolgte Zweck gestört wird. Allerdings muß grundsätzlich jede Partei das Risiko der von ihr subjektiv mit dem Vertragsschluß verfolgten Zwecke selbst tragen[151].

Um Beachtung zu finden, muß der fragliche Zweck dem Schuldner zumindest bekannt sein[152]. Gegen die Beachtlichkeit läßt sich anführen, daß sich der Schuldner durch die bloße Kenntnis des Verwendungszwecks des Gläubigers diesen noch nicht so zu eigen gemacht hat, daß er bei einem Fortfall desselben nicht

---

[149]BGHZ 121, 378, 393

[150]Rechtlichen Unmöglichkeit, wenn ein rechtskräftiges Verbot in Deutschland besteht, und tatsächliche Unmöglichkeit, wenn sich aufgrund der faktischen Umstände die Methode der Erfüllung als unmöglich gestaltet.

[151]BGH LM § 242 (Bb) BGB Nr. 54; BGHZ 60, 312. Grundsätzlich gegen eine Berücksichtigung von Zweckstörungen außerhalb des Vertragsinhaltes *Huber*, JuS 1972, 57, welcher die Geschäftsgrundlagenlehre nur auf Zweckverfehlungen in Fällen der „großen Geschäftsgrundlage" anwenden will.

[152]Z.B. BGH LM § 242 (Bb) Nr. 12 („Bohrhämmerfall"); BGH JZ 1966, 409 („Fertighausfall").

auf der unveränderten Fortführung des Vertrages bestehen könnte. Es müssen daher zusätzliche Faktoren ins Spiel kommen. So gibt es etwa Situationen, in welchen der Schuldner in eine enge Beziehung zu dem ihm bekannten Verwendungszweck tritt. In der Regel wird dies der Fall sein, wenn der Zweck bei der Preisbemessung berücksichtigt wird[153]. Eine weitere Möglichkeit ist, daß der Schuldner selbst zur Zweckstörung beiträgt[154]. In beiden Fällen ist eine Berücksichtigung der Zweckstörung möglich, wenn nicht sogar geboten, da sich der Schuldner andernfalls wohl widersprüchliches Verhalten vorhalten lassen müßte. Allerdings muß in jedem Fall geprüft werden, ob dem Gläubiger nicht eine andere Verwertung des Vertragsgegenstandes (unter Umständen mittels Anpassung etwa der Höhe des Kaufpreises) zumutbar ist[155].

D. Risikozurechnung

Wie gesehen, spielt die Unzumutbarkeit bei der Bestimmung des Tatbestandes für einen Wegfall der Geschäftsgrundlage eine entscheidende Rolle. Für die Unzumutbarkeit ist eine Bestimmung der Risikoverteilung zwischen den Vertragsparteien notwendig; dies ergibt sich schon daraus, daß es einer Partei grundsätzlich nicht unzumutbar sein kann, am Vertrag unverändert festgehalten zu werden, wenn sich von ihr bei Vertragsschluß übernommene Risiken manifestieren. Die Geschäftsgrundlage gehört der Rechtsprechung zufolge nicht zum Vertragsinhalt[156]. Was gemäß dem Text des Vertrages Vertragsinhalt ist, kann nicht Geschäftsgrundlage sein[157]. Ein Wegfall der Geschäftsgrundlage kann daher nur außerhalb der ermittelten Risikoverteilung erfolgen. Er dient der Ausfüllung einer Vertragslücke, welche sich erst aus einer fehlenden Risikozuordnung in dem betreffenden Punkt ergibt[158].

Die Risikozurechnung erfolgt auf verschiedene Arten. Zunächst ist der Wortlaut des Vertrages hierfür von Bedeutung. Sieht dieser für das außergewöhnliche Ereignis eine Rechtsfolge vor, müssen sich die Parteien daran halten.

---

[153]BGH WM 1967, 561. In einem solchen Falle könnte man auch argumentieren, daß der Verwendungszweck zur Vertragsbedingung geworden ist, so daß bei seiner Vereitelung das Leistungsstörungsrecht anzuwenden wäre.

[154]BGH LM § 242 (Bb) BGB Nr. 36

[155]BGH LM § 242 (Bb) BGB Nr. 51

[156]BGHZ 90, 74; BGH NJW 1983, 2036

[157]BGH ZIP 91, 1600

[158]Vgl. RGZ 168, 121 (127); BGH LM § 242 (Bb) Nr. 18.

I. Vertrag

1. Auslegung

Bei der Vertragsauslegung hat der Richter zum einen den „wirklichen Willen" der Parteien zu erforschen (§ 133), muß die Verträge andererseits aber auch so auslegen, wie „Treu und Glauben mit Rücksicht auf die Verkehrssitte" dies erfordern (§ 157). Aufgrund der Schwierigkeit einer Ermittlung des tatsächlichen Willens ist dabei § 157 die größere Bedeutung zuzumessen[159], so daß den Worten in der Regel ihre übliche Bedeutung gegeben wird. Eine Ausnahme stellt der Fall dar, daß die Parteien einem Ausdruck übereinstimmend eine andere als die übliche Bedeutung zugelegt haben (*falsa demonstratio non nocet*).

Bei der Auslegung von Verträgen kommt es auf die Umstände zum Zeitpunkt des Vertragsabschlusses an. Hinsichtlich der Bedeutung des Vertragswortlauts ist vom Verständnispunkt des Erklärungsempfängers auszugehen. Zusätzlich sind bei der Auslegung etwaige Verkehrssitten zu berücksichtigen, wobei es nicht darauf ankommt, ob eine der Parteien diese Sitten überhaupt kannte[160].

2. Vertragstyp

Bestimmte Verträge werden von der Rechtsprechung als in besonderer Weise risikobehaftet angesehen. So sollen etwa Großhandelsgeschäfte über Gattungswaren Veränderungen hinsichtlich der Knappheitssituation der Vertragsware vorbeugen, womit jeder Seite die sie treffende Gefahr der konjunkturellen Veränderungen zugewiesen wird[161]. Bei langfristigen Verträgen ist die zukünftige Entwicklung maßgeblicher Verhältnisse nicht vorhersehbar. Die Parteien können in solchen Verträgen nicht mit der Erhaltung der Äquivalenz von Leistung und Gegenleistung während der gesamten Dauer des Vertrages rechnen und tragen demnach grundsätzlich das Risiko einer Äquivalenzstörung[162]. Erst ab einem gewissen, unzumutbaren Grad der Geldentwertung wird dann ein Abgehen vom Grundsatz der Vertragstreue gewährt[163].

---

159 Siehe auch die Zweifel der Gesetzesverfasser, ob § 133 überhaupt notwendig sei: Motive I, 155.

160 Siehe *Flume*, S. 313 mit Nachweisen. Handelsbräuche und andere Verkehrssitten gelten nach § 346 HGB unabhängig davon, ob sie vereinbart worden sind.

161 RGZ 88, 172; 92, 322; 95, 41; 101, 79. Vgl. *Lembke*, Vorhersehbarkeit und Geschäftsgrundlage, S. 78 ff.

162 BGHZ 77, 194; 86, 167; 90, 227; siehe *Lembke*, aaO, 80 f. mit weiteren Nachweisen.

Ebenfalls mit typischen Risiken behaftet sind Bürgschaften, Schätzungen, Abfindungsvergleiche, Fremdwährungsverbindlichkeiten, Lizenzverträge und Verträge über rechtlich noch nicht geschützte Positionen[164].

Die typische Risikoverteilung läßt sich im Vertrag ändern. Wird dies nicht getan, heißt dies aber noch nicht, daß einer Partei ein typisches Risiko vollständig aufgebürdet wird. Geht die tatsächliche Risikomanifestierung über das zumutbare Maß hinaus, wird die typische Risikoverteilung gesprengt.

3. Normative Risikozuweisung

Die Rechtsprechung kennt auch Risikozuweisungen nach normativen Kriterien[165]. Beachtliche Faktoren stellen das Äquivalenzprinzip[166], der Ursprung eines Störungsbereichs in der Sphäre einer Partei[167] und Risiken dar, welche der Rolle einer Partei im Schuldverhältnis entspringen (z.B. trägt der Sachleistungsgläubiger das Verwendungsrisiko[168] und der Geldschuldner das Finanzierungsrisiko[169]).

II. Gesetzliche Vorschriften

Auch das dispositive Recht hält für bestimmte Vertragstypen eine Risikoverteilung bereit. Für den Wirtschaftsverkehr beachtlich sind hierbei in erster Linie Kauf- und Werkverträge (§433 ff. und § 631 ff.)[170]. So trägt etwa ein Verkäufer den Vorschriften zufolge das Beschaffungsrisiko. Ausgenommen davon sind lediglich die Fälle objektiver Unmöglichkeit[171].

---

163 BGH LM Nr. 34, 39, 49, 71 und 81 zu § 242 (Bb) BGB. Wann dieser Grad erreicht ist, hängt vor allem davon ab, ob ein Unterhaltsvertrag vorliegt.

164 *Lembke*, aaO, 79 ff.

165 *Lembke*, aaO, 82 ff.

166 BGHZ 68, 118; 81, 298; 94, 44; 96, 103; *Lembke*, aaO, mit weiteren Nachweisen.

167 BGH LM § 242 (Bb) BGB Nr. 60 und 92; BGH NJW 1981, 2405; 1982, 2062

168 BGHZ 71, 293; 74, 370; BGH M Nr. 12, 33, 83 und 108 zu § 242 (Bb) BGB

169 BGHZ 17, 317; BGH NJW 1983, 1489

170 Von Bedeutung für Verträge im allgemeinen sind die Vorschriften über Leistungsstörungen.

171 *Flume* will extraordinäre Leistungserschwernisse der Unmöglichkeit gleichstellen: aaO S. 508 f. Dies ist insofern problematisch, als eine Leistungserschwerung die Leistung noch nicht

Ansonsten beachtlich sind vor allem die Gewährleistungsvorschriften bei Mängeln der Kaufsache in §459 ff. Diese gehen in jedem Falle dem Wegfall der Geschäftsgrundlage vor und schließen diesen aus, soweit ihre Anwendung das aufgetretene Problem zu lösen vermag[172]. Allerdings besteht die wichtigste Folge des Eintritts eines außergewöhnlichen Ereignisses darin, daß sich der Schuldner zur Leistung insgesamt außerstande sieht, zumindest solange der Vertrag unverändert fortbestehen soll (die Leistung ist jedoch an sich noch nicht unmöglich geworden); die Gewährleistungsvorschriften bieten somit in dieser Situation keine Lösung.

Das Werkvertragsrecht enthält gleichfalls Gewährleistungsvorschriften, welche entsprechend anzuwenden sind. Weiter bieten §§ 644, 645 spezielle Vorschriften über die Gefahrtragung bei Untergang des Werkes. Der Unternehmer trägt dabei Leistungs- und Preisgefahr bis zum Zeitpunkt der Abnahme des Werkes.

Sowohl beim Kauf- als auch beim Werkvertrag trägt der Gläubiger die Verwendungsgefahr. Zumindest beim Werkvertrag wird ihm jedoch in bestimmten Fällen als Risikoerleichterung ein Kündigungsrecht in § 649 zugestanden.

Der Schuldner einer Geldschuld hat grundsätzlich das Zahlungsrisiko zu tragen[173]. Umgekehrt trägt der Gläubiger der Geldschuld grundsätzlich das Entwertungsrisiko, wenn auch nicht ausnahmslos[174].

Das oben gesagte stellt im Grunde genommen eine Ausprägung des Grundsatzes dar, daß jeder sein Lebensrisiko selbst tragen muß[175]. Typische Risiken, welche mit der Funktion der Parteien im Vertrag verbunden sind, werden ihnen demgemäß zugeteilt. Die Überwälzung dieser Risiken von der einen auf die andere Vertragspartei kann daher grundsätzlich nicht gerechtfertigt werden, wenn sie nicht im Vertrag selbst vorgenommen wurde.

---

im strikten Sinne unmöglich macht und der Vertragspartner ein legitimes Interesse an der Erfüllung behält. Demzufolge haben die Gerichte auch die „wirtschaftliche Unmöglichkeit" zugunsten des Wegfalls der Geschäftsgrundlage aufgegeben.

[172]RGZ 135, 340 (346); 161, 330 (337)

[173]Die Nichterfüllung seiner Erwartung, sich das nötige Geld auf eine bestimmte Art und Weise beschaffen zu können, befreit ihn deshalb nicht: BGH WM 1979, 204; WM 1982, 532.

[174]Siehe oben 2. Kapitel C II.

[175]*Kegel*, Gutachten zum 40. Deutschen Juristentag I, 138, 200

III. Ergänzende Auslegung

Fehlt es an einer Regelung für die im Vertrag ermittelte Lücke, greift die ergänzende Vertragsauslegung ein. Dabei ist

> „...dasjenige zu ermitteln und zu berücksichtigen, was die Parteien zwar nicht erklärt haben, was sie aber in Anbetracht des gesamten Vertragszwecks erklärt haben würden, wenn sie den offen gebliebenen Punkt in ihren Vereinbarungen ebenfalls geregelt hätten und hierbei zugleich die Gebote von Treu und Glauben und der Verkehrssitte beachtet hätten."[176]

Daran wird deutlich, daß sich die ergänzende Auslegung am eigentlichen Vertrag zu orientieren hat. Die ermittelten Regelungen dürfen dem erkennbaren tatsächlichen Willen der Parteien (und dem Vertragszweck, soweit dieser sich feststellen läßt) somit nicht zuwiderlaufen[177]. Bei der Auslegung muß das Gericht alle verfügbaren Aspekte und Daten in seine Überlegungen einbeziehen. Dies schließt sowohl subjektivierende als auch objektivierende Merkmale mit ein. Die normativen Elemente dürften bei der ergänzenden Auslegung meist überwiegen, da die Regelung zu suchen ist, welche redlich denkende Parteien unter Berücksichtigung der Verkehrssitte vereinbart hätten[178]. Die im Vertrag getroffene Risikoverteilung bietet Anhaltspunkte dafür, welche der Parteien nun das Risiko der unerwartet eingetretenen Situation tragen soll. „Redlichkeit" und „Treu und Glauben" umschreiben dabei, daß die so gefundene Lösung gerecht ist in dem Sinne, daß sie das manifestierte Risiko den im Vertrag ursprünglich enthaltenen Wertungen zufolge gerecht verteilt[179]. Bezüglich der Wirksamkeit der gefundenen Regelung ist die ergänzende Auslegung *ex nunc*, nicht *ex tunc* vorzunehmen[180].

---

[176]BGHZ 16, 71; siehe auch BGHZ 9, 273 (278) und BGH NJW 1978, 695.

[177]BGH NJW 1995, 1212 (1213). Dieses Widerspruchsverbot gilt auch für etwaige Abänderungen oder Erweiterungen des Vertragsgegenstandes: RGZ 87, 211 (213 f.); 136, 178 (185); BGHZ 9, 273 (278); BGH NJW-RR 1989, 1490 (1491). Siehe auch *Flume*, aaO, S. 326 f., der das Verbot derartiger Änderungen und Erweiterungen *cum grano salis* verstanden haben will. Da die ergänzende Vertragsauslegung der Füllung vertraglicher Lücken dient, werden sich diese zum Teil gar nicht vermeiden lassen.

[178]Dies ist schon durch die Schwierigkeit bedingt, die dem Vertragsschluß zugrunde liegenden Risikoverteilungen aus einer *ex post*- Sichtweise zu ermitteln: siehe BGHZ 96, 313 (320 f.); *Ehricke*, Zur Bedeutung der Privatautonomie bei der ergänzenden Vertragsauslegung, RabelsZ 60 (1996) 661, 686 f.

[179]*Flume*, aaO, S. 327

[180]Siehe hierzu *Flume*, aaO, S. 327 f., der aus diesem Grunde die Berücksichtigung des „hypothetischen Parteiwillens" bei der ergänzenden Vertragsauslegung ablehnt.

Mit der ergänzenden Auslegung läßt sich also in gewissem Sinne der Vertrag fortschreiben.

IV. Störungen außerhalb des Vertragsrisikos

Gerade beim Eintritt außergewöhnlicher Ereignisse gibt es Situationen, in welchen der Vertrag für die Lösung des unerwartet eingetretenen Problems keine Anhaltspunkte bietet. Man wird dann mit der ergänzenden Auslegung allein nicht weiter kommen, sondern muß auf die Geschäftsgrundlagenregeln zurückgreifen. Eine etwaige Anpassung ist nach § 242 vorzunehmen[181].

Auch die Geschäftsgrundlagenregeln orientieren sich am Vertrag, aber dies primär in Hinsicht auf eine Wertung des von den Parteien ursprünglich zugrunde gelegten Äquilibriums, welches es möglichst wiederherzustellen gilt.

Ergänzende Auslegung und Ermittlung der Rechtsfolgen bei einer Geschäftsgrundlagenstörung sind zumindest miteinander verwandt, da es bei beiden um die Ausfüllung einer Lücke im Vertrag geht[182]. Der theoretisch gravierendste Unterschied zwischen den beiden Instituten besteht darin, daß die Anwendung der ergänzenden Auslegung als Anhaltspunkt einer im Vertrag erkennbaren Risikoverteilung bedarf, wohingegen dies bei der Geschäftsgrundlage nicht der Fall ist. Bei einer zu gravierenden Störung kommt jedoch auch bei der Geschäftsgrundlagenlehre als Rechtsfolge nur die Auflösung in Frage; der Eingriff in die von den Parteien angestrebte Risikoverteilung darf also nicht zu grundlegend sein.

Ein Unterschied besteht auch darin, daß die Lückenfüllung bei Geschäftsgrundlagenstörungen mit einem neuen Vertrag erfolgt. Allerdings ist *Medicus* zuzustimmen, daß eine derartige Störung regelmäßig nicht die einzige oder gesamte Geschäftsgrundlage betrifft, sondern nur einen Umstand von vielen, der im Vertrag nicht richtig berücksichtigt worden ist[183]. Die Anpassung bezieht sich daher

---

[181] BGH NJW 1982, 2237

[182] Die Rechtsprechung ist bei der Beantwortung der Frage, wann die Lösung durch ergänzende Vertragsauslegung und wann durch Geschäftsgrundlagenregeln zu lösen ist, uneinheitlich: siehe etwa die Fälle BGH LM § 133 (B) BGB Nr. 3 und § 157 (D) BGB Nr. 10 (ergänzende Auslegung) und BGH LM § 535 BGB Nr. 11 (Geschäftsgrundlage). Allerdings soll die ergänzende Vertragsauslegung prinzipiell den Vorrang vor einer Anwendung der Geschäftsgrundlagengrundsätze haben: BGHZ 81, 135 (143); 90, 69 (74). *Nicklisch*, BB 1980, 949 ff. und *Medicus* Festschrift Flume I, 1978 , 629 ff. sehen in beiden im Grunde ein einziges Institut zur Lückenfüllung. So auch *Wieling*, Jura 1985, 505, 511. Ablehnend hingegen *Littbarski*, JZ 1981, 8 ff. Siehe auch *Müko*-Roth, § 242 Rn. 572, welcher die fließenden Übergänge zwischen ergänzender Auslegung und Geschäftsgrundlagenlehre betont.

meist nur auf diesen einen Umstand, während der Rest des Vertrages unverändert bestehen bleibt[184].

E. Rechtsfolgen eines Wegfalls der Geschäftsgrundlage

Im Normalfall ist ein Wegfall der Geschäftsgrundlage nur bei noch nicht bzw. noch nicht vollständig abgewickelten Verträgen beachtlich[185]. Ausnahmsweise kann jedoch auch nach Abwicklung eines Vertrages eine Anpassung etwa in Form eines nachträglichen Ausgleichsanspruches zugunsten einer Partei erfolgen.

I. Anpassungsprimat

Anerkanntermaßen muß bei Feststellung eines Wegfalls der Geschäftsgrundlage zunächst versucht werden, den Vertrag (auch Dauerschuldverhältnisse) durch Anpassung an die veränderte Wirklichkeit zu retten[186]. Der Grund hierfür ist in dem Bestreben zu sehen, den Vertrag mit Hilfe des schwächstmöglichen Eingriffes in die eingegangenen Verpflichtungen zu retten; dieser schwächstmögliche Eingriff soll nach allgemeiner Auffassung die Anpassung des Vertrages sein[187]. Der herrschenden Meinung zufolge erfolgt die Anpassung dabei *de iure* und nicht

---

[183] *Medicus*, aaO, S. 637

[184] *Esser/Schmidt*, Schuldrecht I AT, § 24 III sehen richtigerweise die Gegensätze zwischen Geschäftsgrundlage und ergänzender Vertragsauslegung darin, daß im ersteren eine Neuverteilung des Vertragsrisikos und im letzteren nur eine Fortschreibung der vertraglichen Risikoverteilung vorgenommen wird. Eine weitgehende Neuverteilung der Risiken (im Sinne einer starken Verschiebung nach einer Seite) kann mit Rücksicht auf die Interessen der Gegenpartei allerdings bei Geschäftsgrundlagenfällen oft nicht vorgenommen werden und bei der ergänzenden Vertragsauslegung ist zum Teil eine leichte Verlagerung des Risikogleichgewichts nach einer Seite wohl nicht gänzlich ausgeschlossen.

[185] OGHZ 1, 62 (68). Für eine Berücksichtigung auch nach Stattfinden des Austausches siehe RGZ 169, 250.

[186] So z.B. BGHZ 89, 226 (238 f.). Siehe auch RGZ 100, 129 (132); 153, 356 (359); BGHZ 47, 48 (51); BGH NJW 1951, 836 (837); 1953, 1585 (1586); BGH JZ 1966, 409; BGH WM 1966, 490 (493); 1973, 752 (753); BGH LM § 242 (Bb) BGB Nr. 13 und 18; LM § 779 BGB Nr. 2. Zu Anfang erwog die Rechtsprechung als Alternative noch z.B. ein Rücktrittsrecht mit Schadensersatzpflicht des zurücktretenden Teils: RGZ 101, 79.

[187] *Fikentscher*, Die Geschäftsgrundlage als Frage des Vertragsrisikos, 106 f.; *Koller*, Die Risikozurechnung bei Vertragsstörungen in Austauschverträgen, 241 f.; *Medicus*, Vertragsauslegung und Geschäftsgrundlage, Festschrift Flume I, 629, 637; *Haarmann*, Wegfall der Geschäftsgrundlage bei Dauerschuldverhältnissen, 80 ff.; *Soergel*-Teichmann, § 242 Rn. 266; ständige Rechtsprechung, z.B. OGHZ 1, 62; BGHZ 2, 176; BGH LM § 242 (Bb) BGB Nr. 27; LM § 242 (Bd) BGB Nr. 12; LM § 242 (Ba) BGB Nr. 2 = NJW 1951, 836 (837); BGH NJW 1976, 567; NJW 1986, 1348; NJW 1987, 944 (945)

de facto, d.h. daß der Richter einen Akt der Rechtsfindung, nicht der Rechtsgestaltung vornimmt[188]. Selbstverständlich können die Parteien die veränderte Leistungspflicht im gegenseitigen Einvernehmen selbst bestimmen. Wenn dies allerdings nicht gelingt, wird der Vertrag vom Gericht angepaßt[189]. Weigert sich der Vertragsgegner, dem berechtigten Verlangen auf Anpassung zu entsprechen, kann sich die Anpassung begehrende Partei vom Vertrag lösen[190].

Allgemein ist dabei mit der Anpassung zu erreichen, daß die schutzwürdigen Interessen beider Seiten in ein angemessenes Gleichgewicht zu bringen sind[191]. Sie darf daher nicht weitergehen, als zum Erreichen eines mit § 242 zu vereinbarenden Ergebnisses unumgänglich notwendig erscheint[192]. Entscheidend ist die Zumutbarkeit, welche durch eine Abwägung aller maßgeblichen Umstände des Einzelfalles ermittelt wird[193].

1. Maßstab

Die Anpassung soll einen optimalen Interessenausgleich zwischen den Parteien schaffen. Zuerst ist zu prüfen, was die Parteien bei Kenntnis der veränderten Umstände redlicherweise vereinbart hätten[194]. Zudem muß die Anpassung auf den

---

[188]BGH NJW 1953, 1585; NJW 1959, 2203; NJW 1969, 233; NJW 1972, 152. Dies ist insofern richtig, als die Anpassung des Vertrages direkt aus § 242 hergeleitet wird, welcher die Parteien nur so zu leisten verpflichtet, wie Treu und Glauben mit Rücksicht auf die Verkehrssitte es erfordern. Allerdings ist dieser Maßstab so vage, daß die Art und Weise der Anpassung in erheblicher Weise der Billigkeit unterliegt, was einen gewissen Grad an Rechtsgestaltung impliziert. Die Vehemenz, mit welcher die Anpassung als Akt der Rechtsfindung und nicht der Rechtsgestaltung propagiert wird, mag darin begründet sein, daß der Eindruck des Verlustes an Rechtssicherheit, welcher durch die prinzipielle Zulassung des Wegfalls der Geschäftsgrundlage ohnehin schon besteht, nicht noch verstärkt werden soll.

[189]BGH MDR 1993, 586; MDR 1994, 1053, 1054

[190]BGH LM § 242 (Bb) BGB Nr. 57. Selbstverständlich kann eine anpassungsberechtigte Partei die Anpassung auch gerichtlich durchsetzen. Die betreffende Partei ist aber nicht dazu verpflichtet, und kann sich statt dessen einfach vom Vertrag lösen. Zudem stellt eine schuldhafte Verweigerung des berechtigten Anpassungsbegehrens (dies ist der Regelfall) eine positive Vertragsverletzung dar; welche Schadensersatzansprüche bewirken kann.

[191]*Müko*-Roth, § 242 Rn. 499. Dabei muß das Interesse des anderen Teils, den ursprünglichen Leistungsanspruch möglichst weitgehend beizubehalten, gebührend berücksichtigt werden.

[192]BGHZ 84, 1 (9 f.); BGH LM § 242 (Bb) BGB Nr. 108 = NJW 1984, 1746; LM § 589 BGB Nr. 5 = WM 1984, 1613 (1615); LM § 779 BGB Nr. 2; LM § 242 (Bb) BGB Nr. 27

[193]BGHZ 1, 170 (176); BGH LM § 242 (Bb) BGB Nr. 12; LM § 779 Nr. 2

[194]BGHZ 40, 334 (337 f.)

zur Vermeidung von mit Treu und Glauben unzumutbaren Ergebnissen allernotwendigsten Eingriff beschränkt werden und wirkt in der Regel nur *ex nunc*. Man muß hierbei bedenken, daß verbindliche Maßstäbe aus dem Vertrag oder dispositiven Gesetzesrecht in den problematischen Fällen fehlen (dies dürfte gerade bei außergewöhnlichen Ereignissen der Fall sein). Dies bedingt die Gefahr einer zu weit gehenden Billigkeitsrechtsprechung. Der Gedanke allein, wie die Parteien wohl den eingetretenen Umstand geregelt hätten, hilft nicht unbedingt weiter, da es durchaus sein kann, daß eine der Parteien den Vertrag am liebsten gar nicht fortsetzen würde; der Grund hierfür muß nicht unbedingt in der Schwere der Grundlagenstörung liegen, sondern kann lediglich in den besseren Gewinnchancen eines neu eingegangenen Vertrages zu sehen sein. Hierdurch bedingt, muß ein anpassender Richter daher nach den redlichen Absichten der Parteien fragen; die Redlichkeit etwaiger alternativer Möglichkeiten unterliegt aber wohl in bedeutendem Maße seinem eigenen Wertebild[195].

Relativ unproblematisch sind die Fälle, in welchen an sich nur eine vernünftige Anpassungsmöglichkeit denkbar ist, z.B. eine Fristverlängerung oder ein Ausgleichsanspruch. Allerdings kann die zahlenmäßige Festlegung der Anpassung gewisse Schwierigkeiten bereiten[196].

Schwieriger gestaltet sich die Situation, wenn der Wegfall der Geschäftsgrundlage mehrere alternative Lösungswege nach sich ziehen kann. Solange sich diese Alternativen lediglich in den drei generellen Möglichkeiten Anpassung, unverän-

---

[195]Zu beachten sind Äußerungen des BGH, daß die Neufestsetzung der Leistung nach Maßgabe „billigen" bzw. „richterlichen Ermessens" zu erfolgen habe: BGH LM § 242 (Ba) BGB Nr. 57; BGH MDR 1994, 1053, 1054. Vgl. auch die zutreffende Bemerkung Lord Radcliffes, daß der „reasonable man" (d.h. die redliche Person) im Endeffekt nichts anderes ist als das Gericht selbst: *Davis Contractors v. Fareham UDC* [1956] AC 696, 728. Fraglich ist, ob ein Richter überhaupt die zur Anpassung eines Vertrages geeignete Person ist. In jedem Fall verdeutlicht dies aber, daß die Anpassung des Vertrages keine reine Rechtsfindung darstellt, da der vorgegeben Maßstab zu unbestimmt ist.

[196]Dem Richter bleibt bei der genauen zahlenmäßigen Festlegung der Anpassung ein gewisser Ermessensspielraum. Hinsichtlich des Ausmaßes der Vertragsänderung verlaufen die Interessen der Parteien umgekehrt proportional. Generell gilt es, einen möglichst gerechten Ausgleich zu schaffen, d.h. die „Unzumutbarkeit" der bestehenden Situation für die eine Partei durch einen der anderen Partei „zumutbaren" Eingriff in den Vertrag zu beseitigen. Die Vertragsänderung hat demnach das Ziel, die vertraglichen Verpflichtungen auf ein für die benachteiligte Partei gerade noch erträgliches Maß zurückzuführen. Dieses erträgliche Maß liegt direkt unterhalb der „Opfergrenze", da der Anpassungsberechtigte nicht besser gestellt werden darf als ein Schuldner in einer ähnlichen Situation, welchem eine unverhofft eingetretene Störung des Vertragsgefüges hinsichtlich ihres Ausmaßes noch zugemutet werden kann. Vgl. hierzu BGH LM § 242 (Bb) BGB Nr. 40 und *Haarmann*, aaO, 90 f. und 97 ff. Die Opfergrenze stellt sich somit als maximales, von der betroffenen Partei übernommenes Risiko heraus.

derte Beibehaltung und Auflösung des Vertrages äußern, tritt aufgrund der Unzumutbarkeit einer oder mehrerer der Lösungen für den einen bzw. anderen der Vertragspartner nur selten der Fall ein, daß eine Interessenabwägung den Ausschlag geben muß[197]. Die Unzumutbarkeit läßt sich in diesem Fall recht einfach bestimmen.

Weitaus problematischer hingegen ist der Fall, daß die Alternativen in verschiedenen (zumutbaren) Anpassungsmöglichkeiten bestehen. Generell wird man dann die Möglichkeit zu wählen haben, welche am besten dazu geeignet erscheint, einen gerechten Interessenausgleich in dem Sinne zu schaffen, daß der Vertrag zugunsten der die Anpassung beanspruchenden Partei wieder direkt unter die Opfergrenze zurückgeführt wird[198]. Der Grund hierfür liegt in der Überlegung, daß die andere Partei in der Regel ein Interesse am unveränderten Fortbestand des Vertrages hat und der Eingriff daher möglichst gering auszufallen hat.

Wenn die Grundlagenstörung sehr gravierend ist, kommt als Rechtsfolge nur noch die Auflösung des Vertrages in Betracht.

2. Anpassungsmöglichkeiten

Die Anpassung eines Vertrages an die veränderte Wirklichkeit kann sowohl zur Entstehung als auch zum Wegfall von Ansprüchen führen.

Am häufigsten tritt das Geschäftsgrundlagenproblem wohl in Form von Äquivalenzstörungen zutage. Dabei wird eine Anpassung des Vertrages in der Form betrieben, daß die Leistung der einen Partei im Verhältnis zum Wert der Gegenleistung heraufgesetzt wird, sich ihre ursprünglich eingegangene Verpflichtung also erhöht[199]. Dies geschieht meistens in Gestalt eines höheren Entgelts[200] und dient dem Verlustausgleich[201]. Allerdings muß man dann der zur Mehrleistung verpflichteten Partei häufig die Loslösung vom Vertrag zur Wahl stellen[202]. Da ein

---

[197]Siehe das Interessenschema bei *Haarmann*, aaO, 94 f.

[198]Einer Wahl durch den Richter ist selbstverständlich in jedem Falle eine Einigung der Parteien auf eine der Möglichkeiten vorzuziehen. Eine solche Einigung läßt sich aber nicht immer erzielen.

[199]Hieran wird deutlich, daß die Geschäftsgrundlagenlehre vom ursprünglichen Parteiwillen unabhängig ist.

[200]Z.B. für unvorhergesehene Baukosten: LG Dortmund NJW-RR 1989, 469.

[201]BAG NJW 1989, 1562 (1563)

[202]*Flume*, aaO, § 26 4b

möglichst optimaler Interessenausgleich zu erfolgen hat, wird oft auch kein voller Ausgleich vorgenommen, sondern die entstandene Differenz zwischen den Parteien verteilt[203].

Art und Weise der Anpassung hängen sehr stark von den Umständen des Einzelfalls ab. Denkbar sind dabei z.B. auch die (möglicherweise teilweise) Aufhebung von Hauptleistungspflichten, d.h. die Herabsetzung oder Stundung der geschuldeten Leistung[204]. Die Verlängerung oder Herabsetzung der Vertragsdauer sowie neue Nebenpflichten kommen ebenfalls in Betracht. Allgemein läßt sich nur sagen, daß das, was im konkreten Fall angemessen ist, einen möglichst geringen Eingriff in den bestehenden Vertrag darstellen und die legitimen Interessen beider Parteien berücksichtigen muß. Ausschlaggebendes Kriterium ist hierfür die Zumutbarkeit.

II. Auflösung

Bei besonders schwerwiegenden Grundlagenstörungen reicht eine Anpassung nicht aus, um ein mit Treu und Glauben schlechthin nicht zu vereinbarendes Ergebnis zu vermeiden. Eine Vertragsauflösung in Form eines Rücktrittrechts bietet dann die einzige Lösung[205]. Der Grund hierfür liegt nicht unbedingt darin, daß es unmöglich wäre, mittels einer entsprechenden Anpassung den Vertrag für die von der Veränderung der Umstände betroffenen Partei wieder direkt unter die Opfergrenze zurückzuführen. Vielmehr wäre eine solche Änderung in vielen Auflösungsfällen für die Gegenpartei nicht zumutbar, da sie sehr gravierend ausfiele

---

[203]Dabei erfolgt eventuell eine hälftige Schadensteilung. Allerdings ist dies nicht zwingend die angemessene Verteilung von Vor- und Nachteilen auf die Parteien. Diese richtet sich nach Gesichtspunkten wie Verursachung, Verschulden, Begünstigung und Nutznießung, etc. Es werden also die schutzwürdigen Interessen beider Parteien in die Waagschale geworfen. Die Schadensverteilung richtet sich dann nach dem Ergebnis dieser Abwägung.

[204]Siehe z.B. die Herabsetzung der Ablösungsbeträge bei sittenwidrigen Kreditverträgen: BGHZ 99, 333; vgl. auch BGH LM § 242 (Bb) BGB Nr. 12:

> „Diese Anpassung kann zu einer Umgestaltung, insbesondere einer Herabsetzung der Einzelansprüche, aber auch zu einer teilweisen Aufrechterhaltung des Vertrages zu den bisherigen Vertragsbedingungen unter Streichung der weitergehenden Vertragspflichten führen."

[205]Gerade auch bei relevanten Zweckstörungen macht eine Anpassung oft wenig Sinn. Trotzdem ist die Praktikabilität einer eventuellen Anpassung zuvor zu prüfen: BGH WM 1967, 561. Die Vertragsauflösung wird zum Teil als „Anpassung auf Null" bezeichnet: vgl. *Fikentscher*, Die Geschäftsgrundlage als Frage des Vertragsrisikos, 107; auch *Haarmann*, aaO, 83 f. Die Auflösung erfolgt nie *ipso iure*, sondern es bedarf hierzu einer rechtsgestaltenden Erklärung, normalerweise eines Rücktritts: BGHZ 133, 316 (328); BGH DNotZ 96, 639.

und das ursprüngliche Risikogefüge der Vertragsbeziehung zu stark zugunsten des Anpassungsbegehrenden verschöbe.

Bei Dauerschuldverhältnissen wird die Auflösung durch die Gewährung eines Kündigungsrechtes aus wichtigem Grund erreicht[206]. Dieses muß innerhalb einer angemessenen Frist ausgeübt werden; insbesondere ist es unzulässig, erst die weitere wirtschaftliche Entwicklung abzuwarten[207].

Ansonsten erfolgt die Auflösung durch den Rücktritt einer Partei[208]. Die Rückgewähr der empfangenen Leistungen erfolgt gemäß § 346 ff.; § 812 ff. werden nicht angewandt, da die vertraglichen Ansprüche den Vorrang genießen[209] und der Vertrag durch die Unmöglichkeit der Anpassung keineswegs von Anfang an nichtig wird. Die empfangenen Leistungen sind demnach zurückzugewähren. Soweit dies nicht möglich ist, z.B. da der Vertragsgegenstand eine Dienstleistung war, ist der (gemeine) Wert der Leistung zu vergüten[210].

206BGH ZIP 97, 259. Diese tritt an Stelle des Rücktritts, vgl. *Michalski*, JA 1979, 401, 407. Damit ein zur Kündigung berechtigender wichtiger Grund vorliegt, muß die Durchführung des Vertrages erheblich gefährdet und dem Kündigenden ein Festhalten am Vertrag nicht mehr zumutbar sein. Bezugspunkt ist also wieder der Gedanke der Zumutbarkeit eines weiteren Festhaltens am Vertrag (hierbei ist unter anderem zu beachten, daß die Kündigung grundsätzlich nicht auf Umstände gestützt werden kann, welche aus dem Gefahrenbereich des Kündigenden stammen: BGH LM § 242 (Ba) BGB Nr. 2; LM § 242 (Bc) BGB Nr. 10). Allgemein werden an die Unzumutbarkeit der Fortsetzung des Vertrages bei einer Kündigung aus wichtigem Grund weniger strenge Anforderungen gestellt als bei einem Wegfall der Geschäftsgrundlage, da sie ein vertragsimmanentes Lösungsrecht darstellt: BGH NJW 1997, 1703.
Wird die Unzumutbarkeit durch Anpassung des Vertrages beseitigt, erlischt auch das Recht zur Kündigung: BGH LM § 427 BGB Nr. 1; LM § 242 (Ba) BGB Nr. 2; BGH NJW 1958, 785. Zum Kündigungsrecht bei Dauerschuldverhältnissen siehe auch RGZ 168, 361 (366); BGHZ 24, 91 (95 f.); 41, 104 (108); 51, 79 (82); BGH LM § 242 (Bb) BGB Nr. 57; LM § 242 (Bc) Nr. 8 und 10; *Haarmann*, aaO, S. 127 ff.; *Horn*, Gutachten I, 1981, S. 551 (579 f., 628 ff.); *Flume*, aaO, 514.

207LM § 242 (Ba) BGB Nr. 2

208Dieser kann auch erfolgen, wenn die andere Partei zuvor die Anpassung des Vertrages abgelehnt hat: RGZ 103, 328 (333 f.); BGH LM § 242 (Bb) BGB Nr. 57; LM § 812 BGB Nr. 75.

209BGH NJW 1975, 776; BAG NJW 1987, 918 (919)

210RGZ 138, 33

F. Beschränkungen

Die Anwendung der Geschäftsgrundlagenlehre unterliegt einigen prinzipiellen Beschränkungen, bei deren Vorliegen eine Berufung auf einen Wegfall bzw. das Fehlen der Geschäftsgrundlage verwehrt wird[211].

I. Vertragliche Risikoübernahme

Innerhalb des Risikobereichs einer Partei kann der Eintritt außergewöhnlicher Ereignisse grundsätzlich nicht zu einem Wegfall der Geschäftsgrundlage führen[212]. Dieser Risikobereich bestimmt sich aus dem Vertragsinhalt, d.h. dem ausdrücklichen Vertrag selbst sowie dispositivem Gesetzesrecht[213], welches dem Vertragstyp zufolge zur Anwendung kommt. Die typischen Risiken, auch dem Vertragszweck entsprechend[214], hat insoweit jede Partei selber zu tragen; z.B. bewirkt Geldmangel grundsätzlich keinen Wegfall der Geschäftsgrundlage. Der Käufer einer Sache muß das damit verbundene wirtschaftliche Risiko grundsätzlich selbst tragen[215]. Bei Geschäften mit spekulativem Einschlag ergibt sich die (in diesen Fällen sehr viel weitergehende) Risikoübernahme aus der Natur des Geschäft selbst oder aus seinen besonderen Begleitumständen[216]. Allerdings muß

---

[211] Der Vollständigkeit halber sei hier noch einmal erwähnt, daß die Geschäftsgrundlagenlehre auch gegenüber dem Leistungsstörungsrecht und der ergänzenden Vertragsauslegung subsidiär ist. Bei Anwendbarkeit derselben ist ebenfalls kein Platz für einen Wegfall der Geschäftsgrundlage.

[212] BGHZ 120, 10 (24); BGH ZIP 1994, 1892 (1895) (mit weiteren Nachweisen). Bei drohender Existenzvernichtung kann diesbezüglich eine Ausnahme gemacht werden: RGZ 163, 96; 166, 49. Zumindest bei juristischen Personen muß die Zulässigkeit dieser Ausnahme aber sorgfältig geprüft werden. Bei ihnen kann das ausdrücklich übernommene Risiko bis zur Insolvenz gehen, da in diesem Fall das Interesse des Vertragsgegners an der Erfüllung höher bewertet werden kann. Will eine Partei ein bestimmtes ihr im Normalfall zufallendes Risiko nicht übernehmen, muß sie dies grundsätzlich im Vertrag zum Ausdruck bringen: vgl. etwa BGH LM § 242 (Bb) BGB Nr. 95.

[213] Dazu zählen auch die Risiken, welche die Parteien aufgrund bestehender und zu berücksichtigender Verkehrssitten zu tragen haben.

[214] BGH LM § 242 (Bb) BGB Nr. 47

[215] BGH LM § 242 (Bb) BGB Nr. 12 und 33; LM § 276 (Ha) BGB Nr. 2. Ebenso trägt ein gewerblicher Mieter das Risiko, auf dem überlassenen Grundstück Gewinne zu erwirtschaften: BGH LM § 242 (Bb) BGB Nr. 60 = NJW 1970, 1313 = MDR 1970, 755 = BB 1970, 1114. Bei der Übernahme eines Betriebes gehören konjunkturbedingte Rückgänge der Einnahmen zum typischen Risiko: BGH LM § 242 (Bb) BGB Nr. 87 = MDR 1978, 132 = BB 1977, 1171.

[216] Denkbar wären z.B. der Abschluß von Geschäften trotz drohender politischer Wirren, vor allem wenn deshalb ein „Risikoaufschlag" auf den üblichen Preis gewährt wird. Das Festhalten

die Risikoübernahme und ihre Reichweite sorgfältig nachgewiesen werden[217]. Die Erkennbarkeit der Störung spielt insofern eine Rolle, als der Vertragsabschluß selbst dann eine Risikoübernahme bedeuten kann[218]. Bei Offenkundigkeit einer bestimmten Entwicklung bedarf es hierzu keiner Äußerung von konkreten Vorstellungen[219].

Es bleibt den Parteien aber unbenommen, die Aufteilung ihnen bekannter Risiken bewußt offenzulassen und sie dadurch zur Geschäftsgrundlage zu machen[220].

II. Verschulden und freie Willensentschließung

Die Zurechnung des Eintritts des betreffenden Ereignisses an eine Partei, sei es aufgrund Verschuldens oder weil es in ihrer Risikosphäre liegt, verwehrt dieser regelmäßig die Geltendmachung eines Wegfalls der Geschäftsgrundlage und einer entsprechenden Risikoverlagerung auf die Gegenpartei[221]. Ein Umstand, welcher innerhalb der Kontrolle einer Partei liegt, kann von dieser daher nicht dazu genutzt werden, von ihren ursprünglichen vertraglichen Verpflichtungen frei zu werden, selbst wenn sie diesen Umstand nicht bewußt herbeigeführt hat.

---

an einem Risikogeschäft kann regelmäßig nicht als unbillig angesehen werden: RG HRR 1937, 549.

[217] BGH LM § 242 (Bb) BGB Nr. 47; LM § 242 (Bb) BGB Nr. 61 (Übernahme eines Ausfallrisikos von 20% bedeutet nicht, daß die Vertragspartei einen Ausfall von 50% hinzunehmen hat); BGHZ 74, 370. Siehe *Müko*-Roth, § 242 Rn. 541, der deshalb folgenden Entscheidungen skeptisch gegenübersteht: RGZ 88, 172 (175 ff.); 92, 322; 95, 41 (43) (bei allen genereller „spekulativer Charakter" von Großhandelsgeschäften angenommen); BGH WM 1968, 1248; 1973, 839; 1976, 1034 (bei einkalkulierter, vergleichsweise geringer Geldentwertung wurde dem Geldgläubiger nahezu unbegrenztes Entwertungsrisiko auferlegt).

[218] RGZ 88, 172 (175 f.); 107, 156 (158); OGHZ 2, 202 (208 f.); BGH NJW 1982, 1699 (1700). Dies wird mit der Möglichkeit der damit belasteten Partei begründet, mit Hilfe einer entsprechenden Vertragsbestimmung die bloße Geschäftsgrundlage zum Vertragsbestandteil zu erheben: LM § 242 (Ba) BGB Nr. 35.

[219] Z.B. BGH WM 1968, 1248 über den Verkauf eines Grundstücks zum Stoppreis auf Rentenbasis ohne Anpassungsklausel. Ähnlich gelagert sind langfristige Lieferverträge zum Festpreis: BGH Warn. 1978 Nr. 34; vgl. Kommentar von *Schneider*, JurBüro 1979, 1770. Siehe auch unten F III.

[220] BGH WM 1973, 752; WM 1973, 1176; WM 1975, 274; WM 1977, 118; NJW 1977, 950. Vgl. auch *Palandt*-Heinrichs, § 242 Rn. 122. Dies ist ein Zugeständnis an die Art und Weise, in der Geschäftsleute manche Umstände bei Vertragsverhandlungen bewußt unberücksichtigt lassen, um diese nicht zu belasten.

[221] BGH NJW-RR 1993, 881; NJW 1995, 2031; BGH LM § 242 (Bb) Nr. 61; LM § 284 Nr. 2; BGH ZIP 1993, 234

III. Vorhersehbarkeit

Die mangelnde Vorhersehbarkeit der Änderung der Umstände wird grundsätzlich als Voraussetzung für die Anwendung der Geschäftsgrundlagenlehre verlangt[222]. Eine Ausnahme hiervon machen lediglich Situationen, bei denen die Parteien übereinstimmend vom Nichteintritt des sich nun manifestierenden Ereignisses ausgegangen sind und aus diesem Grunde im Vertrag keine Vorkehrungen getroffen haben. Obwohl man nun argumentieren könnte, daß das Risiko daher bei der davon betroffenen Partei liegen sollte, liegt dies gerade nicht in der ursprünglichen Absicht der Parteien. Der Eintritt des betreffenden Ereignisses kann daher die unveränderte Vertragsdurchführung unzumutbar machen.

Bei vorhersehbaren Störungen wird es sich normalerweise um Ereignisse handeln, die man kaum als „außergewöhnlich" bezeichnen kann; ein Merkmal der außergewöhnlichen Ereignisse ist nämlich, daß sie den Parteien aufgrund ihres Ausnahmecharakters bei Vertragsschluß regelmäßig nicht ins Bewußtsein dringen[223]. Selbst die Aufnahme einer vertraglichen Regelung wie z.B. einer Kriegsklausel[224] dient meist nur der allgemeinen Vorsorge gegen unerwartete Widrigkeiten; hingegen läßt sich meist schwerlich sagen, daß die Parteien aufgrund dieser Regelung irgendein bestimmtes Ereignis im Sinn hatten (abgesehen von allgemeinen Vorstellungen bezüglich „Krieg", „force majeure", etc.)[225].

Hinsichtlich sich nach Vertragsabschluß abzeichnender Ereignisse erlegt schon das Leistungsstörungsrecht den Parteien gewisse Vorsorge- und Abwendungspflichten auf, bei deren Nichteinhaltung die Unmöglichkeit zu vertreten ist; diese lassen sich ohne weiteres auf die Geschäftsgrundlagenlehre übertragen, da es nicht sein kann, daß eine Partei, deren Behinderung der Leistung die strengeren Anforderungen der objektiven oder subjektiven Unmöglichkeit erfüllt, in dieser

---

[222] Bei vorhersehbaren Entwicklungen kann die Berufung auf einen Wegfall der Geschäftsgrundlage unter Umständen auch bei drohendem Vermögensverlust verwehrt werden: BGH NJW 1978, 2390 = MDR 1978, 925.

[223] Zumindest nicht in einer Weise, daß sie eine Vorsorge in Form von Risikoprämien oder vertraglichen Vorkehrungen für notwendig erachten würden oder als vernünftige Angehörige ihres Geschäftskreises für notwendig erachten müßten.

[224] Hierzu siehe unten 3. Kapitel B I.

[225] So dürfte die Aufnahme einer Kriegsklausel in einen Vertrag, welcher im Juli 1914 abgeschlossen wurde, zwar konkret den späteren 1. Weltkrieg im Sinn gehabt haben, nicht aber dessen teils ungeahnten Ausmaße etwa hinsichtlich der Hyperinflation. Aufgrund der präzedenzlosen Auswirkungen muß man den Parteien zugestehen, daß ihnen diese vor Kriegsbeginn nicht ins Bewußtsein drangen.

Hinsicht mehr leisten muß als eine Partei, deren Leistung sich z.B. infolge einer Äquivalenzstörung lediglich erschwert oder verteuert[226].

„Vorhersehbarkeit“ bedeutet, daß ein bestimmter Grad der Wahrscheinlichkeit des Eintritts eines gewissen Ereignisses erreicht worden ist. Der Mensch ist in der Lage, sich den Eintritt sehr vieler Ereignisse vorstellen zu können; die Wahrscheinlichkeit der Manifestierung der Mehrzahl dieser Ereignisse ist allerdings so außerordentlich gering, daß kein normaler Mensch damit rechnen würde. Diese Ereignisse kann man als „unvorhersehbar“ bezeichnen. Andere Ereignisse wiederum sind zwar zu den meisten Zeiten sehr unwahrscheinlich; zu gewissen Zeitpunkten jedoch erhöht sich der Wahrscheinlichkeitsgrad ihres Eintritts bedeutend, wie zum Beispiel die Beschlagnahme von Waren durch den Staat zu Kriegszeiten. Kenntnis der allgemeinen Lage macht solche Ereignisse „vorhersehbar“ in dem Sinne, daß mit ihrem möglichen Eintritt gerechnet werden kann (oder sogar muß).

Diese Kenntnis, etwa in Bezug auf kriegerische Auseinandersetzungen im Ausland, hängt von den Möglichkeiten der Informationsbeschaffung einer Partei ab. Selbst wenn diese sehr weit reichen, spielen die Kosten dabei eine Rolle, d.h. daß die Partei sich die Vorhersehbarkeit eines Ereignisses nur innerhalb eines zumutbaren Kostenrahmens anrechnen lassen muß[227]. Zumutbar sind hierbei die Kosten, welche ein redlicher Angehöriger des betreffenden Geschäftskreises im jeweiligen Fall für angemessen hielte[228]. Der Aufwand muß dabei in einer vernünftigen Relation zu den möglichen Verlusten stehen. Allerdings ist ein Schuldner auch bei an sich unverhältnismäßigem Aufwand am Vertrag festzuhalten, wenn er nach Vertragsschluß die Gefahr der Risikoverwirklichung vorhersehen und beherrschen bzw. auffangen konnte[229].

---

[226] Siehe z.B. BGH LM § 242 (Bb) BGB Nr. 91 = MDR 1978, 658 = JZ 1978, 235 = BB 1978, 1033, wo eine Berufung auf einen Wegfall der Geschäftsgrundlage aufgrund der Ölpreissteigerungen unter anderem deshalb verwehrt wurde, da es der Schuldner versäumt hatte, durch die (zumutbare) Einlagerung von Heizöl Vorsorge zu treffen, als sich Preissteigerungen aufgrund kriegerischer Entwicklungen im Nahen Osten abzeichneten.

[227] Vgl. *Köhler*, ZHR 144 (1980), 589, 595.

[228] Redlichkeit ist von Bedeutung, weil eine Branche bestimmte, für sie durchaus vorhersehbare Risiken bewußt vernachlässigen kann, vgl. *Koller*, aaO 223. Dann ist ihr in der Tat nicht zu folgen.

[229] *Köhler*, aaO, 595, welcher sich dabei auf den Ölpreissteigerungsfall BGH WM 1978, 322 = JZ 1978, 235 = DB 1978, 1267 = JR 1979, 60 bezieht.

Bei der Bestimmung der Vorhersehbarkeit eines Ereignisses ist weiter zu beachten, ob das Risiko der „Sphäre“ der betroffenen Partei entspringt oder nicht[230]. Im ersteren Falle wird man eine Vorhersehbarkeit grundsätzlich bejahen müssen, denn das Risiko für ihre Organisation trägt jede Partei allein[231]. Ausnahmen lassen sich nur hinsichtlich „völlig unvorstellbarer“[232] Störungen machen. Störungen solcher Art werden allerdings höchst selten sein; der Ausfall von Maschinen oder Unterlieferanten, Streiks, etc. gehören sicherlich nicht dazu.

Die Vorhersehbarkeit einer Störung steht ihrer Berücksichtigung als ein den Wegfall der Geschäftsgrundlage auslösendes Ereignis dann nicht entgegen, wenn der betroffenen Partei eine entsprechende Vertragsgestaltung oder gar Abstandnahme vom Vertrag nicht möglich war[233]. Eingeschränkt werden kann die Beachtlichkeit der Vorhersehbarkeit für den Vertrag z.B. durch faktische Beschränkungen in Form der Übermacht des Vertragspartners[234] sowie rechtliche Beschränkungen etwa in Bezug auf die Inhaltsfreiheit[235] oder politische Zwänge z.B. hinsichtlich der Lieferung von Rüstungsgütern[236].

Prinzipiell läßt sich nicht sagen, daß die Unvorhersehbarkeit einer Störung unbedingt ihre Berücksichtigung als leistungsbefreiendes bzw. -änderndes Hindernis erlaubt. Sie kann aber eine andernfalls vorzunehmende Risikozuweisung an die eine oder andere Partei einschränken.

---

[230]Die Sphären (d.h. die Verantwortungsbereiche der Parteien) sind aus dem Vertrag selbst und dispositivem Recht zu bestimmen. Risiken, welche von außen kommen, sind keiner der beiden Parteien zuzurechnen. Beispiele sind Ereignisse wie Kriege und Wetter- und Umweltkatastrophen.

[231]Siehe z.B. BGH NJW 53, 861 (der Staat trägt das politische Risiko, da es offensichtlich in seiner Sphäre liegt).

[232]Vgl. *Koller*, aaO, 223 f.

[233]BGHZ 2, 176 (188); 7, 238 (243)

[234]Hierbei darf man allerdings nicht vergessen, daß es einer Partei immer frei steht, von einem Vertragsabschuß abzusehen. Ein Verhandlungsübergewicht der anderen Seite kann insofern nur eine gewisse Bedeutung erlangen, wenn es mit einer monopolartigen Stellung bezüglich des betreffenden Vertragsguts einhergeht. Ansonsten steht es einer Partei frei, anderweitig zu möglicherweise günstigeren Konditionen zu kontrahieren.

[235]Diese wird z.B. durch § 9 AGBG sehr bedeutend eingeschränkt.

[236]BGH DB 52, 623. Siehe *Kegels* Kritik an diesem Urteil (welches die Beachtlichkeit der Kriegsgefahr für einen 1943 geschlossenen Rahmenvertrag über die Herstellung von Rüstungsgütern verneint, obwohl es den Parteien verwehrt war, am deutschen Endsieg zu zweifeln, was vertragliche Vorkehrungen ausschloß) in: Gutachten für den 40. Deutschen Juristentag, S. 216.

IV. Zumutbarkeit

Die Rechtsprechung bedient sich der Zumutbarkeit als Oberbegriff für den Maßstab, welcher hinsichtlich eines bedeutsamen Wegfalls der Geschäftsgrundlage anzusetzen ist. Die Zumutbarkeit wird aus § 242 hergeleitet, welchem zufolge der Schuldner zur Leistungserbringung alle diejenigen Anstrengungen unternehmen muß, welche ihm Treu und Glauben mit Rücksicht auf die Verkehrssitte gebieten. Was über diese Pflicht hinausgeht, ist „unzumutbar".

Die Zumutbarkeit hat als Begriff den Vorteil, sehr flexibel zu sein. So können sich die Anstrengungen und Verluste, welche der (redliche) Wirtschaftsverkehr vernünftigerweise als zumutbar betrachtet, wie alle allgemeinen Wertungen im Laufe der Zeit durchaus verändern. Die Gerichte sind in der Lage, diesem Umstand durch die Verwendung eines flexiblen Begriffes Rechnung tragen[237]. Der Nachteil der Zumutbarkeit liegt in seiner relativen Unbestimmtheit, welche der Rechtssicherheit abträglich ist. Dies kommt in den verschiedenen Maßstäben zum Ausdruck, welche die Gerichte im Verlauf der Rechtsprechung zur Geschäftsgrundlage an die Unzumutbarkeit gelegt haben[238]. Um die Rechtssicherheit nicht zu sehr zu strapazieren, muß die unzumutbare Vertragsdurchführung daher die Ausnahme bleiben[239].

Zu beachten ist, daß die Zumutbarkeit sowohl hinsichtlich des Tatbestandes des Wegfalls der Geschäftsgrundlage als auch in Bezug auf seine Rechtsfolgen verwandt wird. In beiden Fällen müssen dieselben Wertungen hinzugezogen werden[240]. Dies bedeutet, daß die im Einzelfall bestimmte Grenze, jenseits welcher der betroffenen Partei ein unverändertes Festhalten am Vertrag grundsätzlich nicht mehr zumutbar ist, auch bei einer eventuell folgenden Anpassung als Maßstab zu gebrauchen ist. Der Vertrag muß wieder direkt unter diese Grenze zurückgeführt werden. Ein weitergehendes Zurückführen ist abzulehnen, da die betroffene Partei dann von Risiken entlastet würde, welche sie bei Vertragsabschluß übernommen hat und welche ihr daher auch zumutbar sein müssen. Von einem

---

[237]Es ist gerade die Unbestimmtheit des § 242, welche es erlaubt, eine Abstimmung der Vertragsordnung an sich wandelnde gesellschaftliche Umwelten zu erreichen: *Teubner*, ZHR 146 (1982), 625, 630 f.

[238]Mal waren die Anforderungen sehr allgemein (RGZ 102, 272 (274; 141, 212 (216); BGHZ 2, 176 (188); BGH WM 64, 18 (20); BGH DB 1969, 833), mal recht scharf und detailliert (OGHZ 1, 62 (71); BGH LM § 242 (Bb) Nr. 27).

[239]Sonst würde die von den Verfassern des BGB abgelehnte *clausula*-Lehre sich doch durchsetzen.

[240]*Soergel*-Teichmann, § 242 Rn. 264

Wiederherstellen des ursprünglichen Äquivalenzgefüges könnte dann keine Rede mehr sein.

Die Zumutbarkeit spielt bei der Anpassung eines Vertrages auch für den Vertragsgegner eine Rolle. Es ist nämlich möglich, daß die außergewöhnlichen Ereignisse einen derart verheerenden Einfluß auf den Vertrag hatten[241], daß eine Rückführung der Schuldnerobligationen unter die „Opfergrenze"[242] dem Vertragsgegner aufgrund der damit für ihn verbundenen Verluste und Obligationen nicht zumutbar ist. Als Rechtsfolge käme dann nur noch die Vertragsauflösung in Betracht.

Die Unzumutbarkeit der unveränderten Vertragsdurchführung im Angesicht der eingetretenen Störung läßt sich nur anhand einer umfassenden Abwägung aller maßgeblichen Umstände des konkreten Einzelfalles bestimmen[243]. Als grober Anhaltspunkt soll etwa bei Äquivalenzstörungen außerhalb des Währungsverfalls eine Verschiebung um mehr als 50 % dienen[244]. Bei der Bestimmung der Unzumutbarkeit einer derartigen Verschiebung kommt es allerdings auch noch auf eine Reihe anderer Faktoren an, nicht zuletzt, ob der Verlust einer Partei völlig unverschuldet war und innerhalb welcher Zeitspanne die Verschiebung stattgefunden hat[245]. Die Rechtsprechung macht eine Berücksichtigung von Äquivalenzstörungen unter anderem davon abhängig, ob der Vertrag Versorgungscharakter hat oder nicht. Wenn keine Äquivalenzstörung vorliegt, läßt sich die Unzumutbarkeit z.B. anhand der Sinnlosigkeit der weiteren, unveränderten Vertragsdurchführung bestimmen[246].

---

[241]Ohne ihn unmöglich im Sinne von § 275 zu machen.

[242]Dieser Ausdruck definiert hier die Grenze zwischen dem für die von den Umständen benachteiligte Partei noch Zumutbaren und dem schon Unzumutbaren. Häufig wird diese Wendung gebraucht, um die Grenze zur Existenzvernichtung zu verdeutlichen. Auch die Existenzvernichtung kann jedoch noch innerhalb des vertraglich übernommenen Risikos und damit im Bereich des „Zumutbaren" liegen, wenn das Risiko von der betreffenden Partei bei Vertragschluß ausdrücklich oder konkludent übernommen wurde.

[243]*Chiotellis*, Rechtsfolgenbestimmung bei Geschäftsgrundlagenstörungen in Schuldverträgen, 40 ff.

[244]*Soergel*-Teichmann, § 242 Rn. 248. Dabei ist nicht zu verkennen, daß jeder prozentual gezogenen Grenze eine gewisse Willkür anhaftet, welche aber durch den Gewinn an Rechtssicherheit gerechtfertigt wird.

[245]So etwa hinsichtlich eventueller Möglichkeiten zur Schadensminderung.

[246]*Soergel*-Teichmann, § 242 Rn. 249

3. Kapitel: Von den Parteien selbst bestimmte Folgen des Eintritts außergewöhnlicher Ereignisse

Die Rechtsfolgen, welche sich aus den Auswirkungen eines außergewöhnlichen Ereignisses auf den Vertrag ergeben, können von den Parteien selbst bestimmt werden[247]. Dabei ist zwischen den Rechtsfolgen zu unterscheiden, welche sich aus dem Vertrag selbst ergeben, also schon zum Zeitpunkt des Vertragsschlusses selbst für die sich nun manifestierende Eventualität bestimmt wurden, und solchen, auf welche sich die Parteien erst nach Eintritt des betreffenden Ereignisses geeignet haben.

A. Von den Parteien nach Eintritt des Ereignisses bestimmte Rechtsfolgen

§ 305 gibt den Vertragsparteien die Möglichkeit, den Vertrag abzuändern bzw. eine Novation vorzunehmen[248]. Auch die Abänderung bedarf hierbei eines Vertrages zwischen den Parteien. Obwohl dies durch Gesetz nicht ausdrücklich bestimmt ist, können die Parteien durch einen Vertrag auch die Auflösung des bestehenden Schuldverhältnisses vereinbaren[249].

B. Von den Parteien im Vertrag bestimmte Rechtsfolgen

I. Befreiung vom Vertrag

1. Definition der force majeure

Bei den im Vertrag selbst bestimmten Folgen des Eintritts eines außergewöhnlichen Ereignisses stehen Kriegs- oder *force majeure*-Klauseln im Vordergrund[250].

---

[247]Aufgrund der Unsicherheiten in Bezug auf die Rechtsfolgen beim Wegfall der Geschäftsgrundlage ist eine von den Parteien bestimmte Rechtsfolge in jedem Falle vorzuziehen. Dies erkennt auch *Horn*, AcP 181 (1981) 255, 276 ff., indem er als primäre Rechtsfolge eines Grundlagenwegfalls eine Neuverhandlungspflicht der Parteien propagiert.

[248]Im Gegensatz zur Abänderung begründet die Novation einen ganz neuen Vertrag, welcher an die Stelle des alten tritt. Wann ein Vertrag noviert und wann er abgeändert wird, ist Auslegungsfrage. Im Zweifel liegt aber eine bloße Abänderung vor: RG JW 38, 1391.

[249]Diese einvernehmliche Vertragsauflösung ist von der (einseitigen) Kündigung zu unterscheiden: BGHZ 52, 16.

[250]Beide Ausdrücke sind an sich frei auswechselbar, da sie heutzutage in der Praxis auf nur eine verbreitete Form von Klausel zutreffen, die neben dem Krieg eine ganze Anzahl weiterer Gründe anführt, welche die Klausel ins Spiel bringen. Der (international verbreitete) Oberbegriff für diese Gründe ist als *force majeure* bekannt und ist ursprünglich ein französischer Rechtsbegriff. Ob in einer Kriegsklausel der Krieg ausdrücklich erwähnt wird oder in anderer

„Höhere Gewalt" wird von der Rechtsprechung verstanden als ein betriebsfremdes, von außen durch elementare Naturkräfte oder durch Handlungen dritter Personen herbeigeführtes Ereignis, das nach menschlicher Einsicht und Erfahrung unvorhersehbar ist, mit wirtschaftlich erträglichen Mitteln auch durch die äußerste, nach der Sachlage vernünftigerweise zu erwartende Sorgfalt nicht verhütet werden oder unschädlich gemacht werden kann und auch nicht wegen seiner Häufigkeit von dem Betriebsunternehmer in Kauf zu nehmen ist[251].

Diese Tatbestandselemente der höheren Gewalt werden üblicherweise als Unvorhersehbarkeit, Unvermeidbarkeit und Außergewöhnlichkeit zusammengefaßt[252]. In der Praxis werden in einer Freizeichnungsklausel meistens eine ganze Anzahl von Beispielen genannt, welche zum Teil diese Kriterien, vor allem die Außergewöhnlichkeit und Unvorhersehbarkeit, nicht erfüllen. Als Beispiel mögen hier nur die praktisch immer erwähnten Arbeitskämpfe dienen. Es handelt sich dabei in der Regel um branchenübliche Risiken, welche die freizeichnende Partei nicht übernehmen will[253].

Ob die Freizeichnung zulässig ist, hängt grundsätzlich davon ab, ob die Partei an dem Ereignis ein Verschulden (im Sinne des § 276) trifft oder nicht, da sich zwar die Haftung für Fahrlässigkeit ausschließen läßt, nicht aber die für Vorsatz. Außerdem ist entscheidend, ob die Freizeichnung in Individualverträgen oder AGB zum Ausdruck kommt[254].

Ein praktisches Problem, welches sich bei AGB stellt, ist ihre Verwendung sowohl auf Schuldner- als auch auf Gläubigerseite. Beide Seiten gebrauchen in der Regel formularmäßig Klauseln wie „Allen Verträgen zwischen Lieferanten und Besteller liegen ausschließlich diese AGB zugrunde". Es stellt sich dann im Falle

---

Weise gekennzeichnet wird, etwa durch „höhere Gewalt", ist für ihre Auslegung gleichgültig: siehe *Kegel-Rupp-Zweigert*, Die Einwirkung des Krieges auf Verträge, S.26 f.

[251]RGZ 48, 409; 101, 94; 109, 172; 159, 109. Übernommen in BGH DB 1962, 165. Vgl. auch BGHZ 7, 338 (339); 17, 199 (201); BGH BB 1970, 466.

[252]*Löwe/Graf von Westphalen/Trinkner*, Großkommentar zum AGB-Gesetz Band III, Höhere Gewalt Rn. 2

[253]Siehe *Gesang*, Force majeure, S. 31 f. *Löwe/Graf von Westphalen/Trinkner*, aaO, Rn. 6, sehen die Erwähnung in AGB von nachträglichen Arbeitskämpfen als unbedenklich an. Da Arbeitskämpfe nicht zu vertretendes Unvermögen gemäß § 275 bewirken können (vgl. 4. Kapitel B), ist dem zuzustimmen.

[254]In der wirtschaftlichen Praxis wird dies fast immer in AGB der Fall sein, da die Firmen, hauptsächlich wohl aus Kostengründen, standardisierte Ein- und Verkaufsbedingungen verwenden: vgl. *Gesang*, aaO, S. 47.

sich widersprechender Bedingungen die Frage, welche AGB denn nun anwendbar sind. In den meisten Fällen werden dies aufgrund derartiger Formulierungen die AGB keiner Seite sein; der Richter wird sich dann ausschließlich an die gesetzlichen Bestimmungen halten können[255].

2. Beschränkung der Freizeichnungsmöglichkeiten

Wenn *force majeure*-Klauseln in AGB zum Ausdruck kommen[256], ist zunächst § 8 AGBG von Bedeutung, welcher eine Inhaltskontrolle dieser Klauseln verneint, solange sie nur die geltenden Rechtsvorschriften wiederholen. Wenn daher eine *force majeure*-Klausel ausdrücklich nur unvorhersehbare und unvermeidbare Ereignisse betrifft, ist die Klausel wirksam, da den Verwender dann kein Verschulden an seinem Unvermögen trifft und insofern die Voraussetzungen der §§ 275 und 276 erfüllt sind. Kann ein AGB-Verwender, welcher sich auf höhere Gewalt beruft, nicht nachweisen, daß ihn am Ereignis kein Verschulden trifft, ist die Klausel aufgrund § 9 II Nr. 1 AGBG unwirksam[257]. § 9 II Nr. 1 AGBG verbietet die nach Treu und Glauben unangemessene Benachteiligung des Vertragspartners durch die AGB des Verwenders. Den Maßstab hierfür bieten die Grundgedanken der betreffenden gesetzlichen Bestimmung.

Konkretere Einschränkungen als in § 9 II Nr. 1 AGBG finden sich in § 10 Nr. 3 AGBG sowie § 11 Nr. 8 AGBG.

§ 10 Nr. 3 AGBG ist auf in *force Majeure*-Klauseln zum Ausdruck kommende Rücktrittsvorbehalte anwendbar und proklamiert die Unwirksamkeit solcher Klauseln, soweit kein im Vertrag angegebener sachlich gerechtfertigter Grund angegeben ist[258]. Solange die Klausel nur wesentliche Umstände betrifft, welche sich ohne Einflußmöglichkeit des Verwenders so entwickeln können, daß die Leistung für ihn unmöglich oder unzumutbar wird, steht die Rechtfertigung nicht in Frage und die Klausel ist wirksam. Zweifel an der Wirksamkeit kommen je-

---

[255]Vgl. Leitentscheidung BGHZ 61, 282. Die gesetzlichen Verzugsregeln kamen dort zur Anwendung, da beide Seiten durch Lieferung und Abnahme und Teilzahlung zu erkennen gaben, daß ein rechtswirksamer Vertrag bestand, auch ohne daß die AGB einer Seite Vertragsinhalt geworden waren. Es läßt sich heutzutage auch schon beobachten, daß manche Firmen ganz auf eigenständige AGB verzichten und lediglich auf die gesetzlichen Regelungen verweisen. Dies geschieht freilich unter der Bedingung, daß die Gegenseite ebenfalls keine AGB ins Spiel bringt.

[256]*Gesang* zufolge soll dies praktisch immer der Fall sein: derselbe, aaO, S.47.

[257]*Löwe/Graf von Westphalen/Trinkner*, aaO, Rn. 8

[258]Siehe generell *Brandner* in Ulmer/Brandner/Hensen, AGB - Gesetz, § 10 Nr. 3 Rn 11 ff.

doch hinsichtlich Gründen auf, welche in der Sphäre des Verwenders liegen, da er diese gemäß § 276 zu vertreten haben könnte und eine Freizeichnung bei Vorsatz gemäß § 276 II nicht wirksam wäre. § 10 Nr. 3 AGBG erfordert außerdem die Konkretisierung der Tatbestände; Auffangtatbestände (z.B. „außergewöhnliche Umstände") sind daher aufgrund ihrer Unbestimmtheit unwirksam, soweit sie nicht durch Auslegung konkretisiert werden können[259].

§ 11 Nr. 8 AGBG bewirkt die Unwirksamkeit von Bestimmungen, welche bei vom Verwender zu vertretendem Verzug oder zu vertretender Unmöglichkeit die Rücktritts- und Schadensersatzrechte des Vertragsgegners beschränken oder ausschließen. Die Befreiungstatbestände des Leistungsstörungsrechts lassen sich daher nicht auf Verschulden ausdehnen[260].

Force majeure-Klauseln dienen auch dazu, die verschuldensunabhängige Haftung des § 279 auszuschließen[261]. § 279 verpflichtet seinem Wortlaut nach den Schuldner ungeachtet mangelnder Verfehlungen seinerseits so lange zur Leistung, wie diese aus der Gattung möglich ist. Da *genus numquam perit*, hat er Gattungsschulden grundsätzlich immer zu erfüllen. Das Reichsgericht hat § 279 allerdings schon früh dahingehend eingeschränkt, daß eine der Gattung nach geschuldete Leistung schon dann unmöglich wird, wenn sie so schwierig geworden ist, daß man sie billigerweise niemandem mehr zumuten könne[262]. Diese Schwierigkeiten müssen außergewöhnlich sein und auf Umständen beruhen, welche mit der Eigenart der Gattungsschuld nichts zu tun haben[263]. Die wirtschaftliche oder kaufmännische Leistungsfähigkeit des Schuldners sowie mangelnde Organisation seines Betriebes zählen nicht dazu. Zu bejahen ist die Unzumutbarkeit (wenn nicht gar Unmöglichkeit) allerdings immer, wenn die Ware auf dem für den Vertrag vorgesehenen Markt nicht mehr beschafft werden kann, so z.B. wenn bei inlandsbezogenen Geschäften die Ware nur noch im Ausland erhältlich ist. Innerhalb der eng gesetzten Schranken des AGBG[264] kann sich der Verwender von

---

[259] BGH BB 1983, 524, 525 f.; OLG Koblenz WM 1983, 1272

[260] An sich ist § 11 AGBG wie § 10 AGBG nur auf Konsumentenverträge anwendbar. Beide entfalten aber für Verträge zwischen Kaufleuten, welche § 9 AGBG unterliegen, eine erhebliche Indizwirkung.

[261] Siehe *Gesang*, aaO, 47 ff.

[262] RGZ 57, 116 (118). In dieser Entscheidung wird zum ersten Mal auf wirtschaftliche Unmöglichkeit aufgrund Unzumutbarkeit in Folge des § 242 abgestellt. Vgl. auch RGZ 88, 172; 107, 158; BGH NJW 1972, 1703.

[263] RGZ 99,1. Als Beispiel wird der Eintritt höherer Gewalt genannt.

AGB daher im Grunde genommen von seiner Haftung gemäß § 279 nur aufgrund höherer Gewalt freizeichnen, wenn diese seine Leistungspflicht in unzumutbarer Weise erschwert. Alle Gründe, welche dem Geschäftskreis des Schuldners zuzurechnen sind, können dabei nicht berücksichtigt werden.

Ein Verwender von AGB kann seine Haftung mit Hilfe einer *force majeure*-Klausel also nicht weitergehend als im dispositiven Recht ausschließen bzw. beschränken[265].

Etwas weitergehende Befreiungsmöglichkeiten eröffnen sich dem Schuldner mit Hilfe einer Selbstbelieferungsklausel[266]. Obwohl § 10 Nr. 3 ABGB auch auf diese Klauseln anwendbar ist, sind derartige Leistungsvorbehalte grundsätzlich nicht zu beanstanden[267]. Zu beachten ist allerdings, daß sich der Schuldner bei einer Klausel, welche z.B. nur auf „eigene Lieferungsmöglichkeit vorbehalten" abstellt, im Rahmen des Zumutbaren um anderweitige Deckung bemühen muß[268].

3. Einwirkung einer Freizeichnungsklausel auf den Vertrag

Freizeichnungsklauseln sehen im wesentlichen zwei Rechtsfolgen vor: ein Rücktrittsrecht des Verwenders und eine Fristverlängerung, beides ohne daß der anderen Partei hierdurch Schadensersatzansprüche entstünden.

a) Rücktrittsrecht

Gegen ein Rücktrittsrecht bestehen grundsätzlich keine Bedenken aufgrund des AGBG, wenn das Ereignis dauernde Unmöglichkeit zur Folge hat[269]. Zur Geltendmachung des Rücktrittsrechts vom Vertrag wird dem Verwender nach Eintritt des vorbehaltenen Ereignisses eine Frist gewährt, während der er seine Lage

---

264 Vgl. BGH NJW 1991, 2631: wesentliche Vertragspflichten lassen sich durch AGB nicht ausschließen.

265 *Graf von Westphalen*, NJW 1994, 2113 (2115). Es läßt sich in der Tat beobachten, daß AGB heutzutage weitgehend lediglich die gesetzlichen Bestimmungen z.B. in Bezug auf das Leistungsstörungsrecht wiederholen.

266 Typischer Wortlaut ist etwa „Selbstbelieferung vorbehalten". Auch beachtlich sind Lieferfähigkeitsklauseln.

267 *Löwe/Graf von Westphalen/Trinkner*, Großkommentar zum AGBG Bd. II, § 10 Nr. 3 Rn 79

268 BGH NJW 1958, 1628; BGH MDR 1994, 135

269 *Löwe/Graf von Westphalen/Trinkner*, aaO, Rn. 15

unter den neuen Umständen überblicken kann[270]. Obwohl sich daher erst im konkreten Falle bestimmen läßt, wie lang diese Frist zu sein hat, läßt sich für den Eintritt außergewöhnlicher Ereignisse sagen, daß der Schuldner in der Regel ziemlich schnell in der Lage sein sollte, seine veränderte Lage einzuschätzen. Man muß bei der Feststellung einer geeigneten Frist auch die Belange des Gläubigers berücksichtigen, welcher nicht zu lange im Unklaren darüber bleiben darf, ob der Schuldner weiterhin zur Erfüllung bereit ist oder nicht[271].

b) Verlängerung der Leistungsfrist

Ein Aufschubrecht ist bei Ereignissen, welche lediglich vorübergehende Auswirkungen auf die Leistungsmöglichkeiten haben, grundsätzlich wirksam, da insofern lediglich die gesetzlichen Verzugsregeln zum Einsatz kommen. Das Aufschubrecht sollte den Zeitpunkt fixieren, von dem an ein Rücktrittsrecht eingreift. Allerdings wird ein Verwender von AGB der Gegenpartei bei endgültigen Leistungshindernissen und bei Interessefortfall das Freiwerden vom Vertrag gemäß § 323 nicht verwehren können, da sonst eine unangemessene Benachteiligung im Sinne von § 9 II Nr. 1 AGBG vorläge[272].

In der Regel gilt eine derartige vorübergehende Leistungsbefreiung lediglich in dem Umfang, in welchem das betreffende Ereignis auf die Leistungsmöglichkeit einwirkt; es kommt also auch eine lediglich Teilbefreiung in Betracht.

4. Fazit

Aus dem oben Gesagten läßt sich der Schluß ziehen, daß die Entlastung von der Leistungspflicht mit Hilfe einer *force majeure*-Klausel aufgrund ihrer typischen Verwendung in AGB grundsätzlich nur die gesetzlichen Bestimmungen des Leistungsstörungsrechts ins Spiel bringen kann. Trotzdem bietet die Verwendung einer derartigen Klausel im Vertrag Vorteile, vor allem hinsichtlich einer genaueren (zeitlichen) Bestimmung des Eintritts der einzelnen Rechtsfolgen. Dies ist

---

[270]Grundlegende Entscheidung RGZ 88, 143 (146)

[271]Viele Klauseln sehen heutzutage zumindest eine Informationspflicht der betroffenen Partei vor, d.h. daß diese die Gegenpartei vom Eintritt eines die Klausel ins Spiel bringenden Ereignisses informiert. Die Verletzung einer solchen Pflicht kann Schadensersatzforderungen nach sich ziehen: siehe *Gesang*, aaO, S. 71 f. Zum Teil sind auch Klauseln bekannt, welche dem Gläubiger ein Rücktrittsrecht zugestehen, sofern sich der Schuldner nicht hinsichtlich seiner Intentionen erklärt.

[272]Siehe *Löwe/Graf von Westphalen/Trinkner*, Kommentar zum AGBG Bd. III, S. 8.3-19 f. Gerade Allgemeine Einkaufsbedingungen bestehen häufig ausdrücklich auf diesem Rücktrittsrecht, wenn der Gläubiger für die Ware infolge Interessefortfalls keine Verwendung mehr hat.

z.B. bei einer gesetzten Aufschubsfrist der Fall, nach welcher die Parteien zurücktreten können. Eine diesbezügliche Formulierung könnte etwa lauten:

> „Beide Parteien sind zum Rücktritt berechtigt, wenn die höhere Gewalt länger als 3 Monate dauert."

Auf diese Weise erübrigt sich die mitunter problematische Feststellung, wann eine vorübergehende Unmöglichkeit der dauernden gleichzusetzen ist, und der Grad an Rechtssicherheit wird entsprechend erhöht.

II. Anpassungsklauseln

Klauseln, welche für den Fall, daß sich vertragserhebliche Umstände nach Vertragsabschluß ändern, eine Anpassung vorsehen, werden vor allem in längerfristigen schuldrechtlichen Beziehungen häufig verwendet. Sie dienen dabei in erster Linie der Erhaltung des bei Vertragsschluß vereinbarten Wertgefüges von Leistung und Gegenleistung, da eine Preisanpassung mit Hilfe der Geschäftsgrundlagenlehre nur in Ausnahmefällen gewährt wird[273]. Bei Vereinbarung eines Festpreises ist ein vertraglicher Anpassungsanspruch grundsätzlich ausgeschlossen[274]. Der BGH hat auch für Dauerschuldverhältnisse die Implikation einer Währungsgleitklausel wiederholt ausgeschlossen[275].

Für die Wirksamkeit der Klauseln ist unter anderem wieder bedeutsam, ob diese individuell ausgehandelt wurden oder ob sie in AGB zum Ausdruck kommen. Im letzteren Fall ist wieder das in § 9 AGBG ausgedrückte Verbot der unangemessenen Benachteiligung des Vertragspartners zu beachten; so würde z.B. ein einseitiges Abänderungsrecht zugunsten des Verwenders, welches im betreffenden Geschäftskreis nicht üblich ist, auf erhebliche Bedenken hinsichtlich seiner Wirksamkeit stoßen.

---

[273] Inflationsbedingte Störungen etwa werden von der Rechtsprechung meist nur in Unterhaltsverträgen berücksichtigt, da die strengen Voraussetzungen, welchen wirtschaftliche Verträge vor allem aufgrund der überragenden Bedeutung des Nominalprinzips unterliegen, bei Unterhaltsverträgen gelockert werden.

[274] Der Festpreis bedeutet eine ausdrückliche Übernahme des Risikos späterer Verteuerungen. So liegt etwa eine Erhöhung von Baukosten um 20% regelmäßig innerhalb dieses Risikos: OLG Düsseldorf MDR 1974, 489.

[275] BGH BB 1969, 977; BGH NJW 1959, 2203 (2204). Das normale Vertragsrisiko schließt dabei selbst ein unvorhersehbares Ansteigen der Preise oder ein plötzliches Nachlassen der Nachfrage mit ein: BGH BB 1957, 196 (197).

Je nach Art der gewählten Klausel konnten diese früher gemäß § 3 II WährG genehmigungsbedürftig sein oder nicht. Die weitreichende Genehmigungsbedürftigkeit von Anpassungsklauseln, wie sie im deutschen Raum praktiziert wurde und noch wird, ist in anderen Ländern häufig unbekannt und gründete zumindest teilweise auf den besonderen deutschen Währungserfahrungen des 20. Jahrhunderts[276]. § 3 II WährG lautete:

> „Geldschulden dürfen nur mit Genehmigung der für die Erteilung von Devisengenehmigungen zuständigen Stelle in einer anderen Währung als in Deutscher Mark eingegangen werden. Das gleiche gilt für Geldschulden, deren Betrag in Deutscher Mark durch den Kurs einer solchen anderen Währung oder durch den Preis oder eine Menge von Feingold oder anderen Gütern oder Leistungen bestimmt werden soll.“[277]

§ 3 II WährG ist mit der Einführung des Euro weggefallen[278]. Er wurde jedoch durch einen neuen § 2 des Preisangabengesetzes ersetzt worden, welcher wie sein Vorgänger ein generelles Indexierungsverbot mit Genehmigungsvorbehalt vorsieht[279]:

> „Der Betrag von Geldschulden darf nicht unmittelbar und selbsttätig durch den Preis oder Wert von anderen Gütern oder Leistungen bestimmt werden, die mit den vereinbarten Gütern oder Leistungen nicht vergleichbar sind. Das Bundesministerium für Wirtschaft kann auf Antrag Ausnahmen genehmigen, wenn Zahlungen langfristig zu erbringen sind oder besondere Gründe des Wettbewerbs eine Wertsicherung rechtfertigen und die Preisklausel nicht eine der Vertragsparteien unangemessen benachteiligt...“

---

[276]Siehe im Rahmen dieser Arbeit im englischen Teil 3. Kapitel C VI. Der Grund für die mißtrauische Beobachtung von Wertsicherungsklauseln in Deutschland liegt darin, daß diese nach dem Trauma der Hyperinflation Anfang der zwanziger Jahre formularmäßig verwendet wurden. Psychologisch gesehen sollte wohl das Vertrauen in die neue DM durch das weitgehende Verbot solcher Klauseln gestärkt werden .

[277]Zum hieraus resultierenden Verbot der Indexierung siehe *Dürkes*, Wertsicherungsklauseln; *Bilda*, Anpassungsklauseln in Verträgen, *derselbe*, DB 1969, 427; *von Stebut*, Jura 1983, 449.

[278]Der Grund liegt darin, daß die Bundesbank ihre währungsrechtlichen Befugnisse and die Europäische Zentralbank verloren hat. § 3 WährG wurde deshalb durch Art. 9 § 1 EuroEG aufgehoben: vgl. *Kilb*, JuS 1999, 10, 13; *Dehmer/Battke-Spitzer*, DStR 1998, 36, 41; *Hakenberg*, BB 1998, 1491, 1494 f. Eine durch die Einführung des Euro eingetretene Veränderung liegt daher auch darin, daß die Bestimmung des geschuldeten Betrages durch den künftigen Kurs einer anderen Währung auch bei Verträgen ohne jeden Auslandsbezug nun gestattet ist. Früher war von der Bundesbank ein diesbezügliches Verbot ausgesprochen: Ziffer 3 d) der Mitteilung der Deutschen Bundesbank Nr. 1015/78 vom 9.6.1978 (veröffentlicht im Bundesanzeiger Nr. 109 vom 15.6.1978).

[279]*Dittrich*, NJW 1998, 1269, S.1273

Der Geld- und Kapitalverkehr sowie Verträge, welche mit nicht in Deutschland ansässigen Personen geschlossen werden, bleiben vom Indexierungsverbot unberührt.

Die Genehmigungsvoraussetzungen sind in der Preisklauselverordnung („PrKV") vom 23. September 1998 aufgeführt. Sie orientieren sich stark an den unter dem alten § 3 II WährG von Bundesbank und Rechtsprechung entwickelten Genehmigungsgrundsätzen.

1. Genehmigungsfreie Klauseln

§ 1 PrKV enthält eine Liste genehmigungsfreier Klauseln.

a) Leistungsvorbehaltsklauseln

Diese zeichnen sich dadurch aus, daß eine Anpassung des Preises erst aufgrund einer billigen Bestimmung der neuen Geldschuld erfolgt und wurden deshalb auch schon früher als ungefährlich eingestuft. Soweit es zur Anpassung einer Vereinbarung durch die Parteien oder einer einseitigen Bestimmung eines Dritten bedarf, entstehen keine Probleme. Es stellt sich aber die Frage, ob Klauseln, welche bei Änderung der gewählten Bezugsgröße die prozentuale Anpassung als alleinige Berechtigung des Gläubigers vorsehen, unter diese Ausnahme fallen. Derartige Formulierungen wurden von den Gerichten im Gegensatz zur Bundesbank als (genehmigungsfreie) Leistungsvorbehalte betrachtet, weil sich dort die Veränderung der Bezugsgröße nur mittelbar, nicht automatisch auf die Geldschuld auswirke. Es bedürfe zur Anpassung noch zusätzlich der Bestimmung durch den einen Vertragsteil[280]. Solange die Klausel dem Gläubiger hierbei einen Ermessensspielraum läßt, wird sie wohl dem Wortlaut von § 1 Nr. 1 PrKV gerecht, da dieser keine Einschränkungen hinsichtlich der Identität des Anpassenden enthält. Wenn jedoch die Höhe der neuen Geldschuld schon in der Klausel automatisch und endgültig bestimmt ist, fiele sie streng genommen nicht unter § 1 Nr. 1 PrKV und bedürfte einer Genehmigung, es sei denn, es handelte sich bei der Klausel um eine Kostenelements- oder Spannungsklausel (siehe hierzu weiter unten).

Hinsichtlich der Anpassung muß dem hierzu Berufenen ein Ermessensspielraum zur Verfügung stehen, welcher auch eine andere als die zu erwartende Entscheidung zuläßt[281]. Dieser Ermessensspielraum kann „sehr bescheiden und recht be-

---

[280]Vgl. BGH WM 1963, 568; WM 1968, 1143.

[281]BGH DB 1974, 2468

schränkt" sein[282]. Er darf allerdings nicht so klein sein, daß die Anpassung in der Praxis zwangsläufig stattfindet.

Die Anpassung der Geldforderung hat gemäß § 315 BGB nach billigem Ermessen zu erfolgen. Im Zweifel ist sie durch den Gläubiger der Forderung zu treffen (§ 316). Die Bestimmung der angepaßten Forderung durch den Schuldner[283] oder einen Dritten muß hingegen in der Klausel ausdrücklich vereinbart werden. Da § 315 lediglich eine Auslegungsregel darstellt, kann die Anpassung auch ausdrücklich in das freie Ermessen des Berufenen gestellt werden[284]. Allerdings wird der Geldschuldner häufig schlecht beraten sein, einer solchen Klausel zuzustimmen[285].

Je allgemeiner eine Leistungsvorbehaltsklausel gehalten ist, desto mehr stellt sich die Frage, welche Gesichtspunkte für das billige Ermessen bei der Anpassung von Bedeutung sind[286]. Grundsätzlich läßt sich hierzu sagen, daß die Interessenlagen beider Parteien gegeneinander abzuwägen sind. Das bei Vertragsschluß von den Parteien zugrunde gelegte Äquivalenzverhältnis spielt dabei eine gewichtige Rolle. Die Anpassung selbst darf von dem in vergleichbaren Fällen Üblichen nicht grob abweichen; es ist also die Verkehrssitte zu berücksichtigen. Zudem muß die Anpassung dem Betroffenen auch zuzumuten sein.

b) Spannungsklauseln

Ebenfalls genehmigungsfrei sind Spannungsklauseln. In diesen Klauseln bestimmt sich die Anpassung des Wertes nach der Entwicklung von gleichartigen oder vergleichbaren Gütern oder Leistungen. Sie finden sich häufig in Gehalts- oder Unterhaltsvereinbarungen und stellen dort die zu sichernde vertragliche Geldleistung zu den jeweiligen Bezügen eines anderen Empfängers in ein bestimmtes Verhältnis. Spannungsklauseln wurden auch schon früher von Rechtsprechung und Bundesbank für genehmigungsfrei befunden[287]. Hinsichtlich der

---

[282]BGH DB 1968, 796; DB 1976, 669

[283]Dieser Fall dürfte eher selten auftreten.

[284]RGZ 99, 106. Bei offenbarer Unbilligkeit ist die getroffene Entscheidung allerdings unverbindlich, RGZ aaO, 107.

[285]Normalerweise liegt die Problematik der Leistungsvorbehalte auch eher darin, ob der gewährte Ermessensspielraum zu klein ist.

[286]Siehe hierzu BGHZ 41, 271 (279 ff.); BGH BB 1966, 54. Aufzählung einzelner Gesichtspunkte bei *Futter*, Rechtsprobleme bei langfristigen Energieverträgen, BB 1976, 1295, 1297.

nötigen Vergleichbarkeit von Leistungen ließ der BGH die Gleichartigkeit des Rechtsgrundes, aus welchem die Leistungen erbracht werden, genügen[288].

c) Kostenelementsklauseln

Bei Kostenelementsklauseln soll sich der Endpreis anteilig so verändern wie der Preis bestimmter Kostenelemente. Es werden daher nur tatsächlich entstandene Mehrkosten auf den Geldforderungsschuldner übergewälzt. Soweit die Erhöhung dabei nur nach Maßgabe eines Anstiegs der unmittelbaren Selbstkosten des Geldgläubigers erfolgen soll und sich ausschließlich nach den effektiv entstandenen Kosten bemißt, waren diese Klauseln der Rechtsprechung zufolge auch früher schon genehmigungsfrei[289]. § 1 Nr. 3 PrKV schließt sich seinem Wortlaut nach der Rechtsprechung an. Klauseln, welche eine Anpassung gemäß den tatsächlichen Aufwandserhöhungen vorsehen, bleiben demnach von der Genehmigungspflicht ausgenommen.

d) Erbbau

Weiterhin sind Klauseln in Erbbaurechtsbestellungsverträgen und Erbbauzinsreallasten mit einer Laufzeit von mindestens 30 Jahren vom Indexierungsverbot genehmigungsfrei.

2. Genehmigungsbedürftige Klauselarten

Alle Klauselarten, welche nicht unter § 1 PrKV fallen, sind genehmigungsbedürftig. Dies schließt die von Bundesbank und Rechtsprechung schon früher als bedenklich eingestuften „automatischen" Anpassungsklauseln mit ein, d.h. Klauseln, welche bei Änderung ihrer Bezugsgröße automatisch eine hierzu prozentual festgelegte Änderung des geschuldeten Betrages vorsehen[290].

Als genehmigungsbedürftig wurden hierbei vor allem sogenannte Preisgleitklauseln angesehen[291]. Diese sehen eine Erhöhung des Endpreises um denselben Prozentsatz vor, um den sich der (gewählte) Kostenfaktor erhöht hat. Allerdings

---

[287] BGH DNotZ 1952, 120; BGHZ 14, 306; BGH WM 1970,752. Vgl. *Bilda*, Anpassungsklauseln in Verträgen, S. 39, und *Frielingsdorf*, DB 1982,789, 790.

[288] BGH DB 1976, 44 = NJW 1976, 422 (Dienstvertrag = Dienstvertrag)

[289] BGH DB 1979, 2223; DB 1973, 1548

[290] BGH WM 1964, 1325; BGH NJW 1969, 91

[291] BGH DB 1979, 2223

stellte eine derartige Klausel bei Wahl eines Kostenfaktors, welcher ein gleichartiges oder vergleichbares Gut oder Leistung darstellt, eine Spannungsklausel dar und fiele somit unter die Ausnahme in § 1 Nr. 2 PrKV.

a) Genehmigungsgrundsätze

Nach Feststellung der Genehmigungsbedürftigkeit stellt sich die Frage nach der Genehmigungsfähigkeit einer Klausel. Für die Genehmigung einer genehmigungsbedürftigen Klausel gelten folgende allgemeinen Voraussetzungen, welche in § 2 PrKV zum Ausdruck kommen[292].

aa) Konkretisierungsgebot

Nicht genehmigt werden Klauseln, welche nicht hinreichend bestimmt sind. Klauseln dürfen deshalb nicht allgemein auf die künftige Preisentwicklung oder andere Maßstäbe abstellen[293]. Konkretisierende Bezugsgrößen sind daher unerläßlich.

bb) Unangemessene Benachteiligung

Generell werden Preisklauseln nicht genehmigt, wenn sie eine der Vertragsparteien unangemessen benachteiligen. Dies ist insbesondere bei sogenannten Einseitigkeitsklauseln der Fall, welche nur eine Erhöhung der Geldforderung, nicht aber eine Ermäßigung im Falle eines Absinkens der Bezugsgröße vorsehen[294]. Dieser Vorbehalt sollte den Geldgläubiger jedoch vor keine großen Probleme stellen, da er eine Bezugsgröße wählen kann, bei welcher ein Absinken höchst unwahrscheinlich ist. Des weiteren wird ein unangemessener Nachteil darin gesehen, daß sich der geschuldete Betrag gegenüber der Entwicklung der Bezugsgröße überproportional ändern kann.

---

[292] Die Bestimmungen in §§ 2 und 3 PrKV ähneln im Wortlaut sehr stark der Mitteilung der Deutschen Bundesbank Nr. 1015/78 vom 9.6.1978 (veröffentlicht im Bundesanzeiger Nr. 109 vom 15.6.1978) (im folgenden „Bundesbankmitteilung“).

[293] § 2 (1) PrKV. Dies ähnelt dem früheren Verbot, daß Klauseln nicht allgemein auf die Kaufkraft der DM Bezug nehmen dürfen (Ziffer 2c der Bundesbankmitteilung).

[294] § 2 (2) Nr. 1 PrKV. Früher schon Verbot derartiger Klauseln in Ziffer 2 a) Bundesbankmitteilung.

cc) Langfristige Verträge

§ 3 PrKV wiederholt den in § 2 I 2Abs. 1 Satz 2 des Preisangabengesetzes zum Ausdruck kommenden Grundsatz, daß Ausnahmen vom Indexierungsverbot dann gemacht werden können, wenn Zahlungen langfristig zu erbringen sind. Die Vorschrift nennt dann Beispiele, in welchen eine derartige Ausnahme gemacht werden kann.

So ist etwa bei Wirtschaftsverträgen die Wahl eines Indexes für die Lebenshaltungskosten nur bei wiederkehrenden Zahlungen erlaubt, welche für mindestens zehn Jahre zu erbringen sind[295]. Weiter ist die Koppelungsfähigkeit der Geldschuld an den Preis oder Wert von Gütern oder Leistungen gegeben, wenn diese vom Schuldner erzeugt, veräußert oder erbracht werden und es sich entweder um für die Dauer von mindestens zehn Jahren wiederkehrende Zahlungen handelt oder der Gläubiger im Vertrag für mindestens zehn Jahre auf das Recht zur ordentlichen Kündigung verzichtet oder der Schuldner das Recht hat, die Vertragsdauer auf mindestens zehn Jahre zu verlängern[296].

dd) Wettbewerb

§ 5 PrKV besagt, daß die Genehmigung von Preisklauseln auch aus besonderen Gründen des nationalen oder internationalen Wettbewerbs gerechtfertigt sein kann. Die Klausel verzichtet auf die Aufführung von Beispielen, da es sich bei ihr um ein allgemeines Auffangnetz handelt, welche es dem Bundesministerium für Wirtschaft ermöglicht, unter gegebenen Umständen von den Vorgaben der PrKV abzugehen. Wettbewerbliche Interessen können demnach der Preisstabilität, welche eigentlich mit § 2 des Preisangabengesetzes verfolgt wird[297], vorgehen.

b) Nicht genehmigungsfähige Klauseln

Stellt sich nach Vertragsabschluß heraus, daß die von den Parteien vereinbarte Wertsicherungsklausel schwebend unwirksam ist (d.h. nicht genehmigungsfähig ist, die endgültige, rechtskräftige Versagung der Genehmigung aber noch nicht stattgefunden hat), waren die Parteien der Rechtsprechung zufolge früher verpflichtet, alles zu tun, um die Klausel durch Abänderung in eine genehmigungs-

---

[295] § 3 (1) Nr. 1(d) PrKV. Vgl. früher Ziffer 3 a) Bundesbankmitteilung.

[296] § 3(3) PrKV

[297] *Dittrich*, aaO, 1273

fähige bzw. genehmigungsfreie zu verwandeln[298]. Da die allgemeine Genehmigungsbedürftigkeit von Indexierungsklauseln weiterhin Bestand hat, sollte sich an dieser Verpflichtung nichts geändert haben.

Bei der vertraglichen Abänderung ist dabei zunächst festzustellen, ob unter Berücksichtigung des objektiven Vertragszwecks[299] angenommen werden kann, daß die Parteien eine andere Klausel gewählt hätten, welche sowohl die beiderseitigen Interessen wahrt als auch wirksam ist. Wenn ja, wird diese mit Rückwirkung substituiert[300].

Nach rechtskräftiger Versagung der Genehmigung stellt sich die Situation anders dar, da durch sie die Klausel nichtig geworden ist. Daraufhin ist zunächst festzustellen, ob dadurch der ganze Vertrag nach § 139 nichtig geworden ist. Dies ist in der Regel anzunehmen[301], da Wertsicherungsklauseln gerade in längerfristigen Verträgen verwendet werden und die Partei, welche sich mit Hilfe der Klausel hatte absichern wollen, den Vertrag sonst wohl so nicht abgeschlossen hätte[302]. Anders liegt der Fall vor allem dann, wenn die Parteien von Anfang an um die mangelnde Genehmigungsfähigkeit der Klausel wußten. Bei Nichtigkeit des gesamten Vertrages muß das ganze Rechtsgeschäft unter Vermeidung des Nichtigkeitsgrundes erneut vorgenommen werden. Der Neuabschluß kann jedoch in der Regel nicht erzwungen werden[303].

---

[298]BGH BB 1973, 998; BGH WM 1980, 593. Eine solche Klauseländerung kann auch mit Rückwirkung erfolgen: BGH WM 1967, 257; WM 1980, 593.

[299]Zur Problematik dieses Begriffes in Austauschverträgen vgl. oben 2. Kapitel B II. Allerdings wird man sich bei Wertsicherungsklauseln grundsätzlich über den Zweck ihrer Verwendung im Vertrag (Bewahrung der Äquivalenz und entsprechendes Verschieben des Entwertungsrisikos auf den Geldschuldner) einigen können. Da die Genehmigungsfähigkeit vor allem an der Wahl einer falschen Bezugsgröße scheitern kann, dürfte sich eine Klausel, welche die Belange beider Parteien ebensogut zu wahren imstande ist, häufig finden lassen. Weiter könnte man auch z.B. eine genehmigungspflichtige Gleitklausel in einen genehmigungsfreien Leistungsvorbehalt umwandeln: siehe BGH BB 1967, 228.

[300]BGH WM 1980, 593; BGH BB 1976, 483; BB 1974, 1506. Der Vertragsgegner ist dabei grundsätzlich nach Treu und Glauben verpflichtet, dem Austausch zuzustimmen: vgl. *Dürkes*, Wertsicherungsklauseln, Rn. F5 bis F9.

[301]Siehe z.B. *Bilda*, Anpassungsklauseln in Verträgen, S. 40 f. Bei Nichtigkeit nur der betreffenden Klausel hat das OLG Karlsruhe die nichtige Klausel im Wege der ergänzenden Vertragsauslegung in einen genehmigungsfreien Leistungsvorbehalt „umgedeutet“: OLG Karlsruhe, BB 1981, 2097.

[302]Dies ist aber Voraussetzung für eine lediglich Teilnichtigkeit des Vertrages: RGZ 146, 118; vgl. auch BGH NJW 1951, 397.

In jedem Fall empfiehlt es sich daher, eine salvatorische Klausel in den Vertrag aufzunehmen, um die Rechtswirksamkeit des Vertrages vor allem bei Genehmigungsbedürftigkeit einer Wertsicherungsklausel nicht zu gefährden.

3. Anpassungsklauseln und der Wegfall der Geschäftsgrundlage

Wenn der Vertrag eine (wirksame) Anpassungsklausel aufweist, bleibt für die Anwendung der Geschäftsgrundlagenlehre in der Regel kein Raum, da der Vertrag selbst dann für Störungen des Äquivalenzverhältnisses eine Lösung bereithält. Der Rechtsprechung zufolge gehört es dabei zum typischen Risiko beider Teile eines Dauerschuldverhältnisses, daß sich eine Wertsicherungsklausel wegen Veränderung der Umstände unerwartet zugunsten der einen oder anderen Partei auswirken könne[304]. Die Änderung einer solchen Klausel mit Hilfe der Geschäftsgrundlagengrundsätze ist nur zulässig, um schlechthin untragbare, mit Recht und Gerechtigkeit nicht zu vereinbarende Ergebnisse zu vermeiden[305]. Unbedingte Voraussetzung ist hierfür eine nachträgliche, unerwartete Entwicklung der Vergleichsgröße[306]. Eine Anpassung kommt z.B. dann in Frage, wenn sich der gewählte Maßstab als ungeeignet erweist, da er der einen Partei einen übermäßigen Vorteil verschafft, welcher ihr nach den Vorstellungen der Parteien bei Vertragsschluß nicht zukommen sollte[307].

Wie immer ist jedoch zunächst zu prüfen, ob sich die Klausel im Wege der ergänzenden Vertragsauslegung korrigieren läßt[308]. Dabei sind die der ergänzenden Vertragsauslegung immanenten Schranken zu beachten[309].

---

[303]Allerdings kann die Berufung auf die Nichtigkeit des gesamten Vertrages durch die von der Klausel nicht begünstigte Partei einen Rechtsmißbrauch darstellen: BGH BB 1967, 9; BGH WM 1959, 566 f.; für Einzelheiten vgl. *Dürkes*, aaO, Rn. F15 f.

[304]BGH BB 1973, 445; BB 1973, 723

[305]BGH BB 1965, 1082 f.; BGH BB 1974, 1224; BB 1977, 1574

[306]*Mittelbach*, Wertsicherungsklauseln im Zivil- und Steuerrecht, Rn. 347; für Beispiele vgl. *Dürkes*, aaO, Rn. F20, der als Beispiel unter anderem ein starkes Absinken des Getreidepreises infolge der Römischen Verträge nennt.

[307]BGH MDR 1974, 385 (386)

[308]BGH BB 1981, 1599 (1601)

[309]Siehe oben 2. Kapitel D III.

III. Wirtschafts- oder „Hardship"-Klauseln

Eine weit verbreitete Form der Vorsorge für unerwartete Ereignisse stellen die Wirtschaftsklauseln dar, welche international unter dem Namen „Hardship"-Klauseln" bekannt sind und in vielen längerfristigen Verträgen verwendet werden. Diese Klauseln zeichnen sich dadurch aus, daß sie für den Fall, daß die weitere Durchführung des Vertrages aufgrund einer Änderung der Verhältnisse für einen der Partner wirtschaftlich unzumutbar wird (d.h. wenn „hardship" eintritt), Neuverhandlungen der Parteien vorsehen mit dem Ziel, eine angemessene Regelung zu finden[310]. Im Gegensatz zu den sonstigen Anpassungsklauseln beziehen „Hardship"-Klauseln sich auf den gesamten Vertrag, nicht nur auf einen bestimmten Vertragsteil wie z.B. den Preis[311]. Sie sind häufig als Auffangtatbestand in Verträgen zu finden und greifen z.B. ein, wenn eine Preisanpassungsklausel nicht mehr funktioniert.

„Hardship"-Klauseln treten in unterschiedlicher Gestalt auf. Ihre Wirksamkeit in der Praxis hängt vor allem von den Rechtsfolgen ab, welche sie im Falle der Fruchtlosigkeit der Neuverhandlungen vorsehen[312].

Eine „Hardship"-Klausel besteht aus zwei Teilen: der erste bezeichnet die Ereignisse, welche die Klausel zur Anwendung bringen, der zweite beschreibt die Prozedur, welcher in diesem Falle zu folgen ist.

1. Ereignisse, welche Hardship verursachen können

Der in den Klauseln ausgedrückte Tatbestand der Hardship setzt sich zumeist aus drei Elementen zusammen: die betreffenden Ereignisse müssen (bei Vertragsschluß) unvorhersehbar sein, eine grundlegende oder zumindest erhebliche Veränderung der bei Vertragsschluß maßgeblichen Verhältnisse nach sich ziehen und der betroffenen Partei das weitere Festhalten am unveränderten Vertrag unzumutbar machen[313]. Diese Unzumutbarkeit ist allerdings nicht so streng zu bewerten wie bei einem Wegfall der Geschäftsgrundlage[314]. Manchmal werden die

---

310Rechtlich gesehen sind sie wohl unter Leistungsvorbehalte einzuordnen.

311*Horn*, AcP 181 (1981) 255, 257f.; *Kunth*, BB 1978, 178, 180

312Vgl. *Schmitthoff*, [1980] JBL 82, 88: „ Eine „Hardship"-Klausel ohne Sanktionen ist das Papier nicht wert, auf dem sie geschrieben ist." Trotzdem sind sanktionslose Klauseln auch weiterhin häufig zu beobachten.

313*Baur*, Wirtschaftsklauseln, in: Festschrift Steindorff, 509, 511

314*Baur*, aaO, 512 ff.

auslösenden Ereignisse einfach mit „höherer Gewalt", möglicherweise gefolgt von einigen Beispielen, umschrieben. „Höhere Gewalt" ist wie weiter oben beschrieben auszulegen.

Die betreffenden Umstände müssen sich auf den konkreten Vertrag beziehen. Um Ansprüche begründen zu können, dürfen die Auswirkungen des Ereignisses auch nicht von der die Anpassung begehrenden Partei „verschuldet" worden sein[315]. Dies wird zum Teil als „Unabwendbarkeit" des Ereignisses bezeichnet und umschreibt die mangelnden Kontrollmöglichkeiten, welche hinsichtlich des Ereignisses gegeben sein müssen, um die unveränderte Vertragsdurchführung unzumutbar zu machen.

2. Rechtsfolgen

Als Rechtsfolge sehen „Hardship"-Klauseln in erster Linie Neuverhandlungen über die Anpassung des Vertrages vor[316]. Die Klausel kann dabei auf unterschiedliche Art und Weise bestimmen, welche Anpassung zu erfolgen hat. Grundsätzlich gibt es dabei zwei Möglichkeiten: die eine zielt auf Wiederherstellung der ursprünglichen Äquivalenz von Leistung und Gegenleistung, die zweite hingegen auf einen Eingriff, welcher die Härte und Unfairneß der gegenwärtigen Situation beseitigt[317]. Sind sich die Parteien über eine Anpassung einig, können sie den Vertrag gemäß § 305 ändern.

Probleme bestehen, wenn keine Einigung erzielt werden kann bzw. eine der Parteien sich überhaupt weigert, in Neuverhandlungen einzutreten. Ein gesetzlicher Schadensersatzanspruch der benachteiligten Partei besteht dann regelmäßig nicht, da keine Pflicht besteht, den Vertrag in einer bestimmten Weise abzuändern[318].

---

[315] Verschulden wird hier in dem Sinne verwendet, daß ein Ereignis nicht berücksichtigt werden kann, wenn es bei Einhalten der verkehrsüblicher Sorgfalt hätte vermieden werden können; vgl. *Baur*, aaO, 515.

[316] Da die Anpassung, wenn sie erfolgt, sich daher aus dem Vertrag selbst ergibt, sind diese Klauseln auch streng genommen keine „vertraglich kodifizierten Ausformungen des Geschäftsgrundlagenprinzips" (*Dally*, BB 1977, 726, 727). In England stellt sich die Frage von vornherein nicht, da dort eine Vertragsanpassung durch die Gerichte nicht möglich ist. In Hardship Klauseln kann eine Anpassung dort nur durch „Third party interveners" vorgenommen werden.

[317] *Schmitthoff*, aaO, 86 f. Er bevorzugt die zweite Möglichkeit, da die Parteien dann keinen unnötigen Beschränkungen unterworfen sind. In der Praxis stellt sich die zweite Möglichkeit oft als Verpflichtung der Parteien dar, den Vertrag „den veränderten Verhältnissen nach Treu und Glauben anzupassen".

[318] *Baur*, aaO, 516 f.; *Schmitthoff*, aaO, 87. Daher ist *Kunth* nicht zu folgen, wenn er die Anpassung als Anspruch der benachteiligten Partei bezeichnet: *Kunth*, aaO, 181.

Vielmehr muß man auf die (eventuellen) Sanktionen zurückgreifen, welche die Klausel selbst für diese Fälle vorsieht. Ansonsten kommt es vor, daß die Klausel im Falle mangelnder Einigung die Auflösung des Vertrages vorsieht, sei es, daß diese automatisch eintritt, sei es, daß beide Parteien ein Rücktritts- bzw. Kündigungsrecht auszuüben berechtigt sind.

Sieht die Klausel keine Anpassung nach Maßgabe eines Dritten und keine Auflösung des Vertrages vor, kommt bei mangelnder Einigung der Wegfall der Geschäftsgrundlage zur Anwendung, wenn die Änderung der Verhältnisse die weitere Durchführung des Vertrages gemäß § 242 unzumutbar macht.

3. Sanktionen

Manche Klauseln enthalten eine Bestimmung, daß bei mangelnder Einigung[319] ein Schiedsspruch durch einen Dritten erfolgen soll[320]. Ob die Bestimmung der Gerichte als Schiedsrichter hierbei zulässig ist, mag hier dahingestellt bleiben[321]; die Parteien als Wirtschaftsunternehmen werden in der Regel ohnehin einen Dritten mit einer gewissen Expertise auf dem betreffenden Gebiet auswählen wollen.

Der erfolgte Schiedsspruch ist für die Parteien bindend. Ob § 319 (gerichtliche Überprüfbarkeit) auf den Schiedsspruch anwendbar ist, ist unklar[322]. Falls ja, ist der Maßstab, anhand dessen eine „offenbare Unbilligkeit" des erfolgten Schiedsspruches festzustellen ist, in der „Hardship"-Klausel selbst zu finden: er ist entweder objektiv (die ursprüngliche Äquivalenz von Leistung und Gegenleistung) oder subjektiv (Fairneß). Der erfolgte Eingriff, gleich nach welchem Maßstab, muß dabei die Belange beider Vertragspartner in der Weise wahren, daß er unter den Umständen möglichst gering ausfällt, was sich meistens durch die Modifizierung lediglich einer Vertragsvereinbarung erreichen läßt[323].

---

[319] Häufig innerhalb eines bestimmten Zeitraumes.

[320] Die gesetzliche Basis hierfür stellen § 315 ff. dar. Sieht die Klausel nur eine Empfehlung durch einen Dritten vor, ist dies kaum als echte Sanktion zu werten, da eine derartige Empfehlung nicht bindend für die Parteien ist und daher keinen wirklichen Anreiz schafft, in gemeinsamen Verhandlungen zu einem Kompromiß zu gelangen.

[321] Vgl. *Baur*, aaO, 517 f. für Argumente für und wider die Zulassung einer derartigen Anpassungskompetenz.

[322] Bejahend z.B. RGZ 152, 204; BGHZ 48,30; dagegen RGZ 153, 193.

[323] Vgl. *Kunth*, aaO, 181.

4. Kapitel: Bestimmte außergewöhnliche Ereignisse

Zwei Tatbestände, Krieg und Arbeitskämpfe, sollen im nachhinein noch einmal gesondert aufgeführt werden. Obwohl man sie möglicherweise heutzutage nicht mehr als allzu außergewöhnlich bezeichnen würde, sind es vor allem diese Ereignisse, welche historisch die meisten Probleme bereitet haben. Dies liegt daran, daß bei wirklich außergewöhnlichen Ereignissen wie z.B. zerstörerischen Erdbeben in Süddeutschland oder 40 Meter hohen Flutwellen, welche Norddeutschland heimsuchen, die mangelnde Vorhersehbarkeit und potentiell unzumutbaren Einwirkungen auf einen Vertrag nicht in Frage stehen[324]. Derartige Ereignisse fallen grundsätzlich nicht in den Risikobereich einer der Parteien. Es gilt dann lediglich festzustellen, wie sich die Vertragsdurchführung unter den nun veränderten Umständen gestalten würde, d.h. ob sie unmöglich oder unzumutbar geworden ist.

Im Gegensatz hierzu steht bei den im Folgenden aufgezeigten Ereignissen zum Teil in Frage, ob sie überhaupt einen Einfluß auf den Vertrag haben. Gerade Streiks werden häufig zum vertraglichen Risikobereich der betroffenen Partei hinzugezählt. Dennoch kommt es auch bei diesen Ereignissen auf die Umstände des Einzelfalls und die konkreten Einwirkungen auf den Vertrag an.

A. Krieg

Die Auswirkungen, welche Krieg auf die Erfüllung von Verträgen mit sich bringt, stellen eines der Hauptanwendungsgebiete des Problems der veränderten Umstände in diesem Jahrhundert dar. Die Wichtigkeit dieses Gebietes zeigt sich schon daran, daß die Übernahme der Geschäftsgrundlagenlehre durch das Reichsgericht sowie auch schon teilweise die Entwicklung ihres Vorläufers in Gestalt der wirtschaftlichen Unmöglichkeit aus den katastrophalen Zuständen resultierten, welche im 1. Weltkrieg sowie in dem darauffolgenden Jahrzehnt herrschten.

Obwohl der Krieg fast so alt ist wie die Menschheit selbst und man sich daher etwas schwer tun mag, im Krieg an sich ein außergewöhnliches Ereignis zu sehen, hoben die Gerichte die ungeheuren Auswirkungen des 1. Weltkriegs hervor, welche kein Mensch ahnen konnte (und welche daher auch unvorhersehbar waren) und welche sie schließlich zu ihrer Aufwertungsrechtsprechung bewegten.

---

324 Weitere Beispiele für außergewöhnliche Ereignisse: Weltraummüll zerstört die zur Herstellung vorgesehene Fabrik; eine Kernschmelze im benachbarten Reaktor macht weitere Arbeit im Betrieb auf Jahre hinaus unmöglich. All dies sind Ereignisse, mit deren Eintritt ein vernünftiger Mensch nicht im entferntesten rechnet und auch nicht zu rechnen braucht. Vorsorge und Abwendung sind bei derartigen Störungen mit normalen Mitteln fast unmöglich.

Grundsätzlich wird man davon auszugehen haben, daß der Krieg an sich nicht in jedem Falle ein außergewöhnliches Ereignis darstellt, welches in Form einer eventuellen Vertragsanpassung oder -auflösung Berücksichtigung finden sollte. Vielmehr müssen die tatsächlichen Einwirkungen auf den Vertrag untersucht werden; dabei ist zu unterscheiden, ob Deutschland am Krieg beteiligt ist oder nicht[325]. Außerdem ist beachtlich, ob der Vertrag eine Kriegsklausel enthält oder nicht.

Hinsichtlich der Einwirkung von Krieg auf den Vertrag kommen neben seiner unveränderten Fortführung Unmöglichkeit oder ein Wegfall der Geschäftsgrundlage in Betracht.

I. Beteiligung Deutschlands am Krieg

1. Unmöglichkeit

Der Krieg kann die Erbringung der Leistung gemäß § 275 unmöglich machen. Da sich die Dauer eines Krieges höchst unterschiedlich gestalten kann und das Ende sich zumindest zu Anfang schwer abschätzen lassen kann, tritt meistens zunächst vorübergehende Unmöglichkeit ein, welche ein zeitweiliges Leistungsverweigerungsrecht mit sich bringt. Die vorübergehende Unmöglichkeit kann sich dann zur dauernden wandeln, welche die Parteien vom Vertrag befreit[326].

Die Unmöglichkeit im Kriege wird oft durch den Staat verursacht. Natürliche Unmöglichkeit kann sich dabei in der Form von Enteignung der Fabrik, der Einberufung von Arbeitern in die Armee und ähnlichem äußern. Auch Erzeugungsverbote oder ein Verbot hinsichtlich der Verwendung bestimmter Materialien zu

---

[325]Größere Bedeutung haben heutzutage Embargos und Blockaden erlangt, welche dem Ergreifen militärischer Maßnahmen häufig vorausgehen. Erinnert sei in diesem Zusammenhang etwa an den Golfkrieg 1990/91. Für deutsche Unternehmen macht es dabei keinen Unterschied, ob ihr Land sich an den tatsächlichen kriegerischen Handlungen beteiligt, solange hierzulande ein Handelsverbot mit dem betreffenden Land erlassen wird.

[326]Allgemein steht vorübergehende Unmöglichkeit der dauernden gleich, wenn die Erreichung des Geschäftszwecks in Frage steht oder die weitere Einhaltung des Vertrages dem Gegner nicht mehr zuzumuten ist (BGH LM § 275 Nr. 3; Nr. 4; Nr. 7; DB 70, 1070; ständige Rechtsprechung). Endgültige Unmöglichkeit tritt im Krieg meistens ein, weil sich eine Behebung des der Erfüllung entgegenstehenden Hindernisses, etwa einer Blockade, nicht absehen läßt, vgl. z.B. RGZ 88, 71 (74). Siehe auch RGZ 90, 102 (104 f.), wo eine zeitweilige Unmöglichkeit in eine endgültige überging, als sich die Hoffnung auf ein baldiges Kriegsende und das dadurch bedingte Freiwerden der in Frage stehenden blockierten Ladungen zerschlug. Der Grundsatz der Gleichsetzung von zeitweiliger und endgültiger Unmöglichkeit unter den oben genannten Voraussetzungen kann durch Parteiabsprache ausgeschlossen werden: RGZ 92, 87 (89).

anderen als Kriegszwecken sind denkbar, welche die Herstellung des Vertragsgegenstandes unmöglich machen.

Rechtliche Unmöglichkeit wird z.B. durch Beschlagnahme[327], Absatzverbote[328] und Im- und Exportverbote verursacht[329]. Diese Tatbestände galten in den Weltkriegen dieses Jahrhunderts als die wichtigsten[330].

a) Beschlagnahme

Bei Beschlagnahme ist der Zeitpunkt, an welchem der Vertrag abgeschlossen wurde, von Bedeutung. Lag dieser vor der Beschlagnahme, tritt wegen des absoluten Verfügungsverbots über die Ware rechtliche Unmöglichkeit ein[331]. Wurde der Vertrag erst danach abgeschlossen, ist er gemäß § 306 von Anfang an nichtig. Zunächst bewirkt die Beschlagnahme nur vorübergehende Unmöglichkeit, da vielfach eine Aufhebung möglich ist und auch erfolgt[332]. Die vorübergehende kann der dauernden Unmöglichkeit gleichgestellt werden, wenn die Aufhebung dann doch nicht erfolgt. Ist die Beschlagnahme der Ware im Ausland erfolgt, bewirkt sie entweder rechtliche oder tatsächliche Unmöglichkeit[333].

b) Ein- und Ausfuhrverbote

Bei der Einwirkung von Ein- und Ausfuhrverboten auf Verträge kommt es darauf an, ob das Verbringen über die Grenze zum eigentlichen Vertragsinhalt gehört oder nicht. Nur im ersteren Falle tritt Unmöglichkeit ein[334]; im letzteren bleibt

---

[327]RGZ 92, 34 (36); 95, 264 (265); RG Warn. 1916, 299

[328]RGZ 95, 20 (22)

[329]Die Abgrenzung von rechtlicher und tatsächlicher Unmöglichkeit ist in diesen Situationen nicht ganz leicht, vgl. *Kegel-Rupp-Zweigert*, Die Einwirkungen des Krieges auf Verträge, 45 ff. Bei Beschlagnahme etwa können beide gleichzeitig gegeben sein. Da beide nach §§ 275 ff. beurteilt werden, bereitet dies jedoch in der Praxis keine Probleme.

[330]Vgl. *Kegel-Rupp-Zweigert*, aaO, 53 ff.

[331]RG Warn. 1916, 299; RG Warn. 1918, 129, 264; RGZ 92, 34 (36); 95, 264 (265)

[332]RG Warn. 1916, 338; RGZ 102, 272 (276). Der Verkäufer hat sich um die Aufhebung der Beschlagnahme zu bemühen und der Käufer muß ihm dabei helfen: RG Warn. 1916, 243; RGZ 97, 257.

[333]Je nachdem, ob die ausländische Beschlagnahme hierzulande anerkannt wird oder nicht. Da diese Anerkennung in den meisten Fällen verweigert wird, ist zumeist tatsächliche Unmöglichkeit gegeben.

der Schuldner zur Leistung verpflichtet. Hinsichtlich ausländischer Im- und Exportverbote kommt zumeist tatsächliche Unmöglichkeit in Betracht. In diesem Zusammenhang gewinnt auch § 138 Bedeutung, welches sittenwidrige Rechtsgeschäfte verbietet. Hierunter können Verträge fallen, welche Schmuggel zum Ziel haben[335]. Sittenwidrig wird der Schmuggel dabei aufgrund seines kriminellen Einschlags. Die bloße verbotswidrige Ein- und Ausfuhr ist hingegen dann zulässig, wenn das Verbot lediglich den wirtschaftlichen Interessen des fremden Staates dient[336]. Im Kriegsfall dürfen daher ausländische Ausfuhrverbote, welche der deutschen Wirtschaft schaden, auch durch (kriminellen) Schmuggel umgangen werden[337]. Die Staatsräson setzt sich dann durch[338]. Allerdings kann eine Partei nicht dazu gezwungen werden, bei nachträglicher Verhängung von ausländischen Ein- und Ausfuhrverboten den Vertrag auf diesem Wege zu erfüllen, da bei Vertragsabschluß nicht damit zu rechnen war[339]; die Erfüllungsmethode ist dann, wenn nicht unmöglich, so doch zumindest unzumutbar geworden[340]. Es stellt sich dann die Frage, ob eine alternative (zumutbare) Methode zur Verfügung steht[341].

---

[334]Zunächst wird diese eine vorübergehende sein. Der Vertragsteil, welcher im Gebiet des verbietenden Staates oder der verbietenden Behörde sitzt, muß sich um Aufhebung des Verbots bemühen: RG Warn. 1918, 322; RG Warn. 1920, 162, 177.

[335]Vgl. RGZ 42, 295 (297); 56, 179 (181).

[336]RG Warn. 1912, 276

[337]RG Gruchot 61, 460; RG JW 1920, 1027; RG Warn. 1921, 165

[338]Die Situation würde sich bei Embargos, welche gegenüber Deutschland ohne das Vorhandensein eines technischen Kriegszustandes verhängt würden, wohl ebenso darstellen. Ist Deutschland hingegen von einem derartigen Embargo nicht direkt betroffen, ist auf die Ausführungen in 2. Kapitel C III zu verweisen.

[339]RGZ 93, 182 (185)

[340]RGZ 93, 182. Maßgeblich für die zumutbaren Erfüllungsanstrengungen ist der redliche Geschäftsverkehr. In Anbetracht der heutzutage ab und zu erlassenen Embargos (vor allem vor Gründung der World Trade Organisation), welche lediglich wirtschaftliche Ziele des betreffenden Landes zum Ziele haben, bezieht die Zumutbarkeit in dieser Hinsicht aber wohl die Ausnützung etwaiger „loopholes" (Hintertürchen) mit ein, da dann kein wie auch immer gearteter Verstoß gegen die Gesetze des Erlaßlandes vorliegt.

[341]Von Bedeutung ist dies vor allem bei Gattungsschulden, welche nicht ausdrücklich auf Lieferung aus dem durch den Erlaß unzugänglich gewordenen Land abstellen. Ist die Ware auch anderswo erhältlich, muß der Schuldner sie besorgen, gegebenenfalls auch dann, wenn ihn dies mehr kostet. Die Grenze der Leistungspflicht ist erreicht, wenn die Schwierigkeiten einen derartigen Intensitätsgrad erreicht haben, daß sie nach Verkehrsauffassung der Unmöglichkeit gleichgeachtet werden: RGZ 57, 116 (118 f.).

Ausländische Handelsverbote wie das englische „trading with the enemy" führten dem Reichsgericht zufolge zu wirtschaftlicher Unmöglichkeit[342] wegen Unzumutbarkeit. Dies ist insofern richtig, als die Leistung zum Teil nicht naturgesetzlich unmöglich wird, sondern durch das ausländische Handelsverbot lediglich unter Strafe gestellt wird[343]. Da der Vertrag in einem solchen Falle jedoch regelmäßig nicht mehr erfüllt werden kann, auch nicht in modifizierter Weise, wäre es in der Praxis angebracht, grundsätzlich tatsächliche Unmöglichkeit gemäß § 275 anzunehmen[344].

Tatsächliche Unmöglichkeit kann auch durch Rohstoffverknappungen bzw. deren völligen Ausfall verursacht werden[345]. Die Ursache hierfür liegt zumeist wieder in der Einwirkung durch den oder die Kriegsgegner.

Macht der Krieg einem Schuldner die ordnungsgemäße Erfüllung aller seiner Verträge unmöglich, muß er auf eine anteilsmäßige (*pro rata*) Erfüllung bedacht sein[346]. Es ist ihm zu Recht verwehrt, vorzugsweise die Gläubiger zu befriedigen, welche sich auf eine Erhöhung des vereinbarten Preises einlassen würden[347]. Er würde dann nämlich unverdient Profit aus den veränderten Umständen schlagen.

2. Wegfall der Geschäftsgrundlage

Wie oben gesehen, wurde bei kriegsbedingten Störungen ein Abgehen von der unbedingten Einstandspflicht zum großen Teil mit Unmöglichkeit, sei sie rechtlicher/tatsächlicher oder auch wirtschaftlicher Art, begründet. „Wirtschaftliche Unmöglichkeit" ist inzwischen durch den Wegfall der Geschäftsgrundlage ersetzt

---

[342]RGZ 93, 182 (184) macht dies durch Bezugnahme auf RGZ 57, 116 (118) deutlich. Vgl. auch RGZ 91, 46 und 260.

[343]Rechtliche Unmöglichkeit kommt selbst bei Anwendbarkeit des englischen Rechts auf den Vertrag aufgrund Verstoßes gegen die öffentliche Ordnung gemäß Art. 6 EGBGB nicht in Frage.

[344]Das Reichsgericht unterließ es häufig, ausdrücklich auf wirtschaftliche oder tatsächliche Unmöglichkeit abzustellen. Da die Rechtsfolgen zur Zeit des 1. Weltkrieges aber sowieso die gleichen waren, war dies praktisch auch nicht nötig. Heutzutage würde die Leistung trotz derartiger Handelsverbote unter Androhung von Enteignung und Strafe von den meisten Verkehrskreisen wohl als unmöglich angesehen werden. Zur tatsächlichen Unmöglichkeit aufgrund ausländischer Gesetze siehe auch RGZ 103, 259 (262) (polnisches Valutagesetz vom 20. November 1919).

[345]RGZ 100, 258 (260)

[346]RGZ 94, 17 (19)

[347]RGZ 95, 264 (268)

worden. Ein Wegfall der Geschäftsgrundlage könnte sowohl aufgrund wirtschaftlicher Veränderungen, vor allem in Form massiver Inflation, als auch politischer Veränderungen, z.B. nach einer Revolution, gegeben sein. Wie fast immer bei der Anwendung der Geschäftsgrundlagengrundsätze müssen diese Veränderungen grundsätzlich sowohl die Kriterien der Außerordentlichkeit und starken Belastung des Vertrages erfüllen[348] als auch bei Vertragsschluß unvorhersehbar sein[349]. Außerdem kann sich der Leistungspflichtige nicht auf einen Wegfall der Geschäftsgrundlage berufen, wenn ihm ein Verzug anzulasten ist und er lediglich dadurch in die mißliche Situation geraten ist, unter den nun radikal veränderten Umständen leisten zu müssen[350].

Hinsichtlich der Beachtlichkeit der kriegsbedingten Veränderung der Umstände ist zu bedenken, daß das gesamte deutsche Volk zu Kriegszeiten (und im Falle eines Zusammenbruchs auch in den Jahren danach) eine „Gefahrengemeinschaft“ bildet. Dies ist insofern von Bedeutung, als die Tatsache des Krieges allein noch nicht auf einen Wegfall der Geschäftsgrundlage schließen läßt. Hierzu muß aus den Umständen des Einzelfalles ersichtlich sein, daß der oder die Parteien in besonderem Ausmaß davon betroffen worden sind[351].

II. Neutralität Deutschlands

Wenn sich Deutschland in einem kriegerischen Konflikt neutral verhält, fällt rechtliche Unmöglichkeit als Vertragsauflösungsgrund grundsätzlich weg, da der wirtschaftliche Verkehr von kriegsbedingten Erlassen und Verfügungen unbehelligt bleibt. Geschäfte mit rein inländischem Charakter bleiben daher von den Vorgängen unberührt.

Anders kann es bei Geschäften aussehen, welche wenigstens zum Teil auf den Außenhandel angewiesen sind, z.B. in Form der Rohstoffbeschaffung. Diese können durch kriegerische Handlungen so berührt werden, daß die Erfüllung unmöglich bzw. unzumutbar wird. Dabei sind ausländische Handelsverbote wie oben unter I. zu behandeln, da ihrer Wirksamkeit im deutschem Recht der Art. 6 EGBGB entgegensteht.

---

[348]Dies wird heutzutage regelmäßig so definiert, daß „ein Festhalten an der ursprünglichen Regelung zu einem untragbaren, mit Recht und Gerechtigkeit schlechthin nicht mehr zu vereinbarenden Ergebnis führen würde und deshalb für die betroffene Partei unzumutbar wäre“: vgl. z.B. WM 1969, 1019, 1021; BGH 121, 378 (393).

[349]Siehe etwa RGZ 101, 79 (81).

[350]RGZ 103, 3 (5)

[351]OGHZ 1, 386; BGHZ 1, 62; 2, 176; 7, 238; 15, 27

Ein weiteres Problem stellt das Aufbringen und Festhalten von Handelsschiffen dar. Dies könnte z.B. dadurch geschehen, daß ein Hafen durch gegnerische Kriegsschiffe blockiert wird oder daß eine Kriegspartei generell alle durch ein bestimmtes Gebiet fahrenden Schiffe abfängt oder, wie 1956 und 1967, daß Schiffe in einer stark befahrenen Wasserstraße wie dem Suezkanal festhängen. In jedem Falle wird der Transport der Waren (zumindest auf dem vorgesehenen Weg) auf einige Zeit unmöglich oder unzumutbar. Nimmt man tatsächliche Unmöglichkeit gemäß § 275 an, wird diese in den meisten Fällen zunächst von vorübergehender Natur sein. Im übrigen wird dann zwar die Leistungspflicht suspendiert; dem Schuldner kann aber aufgrund Verschuldens seinerseits eine Schadensersatzpflicht aufzuerlegen sein. Ob dies der Fall ist, müssen wiederum die Umstände des Einzelfalles ergeben. Wenn abzusehen war, daß das betreffende Schiff in allernächster Zeit festliegen werde, wenn es nicht sofort ausliefe bzw. eine andere Route wählte, kann das Versäumen dieser Möglichkeiten zumindest Fahrlässigkeit bedeuten. Die Vorhersehbarkeit einer derartigen Schließung oder Blockade zum Zeitpunkt des Vertragsabschlusses kann auch die Übernahme des Risikos durch den Schuldner bedeuten, welche einen eventuellen Wegfall der Geschäftsgrundlage ausschlösse.

Hinsichtlich eines etwaigen Wegfalls der Geschäftsgrundlage gilt es, die Zumutbarkeit der Erfüllung auf anderweitige Art und Weise zu prüfen Da es selten vorkommt, daß Waren nur aus einer Region kommen, in welcher nun durch kriegerische Tätigkeit der Handel zum Erliegen gekommen ist, muß die Möglichkeit des Beziehens der betreffenden Ware aus anderen Ländern in Betracht gezogen werden. Zu bedenken ist dabei, daß die Nachfrage auf dem betreffenden Markt vermutlich sehr stark gestiegen sein wird und die Beschaffungskosten entsprechend hoch sind. Allerdings sind höhere Kosten allein normalerweise nicht ausreichend. Es ist jedoch denkbar, daß das verringerte Angebot die Nachfrage nicht mehr völlig befriedigen kann; es kann dann durchaus zu einem Wegfall der Geschäftsgrundlage kommen. Neben der Auflösung des Vertrages kommt dabei als Anpassungsmöglichkeit vor allem eine Fristverlängerung in Frage. Bei der Anpassung von kriegsbedingt gestörten Verträgen ist sowohl die wirtschaftliche Lage des Schuldners als auch die des Gläubigers zu berücksichtigen[352].

Durch auswärtige Kriege betroffene Verträge sind also nach den üblichen Geschäftsgrundlagengrundsätzen zu behandeln, d.h. die Änderung muß für den Vertrag wesentlich sein und außerhalb seiner Risikoverteilung liegen.

---

[352]RGZ 112, 329 (334); 119, 133(139). Vgl. *Kegel-Rupp-Zweigert*, aaO, 116 ff.

III. Kriegsklauseln

Krieg wurde früher häufig im Rahmen einer *force majeure*-Klausel als auslösendes Ereignis benannt. Heutzutage werden, wenn überhaupt, in derartigen Klauseln eher „politische Unruhen" und dergleichen aufgezählt[353]. Zu unterscheiden ist, ob die Klausel eine Vorbehaltsklausel oder eine der heute üblichen Klauseln mit Relativsatz darstellt.

In Vorbehaltsklauseln ist nicht ausgedrückt, in welcher Weise der Krieg auf den Betrieb des Lieferanten einwirken muß, um ihn von seiner Lieferpflicht zu befreien. Dem Reichsgericht zufolge genügte daher der Ausbruch des Krieges, um die Klausel ins Spiel zu bringen[354]. Hinzukommen mußte eine erhebliche Einwirkung auf den Betrieb des Schuldners oder seiner Vorlieferanten mit der Folge, daß er seine Verpflichtungen nicht so erfüllen kann, wie er gedachte. Diese Einwirkung mußte zwar wesentlich sein, braucht aber nicht in der Unmöglichkeit der Leistung zu resultieren[355].

Hinsichtlich Klauseln mit Relativsatz, in welchen die Art und Weise ausgedrückt wird, in welcher der Krieg auf den Betrieb oder den speziellen Vertrag einwirken muß (etwa Unmöglichkeit oder Verzögerung der Leistung)[356], hat die Rechtsprechung den einschränkenden Relativsatz regelmäßig nur auf die in solchen Klauseln praktisch immer zuletzt genannten „sonstigen Fälle der höheren Gewalt" bezogen, so daß hinsichtlich des davor erwähnten Krieges das oben Gesagte galt, d.h. der Kriegsfall immer zugunsten des Schuldners wirkte, ohne daß eine direkte Einwirkung auf den fraglichen Vertrag bewiesen werden mußte[357]. Anders ent-

---

[353]Dies gilt zumindest für mir vorliegende innerdeutsche AGB. Bei Verträgen mit Auslandsberührung würde es sich in jedem Fall empfehlen, Krieg als auslösendes Ereignis zu nennen, um Diskussionen darüber zu vermeiden, ob er *force majeure* darstellt oder nicht. Für das Reichsgericht bestand daran allerdings kein Zweifel: vgl. *Kegel-Rupp-Zweigert*, aaO, 26 ff.

[354]RGZ 87, 92. Dabei ist zu beachten, daß es sich hier nicht unbedingt um Kriege handeln muß, an welchen Deutschland beteiligt ist. Der Krieg muß aber in irgendeiner Beziehung zur Vertragsabwicklung stehen: siehe RGZ 87, 92.

[355]RGZ 87, 92. Vgl. Nachweise bei *Kegel-Rupp-Zweigert*, aaO, 34.

[356]Z.B. die folgende Klausel, mit welcher sich das Reichsgericht in RG Warn. 1916, 5 zu beschäftigen hatte:

> „Mobilmachung, Krieg, Blockade, Ein- und Ausfuhrverbot, Feuerschaden, schwere Betriebsstörung oder sonstige Fälle höherer Gewalt, welche die Ausführung des Kontraktes unmöglich machen, berechtigen die Mühle zur Aufhebung des Abschlusses oder dessen unerledigten Teiles."

[357]RG LZ 1916, 1225 (1226); RG Warn. 1916, 3 (4)

schied das Reichsgericht nur, wenn die Einschränkung für den Schuldner unerheblich war, insbesondere wenn in der Klausel nicht strikte Unmöglichkeit der Leistung aufgrund des Krieges verlangt wurde[358].

Da seit der Rechtsprechung des Reichsgerichts keine weitere Auslegungspraxis hinsichtlich Kriegsklauseln zu verzeichnen ist, hat diese weiterhin Bestand. Allerdings hat diese Rechtsprechung gerade hinsichtlich der Klauseln mit Relativsatz das Postulat der engen Auslegung offensichtlich nicht beachtet; diese würden vermutlich heutzutage anders interpretiert und der Verwender wäre gehalten, die konkreten Einwirkungen des Krieges auf seine Leistungspflicht zu beweisen.

Auch zu beachten ist der Einfluß des AGBG auf heutige Verträge, welches ein bedeutendes Abweichen vom Gesetz zu Lasten des anderen Vertragsteils nicht mehr zuläßt. Um die Befreiung von den Erfüllungspflichten zu erreichen, ist daher eine bedeutende negative Einwirkung des Krieges auf die konkret geschuldete Leistung unerläßlich. Das AGBG hat für Klauseln, welche in AGB zum Ausdruck kommen, auch die Unterscheidung zwischen Vorbehalts- und Relativklausel an sich überflüssig gemacht; entscheidend ist heute nur, wie weit es dem Schuldner gestattet ist, sich von seiner Leistungspflicht freizuzeichnen.

B. Arbeitskämpfe

Eine weitere Störungsursache, welche relativ häufig auftreten und Probleme verursachen kann, stellen die Arbeitskämpfe dar. Die Stellung von Arbeitskämpfen als für einen Wegfall der Geschäftsgrundlage in Frage kommendes Ereignis ist problematisch, da sie normalerweise dem Betriebsrisiko einer Partei angehören und auch in der Regel vorhersehbar sind[359]. Aus diesem Grunde finden Arbeitskämpfe häufig in Freizeichnungsklauseln ausdrücklich ihre Aufnahme. Hinsichtlich der Beachtlichkeit von Arbeitskämpfen ist zu unterscheiden, ob sich diese mittelbar oder unmittelbar auf die betroffenen Partei auswirken.

I. Interne Arbeitskämpfe

Ist der Schuldner selbst am Arbeitskampf beteiligt, z.B. in Form eines Streiks seiner Arbeiterschaft oder Aussperrung seinerseits[360], kommt neben Vertragserfüllung für ihn an sich nur Unmöglichkeit gemäß §§ 275 ff. in Frage.

---

[358]Z.B. RG Warn. 1916, 387

[359]*Falk*, Auswirkungen von Streiks auf die Vertragshaftung des Unternehmers im Verhältnis zu Dritten nach deutschem und englischem Recht, S. 23

Meistens haben Streiks eine sehr begrenzte Dauer. Sofortige dauernde Unmöglichkeit läßt sich daher in einem solche Falle nur bei absoluten Fixgeschäften annehmen. Bei allen anderen Geschäften hingegen tritt nur die einstweilige Suspendierung der gegenseitigen Leistungspflichten aufgrund vorübergehender Unmöglichkeit ein.

Nicht Unmöglichkeit sondern Verzug ist gegeben, wenn der Schuldner die vorläufige Nichterfüllung zu vertreten hat. Das Nichteingehen auf Streikforderungen oder die Vornahme einer (legitimen) Aussperrung kann man ihm dabei allerdings nicht zum Vorwurf machen. Im Falle eines Tarifkonfliktes wird daher das Schuldrecht dem Arbeitskampfrecht vorübergehend untergeordnet[361]. Außerhalb eines Tarifkonfliktes kann indessen eine Aussperrung ein selbstverschuldetes Unvermögen des Unternehmers darstellen, welches ihn schadensersatzpflichtig macht; wäre dies nicht der Fall, könnte er sich seinen Vertragspflichten auf diese Art sehr leicht entziehen. Ist die Erfüllung unabhängig von einem Nachgeben im Konflikt möglich, kann natürlich von Unmöglichkeit keine Rede sein.

Die Vorhersehbarkeit eines Arbeitskampfes kann einen gewissen Einfluß auf seine zivilrechtliche Behandlung haben[362]. Je nach Vertragsart können sich daraus gewisse Vorsorgepflichten[363] ergeben, bei deren Nichtbeachtung dem Schuldner möglicherweise Fahrlässigkeit zur Last zu legen sein kann. Wann ein Arbeitskampf vorhersehbar sein soll, ist allerdings nicht leicht zu beantworten. Der bloße Ablauf eines Tarifvertrags genügt hierfür wohl nicht, die Androhung von Streiks

---

[360] Streik und (legitime) Aussperrung müssen hinsichtlich ihrer zivilrechtlichen Behandlung gleichgestellt werden. Es kann nicht sein, daß im Streikfall Unmöglichkeit vorliegen kann, im Fall der Aussperrung jedoch eine Vertragsverletzung angenommen wird (so *Bulla*, DB 1963, 755), da dann eine Ungleichbehandlung der Kampfmittel von Arbeitgebern und -nehmern vorliegt, welche die Tarifautonomie gefährden würde.

[361] Begründet durch das öffentliche Interesse an der Tarifautonomie: *Löwisch*, AcP 174, 202, 234; *Richardi*, JuS 1984, 825, 829.

[362] Siehe *Löwisch*, aaO, 242 ff.

[363] Eine Möglichkeit wäre z.B. die vorgezogene Lieferung an den Gläubiger oder beim Kauf von Drittbetrieben eine vorgezogene Eindeckung mit der Ware und ihre darauffolgende Lieferung. Bei all diesen Möglichkeiten sind natürlich die Umstände des Einzelfalles ausschlaggebend. Ist die Ware nicht lieferbereit oder verweigert der Gläubiger die vorzeitige Abnahme, kann keine frühzeitige Lieferung erfolgen. Sind zur Zeit keine ausreichenden Lagerbestände vorhanden und auch nicht mit zumutbarem Aufwand kurzfristig einrichtbar, ist die vorzeitige Beschaffung der Ware vom Dritten sinnlos. Eine Pflicht zu Freizeichnungsklauseln oder dem Abschluß von Versicherungen läßt sich mit der Vorhersehbarkeit wohl nicht begründen. So aber *Löwisch*, aaO, 257; vgl. auch RGZ 93, 18; BGH LM § 325 Nr. 8; LM § 242 (Be) Nr. 24. Ablehnend dagegen *Richardi*, aaO, 828.

durch die Gewerkschaft hingegen schon[364]. Selbst wenn ein Arbeitskampf nicht in diesem Sinne vorhersehbar war, lassen sich seine negativen Folgen für die Vertragserfüllung zum Teil reduzieren. Bei rechtswidrigen Streiks im eigenen Betrieb käme dabei zum Beispiel die Einleitung Erfolg versprechender gerichtlicher Schritte in Frage[365]; jedoch sind die Abwendungsmöglichkeiten bei an Arbeitskämpfen beteiligten Schuldnern in der Regel gering.

Läßt sich der Arbeitskampf nicht als Teil eines Tarifkonfliktes arbeitsrechtlich rechtfertigen, ist ein Verschulden des Unternehmers für Schadensersatzzwecke zu prüfen; ist ein derartiges Verschulden nicht gegeben, ist die Nichterfüllung vom Unternehmer nicht zu vertreten[366]. Allerdings hat der Gläubiger die Möglichkeit, etwaige Ersatzansprüche des Arbeitgebers gegen seine Belegschaft oder die zuständige Gewerkschaft als stellvertretendes Commodum gemäß § 281 einzufordern[367].

Da Streiks grundsätzlich zum Betriebsrisiko eines Unternehmens gehören, kommt ein Wegfall der Geschäftsgrundlage nicht in Betracht. Dies gilt auch für einen politischen Streiks, von welchem ein Schuldner betroffen ist. Obwohl derartige Streiks nach überwiegend h. M. unzulässig sind[368], müssen sie seinem Risikobereich zugerechnet werden, wenn sie sich in seinem Betrieb abspielen.

II. Externe Arbeitskämpfe

Arbeitskämpfe können sich in unbeteiligten Betrieben z.B. in der Form von Lieferausfällen bemerkbar machen. Allerdings trägt der Schuldner normalerweise

---

[364]Man muß den Arbeitskampf hierfür nicht mit hundertprozentiger Sicherheit voraussagen können. Entscheidend ist, ob das Risiko eines Arbeitskampfes dergestalt ist, daß der Unternehmer als Vertragspartner es nicht einfach vernachlässigen darf.

[365]*Löwisch*, aaO, 249

[366]Die Haftung für Erfüllungsgehilfen gemäß § 278 scheidet bei echten Streiks aus, da Arbeitnehmer, welche ihre Arbeit verweigern, nicht als Erfüllungsgehilfen gelten können: *Löwisch*, aaO, 251; *Richardi*, aaO, 832.
Anders gestaltet sich die Situation im Falle eines *go slow* oder *go sick*. Derartige Aktivitäten hängen dem BGH zufolge eng mit der Dienstausübung zusammen und sind daher dem Arbeitgeber anzurechnen: BGH NJW 1977, 1875.

[367]Die rechtswidrige Unterlassung der Arbeitsleistung stellt eine Verletzung der Arbeitspflicht auf Seiten des Arbeitnehmers dar. Auch eine gemeinschaftliche deliktsrechtliche Haftung gemäß §§ 830, 840 kann in Frage kommen.

[368]Siehe Nachweise in *Däubler (Hrsg.)*, Arbeitskampfrecht, Fn. 110 auf S. 165.

das alleinige Beschaffungsrisiko[369], da der Gläubiger über die Lieferquellen nichts weiß oder sich nicht darum bekümmert und auch nicht zu bekümmern braucht. Bei Lieferungsausfall aufgrund Streiks liegt es dann also grundsätzlich am Schuldner, sich nach Alternativquellen umzusehen.

Hinsichtlich Gattungsschulden ist § 279 normal anzuwenden. Sind diese nicht konkretisiert, befreit daher grundsätzlich nur der Untergang der ganzen Gattung den Schuldner von seiner Lieferpflicht. Auf Arbeitskämpfe angewandt läßt sich somit sagen, daß die dadurch bedingte Nichtlieferung die anderweitige Beschaffung durch den Schuldner notwendig macht. Unzumutbarkeit ist allenfalls dann anzunehmen, wenn z.B. bei reinen Inlandschulden die Beschaffung im Inland nicht mehr möglich ist[370]. Die Gattungsschulden müssen hierzu also in der Weise eingeschränkt sein, daß sie auf einen bestimmten Markt bezogen sind. Dieser Markt kann auch im Ausland liegen. Höhere finanzielle Aufwendungen, welche durch einen starken Anstieg des Marktpreises aufgrund von Arbeitskämpfen bedingt sind, werden regelmäßig nicht berücksichtigt, da der Schuldner das Aufwandsrisiko zu tragen hat.

Denkbar ist auch die Nichtlieferung aufgrund von Streiks und Blockaden Transportbediensteter. In diesem Fall wird der Schuldner sich nach geeigneten Alternativtransportwegen umsehen müssen, z.B. die Schiene anstatt der Straße. Da derartige Blockaden jedoch normalerweise nicht nur ein Unternehmen oder einen Wirtschaftszweig allein betreffen sondern viele, kann der Transport auf anderen Wegen sich ebenfalls (praktisch) unmöglich gestalten. Es ist dann vorübergehende Unmöglichkeit gegeben. Unmöglichkeit kann auch bei einem Poststreik eintreten. Allerdings hat ein Schuldner die Möglichkeit, Versendungen alternativ über Kurierdienste wie DHL vornehmen zu lassen. Dies kann zwar teurer sein, wäre ihm aber zumutbar. Ist eine derartige Alternative jedoch (aus vom Schuldner nicht zu vertetenden Gründen) nicht vorhanden, kann der Schuldner nicht dazu gezwungen werden, das Postmonopol zu verletzen; statt dessen ist Unmöglichkeit anzunehmen.

Liegt in den oben genannten Situationen keine Unmöglichkeit vor, ist aufgrund der Rechtsprechung bezüglich Massenkalamitäten zumindest strittig, ob man bei derartig weitreichenden Störungen einen Wegfall der Geschäftsgrundlage beja-

---

369 *Richardi*, aaO, 827. Es besteht natürlich die Möglichkeit der Aufnahme einer wirksamen Selbstbelieferungsklausel in den Vertrag, welche die typische Risikoverteilung ändert.

370 RGZ 107, 158. Man muß hierbei bedenken, daß seit diesem Urteil ein einheitlicher europäischer Wirtschaftsraum entstanden ist. Der Unzumutbarkeitsmaßstab kann daher bei deutschen Unternehmen, denen aufgrund ihrer europäischen Niederlassungen eine Beschaffung auch anderswo innerhalb der EU ohne größere Schwierigkeiten möglich ist, höher anzusetzen sein.

hen kann. Die sich darauf berufende Partei muß bei Einwirkungen, welche beide Parteien oder die Allgemeinheit in etwa gleicher Weise betroffen haben, ein sie ungleich belastendes Sonderopfer geltend machen[371]. Dieses wird sich häufig schwerlich beweisen lassen.

Generell läßt sich sagen, daß die Nebenpflichten des Schuldners vor allem in Bezug auf die Abwendung der durch Arbeitskämpfe bedingten Störungen umfassender sind, wenn sich die Arbeitskämpfe außerhalb seines Betriebes zutragen. Dies liegt zum einen daran, daß bei Arbeitskämpfen im Betrieb die Abwendungsmöglichkeiten stark eingeschränkt sind, und zum anderen, daß bei (legitimen) Konflikten das Schuldrecht dem Arbeitsrecht untergeordnet wird.

Ein Wegfall der Geschäftsgrundlage käme ausnahmsweise in Betracht, wenn beide Parteien bei Vertragsabschluß übereinstimmend vom Nichteintritt des Arbeitskampfes ausgegangen sind[372] oder keine Vorsorge treffen konnten[373]. Selbst dann gilt aber zu beachten, daß lediglich Leistungserschwerungen zu Lasten des Schuldners gehen; um einen Wegfall der Geschäftsgrundlage begründen zu können, muß die Leistung hingegen unzumutbar geworden sein[374]. Wird dies ausnahmsweise bejaht, kommt in der Regel als Vertragsänderung analog der vorübergehenden Unmöglichkeit zunächst eine Fristverlängerung in Frage. Ebenso wie bei der vorübergehenden Unmöglichkeit ist allerdings im Einzelfall auch zu prüfen, ob die spätere Leistung für die Gegenpartei noch einen Sinn hat.

III. Freizeichnungsklauseln

Arbeitskämpfe werden praktisch immer in *force majeure*-Klauseln als eines der auslösenden Ereignisse genannt[375]. Dabei wird oft ausgedrückt, es sei gleichgültig, ob der Arbeitskampf beim Verwender der Klausel oder bei einem Zulieferanten auftrete.

---

[371]BGHZ 7, 243

[372]BGHZ 112, 261

[373]BGHZ 2, 188

[374]Dabei spielt auch die Verkehrssitte eine Rolle. Wenn etwa vergleichbare Unternehmen durch den Arbeitskampf weit weniger stark betroffen sind, da sie (wie im betreffenden Verkehrskreis üblich) für die gleichen Teile Verträge mit mehreren Zulieferern haben, hat dies für die etwaige Unzumutbarkeit des weiteren Festhaltens am Vertrag durchaus Bedeutung. Vgl. *Löwisch*, aaO, 257, der hierin ein für das Leistungsstörungsrecht bedeutsames Abwendungsverschulden sieht.

[375] Wird nur „Streik" erwähnt, schließt dieser Aussperrung mit ein: *Löwisch*, aaO, 252.

Als Folge derartiger Klauseln ist zumeist eine Fristverlängerung vorgesehen. Notwendig ist allerdings, daß der Arbeitskampf die Erfüllung so beeinflußt, daß sie unmöglich wird[376]. Der Vorteil einer derartigen Klausel besteht darin, daß in ihr genau festgelegt werden kann, wie lange die Fristverlängerung dauern kann[377]; danach ist häufig die Auflösung des Vertrages in Form eines beiderseitigen Kündigungsrechtes vorgesehen. Die Parteien sind sich also über die Rechtsfolgen eines Streiks genau im klaren.

Das Recht des Gläubigers, bei Teilunmöglichkeit aufgrund Interessefortfalls vom ganzen Vertrag zurückzutreten, läßt sich durch AGB wohl nicht ausschließen[378] und wird oft in den Einkaufsbedingungen des Gläubigers noch einmal ausdrücklich vermerkt.

Ein wirklicher Vorteil gegenüber der grundsätzlichen Gesetzesregelung läßt sich mit Hilfe von Selbstbelieferungsklauseln erzielen; da die Wirksamkeit eines derartigen Vorbehaltes in AGB gegenüber Kaufleuten nicht ernsthaft in Frage steht[379], kann der Schuldner somit das Beschaffungsrisiko dem Gläubiger zumindest soweit auferlegen, als vom Schuldner nicht verursachte Lieferschwierigkeiten aufgrund Streiks die Leistungspflicht zunächst suspendieren.

---

[376]Dies ergibt sich aus der Unmöglichkeit, die gesetzlichen Haftungsbestimmungen in AGB wesentlich einzuschränken. Freizeichnungen für Arbeitskämpfe finden aber schon aus Kostengründen ihren Niederschlag meistens in AGB: *Neuhof*, NJW 1994, 1763.

[377]Dies kann im Normalfall nicht allzu lang sein, da der Vertragspartner im Vergleich zur gesetzlichen Regelung nicht unangemessen benachteiligen darf: § 9 AGBG. Hierbei ist allerdings zu beachten, daß auch im Gesetz die Länge der lediglich vorübergehenden Unmöglichkeit nicht festgelegt ist. Diese bestimmt sich nach den Umständen des Einzelfalls (z.B. Fixgeschäft oder nicht?).

[378]Vgl. § 11 Nr. 9 AGBG, welcher allerdings nicht für Kaufleute gilt. Jedoch sind die meisten der in § 11 ausdrücklich festgelegten Verbotstatbestände durch die Generalklausel § 9 auch auf AGB von Kaufleuten anwendbar. § 11 AGBG entfaltet insofern auch für den kaufmännischen Verkehr eine erhebliche Indizwirkung hinsichtlich der Unwirksamkeit der dort geregelten Tatbestände; vgl. *Löwe/Graf von Westphalen/Trinkner*, AGBG Band II, Einleitung Rn 9. Dies gilt zumindest für wesentliche Einschränkungen der gesetzlichen Rechte des Gläubigers; man muß allerdings berücksichtigen, daß eine die Unangemessenheit einer Benachteiligung im Sinne von § 9 AGBG gegenüber einem Kaufmann anders zu bewerten sein kann als gegenüber einem Nichtkaufmann.

[379]Ein Problem stellt allerdings in dieser Hinsicht der Widerspruch dar, welcher in den AGB der beiden Seiten dabei deutlich wird. Während der Schuldner diesen Selbstbelieferungsvorbehalt in seine AGB aufnimmt, läßt der Gläubiger eine weitgehende Haftung für Zulieferer ausdrücklich weiterbestehen. In einem solchen Falle muß man sich an die gesetzlichen Bestimmungen halten, d.h. daß der Schuldner das Beschaffungsrisiko grundsätzlich weiterhin trägt.

Teil III: Vergleich und Ergebnis

1. Kapitel: Historische Entwicklung

A. Grenzen der Leistungspflicht

Das Prinzip der Vertragstreue, welches mit dem Gebot des *pacta sunt servanda* definiert wird, ist in seiner grundlegenden Bedeutung für das Recht der Schuldverhältnisse sowohl in England als auch in Deutschland allgemein anerkannt. Der Sinn eines Vertrages besteht gerade darin, daß sich die Parteien auch bei Eintritt von Widrigkeiten auf seine Erfüllung durch die Gegenseite verlassen können[1]. Trotz unterschiedlicher Ausgangspunkte herrscht in beiden Ländern jedoch ebenfalls Klarheit darüber, daß die Parteien nur selten beabsichtigen, ein absolutes Versprechen abzugeben und den Vertrag ungeachtet aller möglichen Widrigkeiten durchzuführen. Diese Ansicht hat sich auch in England durchgesetzt, obwohl der Vertrag dort grundsätzlich als Garantieversprechen aufgefaßt wird.

In den meisten Verträgen verspricht der Schuldner dem Gläubiger nicht, uneingeschränkt zu seiner Leistungspflicht zu stehen. Daß von ihm übernommene Risiko ist demnach nicht absolut. Es stellt sich dann die Frage, wieweit die Einstandspflicht des Schuldners reicht. In Deutschland wie in England ist anerkannt, daß (unverschuldete) Unmöglichkeit der Leistung die Auflösung des Schuldverhältnisses bewirkt[2]. Eine (zumindest unveränderte) Leistungserbringung kann jedoch auch in Situationen ungerecht erscheinen, in welchen keine Unmöglichkeit im tatsächlichen oder rechtlichen Sinne vorliegt, dem Schuldner aber durch eine einschneidende Veränderung der äußeren Umstände extreme Schwierigkeiten bei der Erbringung der Leistung bereitet werden. Englische Gerichte stehen hierbei einem Befreiungstatbestand, welcher über den der klassischen Unmöglichkeit hinausgeht, deutlich zurückhaltender gegenüber als die deutschen Richter. Der Hauptgrund hierfür liegt vermutlich in der Tatsache, daß sich die Engländer seit Herausbildung der Lehre von der „frustration" nicht mit derartig einschneidenden Veränderungen konfrontiert sahen wie die Deutschen und die anstehenden Fälle daher relativ zufriedenstellend mit dem bereits bestehenden Recht zu lösen vermochten[3]. Deutschland hingegen mußte z.B. mit der Revolution von 1918 und

---

[1] Wenn eine Partei genauso zu leisten imstande ist, wie sie sich das vorgestellt hat, bedarf es des Erfüllungsdrucks durch den Vertrag nicht.

[2] Teil I 2. Kapitel A I; Teil II 1. Kapitel A

[3] Vgl. *Zweigert/Kötz*, Einführung in die Rechtsvergleichung, § 37 V S. 534

der darauffolgenden Währungskatastrophe zurechtkommen[4]. Zwar kann auch in England eine übermäßige Erschwerung der Leistung in Ausnahmefällen dem Schuldner das Recht geben, die unveränderte Erbringung der Leistung zu verweigern. Die einzige Rechtsfolge stellt dann aber die Auflösung des Vertrages dar, ähnlich wie in Deutschland anfangs dieses Jahrhunderts bei der „wirtschaftlichen Unmöglichkeit“.

Wirtschaftliche Unmöglichkeit wurde entwickelt, weil das BGB einen Befreiungsgrund außerhalb des Rechts der Leistungsstörungen wegen der grundsätzlichen Ablehnung des Konzepts der *clausula rebus sic stantibus* an sich nicht vorsieht. Es wurde jedoch mit der Zeit deutlich, daß das Recht der Leistungsstörungen nicht alle Fälle erfassen konnte, in welchen ein unverändertes Festhalten am Vertrag dem Gerechtigkeitsgefühl zuwiderlaufen würde. Da das BGB in dieser Hinsicht eine Lücke aufweist, behalf man sich in Analogie zum Leistungsstörungsrecht zunächst mit der „wirtschaftlichen“ Unmöglichkeit. Die Rechtsfolgen blieben bei dieser die gleichen wie bei der „echten“ Unmöglichkeit des § 275 BGB, d.h. der Vertrag wurde aufgelöst. Lediglich die Tatbestandsvoraussetzungen wurden insofern erleichtert, als die Leistung nicht wirklich unmöglich zu werden brauchte. Die wirtschaftliche Unmöglichkeit stellte ebenso wie die „frustration“ eine Weiterentwicklung des Prinzips der „echten“ Unmöglichkeit dar.

Im englischen Recht werden sowohl Unmöglichkeit („supervening impossibility“) als auch rechtlich beachtliche Leistungserschwerungen unter dem Begriff „frustration“ zusammengefaßt. Dies ist insofern verständlich, als die Rechtsfolgen in beiden Fällen die gleichen sind. Auf der Tatbestandsseite gibt es aber insofern Unterschiede, als bei „impossibility“ die Leistung nicht erbracht werden kann, dies hingegen bei einem „radical change of obligation“, wenn auch unter stark veränderten Bedingungen, an sich noch möglich wäre. Der deutlicheren Unterscheidung wegen wäre es daher sinnvoll, die beiden Rechtsinstitute begrifflich zu trennen. Es fällt allerdings auf, daß die meisten bekannten englischen

---

[4]In jener Zeit fand auch die Abkehr von der „wirtschaftlichen Unmöglichkeit“ hin zum Wegfall der Geschäftsgrundlage mit der Möglichkeit der Vertragsanpassung statt. Solange die deutschen Gerichte also nur aus dem Weltkrieg resultierende Fälle zu lösen hatten, welche denen vergleichbar waren, welchen sich die Gerichte in England gegenüber sahen, konnten sie sich relativ gut mit der „wirtschaftlichen Unmöglichkeit“, einem der „frustration“ vergleichbaren Konzept, behelfen. Die Fülle der Aufwertungsfälle und die mangelnde Initiative der Legislative bewegte sie jedoch dann, den Wegfall der Geschäftsgrundlage und eine Befugnis zur Vertragsanpassung anzuerkennen. Wie sich englische Gerichte in einer derartigen Lage verhalten hätten, läßt sich lediglich erahnen. Immerhin gibt es zumindest Äußerungen, daß eine Hyperinflation durchaus als Grund für eine „frustration“ herhalten könne, obwohl Inflation grundsätzlich im Vertragsrisiko enthalten ist: vgl. Teil I 3. Kapitel D.

Fälle, in denen eine „frustration of contract“ gefunden wurde, zumindest eine zeitweilige Unmöglichkeit beinhalten[5].

B. Wirtschaftliche Unmöglichkeit und Wegfall der Geschäftsgrundlage

I. Zwei Entscheidungsketten

Die wirtschaftliche Unmöglichkeit im deutschen Recht rührt aus zwei unterschiedlichen Entscheidungsketten her[6]. Zum einen wird dabei wirtschaftliche Unmöglichkeit der echten aufgrund der Veränderung des Leistungsinhalts gleichgesetzt[7], was große Ähnlichkeit mit dem englischen „radical change of obligation“ aufweist. Um wirtschaftliche Unmöglichkeit in einem derartigen Fall zu bewirken, mußte sich die Leistung hierbei als eine andere als die ursprünglich geschuldete darstellen.

Die zweite Entscheidungskette stellte hingegen auf die Unzumutbarkeit der Leistung gemäß § 242 BGB ab. Hierzu war es notwendig daß die Schwierigkeiten so außergewöhnlich waren, daß sie nach Auffassung des betreffenden Geschäftskreises der Unmöglichkeit gleich erachtet wurden.

II. Wegfall der Geschäftsgrundlage und Anpassungbefugnis

Die wirtschaftliche Unmöglichkeit wurde in Deutschland vom Konzept des Wegfalls der Geschäftsgrundlage verdrängt, welches sich wie die zweite Entscheidungskette zur wirtschaftlichen Unmöglichkeit auf § 242 BGB stützt. Das Prinzip, welches von einem völlig veränderten Leistungsinhalt ausgeht, hat sich daher nicht durchzusetzen vermocht; statt dessen ist der Gedanke der Zumutbarkeit entscheidend[8]. Ein Schuldner muß nur so leisten, wie Treu und Glauben mit Rück-

---

[5]Vgl. *Kegel-Rupp-Zweigert*, Die Einwirkung des Krieges auf Verträge, 73 ff., welche dies auch bei den deutschen Fällen der wirtschaftlichen Unmöglichkeit feststellen. Allerdings gilt in England ebenso wie in Deutschland, daß Unmöglichkeit im tatsächlichen bzw. rechtlichen Sinne keine unbedingte Voraussetzung darstellt. Vielmehr läßt sich diese Tatsache wohl so erklären, daß die strikte Unmöglichkeit in beiden Rechtsordnungen eher Anerkennung fand als die Befreiung aufgrund Leistungserschwerungen. Die Herausbildung des zweiten Rechtsinstitutes fand daher graduell statt und ließ sich in Fällen, in denen eine „echte“ Unmöglichkeit zumindest zeitweise vorhanden war, besser beweisen.

[6]Teil II 2. Kapitel A I

[7]So z.B. RGZ 88, 71 (74) und 90, 102 (105)

[8]Zumindest der Wortlaut der verschiedenen in Deutschland und England vertretenen Theorien gleicht sich zum Teil sehr. So könnte man etwa „Wegfall der Geschäftsgrundlage“ als „disappearance of the foundation of the contract“ übersetzen: vgl. *F.A. Tamplin Steamship v. Anglo-*

sicht auf die Verkehrssitte dies erforderten. Der Rückgriff auf § 242 BGB ermöglichte der Rechtsprechung in den Fällen lediglicher Leistungserschwerungen das endgültige Abgehen vom Leistungsstörungsrecht; sie konnte so auch die Vertragsanpassung als primäre Rechtsfolge eines durch eine Veränderung der Umstände gestörten Vertrages propagieren. Begründet wurde der Vorzug damit, daß die Anpassung als weniger schwerwiegender Eingriff in den bestehenden Vertrag wenn immer möglich den Vorrang genießen müsse. Mit ihr lasse sich ein optimaler Interessenausgleich erreichen. Theoretisch ist diese Sicht der Dinge durchaus vertretbar. Eine völlige Auflösung des Vertrages mit Rückabwicklung beiderseitig schon erbrachter Vor- oder Teilleistungen ist für die Vertragspartner sehr gravierend und kann für zumindest einen von ihnen als ungerechter erscheinen als die Anpassung des Vertrages.

In England begegneten Vorstöße, welche darauf abzielten, den Gerichten die Möglichkeit zur Anpassung von Verträgen zu geben, bisher immer deutlicher Ablehnung. Ein Grund hierfür mag in dem Bedenken liegen, daß ein Richter nicht unbedingt die geeignete Person sei, eine optimale Anpassung unter Abwägung aller relevanten Interessen vorzunehmen. Vorteilhafter wäre demzufolge ein System, welches die Parteien zwingt, die Anpassung selbst auszuhandeln und vorzunehmen, da sie die Situation weitaus besser einschätzen können. Ein anderer Grund für die auffallende Zurückhaltung liegt vermutlich darin, daß die „frustration of contract" in England zumindest einen ihrer Ursprünge im See- und Handelsrecht hat[9] und daher stark von kaufmännischen Überlegungen geprägt ist. Kaufleute wiederum ziehen es der Rechtssicherheit zuliebe angeblich vor, die möglichen Rechtsfolgen einer einschneidenden Veränderung der äußeren Umstände auf die Fortführung oder Auflösung des Vertrages zu begrenzen, wodurch sie eine größere Plansicherheit zu erreichen meinen[10]. Der Versuch Lord Dennings in *British Movietonews Ltd. v. London and District Cinemas* [11], die Anpassung eines Vertrages durch eine radikale Erweiterung der Auslegungsregeln zu erreichen, indem er in den Vertrag Bestimmungen hineinlas, welche durch den

---

Mexican Petroleum Products Co Ltd [1916] 2 AC 397, 406 *per* Lord Haldane. Ebenso ist eine „inhaltlich andere Leistung" praktisch dasselbe wie ein „radical change of obligation": vgl. *Davis Contractors v. Fareham UDC* [1956] AC 696, 728 *per* Lord Radcliffe

[9]Vgl. „frustration of adventure" in Teil II 2. Kapitel A II

[10]Diese Sicht der Dinge war aufgrund der sehr restriktiven Haltung kaufmännischer Schiedsgerichte in den Suezkanalfällen zumindest in den fünfziger und sechziger Jahren durchaus vertretbar, vgl. Teil I 2. Kapitel C II 1. a dd. Anderer Ansicht aber Trakman, [1983] 46 MLR 39, 49, und McInnis, *Force Majeure in Building Contracts*, 139, 157 in: McKendrick (ed.), Force Majeure and Frustration of Contract

[11][1951] 1 KB 190, CA

Wortlaut offensichtlich nicht gedeckt waren, stieß daher im House of Lords auf wenig Gegenliebe[12].

III. Unbeachtliche Leistungserschwerungen

Einig sind sich beide Jurisdiktionen, daß bestimmte Leistungserschwerungen unbeachtlich bleiben müssen, da sie das vertraglich übernommene Risiko nicht überschreiten. Der Ausnahmecharakter von rechtlich beachtlichen Erschwerungen der Leistung soll auf diese Weise gewahrt bleiben. So kommt immer wieder zum Ausdruck, daß lediglich Erschwerungen oder Verteuerungen der Leistung eine Partei grundsätzlich nicht von ihrer Erfüllungspflicht befreien. In einem solchen Fall wird unverändert am Vertrag festgehalten; der leistungspflichtigen Partei kann dann auch zugemutet werden, mit zum Teil erheblichen Verlusten zu arbeiten[13]. Auch der drohende Ruin macht es einer Partei nicht grundsätzlich unzumutbar, den Vertrag weiterhin unverändert durchzuführen[14], wenn sie das Risiko des Ruins bei Vertragsschluß übernommen hat.

Die Grenzziehung zwischen beachtlichen und unbeachtlichen Leistungserschwerungen findet in Deutschland mit der sogenannten „Unzumutbarkeit" statt. Unzumutbarkeit ist in England für die „frustration" nicht ausdrücklich vonnöten. Statt dessen wird gefordert, daß die Leistung unter den neuen Umständen einen „radical change of obligation" darstellen würde, also eine andere als die ursprünglich geschuldete darstellen würde. Dies stellt gleichfalls einen Versuch der Grenzziehung zwischen für den Vertrag erheblichen und unerheblichen Änderungen der äußeren Umstände dar. Rechtlich beachtlich wird eine Erschwerung nur deshalb, weil das vertragliche Risiko überschritten worden ist. Notwendig ist also in beiden Ländern eine Bestimmung des ausdrücklich und konkludent übernommenen Vertragsrisikos.[15]

---

[12][1952] AC 166, HL. Allerdings ließ sich Lord Denning hiervon nicht beirren und unternahm einen erneuten Vorstoß in *Staffordshire Area Health Authority v. South Staffordshire Waterworks Co* [1978] 3 All ER 769. Dort las der Court of Appeal unter seinem Vorsitz ein Kündigungsrecht in einen zeitlich nicht begrenzten Vertrag hinein, in welchem die monetäre Gegenleistung nach etwa 50 Jahren nicht mehr in irgendeinem realistischen Verhältnis zum Wert des gelieferten Wassers stand. Während Lord Denning hierbei wiederum eine richterliche Anpassungsbefugnis im Sinn hatte, beschränkten sich seine Kollegen jedoch auf ein impliziertes Kündigungsrecht, welches oft in zeitlich unbegrenzte kommerzielle Verträge hineingelesen wird. Vgl. Teil I 2. Kapitel G

[13]Je nach den Umständen des Vertrages kann dieser Verlust bis zum Ruin gehen.

[14]Ein Vertrag kann schließlich äußerst spekulativ ausfallen und dadurch große Verlustrisiken, aber auch die Möglichkeit zu sehr großen Gewinnen beinhalten.

[15]Siehe hierzu unten 3. Kapitel B

2. Kapitel: Unmöglichkeit

A. Objektive Unmöglichkeit und Verschulden

Die objektive Unmöglichkeit der Leistung stellt sich hinsichtlich Tatbestand und Rechtsfolgen in beiden Ländern ähnlich dar. Für den Tatbestand ist es jeweils erforderlich, daß es dem Schuldner aus tatsächlichen oder rechtlichen Gründen unmöglich ist, zu leisten. Die daraus resultierende Rechtsfolge ist davon abhängig, ob ihn oder seinen Erfüllungsgehilfen an der Unmöglichkeit ein Verschulden trifft oder nicht. Fällt ihm dem Gesetz nach ein Verschulden zur Last, muß er Schadensersatz leisten. Die primäre Leistungspflicht fällt in jedem Fall weg, da das Unmögliche verständlicherweise nicht geschuldet werden kann.

Ob die Befreiung von der Leistungspflicht lediglich eine vorübergehende oder eine endgültige ist, hängt davon ab, ob die Unmöglichkeit zeitlich begrenzt ist. Hinsichtlich dieser zeitlichen Bestimmung ist in beiden Ländern anerkannt, daß dem Gläubiger nicht zugemutet werden kann, allzulange abzuwarten, ob dem Schuldner die Leistung nicht doch noch möglich wird. Auch ihm wird daher bei Unmöglichkeit ein Rücktritts- bzw. Kündigungsrecht eingeräumt. Die Praxis geht dahin, den Parteien bei Geschäften ohne einen festen Erfüllungszeitpunkt die Möglichkeit zu verwehren, sofort vom Vertrag zurückzutreten. Vielmehr müssen sie längere Zeit warten, ob die Erfüllung nicht doch noch möglich wird. Die Länge dieser Zeitspanne hängt vom Wortlaut des Vertrages und von dem für die Erfüllung vorgesehenen Zeitpunkt ab. Bei Geschäften mit Fixcharakter kann der Gläubiger hingegen sofort vom Vertrage zurücktreten, da die Leistung zu einem späteren Zeitpunkt für ihn keinen Sinn macht.

Für ein rechtlich beachtliches Verschulden, welches den Schuldner auch bei Unmöglichkeit der Leistung schadenersatzpflichtig macht, reicht in beiden Ländern (neben Vorsatz) Fahrlässigkeit („negligence“) aus. Es genügt daher, wenn er es versäumt hat, ihm obliegende Maßnahmen zur Vorsorge, Abwendung, u.ä. zu ergreifen. Der Schuldner hat demnach das Ereignis zu vertreten, wenn er eine gewisse Kontrolle über das Ereignis und seine Auswirkungen besitzt, z.B. weil es auf Mängel seiner betrieblichen Organisation oder fehlendes Kapital zurückzuführen ist.

B. Subjektive Unmöglichkeit

Subjektive Unmöglichkeit, d.h. das individuelle Unvermögen des Schuldners zur Leistung, steht in Deutschland der objektiven Unmöglichkeit gleich. Bei mangelndem Verschulden wird der Schuldner daher von der Leistungs- und Schadensersatzpflicht frei[16]. Unter dem englischen „common law“ hingegen wird ein Schuldner, welcher sich lediglich aufgrund seiner individuellen Leistungsfähigkeit oder seiner besonderen Umstände wegen zur Erfüllung außerstande sieht, nicht von der Schadensersatzpflicht entbunden[17]. Das englische Recht ist in dieser Beziehung strenger und erlegt einem Schuldner eine absolute Einstandspflicht für seine individuelle Leistungsunfähigkeit auf. Dieser Standpunkt ist verständlich, da der Gläubiger zu einer Einschätzung der Umstände, welche in der Sphäre des Schuldners liegen, oft nicht in der Lage ist. Es ist auch nicht einzusehen, warum der Gläubiger an diesem Risiko teilhaben soll. Die Verpflichtung zu Schadensersatz bei subjektivem Unvermögen zwingt zum einen den Schuldner zu einer sorgfältigen Einschätzung seiner Organisation und erhöht zum anderen die Rechtssicherheit für den Gläubiger. Sie ist daher vorzuziehen.

C. Rechtliche Unmöglichkeit

In England wird die rechtliche Unmöglichkeit, die „illegality“ (abgesehen von dem mit überragender Bedeutung behaftetem Verbot des „trading with the enemy“) ebenso wie die rechtliche Unmöglichkeit im deutschen Recht dahingehend geprüft, ob das betreffende Verbot es dem Schuldner tatsächlich unmöglich macht, die Leistung zu erbringen, oder ob diese ihm lediglich erschwert wird. Die Tatsache eines Verbots allein reicht also nicht aus; ein kausaler Zusammenhang zum Unvermögen muß zusätzlich bewiesen werden. In beiden Rechtsordnungen ist allerdings anerkannt, daß das schuldrechtliche Gebot zur Leistung einen Schuldner nicht dazu zwingen kann, den Vertrag auf illegale Weise zu erfüllen. Wenn die Erfüllung daher nur bei Verstoß gegen ein herrschendes Verbot möglich wäre, ist sie rechtlich unmöglich geworden. Anders kann es nur liegen, wenn das fragliche Verbot nicht rechtswirksam ist. Allerdings kann dann tatsächliche Unmöglichkeit gegeben sein, wenn das Verbot, obwohl rechtswidrig, von entsprechenden Sanktionen begleitet ist, also tatsächlich durchgesetzt wird.

D. Herausgabe von Surrogaten

Das deutsche Recht verpflichtet einen Schuldner, welcher seine Leistung wegen Unmöglichkeit nicht zu erbringen braucht, zur Herausgabe von Surrogaten, welche er aufgrund eben dieser Unmöglichkeit erlangt hat, wenn der Gläubiger ihn

---

[16]Dies gilt allerdings der h. M. zufolge nicht für anfängliches Unvermögen. § 306 enthält keine dem § 275 II entsprechende Vorschrift und dem Schuldner wird daher für anfängliches Unvermögen eine absolute Einstandspflicht auferlegt, welche neben Schadensersatz auch Erfüllungsansprüche begründet; vgl. *Palandt*, § 306 Rn 9.

[17]*Thornborow v Whitacre* (1705) 2 Ld Raym 1164

darum angeht und seine Gegenleistung erbringt[18]. Vor allem Versicherungsleistungen, welche über den Wert des ursprünglichen Vertragsgegenstandes hinausgehen, können in dieser Hinsicht ein für den Gläubiger interessantes „stellvertretendes Commodum" darstellen. Wenn der Gläubiger das stellvertretende Commodum verlangt, muß er gemäß § 323 II BGB die Gegenleistung erbringen. Diese mindert sich gegebenenfalls um den Wert, um welchen das Surrogat hinter der ursprünglich geschuldeten Leistung zurückbleibt.

Das englische Recht kennt keine derartige Verpflichtung. In der Tat schreibt s.1(5) des *Law Reform (Frustrated Contracts) Act 1943* ausdrücklich vor, Versicherungssummen von der Berechnung der „just sum", welche einer Partei nach Eintritt von „frustration" unter Umständen zusteht, auszunehmen[19]. Die Berücksichtigung derartiger Surrogate ist aber prinzipiell wünschenswert, da sie eine unrichtige Verteilung von Vermögenswerten auszugleichen vermag[20]. Der Schuldner würde nämlich zum einen aufgrund der Unmöglichkeit von seiner Leistungspflicht befreit und erhielte zum anderen aufgrund derselben Unmöglichkeit irgendeinen Gegenstand von Wert. Der Gläubiger hingegen müßte ersatzlos auf seinen gesamten Anspruch verzichten. Da das Surrogat im Vermögen des Schuldners an die Stelle der unmöglich gewordenen Leistung getreten ist, sollte es dem Gläubiger zustehen, wenn dieser die Gegenleistung zu erbringen bereit ist.

---

[18] § 281 BGB

[19] Zum *Law Reform (Frustrated Contracts) Act 1943* siehe Teil I 2. Kapitel E II

[20] RGZ 120, 349; 157, 44; BGH LM § 281 BGB Nr. 1

3. Kapitel: Wegfall der Geschäftsgrundlage

Es sind vor allem längerfristige Verträge, in welchen eine Veränderung der Umstände, welche die Leistung erschwert, als rechtlich relevant angesehen werden kann. Der Grund hierfür ist in der Tatsache zu sehen, daß ein einschneidender Wechsel in den äußeren Rahmenbedingungen bei Verträgen, welche während einer relativ kurzen Frist durchzuführen sind, sich zum Zeitpunkt des Vertragsabschlusses oft vorhersehen lassen dürfte und man es den Parteien mithin (zu Recht) unterstellt, daß sie eine derartige Möglichkeit in ihre Überlegungen miteinbezogen haben oder miteinbezogen haben sollten und dementsprechend das Risiko im Vertrag verteilt ist[21]. Die rechtliche Beachtung von veränderten Umständen darf nicht dazu verwendet werden, den Parteien derartige Überlegungen einfach abzunehmen; in Deutschland würde dies darauf hinauslaufen, die von den Verfassern des BGB aufgrund ihres undifferenzierten, weiten Anwendungsgebietes abgelehnten *clausula rebus sic stantibus* gewissermaßen durch die Hintertür doch noch als Grundsatz ins Zivilrecht zu übernehmen. Der Ausnahmecharakter eines Wegfalls der Geschäftsgrundlage bzw. einer „frustration" muß gewahrt bleiben, da beide Konzepte entwickelt wurden, um inakzeptablen Ungerechtigkeiten bei der Ausübung des geltenden Rechts zu begegnen.

A. Maßstäbe

I. Wesentlichkeit

Damit in Deutschland eine Veränderung der Umstände Beachtung findet, muß sie „wesentlich" sein. Wesentlichkeit bedeutet, daß die Parteien bei Wissen um das Ereignis den Vertrag entweder überhaupt nicht oder zumindest mit anderem Inhalt geschlossen hätten[22]. In der Praxis stellt sich dies so dar, daß das Ereignis von so einschneidender Bedeutung für den Vertrag ist, daß eine hypothetische Person in der Position der Parteien zum Zeitpunkt des Vertragsschlusses es zumindest im Vertrag berücksichtigt hätte, etwa in Form von Risikozuschlägen oder *force majeure*-Klauseln.

In England existiert kein ausdrückliches Kriterium der Wesentlichkeit. Es ist aber zumindest stillschweigend in der Bedingung des „radical change of obligation"

---

[21] Eine derartige Vorhersehbarkeit steht zumindest bei politischen und anderen Ereignissen von Menschenhand selten in Frage. Im Gegensatz hierzu lassen sich Naturkatastrophen u.ä. nicht vorhersehen. Selbst unvorhersehbare Ereignisse dürften bei kurzfristigen Verträgen aber (jenseits traditioneller Unmöglichkeit) nur selten eine derartig umwälzende Wirkung haben, daß man es der betroffenen Partei nicht mehr zumuten kann, unverändert zu leisten.

[22] *Palandt*-Heinrichs §242 Rn. 125

enthalten, da hierfür „hardship" oder „inconvenience" oder auch „material loss" allein nicht ausreichen; die gesamte Leistungspflicht muß sich als eine völlig andere darstellen[23]. Wenn dies in einer gegebenen Situation der Fall ist, kann man ohne weiteres annehmen, daß die betroffene Partei den Vertrag bei Wissen um die betreffenden Umstände so nicht geschlossen hätte.

II. Unzumutbarkeit und Radical change of obligation

In Deutschland kommt es darauf an, ob die (unveränderte) Leistung dem Schuldner noch zugemutet werden kann oder nicht. In England hingegen versuchen die Gerichte festzustellen, ob die Leistung, würde sie jetzt erbracht, sich als eine im Vergleich zu der bei Vertragsabschluß versprochenen radikal andere gestalten würde. Beide Konzepte haben das Ziel, eine Grenze für das vom Schuldner übernommene Risiko zu definieren, jenseits derer er nicht mehr (zumindest unverändert) an sein Versprechen gebunden bleibt.

Beide Definitionen zeichnen sich nicht gerade durch klare Richtlinien aus; es bleibt den Gerichten überlassen, die Unzumutbarkeit bzw. den „radical change" im Einzelfall näher zu bestimmen. Daß in Deutschland schon als unzumutbar empfundene Leistungen in England wohl nicht immer die Anforderungen des „radical change" erfüllen würden, dürfte hauptsächlich mit der größeren Bereitschaft deutscher Richter zu erklären sein, einem Schuldner seine Leistung zu erleichtern und deshalb zu befinden, daß er bestimmte Risiken nicht übernommen habe[24].

Zum einen mag sich dies daraus erklären, daß ein Schuldner in England historisch ein absolutes Versprechen abgab, in Deutschland jedoch nicht. Zum anderen stützt sich der Wegfall der Geschäftsgrundlage mit § 242 BGB auf eine andere Gesetzesvorschrift als die Unmöglichkeit mit § 275 BGB, wohingegen in England sowohl die Unmöglichkeit, welche als Ausnahme von der strengen englischen Vertragsdoktrin schon seit langem existiert, als auch der vergleichsweise junge „radical change of obligation" unter dem Oberbegriff „frustration" zusammengefaßt werden; eine deutliche systematische Trennung hat bis heute nicht stattgefunden. Der überragende Einfluß des Rechts der Unmöglichkeit auf die „frustration" ist bis heute unverkennbar. Letztlich läßt sich die größere Bereitschaft deutscher Gerichte, Abhilfe zu gewähren, aber vermutlich vor allem mit den unterschiedlichen Rechtsfolgen erklären. Der Vertrag wird in Deutschland zumeist in angepaßter Form weiter durchgeführt; die Verluste, welche dem Ver-

---

23 *Davis Contractors v. Fareham UDC* [1956] AC 696, 729 *per* Lord Radcliffe

24 Siehe etwa die Behandlung schleichender Inflation, unten D.

tragsgegner aus der Berücksichtigung der außergewöhnlichen Umstände entstehen, halten sich somit in Grenzen. In England hingegen wird der Vertrag endgültig aufgelöst, womit der Gläubiger auf die versprochene Leistung ganz verzichten muß.

Sowohl die Unzumutbarkeit als auch der „radical change of obligation" sind sehr stark vom Einzelfall abhängig. Es lassen sich aber einige generelle Aussagen machen.

Die Unzumutbarkeit wird aus §242 BGB hergeleitet, demzufolge ein Schuldner seine Leistung nach Treu und Glauben mit Rücksicht auf die Verkehrssitte zu erbringen hat. Die Unzumutbarkeit soll die Grenze definieren, jenseits derer er seine Leistung nach Treu und Glauben nicht mehr (zumindest unverändert) zu erbringen braucht. Die Bestimmung der Unzumutbarkeit in einem gegebenen Fall erfordert es, das vertraglich übernommene Risiko, an welchem sich die Parteien festhalten lassen müssen, und den darüber hinaus gehenden Aufwand festzustellen. Das Prinzip *pacta sunt servanda* bewirkt nämlich auch, daß es einer Partei nicht unzumutbar sein kann, innerhalb des von ihr übernommenen Vertragsrisikos zu leisten. Die Bestimmung des Vertragsrisikos zusammen mit einer Abwägung der Interessenlagen des individuellen Falles ermöglichen ein Urteil hinsichtlich der Zumutbarkeit der unveränderten Leistungserbringung.[25]

Die Unzumutbarkeit dient zugleich auch der Bestimmung der Rechtsfolge, da der Vertrag primär so anzupassen ist, daß die Obligationen der betroffenen Partei wieder auf das „zumutbare" zurückzuführen sind, was in der Theorie daraus hinausläuft, daß sie auf das Maximum des von ihr bei Vertragsschluß ursprünglich übernommenen Risikos zurückgeführt wird. Ist eine Anpassung unter Berücksichtigung der legitimen Interessen der Gegenpartei aufgrund der Schwere der eingetretenen Störung nicht möglich, bleibt nur die Vertragsauflösung. Zur Bestimmung der geeigneten Rechtsfolge ist daher eine umfassende Interessenabwägung vonnöten.

Im englischen Recht dient hingegen der „radical change of obligation" zur Bestimmung des Tatbestandes. Die dort gestellte Frage lautet dahingehend, ob die jetzt zu erbringende Leistung noch derjenigen vergleichbar ist, welche der

---

[25] In Deutschland gehört die Unzumutbarkeit zur stereotyp wiederholten Formel von der Geschäftsgrundlage untrennbar dazu, da ein Wechsel in den betreffenden Umständen nur dann beachtlich ist, wenn ein unverändertes Festhalten am Vertrag der betreffenden Partei „unzumutbar" ist. Grundsätzlich kann nur ein Überschreiten ihres Vertragsrisikos einer Partei unzumutbar sein. Unzumutbarkeit bedeutet, daß das unveränderte Festhalten am Vertrag zu untragbaren, mit Recht und Gerechtigkeit schlechthin nicht mehr zu vereinbarenden Ergebnissen führen würde: siehe z.B. BGH, NJW 1993, 1856 (1860) und BGH, LM § 242 (Bb) BGB Nr. 145.

Schuldner bei Vertragsabschluß versprochen hat. Dieses Versprechen und die Umstände des Vertragsschlusses beinhalten das Risiko, welches er hinsichtlich der Erfüllung übernommen hat. Fällt die nun zu erbringende Leistung noch innerhalb dieses Risikos, muß er sie erbringen. Wenn nicht, liegt ein „radical change“ vor. Die Feststellung des „radical change“ erfordert ebenso wie die der Unzumutbarkeit eine umfassende Erörterung der Umstände des Einzelfalles, welche die Risikoverteilung deutlich macht.

Für die Bestimmung von Unzumutbarkeit bzw. „radical change“ ist also in jedem Falle eine Risikozuordnung vonnöten. Das Vertragsrisiko ergibt sich in beiden Rechtsordnungen zuerst aus dem Vertrag selbst, sodann aus anwendbarem dispositivem Recht und den Gebräuchen des betreffenden Geschäftskreises.

B. Risikoermittlung

Die Bestimmung des Vertragsrisikos eröffnet dem Richter gewisse Spielräume, welche sich durch die Unbestimmtheit der jeweiligen Grenze für das übernommene Vertragsrisiko (in England der „radical change“, in Deutschland die Unzumutbarkeit) ergibt. So können zum Beispiel verschiedene Richter bei gleichen Fakten zu unterschiedliche Bestimmungen des Zeitpunktes, an dem eine „frustration“ stattfand, gelangen[26]. In der Feststellung des Tatbestandes eines Wegfalls der Geschäftsgrundlage/einer „frustration“ kann ein Gericht demnach bis zu einem gewissen Grad seinem eigenen Werte- und Gerechtigkeitsgefühl folgen. In England stellt dies kein besonderes Problem dar, weil die Richter ein ziemlich einheitliches Wertebild teilen und auch die unbedingte Präzedenzwirkung höchstrichterlicher Rechtsprechung eine weitgehend einheitliche Rechtsprechung gewährleistet. Obwohl in Deutschland aufgrund des Fehlens eines derartigen Prinzips und auch wegen der relativen Vielfalt der Herkunft der Richter zumindest die Gefahr einer ausufernden und uneinheitlichen Billigkeitsjustiz bestehen mag, findet die Rechtsprechung auch hier zumindest im Ergebnis überwiegend Zustimmung.

I. Vertragswortlaut

Die zuverlässigsten Schlüsse hinsichtlich des Vertragsrisikos ergeben sich aus dem Wortlaut des Vertrages selbst. Aufgrund der Beschränkungen, welche der Sprache innewohnen, existieren in beiden Jurisdiktionen Auslegungsregeln, welche helfen sollen, den Parteiwillen zu erforschen. Sowohl in England als auch in Deutschland wird den Worten grundsätzlich ihre normale Bedeutung zugemes-

---

[26] Siehe die aus dem Iran-Irak Krieg resultierenden Fälle *The Wenjiang* [1981] 2 Lloyd's Rep 308; *The Evia (No. 2)* [1981] 2 Lloyd's Rep 613; *The Chrysalis* [1983] 1 Lloyd's Rep 503

sen[27]. Da sich der tatsächliche Parteiwillen nur äußerst selten ermitteln läßt, ist normalerweise der Verständnispunkt des Empfängers des jeweiligen Versprechens ausschlaggebend, d.h. wie eine hypothetische redliche Person in der Position des Empfängers den Vertrag verstanden hätte. In beiden Jurisdiktionen ist es also im Endeffekt der Richter, welcher den Vertrag auslegt und welcher daher zu entscheiden hat, was unter den gegebenen Umständen ein Verständnis nach Treu und Glauben bzw. „reasonable" hinsichtlich der Auslegung ist[28]. Die Auslegung des Vertrages läuft im Endeffekt also nicht auf die Bestimmung des tatsächlichen Parteiwillens hinaus, sondern ist normativ geprägt.

In Deutschland kommt auch die sogenannte „ergänzende Auslegung" gemäß § 157 BGB zur Anwendung. Diese versucht, die im Vertrag erkennbare Risikoverteilung fortzuführen und so für die eingetretene Störung eine Lösung zu finden. Die ergänzende Auslegung geht der Anpassung des Vertrages unter § 242 BGB vor. Im Endeffekt stellt sie aber ebenso wie letztere ein Instrument zur Füllung einer Lücke im Vertragsrisiko dar. Die Übergänge zwischen beiden Instituten sind fließend und sie werden mitunter sogar zu einem einheitlichen Institut zur Füllung von Vertragslücken zusammengefaßt[29].

In England gibt es kein der ergänzenden Vertragsauslegung vergleichbares Prinzip. Ein Richter kann zwar in bestimmten Fällen mit Hilfe der sogenannten „terms implied in fact" und „terms implied in law" in den Vertrag eine Regelung einfügen. Im Falle radikal veränderter Leistungspflichten ist ihm dies jedoch nicht möglich. Das Heranziehen der Vertragsauslegung für die Anpassung eines Vertrages in einer derartigen Situation wurde zwar von Lord Denning in *British Movietonews* propagiert; sie ist aber vom House of Lords einstimmig abgelehnt worden[30].

---

[27] Anders kann es sich verhalten, wenn die Parteien Fachausdrücke gebrauchen bzw. glaubhaft darlegen können, daß sie bestimmten Worten eine andere als die normale Bedeutung zukommen lassen wollten.

[28] Vgl. *Zweigert/Kötz*, Einführung in die Rechtsvergleichung, § 30 V, welche den Streit zwischen „Willenstheorie" und „Erklärungstheorie" deshalb beigelegt sehen. Es komme nur auf die Bedeutung an, welche eine vernünftige Person in der Position des Empfängers einer Erklärung zumessen würde.

[29] Vgl. Teil II 2. Kapitel D III und IV.

[30] Siehe weiter unten 6. Kapitel B.

II. Rechtliche Vorschriften

Sowohl in England als auch in Deutschland gibt es bestimmte Vorschriften, welche ohne Zutun der Parteien in die Verträge mitaufgenommen werden. Manche dieser Vorschriften sind dispositiv[31], andere sind es nicht. In beiden Jurisdiktionen ist nämlich anerkannt, daß bestimmte, häufig auftretende Vertragstypen eine typische Risikoverteilung aufweisen bzw. aufweisen sollten. Diese typische Risikoverteilung ist im Recht verankert[32]. Oft ist es möglich, die rechtliche Risikoverteilung durch ausdrückliche Klauseln zu verändern, da viele der gesetzlichen Vorschriften dispositiv sind. Wird dies jedoch nicht getan, müssen sich die Parteien an der vorgeschriebenen typischen Lastenverteilung festhalten lassen. So trägt zum Beispiel der Geldschuldner typischerweise das Risiko der Entwertung und der Sachleistungsschuldner das Beschaffungsrisiko. Die Übernahme des typischen Risikos ist aber nicht absolut; außergewöhnliche Ereignisse können so störend auf den Vertrag einwirken, daß der Risikorahmen überschritten wird.

Zusätzlich existieren in beiden Ländern Gebräuche der jeweiligen Geschäftskreise, welche ohne Zutun der Parteien in den Vertrag Aufnahme finden, in Deutschland allerdings unter dem Vorbehalt, daß sie Treu und Glauben nicht zuwiderlaufen dürfen. In England hingegen darf sich ein Brauch lediglich nicht als illegal darstellen[33]. Die Partei, welche die Existenz des Brauchs behauptet, muß glaubhaft darstellen, daß es in weiten Kreisen des betreffenden Geschäftsverkehrs tatsächlich Anwendung findet. Gebräuche lassen sich wie dispositives Recht im Vertrag ausschließen.

III. Einschränkungen

Beide Jurisdiktionen machen hinsichtlich der Möglichkeit, den Einfluß außergewöhnlicher Ereignisse auf die Vertragserfüllung geltend zu machen, bestimmte Einschränkungen, welche ein Berufen auf die veränderten Umstände verwehren. Diese Einschränkungen sind sich sehr ähnlich.

---

[31] Etwa Bestimmungen hinsichtlich des zu zahlenden Preises, sollte eine derartige Klausel im Vertrag fehlen.

[32] Beispiele sind z.B. Kaufverträge oder Mietverträge. In Deutschland wird diese Risikoverteilung in Gesetzen ausgedrückt, wohingegen dies in England häufig in der Form sogenannter „terms implied in law“ geschieht, welche von den Gerichten als typische Risikoverteilung für bestimmte Verträge entwickelt werden; vgl. *Zweigert Kötz*, aaO, § 30 IV.

[33] Da eine derartige Illegalität aber auch Verstöße gegen die „public policy“ miteinschließt, stellt sich die Situation in der Praxis nicht viel anders dar.

1. Verschulden und freie Willensentschließung

In beiden Ländern ist anerkannt, daß es einer Partei verwehrt ist, Leistungserschwerungen aufgrund eines Ereignisses geltend zu machen, an dessen Eintritt bzw. ungünstigen Auswirkungen auf den Vertrag sie ein Verschulden trifft. Verschulden kann in verschiedenen Formen zu Ausdruck kommen, sei es, daß die Partei das Ereignis selbst herbeiführte oder sei es auch nur in dem Sinne, daß sie es unterlassen hat, bei Vorhersehbarkeit des Ereignisses oder auch nach Eintritt desselben geeignete Abwendungsmaßnahmen zu treffen, welche im (zumutbaren) Rahmen ihrer Möglichkeiten lagen. Verschulden im letzteren Sinne ergibt sich aus dem Gebot, daß sowohl Eintritt als auch Auswirkungen des betreffenden Vorkommnisses außerhalb der Kontrollmöglichkeiten der Parteien liegen müssen.

Vorhersehbarkeit wird hier in dem Sinne gebraucht, daß der Eintritt der Begebenheit und ihre Auswirkungen auf den Vertrag nicht in einer Weise vorhersehbar sein darf, daß die Parteien als redliche Geschäftsleute hiergegen Vorsorge hätten treffen müssen[34]. Vorhersehbarkeit würde grundsätzlich implizieren, daß die Parteien hinsichtlich dieses Ereignisses eine ausdrückliche Risikoverteilung im Vertrag getroffen haben und sie daher beabsichtigten, das Risiko der nun davon betroffenen Partei aufzubürden.

Die Kontrollierbarkeit eines Ereignisses wird in England zum Teil sehr weit ausgelegt. In *The Super Servant Two*[35] etwa hatte der Schuldner aufgrund des Unterganges eines seiner zwei Schlepper gar nicht die Möglichkeit, alle vor dem Untergang eingegangenen Verpflichtungen zu erfüllen. Trotzdem entschied der Court of Appeal, daß die nicht erfüllten Verträge nicht der „frustration" anheim gefallen seien, da diese selbstverschuldet sei.

Unter normalen Umständen ginge dieses Verständnis von Kontrolle zu weit. Allerdings gibt es Hinweise, daß das Urteil in diesem Falle unter anderem auch durch das unbillige Verhalten des Schuldners zu erklären ist[36]. Grundsätzlich bedeutet fehlende Kontrolle sowohl in England als auch in Deutschland, daß die Parteien das Ereignis weder selber herbeigeführt haben noch es mit (zumutbaren)

---

[34]Etwaige Abwendungsmaßnahmen müssen auch zumutbar sein. So muß sich etwa eine Partei nicht normalerweise hierbei finanziell so engagieren, daß sie dem Bankrott entgegensteuert. Allerdings hängt dies von den Umständen des Einzelfalles ab. So muß man auch berücksichtigen, welchen finanziellen Wert der Vertrag hat, mit welchen möglichen Widrigkeiten bei seinem Abschluß zu rechnen war und welchen potentiellen Gewinn die betreffende Partei erwarten konnte.

[35][1990] Lloyd's Rep 1

[36]Vgl. Teil I 2. Kapitel D I 3 b).

Mitteln abwenden oder beherrschen konnten. Dies bedeutet, daß es sich normalerweise bei einem rechtlich beachtlichen Ereignis um ein von außen kommendes handeln muß.

2. Vorhersehbarkeit

Eine weitere Einschränkung gilt hinsichtlich Ereignissen, welche für die Vertragsparteien vorhersehbar waren. Die Vorhersehbarkeit spielt im deutschen Recht scheinbar eine größere Rolle als im englischen, wo sie angeblich lediglich als Indiz dafür gewertet wird, daß die Parteien im Vertrag hätten Vorsorge treffen sollen[37]. Haben sie das nicht getan, kommt es darauf an, ob sie das Risiko des betreffenden Ereignisses bewußt einer der Parteien haben aufbürden wollen. Die Vorhersehbarkeit eines Ereignisse impliziert aber, daß der Vertrag *prima facie* eine konkludente Risikoverteilung enthält. Es bedarf entgegenstehender Indizien, um die Vermutung einer derartigen Risikoverteilung zu widerlegen. Nur wenn das Risiko des Ereignisses nicht aufgrund seiner Vorhersehbarkeit einer der Parteien zuzuordnen ist, kommt der Frage Bedeutung zu, ob die Ausführung des Vertrages zum jetzigen Zeitpunkt einen „radical change of obligation“ bedeuten würde.

In Deutschland kann ein Ereignis, welches bei Vertragsabschluß vorhersehbar war, gleichfalls grundsätzlich nicht die Berufung auf einen Wegfall der Geschäftsgrundlage ermöglichen[38]. Der Grund hierfür liegt darin, daß die Parteien ein vorhersehbares Ereignis im Vertrag hätten berücksichtigen können und ein unverändertes Festhalten am Vertrag der betreffenden Partei daher nicht unzumutbar ist. Selbst bei vorhersehbaren Ereignissen kann es aber zu einem Wegfall der Geschäftsgrundlage kommen, wenn die Parteien übereinstimmend vom Nichteintritt des Ereignisses ausgingen und daher das Risiko nicht im Vertrag verteilt haben. Ähnlich wie in England läßt daher die Vorhersehbarkeit eines Ereignisses den Schluß zu, daß die Parteien das Risiko im Vertrag verteilt haben; dies kann jedoch bei gegenteiliger Beweislage widerlegt werden.

In beiden Jurisdiktionen ist ein bestimmter Grad an Vorhersehbarkeit notwendig, welcher sich nicht immer leicht bestimmen läßt. Ein Ereignis und seine Auswirkungen auf den Vertrag müssen nämlich in einigem Detail vorhersehbar sein. Wäre dies nicht der Fall, könnten die Parteien hiergegen nicht ohne weiteres geeignete Abwendungsmaßnahmen einleiten; es ist ihnen nicht zuzumuten, gegen

---

[37] Lord Denning in *The Eugenia* [1964] 2 QB 226, 234. Anders aber Professor Treitel, *The Law of Contract*, 816 f. Siehe generell Teil I 2. Kapitel D III.

[38] Vgl. Teil II 2. Kapitel F III.

jedes schlechthin denkbare Ereignis Vorsorge zu treffen[39]. Hinsichtlich der Möglichkeiten der Informationsbeschaffung, welche für die Vorhersehbarkeit vonnöten sind, muß man von den Schritten ausgehen, welche ein redlicher Angehöriger des betreffenden Geschäftskreises an der Stelle der betreffenden Partei[40] unternehmen würde, um die Wahrscheinlichkeit des Eintritts des Ereignisses zu bestimmen. Nach dieser Bestimmung muß entschieden werden, ob es im betreffenden Geschäftszweig üblich ist, sich gegen ein Risiko der betreffenden Größenordnung abzusichern und, selbst wenn nicht, ob eine vernünftige Person in der individuellen Situation dies trotzdem täte.

Die normative Bestimmung der Vorhersehbarkeit eines Ereignisses verknüpft also subjektive Gesichtspunkte (die individuelle Position der Parteien) mit objektiven Gesichtspunkten (redlicher Geschäftsverkehr).

3. Ausdrückliche Vorkehrungen im Vertrag

Ein Wechsel in den Umständen kann nur dann die Rechtsfolgen eines Wegfalls der Geschäftsgrundlage bzw. einer „frustration" nach sich ziehen, wenn der Vertrag selbst nicht schon Bestimmungen in dieser Hinsicht enthält. Derartige Vorkehrungen sind in beiden Jurisdiktionen in Form von *force majeure*-Klauseln, Preisanpassungsklauseln, etc. in bestimmten Vertragstypen weit verbreitet.[41] Hinsichtlich der rechtlichen Wirksamkeit solcher Klauseln bestehen in England und Deutschland größere Unterschiede, vor allem in Bezug auf Klauseln, welche in AGB verwendet werden. Vertragliche Vorkehrungen werden im 4. Kapitel behandelt.

4. Risikogeschäfte

Für Risikogeschäfte gilt in Deutschland wie in England, daß ein Wechsel in den Umständen für derartige Verträge grundsätzlich unbeachtlich bleibt. Diese allgemeine Wertung muß jedoch insofern eingeschränkt werden, als zunächst bestimmt werden muß, welche Risiken die Parteien dem Vertrag nach übernommen haben. Der Grundsatz folgt nämlich aus dem allgemein anerkannten Prinzip, daß sich die Parteien an dem von ihnen in Kauf genommenen Risiko festhalten lassen müssen. Je größer das eingegangene Risiko ist, desto näher kommt das Eingehen

---

[39]Man würde sich dann wieder der unbedingten Einstandspflicht des „absolute contract" nähern. Diese soll aber in England gerade durch die Regeln der „frustration" gemildert werden.

[40]Also mit ihrem Wissen, Erfahrung, etc. ausgestattet bzw. dem, was in der Branche als üblich gilt.

[41]Z.B. in Charterverträgen und Energielieferungsverträgen.

eines Vertrages dann einem absoluten Versprechen. Das höhere Risiko bei Spekulationsgeschäften geht mit erhöhten Gewinnchancen einher. Daher sind auch die Aufwendungen, welche dem Schuldner zur Erbringung der Leistung zuzumuten sind, größer.

C. Rechtsfolgen

Der Hauptunterschied zwischen einem Wegfall der Geschäftsgrundlage und einer „frustration" besteht hinsichtlich ihrer Rechtsfolgen.

I. Anpassung

Als mögliche Rechtsfolgen stehen sich die Anpassung des bestehenden Vertrages und seine endgültige Auflösung gegenüber. Die Anpassung genießt sicherlich den Vorzug der größeren Flexibilität. Ein Richter hat theoretisch die Möglichkeit, mit ihrer Hilfe einen Vertrag optimal an die neuen Verhältnisse anzupassen und dadurch die Interessen der Parteien möglichst gerecht auszugleichen. Allerdings stellt dies den Idealfall dar, welcher vor allem in komplexeren Fällen mitunter schwer zu verwirklichen ist. Es stellt sich dort die Frage, ob ein Richter, welcher normalerweise kaum als Wirtschafts-, Bauexperte o.ä. gelten kann, dafür die geeignete Person ist. Er ist zwar in der Lage, sich entsprechender Fachleute zu bedienen, um sich besser in die Lage des Einzelfalles hineinzudenken; letztlich obliegt aber ihm die Entscheidung, den Vertrag so zu ändern, wie es ihm den Umständen und Interessenlagen der Parteien gemäß am gerechtesten erscheint[42]. Dem Richter sind hierbei kaum Grenzen gesetzt, da er durchaus auch neue Klauseln in das Vertragsgebilde einfügen darf und die ursprüngliche Risikoverteilung einer Änderung zugänglich ist, sofern dies als für beide Parteien „zumutbar" erscheint (wenn auch die Anpassung normalerweise diese Risikoverteilung soweit wie möglich wiederherstellen sollte).

Die Gefahr, welche so durch das Instrument der Vertragsanpassung hinaufbeschworen wird, liegt daher in dem potentiellen Mangel an Rechtssicherheit[43].

---

[42]Obwohl die Anpassung *ipso iure* aus § 242 BGB herrührt, ist der dortige Maßstab so vage, daß die tatsächliche Anpassung einer Billigkeitsentscheidung zumindest nahesteht. Allerdings hat der Richter schon bei der Feststellung des Tatbestandes (welche auch in England unumgänglich ist) das schwierigste Stück Arbeit geleistet, da er mit der hierfür notwendigen Bestimmung der Unzumutbarkeit schon das konkrete Kriterium gewonnen hat, entsprechend welchem er die Anpassung vorzunehmen hat.

[43]Der Gedanke der immanenten Vertragsgerechtigkeit, welcher mit dem Geschäftsgrundlageninstitut verwirklicht werden soll, tritt nicht zum Grundsatz der Vertragstreue, sondern zu dem der Rechtssicherheit in Konkurrenz.

Diese Gefahr läßt sich begrenzen, solange die Rechtsprechung die Möglichkeiten einer Vertragsanpassung zurückhaltend ausübt und einen Wegfall der Geschäftsgrundlage nur in wirklich außergewöhnlichen Situationen zuläßt. Man darf dem Schuldner nicht jedwedes Risiko einer veränderlichen Wirklichkeit abnehmen, welches er mit dem Vertragsabschluß eingegangen ist[44]. Das Interesse des Vertragsgegners an einer unveränderten Durchführung des Vertrages muß ebenfalls gebührend berücksichtigt werden. Dieses Interesse ist dem des Schuldners hinsichtlich einer Anpassung diametral entgegengesetzt und hat zur Folge, daß die Anpassung möglichst geringfügig auszufallen hat[45]. In der Praxis stellt sich dies meist so dar, daß bereits existierende Klauseln verändert werden, z.B. daß die zur Erfüllung bewilligte Zeit verlängert oder das vereinbarte Entgelt erhöht wird[46]. Grundsätzlich gilt es, einen Kompromiß zu finden, welcher den Interessen beider Seiten möglichst gerecht wird. Dies kann in Form eines Vergleichs geschehen.

Ist eine Anpassung für mindestens eine der beiden Seiten unzumutbar, da die veränderten Umstände zu einschneidend sind, bleibt nur die Auflösung.

II. Auflösung

In England kommt nur die (automatische) Auflösung des Vertrages als Rechtsfolge der „frustration of contract" in Frage. Sie bietet den Vorteil, die Rechtssicherheit nicht zu sehr zu beeinträchtigen und dem Richter keine Aufgabe zuzuweisen, welcher er aufgrund mangelnder Fachkenntnisse vielleicht nicht gewachsen ist. Sein Tätigwerden beschränkt sich grundsätzlich auf die Feststellung, ob die Voraussetzungen für eine „frustration" vorliegen oder nicht, also auf eine Analyse des ursprünglich eingegangenen Vertragsrisikos und die darauffolgende

---

[44]Dieses Risiko trifft allerdings unter Umständen auch auf die Auflösung des Vertrages als Rechtsfolge zu, da sich auch diese dem Schuldner im Vergleich zur unveränderten Durchführung des Vertrages als vorteilhaft darstellen kann.

[45]Vgl. *Haarmann*, Wegfall der Geschäftsgrundlage bei Dauerschuldverhältnissen, S. 93. Die Geringfügigkeit resultiert aus dem Ziel der Anpassung, das Risiko der betreffenden Partei weder bis direkt unter die Opfergrenze zurückzuführen.

[46]Die Gegenseite wird sich im Normalfall wohl schon deshalb zu letzterer Anpassung bereit erklären, als im Falle einer Vertragsauflösung die gleiche Leistung aufgrund der veränderten Umstände anderswo kaum billiger zu bekommen sein dürfte. Indessen läßt sich nicht verkennen, daß es Situationen gibt, in welchen der Gläubiger den Vertrag auflösen will, um anderswo vorteilhafter abzuschließen. Dies stellt einen der Gründe für die Zurückhaltung englischer Gerichte, eine „frustration" außerhalb der tatsächlichen oder rechtlichen Unmöglichkeit zuzulassen, dar. In derartigen Fällen ist eine Anpassung wohl im Vergleich zur unveränderten Fortführung des Vertrages und seiner endgültigen Auflösung die beste Alternative. Der Ausgleich der Interessen beider Seiten erfordert es dann, als Entgelt nicht den vollen jeweiligen Marktpreis festzusetzen.

Prüfung, ob sich die vertraglichen Obligationen der Parteien im Licht der neuen Umstände als radikal anders darstellen. Bejaht er dies, gilt es lediglich, die Rückabwicklung des Vertrages gemäß den (dispositiven) Vorschriften des *Law Reform (Frustrated Contracts) Act 1943* vorzunehmen[47] bzw., sollten diese durch den Vertragswortlaut ausgeschlossen worden sein oder dieses Statut auf den betreffenden Vertragstyp unanwendbar sein[48], gemäß dem „common law" die Verluste dort zu lassen, wohin sie fallen und Rückerstattungen nur bei einer „total failure of consideration" zuzulassen. Anstatt nach einer angemessenen Anpassung zu suchen, obliegt es dem Richter daher lediglich, ungerechtfertigte Bereicherungen rückgängig zu machen.

Die Auflösung als ultimative Rechtsfolge in der unverhofft eingetretenen neuen Situation kann in bestimmten Vertragsverhältnissen einen starken Anreiz zu Neuverhandlungen der Parteien bieten, welche ein Geltendmachen der „frustration" vor Gericht unnötig machen. Dies ist häufig in den sogenannten symbiotischen Schuldverhältnissen der Fall, d.h. Schuldverhältnissen, in welchen die Vertragspartner in einer Weise aufeinander angewiesen sind, daß eine Auflösung des Vertrages für sie die schlechteste Lösung wäre[49]. Der Druck, einen für beide Seiten akzeptablen Kompromiß zu finden, ist dann sehr groß. Die Wahrscheinlichkeit, daß Neuverhandlungen einen Ausweg aus der Misere bieten, ist folglich hoch. Die Möglichkeit einer gerichtlichen Anpassung wirkt dann möglicherweise kontraproduktiv, wenn sich eine der Parteien hiervon Vorteile im Vergleich zum von der Gegenseite angebotenen Kompromiß verspricht.

In vielen Schuldverhältnissen ist allerdings eine derartige Abhängigkeit voneinander nicht gegeben. Mit Ausnahme des Bindungszwecks sind die Absichten der Parteien in gegenseitigen Verträgen meist entgegengesetzt und die Situation stellt sich so dar, daß entweder der Gläubiger oder der Schuldner an einer unveränderten Fortführung des Vertrages interessiert ist[50], wohingegen der Vertragsgegner zumindest an einer Änderung der gegenwärtigen Obligationen interessiert ist. Alternativ wäre er oft auch einer Vertragsauflösung gegenüber nicht völlig abge-

---

[47]Siehe hierzu Teil I 2. Kapitel E II.

[48]Vgl. Teil I 2. Kapitel E II 5.

[49]Es handelt sich bei derartigen Schuldverhältnissen fast immer um längerfristige bzw. wiederkehrende Verträge. Die gegenseitige Abhängigkeit wird dabei von den äußeren Rahmenbedingungen diktiert, aufgrund welcher eine kurzfristige Alternative zur gegenwärtigen Situation zumindest sehr schwer auszumachen scheint.

[50]Es kann schließlich auch der, wenn auch relativ seltene, Fall eintreten, daß sich die Verhältnisse viel günstiger gestalten, so daß der Gläubiger nun anderswo zu sehr viel günstigeren Konditionen abschließen könnte und daher auf eine Veränderung des Vertrages pocht.

neigt[51]. Diese gegensätzlichen Interessen beider Seiten gilt es in Deutschland mit Hilfe der Vertragsanpassung miteinander in ein angemessenes Verhältnis zueinander zu bringen, wohingegen diese Möglichkeit für einen englischen Richter nicht besteht. Es ist natürlich auch dort möglich und wünschenswert, daß sich die Parteien außergerichtlich auf eine Vertragsänderung verständigen. Scheitern aber die Verständigungsversuche, kommt neben der unveränderten Durchführung des Vertrages nur seine Auflösung in Betracht.

Theoretisch hat die Auflösung als einzige Rechtsfolge den weiteren Effekt, daß die Parteien bereits im Vertrag selbst Vorkehrungen dafür treffen, welche Rechtsfolgen im Falle eines unverhofften Wechsels in den Umständen eintreten sollen. In der Tat wird die relative Seltenheit gerichtlicher Entscheidungen zum Thema „frustration" teils auf die verbreitete Verwendung derartiger Vertragsvorkehrungen zurückgeführt[52]. Es ist jedoch häufig der Fall, daß Vertragsparteien rechtlich nicht so bewandert sind, daß dies in der Praxis auch tatsächlich geschieht. Selbst Geschäftsleute ziehen es zum Teil vor, sich auf die für sie wichtigen Bestandteile des Vertrages zu konzentrieren und es den Juristen zu überlassen, bei Eintritt unerwarteter Widrigkeiten zu retten, was zu retten ist[53]. Obwohl wünschenswert, findet eine Bestimmung der Rechtsfolgen im Vertrag selbst daher in der Praxis längst nicht immer statt.

D. Geldentwertung

I. Schleichende Inflation

Schleichende Geldentwertung stellt hinsichtlich ihrer Beachtlichkeit für den Vertrag einen besonderen Fall dar. Grundsätzlich gehört sie heute zum typischen Geschäftsrisiko bei langfristigen Verträgen und es sollte einer Partei daher verwehrt sein, sich hierauf zu berufen. Dies zöge keine unbedingte Ungerechtigkeit nach sich, da sowohl die englische als auch (eingeschränkt) die deutsche Rechtsordnung es den Parteien ermöglichen, sich mit Hilfe von Wertsicherungsklauseln hiergegen abzusichern. Die Situation ist allerdings nicht so eindeutig, wie dies zu wünschen wäre.

---

[51]Dies hängt unter anderem davon ab, ob er hinsichtlich der Erbringung der Vertragsleistung unter Zeitdruck steht, ob er das Entgelt dringend benötigt, wie leicht er Ersatz finden kann, etc.

[52]So sind etwa *force majeure*-Klauseln in Charterverträgen so gut wie immer vertreten. Siehe z.B. *Bremer Handelsgesellschaft mbH v. Continental Grain Co* [1983] 1 Lloyd's Rep 269; *Intertradex SA v. Lesieur-Tourteaux SARL* [1978] 2 Lloyd's Rep 509; *Continental Grain Export Corpn. v. S.T.M. Grain Ltd.* [1979] 2 Lloyd's Rep 460.

[53]Beale and Dugdale, *Contracts between Businessmen* (1975) 2 BJLS 45

In England wird die schleichende Geldentwertung in der Tat als unbeachtlich angesehen, selbst wenn die Geldentwertung sich entgegen allen Erwartungen nicht „als Trott oder Trab, sondern als Galopp“ entwickelt[54]. Die einzige Ausnahme stellen zeitlich unbegrenzte kommerzielle Verträge mit Festpreis dar. Die Rechtsprechung impliziert in derartige Verträge eine Klausel, welche beide Parteien zur Kündigung nach angemessener Frist berechtigt[55]. Wenn sich daher der Vertragspreis aufgrund von Inflation zuungunsten des Lieferanten verändert, kann er den Vertrag nach Setzen einer entsprechenden Frist kündigen.

In Deutschland hingegen vermag schleichende Geldentwertung trotz der Beteuerungen der Rechtsprechung, daß ein Sinken der Kaufkraft des Geldes grundsätzlich keine Rechte wegen Wegfalls der Geschäftsgrundlage begründen könne[56], eine Anpassung zu rechtfertigen. Die Rechtsprechung unterscheidet dabei zwischen Verträgen mit Versorgungscharakter und sonstigen Verträgen. Bei ersteren wird eine Anpassung zum Teil schon bei einer Entwertung der Geldleistung von 10% gewährt[57] wohingegen die Geschäftsgrundlage bei letzterer erst ab einer Entwertung von etwa 60% als weggefallen gilt[58].

II. Hyperinflation

Die schleichende Inflation muß von der Hyperinflation unterschieden werden. Letztere stellt, zumindest in der industrialisierten Welt, kein normales Risiko des heutigen Geschäftsverkehrs dar. Sie läßt sich daher auch normalerweise nicht vorhersehen und es obliegen den Parteien hierbei auch keine Abwendungsobligationen. In Deutschland bildete die Hyperinflation der zwanziger Jahre den Anlaß zur Übernahme der Theorie vom Wegfall der Geschäftsgrundlage durch die Rechtsprechung. In England fand eine derartig verheerende Geldentwertung seit der Entwicklung der Rechtsfigur der „frustration“ im Jahre 1863[59] bisher nicht statt. Die Reaktion englischer Gerichte im Angesicht eines derartigen Ereignisses läßt sich daher lediglich erahnen. Vermutlich würden Verhältnisse, wie sie damals in Deutschland bestanden, auch in England genügen, um einen „radical

---

[54] Dieser anschauliche, der Reitersprache entnommene Vergleich findet sich in *Wates v. GLC* (1987) 25 Build LR 1, 35.

[55] *Staffordshire Area Health Authority* [1978] 3 All ER 769

[56] BGHZ 86, 168; BGH NJW 1959, 2203; NJW 1981, 1668; NJW-RR 1993, 272

[57] Bei Unterhaltsverträgen: OLG Düsseldorf, Rechtspfleger 1983, 462; bei Ruhegeldsverträgen erst ab 30%: BAG NJW 1973, 959

[58] BGHZ 90, 228; 91, 34; 94, 259; 97, 173

[59] *Taylor v. Caldwell* (1863) 3 B & S 826

change of obligation" herbeizuführen. Zumindest zeigen jüngere Äußerungen englischer Richter, daß sie vom strikten Nominalismusprinzip abgerückt sind und im Grundsatz anerkennen, daß Inflation eine Partei theoretisch des vereinbarten Gegenwertes berauben kann. Namentlich Lord Denning schien davon auszugehen, daß ein abrupter, hundertfacher Anstieg der Lebenshaltungskosten einen „radical change of obligation" bewirken könnte[60].

Ob die Rechtsprechung allerdings in einer derartigen Situation jemals wieder so gefordert werden wird wie einstmals das Reichsgericht mag angesichts des Wertes, welcher der Währungspolitik heutzutage allgemein eingeräumt wird, dahingestellt bleiben. Wahrscheinlich ist davon auszugehen, daß die Legislative aufgrund der gemachten Erfahrungen den Gerichten mit Verfügungen wie den Mark=Mark Gesetzen nach Ende des 2. Weltkrieges aushelfen würde.

E. Fazit

Obwohl sich der Wegfall der Geschäftsgrundlage und die „frustration of contract" aufgrund des unterschiedlichen tatsächlichen Fallmaterials schlecht miteinander vergleichen lassen, fällt auf, daß praktisch alle Fälle, in welchen eine „frustration" anerkannt worden ist, die Unmöglichkeit der ursprünglich geschuldeten Leistung zum Gegenstand haben[61]. Die Unmöglichkeit kann sich zwar aus verschiedenen Gründen ergeben wie der Zerstörung eines für die Erfüllung unbedingt notwendigen Gegenstandes, langwierigen Verzögerungen, Unmöglichkeit der vorgesehenen Erfüllungsmethode, Teilausfall einer Quelle oder auch dem sehr seltenen Unmöglichwerden eines Vertragszwecks. Nicht zu verkennen ist aber, daß das Berufen auf „frustration" aus anderen Gründen sehr schwer ist.

Als Beispiel mag etwa *Amalgamated Investment and Property Co Ltd v. John Walker & Sons Ltd*[62] dienen, wo die nachträgliche Einstufung eines gekauften Immobilienobjekts als von speziellem historischen Wert zu einem bedeutenden Wertverlust desselben führte und seine vorgesehene Sanierung unmöglich machte. Der Zweck der Sanierung war dem Verkäufer zwar bekannt. Er hatte ihn sich aber wohl nicht so zu eigen gemacht, daß er nun an dem sich materialisierenden Risiko seines Unmöglichwerdens teilzuhaben hätte.

---

[60]*Brauer & Co (Great Britain) Ltd v. James Clark (Brush Materials) Ltd* [1952] 2 All ER 497

[61]Bei der „frustration of purpose" in einem weit verstandenen Sinne, da dort nur der Vertragszweck unmöglich wird.

[62][1977] 1 WLR 164

Weitere Beispiele sind die Fälle, welche sich aus den Suezkanalschließungen ergaben. In keinem von ihnen wurde eine „frustration“ gewährt. Allerdings war die Schließung des Kanals in allen diesen Fällen vorhersehbar und eine Verschiffung auf einem anderen Wege zwar teils doppelt so teuer und langwierig; aufgrund der Unverderblichkeit der betroffenen Waren spielte dies aber keine Rolle. Damit eine Erhöhung der Leistungskosten eine „frustration“ (wenn überhaupt) zu rechtfertigen mag, müßte sie aber um weitaus mehr als das doppelte ansteigen, denn das Risiko, daß sich die Leistungserbringung als doppelt so teuer wie vorgesehen entwickelt, würde auch in Deutschland dem Schuldner auferlegt.

Der Grund, warum „frustration“ bisher an sich nur in Fällen der Unmöglichkeit anerkannt wurde, liegt vermutlich hauptsächlich darin, daß die englische Rechtsprechung anders als die deutsche nicht mit Katastrophen wie der Hyperinflation oder den Fällen der Vertreibung konfrontiert wurde, sondern nur mit Fällen, welche der „kleinen Geschäftsgrundlage“ zuzurechnen sind. Insofern fehlte es vor allem an den tatsächlichen Voraussetzungen für rechtlich beachtliche Leistungserschwerungen. Auch in Deutschland bedurfte es einer Massenkalamität, damit die Rechtsprechung sich von der der „frustration“ zumindest vom Tatbestand her zum Teil sehr ähnlichen „wirtschaftlichen Unmöglichkeit“ abwendete und den Wegfall der Geschäftsgrundlage (und insbesondere die Anpassungsbefugnis) übernahm. Grundsätzlich kommt es aber auch in England darauf an, daß das Vertragsrisiko überschritten wird. Ist dies der Fall, wird der Vertrag aufgelöst. Daß dies nicht erst bei „echter“ Unmöglichkeit der Fall ist, macht Lord Radcliffes Formulierung des „radical change of obligation“ deutlich.

4. Kapitel: Vertragliche Vorkehrungen

Sowohl in Deutschland als auch in England gilt, daß vertragliche Regelungen hinsichtlich der neuen Situation einen Rückgriff auf die Rechtsfolgen des Wegfalls der Geschäftsgrundlage bzw. der „frustration" ausschließen. Dies folgt schon daraus, daß beide Institute entwickelt wurden, um Ungerechtigkeiten bei der Erfüllung von Verträgen zu begegnen, welche keinen Anhaltspunkt für die Rechtsfolgen hinsichtlich des Eintritts des betreffenden Ereignisses enthielten. Enthält aber der Vertrag Vorkehrungen für das Ereignis, ist das Risiko bereits verteilt und es besteht grundsätzlich kein Bedürfnis, den Parteien auszuhelfen, selbst wenn die Regelung für eine von ihnen gravierende Nachteile mit sich bringt. Ein Rückgriff auf die Institute des Wegfalls der Geschäftsgrundlage und „frustration" kommt nur in Frage, wenn die betreffende Regelung auf die tatsächliche Situation nicht anwendbar ist[63].

Wenn der Vertrag Vorkehrungen enthält, diese sich aber in irgendeiner Weise als ungenügend herausstellen, gilt grundsätzlich, daß „frustration" oder ein Wegfall der Geschäftsgrundlage nicht zur Anwendung kommen. Eine Anpassung aufgrund Wegfall der Geschäftsgrundlage wird in Deutschland jedoch bei Preisanpassungklauseln ausnahmsweise zugelassen, um schlechthin untragbare, mit Recht und Gerechtigkeit nicht zu vereinbarende Ergebnisse zu vermeiden, etwa wenn sich die Bezugsgröße unerwartet stark ändert[64]. In England kommt die Rechtsprechung den Parteien bei Wahl einer Vergleichsgröße, welche sich im nachhinein als ungeeignet erweist, in Ausnahmefällen mit Hilfe eines „implied term" zur Hilfe, wenn sich eine offensichtliche Alternative anbietet[65]. Grundsätzlich müssen die Parteien aber in beiden Jurisdiktionen mit der fraglichen Klausel leben, da sie damit rechnen müssen, daß sich eine Bezugsgröße unerwartet nach einer Seite hin verändert. Da in Deutschland aber eine ausdrückliche gerichtliche Anpassungsbefugnis anerkannt ist, ist davon auszugehen, daß dort den Parteien eher Abhilfe gewährt wird als in England.

---

[63]Siehe z.B. in beiden Jurisdiktionen Fälle, welche aus dem 1. Weltkrieg resultierten und in welchen die Verträge zwar Klauseln enthielten, welche Suspensionen u.ä. für den Kriegsfall vorsahen. In beiden Ländern kamen jedoch Gerichte zu dem Schluß, daß trotz des Wortlauts der Verträge die Parteien sich nie Vorstellungen von einem derart verheerenden Kriege gemacht hatten und daher auch nie die Absicht hatten, daß die Regelungen für die nun eingetretene Situation gelten sollten. Vgl. *Metropolitan Water Board v. Dick, Kerr & Co.* [19118] AC 119 und RGZ 100, 129.

[64]Vorzugsweise wird eine Anpassung allerdings über den Weg der ergänzenden Vertragsauslegung erreicht.

[65]*Pole Properties v. Feinberg* (1982) 43 P & CR 121. Allerdings wirft dieser Fall Fragen auf: vgl. Teil I 2. Kapitel C V.

In beiden Ländern kommt heutzutage die überwältigende Mehrheit der auf außergewöhnliche Ereignisse anwendbaren Vertragsvorkehrungen in AGB zum Ausdruck. Eine Partei ist dabei im englischen Recht in der Lage, ihre Haftung in AGB weiter auszuschließen oder zu beschränken als in Deutschland. In Deutschland sind die praktischen Möglichkeiten, einen Haftungsausschluß zu erreichen, welcher weiter geht, als die Leistungsstörungsparagraphen des BGB dies ohnehin ermöglichen, aufgrund der Beschränkungen des AGBG begrenzt[66]. In England hingegen fallen viele dieser Klauseln unter den Unfair Contract Terms Act 1977, welcher nicht den Inhalt der Klauseln, sondern ihre „reasonableness of incorporation", also die Zumutbarkeit ihrer ursprünglichen Aufnahme in den Vertrag, überprüft. Obwohl dieser Test von individuell ausgehandelten Vertragsklauseln leichter erfüllt wird als von AGB, können auch die sogenannten „standard terms" die Haftung durchaus weiter beschränken, als das englische Leistungsstörungsrecht dies tut. Die Haftung läßt sich so auch für Ereignisse ausschließen, welche die strengen Anforderungen der „frustration" nicht erfüllen würden. Geht der Ausschluß jedoch sehr weit, könnte einerseits die „reasonableness of incorporation" in Frage gestellt werden und könnten andererseits Zweifel daran aufkommen, ob es überhaupt jemals zum Abschluß eines wirksamen Vertrages kam. Der Grund für letzteres liegt in der Tatsache, daß ein (Austausch-)Vertrag beiden Seiten Obligationen auferlegen muß. Schließt nun eine Partei die Haftung für ihre Nichterfüllung zu weitgehend aus, kann ein Gericht zu dem Schluß kommen daß sich für die betreffende Partei aus dem Vertrag keine Pflichten, sondern nur Rechte ergaben und der Vertrag daher an einer „failure of consideration" krankt, was für seine Wirksamkeit fatale Folgen hat. Dieses Problem stellt sich aber bei *force majeure*-Klauseln nicht, da diese nicht die Haftung für zu vertretende Leistungshindernisse begrenzen, sondern lediglich die Leistungspflicht in bestimmten Situationen einschränken.

A. Force majeure-Klauseln

Der Begriff *force majeure* ist dem französischen Recht entnommen und hat in England und Deutschland eine ähnliche Bedeutung. *Force majeure* umfaßt demzufolge außergewöhnliche und unvorhersehbare Ereignisse, welche außerhalb der Kontrolle der Parteien liegen und deren Konsequenzen auch bei Anwendung aller gebotenen Umsicht und Anstrengungen nicht abgewendet werden können. Es muß sich bei einem Ereignis, welches als *force majeure* gewertet wird, daher

---

[66] § 9 II Nr. 2 AGBG drückt an sich nur aus, daß „[e]ine unangemessene Benachteiligung ...im Zweifel anzunehmen [ist], wenn eine Bestimmung ...wesentliche Rechte oder Pflichten, die sich aus der Natur des Vertrages ergeben, so einschränkt, daß die Erreichung des Vertragszwecks gefährdet ist". Die Rechtsprechung geht jedoch zumindest bei Konsumentenverträgen dahin, die Möglichkeit eines Haftungsausschlusses jenseits der Grenzen des gesetzlichen Leistungsstörungsrechts sehr stark einzuschränken.

grundsätzlich um ein von außen kommendes handeln, über welches die Parteien keine Kontrolle haben[67].

Als Rechtsfolge sehen *force majeure*-Klauseln zumeist eine vorübergehende Leistungsbefreiung vor, welche sich zu einer endgültigen wandeln kann. Im Grunde genommen wird mit diesen Klauseln daher das Recht der Unmöglichkeit der Leistung durch ausdrückliche vertragliche Bestimmungen ergänzt und erweitert. Wie weit die Parteien mit der Freizeichnung dabei gehen können, ist in Deutschland und England unterschiedlich geregelt.

In Deutschland wurden *force majeure*-Klauseln (früher bekannt als „Kriegsklauseln") vom Reichsgericht sehr großzügig zugunsten des Verwenders ausgelegt. Mit Einführung des AGBG ist dies freilich anders geworden, da Haftungsfreizeichnungen zum weitaus überwiegenden Teil in AGB vorgenommen werden. § 9 II Nr. 1 AGBG verbietet eine unangemessene Benachteiligung des Vertragsgegners. Es ist daher unmöglich, in AGB eine rechtlich wirksame Haftungsfreizeichnung zu erreichen, welche deutlich von der gesetzlichen Risikoverteilung abweicht. So kann die Haftung für Verschulden gemäß § 276 nur bedingt ausgeschlossen werden. Die Grenze für einen derartigen Ausschluß liegt bei grober Fahrlässigkeit[68]. Auch die (verschuldensunabhängige) Haftung für Gattungsschulden in § 279 BGB kann mit *force majeure*-Klauseln nicht weiter ausgeschlossen werden kann, als dies gemäß der Rechtsprechung ohnehin schon der Fall ist. § 279 BGB muß demzufolge im Zusammenhang mit § 242 BGB gesehen werden, so daß die Zumutbarkeit der Erfüllung eine Rolle spielt[69] und Gattungsschulden nicht in jedem Falle unbedingt erfüllt werden müssen. Die in der Klausel genannten Ereignisse können den Schuldner daher von der Leistungspflicht befreien, wenn diese ihm aus Gründen, welche mit seiner kaufmännischen und organisatorischen Leistungsfähigkeit nicht zusammenhängen, unzumutbar wird[70].

---

[67] Siehe die Definition des EuGH in *An Bord Bainne Co-operative and Compagnie Inter-Agra SA v. Intervention Board for Agricultural Produce (Case 124/92 EC)* wo das Gericht zwar betonte, daß das Konzept der *force majeure* in den Ländern der EU unterschiedlich ausgelegt werde, dann aber die genannten Gemeinsamkeiten herausstellte.

[68] §11 Nr.7 AGBG

[69] Die erste Entscheidung des Reichsgerichts zur wirtschaftlichen Unmöglichkeit basierte auf § 279: vgl. Teil II, 3. Kapitel B I 2.

[70] Siehe Teil II 3. Kapitel B I 2.

In England existieren keine dem AGBG vergleichbaren Vorschriften[71]. Zwar wird auch dort *force majeure* so definiert, daß sie außerhalb der Kontrolle des Verwenders liegen muß. Sie muß jedoch, anders als in Deutschland, nicht unbedingt zur (objektiven oder subjektiven) Unmöglichkeit der Leistungserbringung führen. Je nach verwendetem Wortlaut kann auch eine erhebliche Behinderung genügen[72]. Eine *force majeure*-Klausel kann in England daher dazu dienen, das vergleichsweise restriktive Recht der „frustration" zu erweitern und die Befreiung des Schuldners von der Leistungspflicht auch in Situationen zu erreichen, welche keine „frustration" darstellen.

Generell stellt sich die Situation so dar, daß sich in England ein Schuldner mit Hilfe vertraglicher Vorkehrungen in eine im Vergleich zum allgemeinen Recht deutlich verbesserte Position bringen kann, was in Deutschland zumindest in AGB nicht möglich ist.

B. Anpassungsklauseln

I. Preisanpassungsklauseln

Anpassungsklauseln finden am häufigsten in der Form von Preisanpassungsklauseln Verwendung. Diese bedürfen in England, anders als (häufig) in Deutschland, keiner Genehmigung. Eine dem § 2 Preisangabengesetz vergleichbare Vorschrift existiert nicht[73]. Dies bedeutet, daß z.B. auch Klauseln, welche eine automatische Anpassung für den Fall einer Änderung der gewählten Bezugsgröße vorsehen, ohne inhaltliche Kontrolle verwendet werden können. *UCTA 1977* bietet keine Handhabe zur Kontrolle , da es sich bei einer solchen Klausel nicht um den Versuch einer Haftungsfreizeichnung bzw. -begrenzung handelt.

Die Wahl der Bezugsgröße ist den Parteien in England freigestellt. Dadurch entsteht theoretisch die Gefahr, daß die Partei, welche sich in der stärkeren Verhandlungsposition befindet, einen für sie sehr günstigen Index wählt und dadurch die andere Partei unter Umständen in erhebliche Schwierigkeiten bringt. Einer schwächeren Partei bliebe daher in einer solchen Situation nichts anderes übrig,

---

[71] Ausgenommen s.3 *UCTA 1977*, welche nur auf Verträge Anwendung findet, in denen entweder eine der Parteien als Verbraucher auftritt oder in welchen der Vertrag auf der Grundlage von AGB einer der Parteien abgeschlossen wurde. *Force majeure*-Klauseln werden aber den dort vorgegebenen „reasonableness"-Test meist bestehen.

[72] Es steht dem Verwender schließlich frei, den Begriff *force majeure* zu umgehen bzw. durch weitere Ereignisse zu ergänzen. Vgl. Teil I 3. Kapitel C V.

[73] Siehe hierzu Teil II 3. Kapitel B II 1.

als die Anpassungsklausel zu akzeptieren oder den Abschluß des Vertrages in dieser Form zu verweigern. Allerdings würden ihre berechtigten Bedenken hinsichtlich der Bezugsgröße von der verwendenden Partei wohl akzeptiert werden; wenn die stärkere Partei keine Monopolstellung einnimmt, ist es der schwächeren Partei nämlich oft möglich, den Vertrag anderswo mit einer faireren Klausel abzuschließen. Dem berechtigten Verlangen nach einer vernünftigen Bezugsgröße würde daher vermutlich stattgegeben.

In Deutschland herrscht nach wie vor ein grundsätzliches Indexierungsverbot. Obwohl die währungspolitische Kompetenz der Bundesbank mit Einführung des Euro weggefallen ist, wurde § 3 II WährG durch den neuen § 2 Preisangabengesetz ersetzt. Die Genehmigungsgrundsätze haben kaum Veränderungen erfahren, nur werden die Genehmigungen nun nicht mehr von der Bundesbank, sondern vom Bundeswirtschaftsministerium erteilt. Das deutsche Indexierungsverbot wurde zu einer Zeit erlassen, als die Hyperinflation der zwanziger Jahre noch in schlechter Erinnerung war und Indexierungsklauseln formularmäßig verwendet wurden. Man sah sich daher genötigt, das Vertrauen in die neue Währung zu stärken und deren Stabilität durch eine grundsätzliches Verbot von Preisanpassungsklauseln zu gewährleisten. Diese Notwendigkeit existiert heute nicht mehr; die Stabilität der Währung fällt zudem jetzt in den Kompetenzbereich der Europäischen Zentralbank. Es wäre daher vorzuziehen gewesen, wenn man sich vom Indexierungsverbot getrennt und den Parteien in dieser Hinsicht mehr Autonomie gewährt hätte[74]. Im Gegenzug hätte man es dann Parteien, welche Anpassungsklauseln nicht verwendet haben, dann erschweren können, mit Hilfe der Geschäftsgrundlagenlehre eine Anpassung der Geldleistung zu erreichen.

Erweist sich eine gewählte Klausel aufgrund nachträglicher Entwicklungen als ungeeignet, so hat dies in Deutschland und England grundsätzlich zur Folge, daß die benachteiligte Partei mit der Klausel leben muß. Bei langfristigen Verträgen, welche typischerweise derartige Klauseln enthalten, wird dies richtigerweise so begründet, daß es zum Vertragsrisiko gehört, daß sich eine Anpassungsklausel aufgrund unerwarteter Veränderungen der Umstände zugunsten der einen oder anderen Partei auswirken kann. Während allerdings in England die Änderung einer derartigen Klausel von einem Gericht meistens[75] abgelehnt würde, kann dies

[74]Ohnehin ist mit dem Geld- und Kapitalverkehr ein bedeutender Teil des Wirtschaftsverkehrs vom Indexierungverbot generell ausgenommen. Die Forderung etwa von *Dehmer/Battke-Spitzer*, DStR 1998, 36, S. 4 eine Nachfolgeregelung aufgrund der Gefahr der Koppelung diverser Finanzprodukte an zweifelhafte Bezugsgrößen gesetzlich zu verankern, ist somit nicht berücksichtigt worden .

[75]Siehe Teil I, Kapitel 2 C V und den gegenläufigen Fall *Pole Properties Ltd v. Feinberg* (1982) 43 P & CR 121.

in Deutschland zur Vermeidung schlechthin untragbarer, mit Recht und Gerechtigkeit unvereinbarer Ergebnisse geschehen. Eine Anpassung erfordert auch hier eine umfassende Bewertung der Interessenlagen der Parteien, da sie nur solange gerechtfertigt ist, als der Leistungsgläubiger der neuen Klausel redlicherweise zugestimmt hätte.

Die Einführung des Euro am 1. Januar 1999 hat dazu geführt, daß einige Indexbezugsgrößen weggefallen sind. Dies ist in vielen Fällen kein unbedingtes Problem, da sich ein offensichtlicher Ersatzindex leicht finden läßt, welchen die Gerichte unter Berufung auf den hypothetischen Parteiwillen in den Vertrag einfügen können. Probleme treten auf, wo dies nicht möglich ist. Die weitere Behandlung des Vertrages hängt dann vom Zeitpunkt seines Abschlusses ab. Liegt dieser in der Zeit vor Unterzeichnung des Maastrichter Vertrages über die Europäische Union, gibt es keinen Grund, warum die Gerichte den Parteien nicht Abhilfe verschaffen sollten. Die Währungsunion kann vor diesem Zeitpunkt nicht als vorhersehbar gelten. Wurde der Vertrag hingegen nach Maastricht unterzeichnet, ließ sich die Einführung des Euro vorhersehen und man kann den Parteien gerade in längerfristigen Verträgen den Vorwurf machen, daß sie keine Bestimmung für Ersatzbezugsgrößen in den Vertrag mitaufnahmen.

II. „Hardship"-Klauseln

Eine weitere in beiden Jurisdiktionen verbreitete Klauselart, mit deren Hilfe sich der Vertrag anpassen läßt, ist die „Hardship“-Klausel. Diese kommt im Fall des Eintritts außergewöhnlicher Ereignisse, welche störend auf den Vertrag einwirken, zur Anwendung. Je nach Wortlaut muß die Störung das Vertragsäquilibrium zerstören (objektiver Maßstab) oder die unveränderte Vertragsdurchführung für eine der Parteien mit unzumutbarer „hardship“ belasten (subjektiver Maßstab). Zunächst sehen die Klauseln dann eine Pflicht der Parteien zu Neuverhandlungen vor. Kommt keine Einigung zustande, wird der Fall meist an eine dritte Partei weitergeleitet, welche den Vertrag entweder anpaßt oder hinsichtlich seiner Anpassung eine Empfehlung abgibt. Für das englische Recht ist dabei zu beachten, daß ein Schiedsgericht keine Anpassung des Vertrages vornehmen kann, da Gerichte hierzu auch nicht in der Lage sind. Allerdings kann eine derartige Anpassung durch „Third-party interveners“ vorgenommen werden[76].

---

[76] Vgl. Teil I 3. Kapitel C VI.

5. Kapitel: Versuche der Rechtsvereinheitlichung und die deutsche Schuldrechtsreform

A. European Principles of Contract Law

Vor einigen Jahren hat es sich eine Kommission von Juristen aus verschiedenen europäischen Ländern zur Aufgabe gemacht, die den unterschiedlichen europäischen Schuldrechtsnormen gemeinsamen Prinzipien herauszuarbeiten und zu kodifizieren. Ziel der Kodifizierung war unter anderem, Parteien im grenzüberschreitenden europäischen Handel ein von den nationalen Rechtssystemen losgelöstes Regelwerk zur Verfügung zu stellen[77]. Das Werk nimmt eine Vermittlerfunktion zwischen dem „common law" und den kontinentaleuropäischen Zivilrechtsordnungen ein[78]. Das Ergebnis dieser Arbeit, die sogenannten *Principles of European Contract Law*[79], befaßt sich unter anderem auch mit den Auswirkungen außergewöhnlicher Ereignisse auf den Vertrag.

I. Excuse due to an impediment (A.3.108)

Artikel 3.108 der *Principles* lautet wie folgt:

„(1) A party's non-performance is excused if he proves that it is due to an impediment beyond his control and that he could not reasonably have been expected to take the impediment into account at the time of the conclusion of the contract, or to have avoided or overcome the impediment or its consequences.

(2) Where the impediment is only temporary the excuse provided by this article has effect for the period during which the impediment exists. However, if the delay amounts to a fundamental non-performance, the obligee may treat it as such.

(3) The non-performing party must ensure that notice of the impediment and of its effect on his ability to perform is received by the other party within a reasonable time after the non-performing party knew or ought to have known of these circumstances. The other party is entitled to damages for any loss resulting from the non-receipt of such notice."[80]

---

[77] *Zimmermann*, JZ 1995, 477, 478

[78] *Zimmermann*, aaO, 478

[79] *Principles of European Contract Law Part I: Performance, Non-performance and Remedies*, Ed. Lando/Beale, 1995. Für eine Darstellung der Entwicklung europäischen Vertragsrechts siehe *Zimmermann*, JZ 1995, 477. Siehe auch *Schlechtriem*, ZEuP 1993, 217.

[80] *Principles*, S.140-141

Der Artikel behandelt seinem Wortlaut nach den Tatbestand der *force majeure*, wie er auch in Artikel 79 der Wiener UN Kaufrechtskonvention zum Ausdruck kommt[81]. Die Forderung nach fehlender Kontrollierbarkeit drückt dabei aus, daß das Ereignis von außen kommen muß, d.h. von außerhalb des typischen Verantwortungsbereichs des Schuldners.

Weiterhin muß das Ereignis derartig beschaffen sein, daß der Schuldner es nicht vorhersehen konnte. Hinsichtlich dieser Unvorhersehbarkeit zum Zeitpunkt des Vertragsabschlusses wird verlangt, daß der betreffende Umstand „vernünftigerweise" nicht vorherzusehen war, d.h. „ohne übertriebenen Pessimismus bzw. Optimismus"[82] oder ohne eine gewisse Vorsicht in den eigenen Angelegenheiten[83]. Um eine derartige Bestimmung treffen zu können, müssen sowohl subjektive Gesichtspunkte (die Partei und ihre Umstände) als auch objektive (die Gebräuche des betreffenden Geschäftskreises, das Verhalten einer redlichen Person) als Anhaltspunkt herhalten. Die Forderung nach Unvorhersehbarkeit des Hindernisses bedeutet, daß ein Umstand, welcher für eine Person in der Lage der betreffenden Partei vernünftigerweise vorhersehbar war, dieser die Berufung auf den Artikel verwehren würde, da sich die Störung dann meistens abwenden ließe. Der Wortlaut der Bestimmung impliziert, daß es einer Partei bei Vorhersehbarkeit eines bestimmten Ereignisses obliegen kann, hiergegen im Vertrag geeignete Vorkehrungen zu treffen. Tut sie dies nicht, fände die Partei sich zwar möglicherweise aufgrund der tatsächlichen Situation zur Erfüllung außerstande, müßte aber Schadensersatz wegen Nichterfüllung leisten.

Die nötige Unvermeidbarkeit und Unüberwindbarkeit des Umstandes würde grundsätzlich bedeuten, daß die Leistung im tatsächlichen bzw. rechtlichen Sinne für den Schuldner zumindest subjektiv unmöglich sein muß. Dies wird allerdings dadurch eingeschränkt, daß das Vermeiden oder Überwinden nicht „vernünftigerweise" vom Schuldner erwartet werden konnte. „Vernünftigerweise" wird in diesem Zusammenhang so erläutert, daß es wohl technisch machbar sein kann, jeder denkbaren Widrigkeit etwa bei der Konstruktion eines Gebäudes zu begegnen, daß der zu tätigende Aufwand aber in keinem Verhältnis zum tatsächlichen

---

[81] Die Verwandtschaft zur *force majeure* wird im Kommentar zu Artikel 3.108 ausdrücklich bestätigt: siehe *Principles*, S.141 f. Für Kommentare zur Kaufrechtskonvention siehe *von Caemmerer/Schlechtriem,* Kommentar zum Einheitlichen UN Kaufrecht, und Hudson, *Exemptions and Impossibility under the Vienna Convention*, 175 in: McKendrick (ed.), Force Majeure and Frustration of Contract. Die Formulierung von Artikel 79 UN Kaufrechtskonvention orientiert sich am englischen „radical change of obligation": siehe *von Caemmerer/Schlechtriem,* aaO, Artikel 79 Rn. 1 und 2.

[82] *Principles*, S. 142 und 143

[83] *Principles*, S.116

Risiko stünde[84]. Auch ist es einer Partei nicht zuzumuten, einen Vertrag mittels illegaler Methoden zu erfüllen. Unvermeidbarkeit und Unüberwindbarkeit werden daher in Hinsicht auf den Inhalt der im Vertrag übernommenen Verpflichtungen eingeschränkt.

Der Artikel macht einen Unterschied zwischen zeitweiliger und dauernder Behinderung. Erstere befreit die betroffene Partei nur während ihrer Dauer von der Leistungspflicht. Die Grenze zwischen zeitweiliger und dauernder Behinderung wird mit Hilfe des Begriffes „fundamental non-performance" gezogen. Den *Principles* zufolge ist damit gemeint, daß ein essentieller Bestandteil des Vertrages nicht wie vorgesehen erfüllt werden kann, z.B. daß die Leistung nicht zum vereinbarten Zeitpunkt möglich ist und zu einer späteren Zeit für den Gläubiger vergleichsweise nutzlos wäre, der Vertrag also einen Fixcharakter hat.

Die Partei, welche sich auf unüberwindbare Behinderung ihrer Leistung beruft, hat die andere Partei hiervon in Kenntnis setzen. Erfolgt eine derartige Benachrichtigung nicht und entsteht der anderen Partei hieraus Schaden, kann die geschädigte Partei den Ersatz dieses Schadens verlangen. Die Benachrichtigung muß während einer „vernünftigen" Zeitspanne erfolgen, was je nach den Umständen eine sofortige oder erst nach mehreren Tagen erfolgende Inkenntnissetzung bedeuten kann. Dies hängt davon ab, ob sich das Ausmaß der Behinderung sofort oder erst nach einer gewissen Weile absehen läßt. Die Benachrichtigungspflicht ermöglicht es dem Vertragspartner, Maßnahmen zur Schadensabwendung bzw. -begrenzung zu treffen, z.B. indem er sich rechtzeitig um Ersatz bemühen kann.

II. Wechsel der Umstände (A.2.117)

Artikel 2.117 der *Principles* hat den folgenden Wortlaut:

„(1) A party is bound to fulfil his obligations even if performance has become more onerous, whether because the cost of performance has increased or because the value of the performance he receives has diminished.

(2) If, however, performance of the contract becomes excessively onerous because of a change of circumstances, the parties are bound to enter into negotiations with a view to adapting the contract or terminating it, provided that:

(a) the change of circumstances occurred after the time of conclusion of the contract, or had already occurred at that time but was not and could not reasonably have been known to the parties; and

---

[84] *Principles*, S.143

(b) the possibility of a change of circumstances was not one which could reasonably have been taken into account at the time of conclusion of the contract; and

(c) the risk of the change of circumstances is not one which, according to the contract, the party affected should be required to bear.

(3) If the parties fail to reach agreement within a reasonable period, the court may:

(a) terminate the contract at a date and on terms to be determined by the court; or

(b) adapt the contract in order to distribute between the parties in a just and equitable manner the losses and gains resulting from the change of circumstances; and

(c) in either case, award damages for the loss suffered through the other party refusing to negotiate or breaking off negotiations in bad faith.“[85]

1. Tatbestand

Artikel 2.117 ist als Ergänzung zum Artikel 3.108 gedacht. Er beschäftigt sich mit einem Wechsel der Umstände, welcher die Leistung zwar nicht im tatsächlichen oder rechtlichen Sinne unmöglich macht, sie aber in unzumutbarer Weise behindert („makes performance excessively onerous“)[86].

Der Artikel bestätigt zunächst die grundsätzliche Pflicht der Parteien, die Leistung auch dann zu erbringen, wenn sie schwieriger geworden ist, sei es aufgrund höherer Kosten oder eines geringeren Wertes der Gegenleistung. Ist die Erschwerung der Leistung wegen eines Wechsels in den Umständen allerdings unzumutbar, werden die Parteien zunächst zum Eintreten in Neuverhandlungen verpflichtet, in welchen sie die Folgen für die weitere Behandlung ihres Vertrages selbst bestimmen können (d.h. entweder seine Anpassung oder seine Auflösung).

Für die Beachtlichkeit eines derartigen Wechsels in den Umständen sind drei (kumulative) Bedingungen von Bedeutung:

---

[85] *Principles*, S. 112-113

[86] Die Abgrenzung der beiden Tatbestände kann sich als schwierig gestalten: siehe unten B III.

1. Der Wechsel muß nach Vertragsabschluß erfolgen oder zumindest zum Zeitpunkt des Vertragsabschlusses den Parteien vernünftigerweise nicht bekannt sein.

2. Die Möglichkeit eines Wechsels in den Umständen mußte von den Parteien bei Vertragsabschluß nicht vernünftigerweise in Rechnung gestellt werden.

3. Das Risiko des Wechsels in den Umständen ist von der davon betroffenen Partei nicht dem Vertrag nach zu tragen.

Damit eine Erschwerung der Leistung als „excessive" bezeichnet werden kann, muß sie den Erläuterungen zufolge ein bedeutendes Vertragsungleichgewicht zur Folge haben. Die Autoren lassen hierbei die Möglichkeit offen, daß Inflation in einem Vertrag über eine Dauer von z.B. 50 Jahren eine derartige beachtliche Erschwerung verursachen kann[87]. Grundsätzlich muß man jedoch annehmen, daß die schleichende Inflation zumindest die oben erwähnte Bedingung Nr. 2 im Normalfall nicht erfüllen kann. Sie ist heutzutage zum normalen Geschäftsrisiko[88] avanciert und wird in den meisten langfristigen Lieferverträgen in Form von Preisanpassungsklauseln berücksichtigt. Lassen die Parteien die Auswirkungen von Inflation im Vertrag unbeachtet, tun sie dies grundsätzlich auf eigenes Risiko, da die fehlende Berücksichtigung nicht als vernünftig gelten kann.

Bedingung Nr. 2 bringt Vorhersehbarkeit als Einschränkung ins Spiel. Diese wird in demselben Sinne wie in Artikel 3.108 gebraucht, daß also die Möglichkeit des Eintritts des Ereignisses bei Vertragsschluß nicht vernünftigerweise zu berücksichtigen war, und ist in gleicher Weise zu bestimmen.

Die betroffene Partei darf nicht dem Vertrag zufolge das Risiko des eingetretenen Wechsels tragen. Dies bedeutet in der Hauptsache, daß sie das Risiko nicht ausdrücklich übernommen hat. Obwohl die *Principles* dies nicht ausdrücklich erwähnen, muß dies aber wohl auch bedeuten, daß das Risiko keines ist, welches der betroffenen Partei typischerweise oder aufgrund gesetzlicher Vorschriften oder Brauchtums zugeordnet wird. Die Bedingung drückt nämlich den Grundsatz aus, daß eine unzumutbare Leistungserschwerung nur außerhalb des Vertragsrisikos liegen kann.

---

[87] *Principles*, S.115

[88] Wenn man überhaupt noch von Risiko sprechen kann. An sich ist Inflation eine Tatsache des Lebens in der heutigen Industriegesellschaft.

2. Rechtsfolgen

Als Rechtsfolge sieht der Artikel zunächst eine Neuverhandlungspflicht der Parteien vor. Diese Verhandlungen müssen „in good faith“ geführt werden, also in gutem Glauben. Die Weigerung einer Partei, sich auf Neuverhandlungen einzulassen oder das böswillige Abbrechen der Verhandlungen ihrerseits gibt den Autoren zufolge einem Gericht die Möglichkeit, diese Partei zu Schadensersatz zu verurteilen[89]. Letztere Sanktion ist notwendig, um einer Neuverhandlungspflicht den Charakter einer reinen Formalität zu nehmen. Trotzdem bleibt die Durchsetzung einer derartigen Pflicht problematisch, da eine Partei immer in Scheinverhandlungen eintreten kann und dort auf für die andere Partei unannehmbaren Vertragsbedingungen bestehen kann. Da Verhandlungen zwischen den Parteien keine unbedingte Pflicht zum Abschluß eines veränderten Vertrages beinhalten, kann ein Gericht nicht die „reasonableness“ derartiger Angebote überprüfen. Als Beispiel von „bad faith“ nennt der Kommentar zu Artikel 2.117 das Weiterverhandeln einer Partei, nachdem sie bereits einen inkompatiblen Vertrag mit einer dritten Partei abgeschlossen hat[90]. Die offensichtliche Unwilligkeit, sich mit Kompromißangeboten der Gegenseite überhaupt auseinanderzusetzen, könnte ebenfalls auf „bad faith“ hinweisen. Jenseits derartiger offensichtlicher Vergehen ist die Feststellung bösen Willens problematisch.

Ein Gericht kann erst dann auf den Vertrag Einfluß nehmen, wenn die Verhandlungen ergebnislos geblieben sind. Es hat dann die Möglichkeit, den Vertrag entweder anzupassen oder aufzulösen. Die Bewahrung des Vertrages genießt hierbei wie in Deutschland den Vorrang. Das Ziel der Anpassung ist die Wiederherstellung des ursprünglichen Vertragsgleichgewichts durch eine gerechte Verteilung der entstandenen Verluste und Gewinne zwischen den Parteien. Das Gericht kann dabei alle Mittel verwenden, welche ihm entsprechend dem anwendbaren nationalen Recht zur Verfügung stehen; es ist aber ausdrücklich nicht befugt, einen neuen Vertrag für die Parteien zu schreiben[91]. Die Anpassung kann auf verschiedene Weisen erfolgen, etwa durch eine Verlängerung der Leistungszeit oder durch ein Herauf- oder Herabsetzen von Vertragspreis oder Vertragsmenge. In jedem Falle darf die Gegenpartei hierbei nicht unangemessen benachteiligt werden. Wie im deutschen Recht muß also eine umfassende Interessenabwägung erfolgen.

---

[89] *Principles*, S. 116

[90] *Principles*, S.116

[91] *Principles*, S.117

Wenn die Modifizierung einzelner Klauseln nicht das gewünschte Ergebnis bringen kann, bleibt nur die Vertragsauflösung. Im Gegensatz sowohl zur englischen als auch zur deutschen Rechtsordnung erklären die *Principles* hierbei, daß das Gericht das Ende des Vertrages bestimmt und dabei Datum und Umstände der Auflösung festlegt. Dem Kommentar zufolge ist es dem Gericht hierbei sogar möglich, z.B. Kompensationszahlungen für eine bestimmte Zeitspanne anzuordnen, an deren Ende der Vertrag dann sein Ende findet[92]. Die Auflösung erfolgt also weder automatisch noch in der Form eines Rücktritts- bzw. Kündigungsrechts. Letzteres könnte einer Partei allerdings vom Gericht gewährt werden.

III. Vergleich zum englischen und deutschen Recht

1. Impediment

Der Tatbestand der unvermeidbaren Behinderung in den *Principles* ähnelt der englischen „frustration" und der deutschen Unmöglichkeit insofern, als der betreffende Umstand außerhalb der Kontrolle der Parteien liegen muß. Er ist allerdings weiter gefaßt als „frustration", da subjektives Unvermögen durchaus ausreicht, um den Schuldner zu befreien. Allerdings ist die Befreiung nicht auf Unmöglichkeit, sei sie objektiver oder subjektiver Natur, beschränkt. Statt dessen wird auf die Anstrengungen abgestellt, welche vernünftigerweise zur Vermeidung oder Überwindung des Ereignisses erwartet werden können, was keinen absoluten Standard darstellt. Hierfür muß bestimmt werden, was gemäß dem Inhalt des Schuldverhältnisses unter Berücksichtigung der Umstände bei Vertragsabschluß vom Schuldner erwartet werden kann. Selbst ledigliche Leistungserschwerungen können daher unter Umständen berücksichtigt werden. Die *Principles* unterscheiden also hinsichtlich des Tatbestandes nicht zwischen „echter" Unmöglichkeit und bloßen Leistungserschwerungen, sondern stellen nur auf den Inhalt des Schuldverhältnisses ab.

Eine Bedingung der Haftungsbefreiung ist, daß das betreffende Ereignis zum Zeitpunkt des Vertragsschlusses nicht vernünftigerweise vorhersehbar und deswegen nicht in die Überlegungen der Parteien miteinzubeziehen ist. Dies geht über das in Deutschland bei Unmöglichkeit erforderliche Nichtvertretenmüssen hinaus[93]. Vorhersehbarkeit zum Zeitpunkt des Vertragsabschlusses kann aber in Deutschland die Berufung auf einen Wegfall der Geschäftsgrundlage verwehren. Obwohl in England die Bedeutung der Vorhersehbarkeit eines Ereignisses be-

---

[92] *Principles*, S.118

[93] Vgl. für den ähnlich lautenden Artikel 79 Kaufrechtskonvention *von Caemmerer/Schlechtriem*, aaO, S 681 Fn. 37.

züglich der Unmöglichkeit der Leistung umstritten ist, scheint doch klar, daß ein Ereignis, dessen Eintritt bei Vertragsabschluß sehr wahrscheinlich war, *prima facie* die Vermutung der Risikoverteilung im Vertrag mit sich bringt, womit eine Berufung auf „frustration" ausgeschlossen wäre.

Weiter sehen die *Principles*, im Gegensatz sowohl zum deutschen als auch englischem Recht, eine Benachrichtigungspflicht vor, deren Nichteinhaltung Schadensersatz nach sich ziehen kann. Dies ist insofern zu befürworten, als zum einen der Gläubiger von der Störung nichts zu wissen braucht und er auch bei Wissen um dieselbe nicht lange darüber im unklaren gelassen wird, ob die leistungspflichtige Partei noch leistet oder sich auf Befreiung von der Leistungsverpflichtung beruft. Der Gläubiger kann sich dann möglicherweise rechtzeitig um Ersatz bemühen und seine Verluste somit minimieren. Eine generelle Benachrichtigungspflicht ist also wünschenswert.

2. Wechsel der Umstände

Der Tatbestand des Wechsels in den Umständen ähnelt dem deutschen Wegfall der Geschäftsgrundlage weit mehr als der englischen „frustration". Die in Artikel 2.117 verlangte „excessive onerosity" ist der Unzumutbarkeit vergleichbar, welche einem Überschreiten der Opfergrenze folgt. Obwohl in England immer wieder betont wird, daß es zum Vorliegen einer „frustration" nicht genügt, daß die Leistungserbringung sich lediglich als teurer oder schwieriger („more onerous") herausstellt als ursprünglich geplant[94], würde die in den *Principles* propagierte „excessive onerosity" aber wohl auch bedeuten, daß die Obligationen einen „radical change" erfahren haben, womit sie auch in England rechtlich Beachtung fänden. Damit die Mehrbelastung sich als „excessive" darstellt, muß das Vertragsgleichgewicht bedeutend gestört werden. Zusätzlich ist ein Überschreiten des vertraglich übernommenen Risikorahmens erforderlich, da ausdrücklich Bedingung ist, daß das Risiko nicht von der davon betroffenen Partei zu tragen ist.

Ein rechtlich beachtlicher Wechsel der Umstände kann aus einer Reihe verschiedener Gründe resultieren, welche in den *Principles* unter den Oberbegriffen „höhere Kosten der Leistungserbringung" und „Verlust an Wert der Gegenleistung" zusammengefaßt werden. Die schleichende Inflation wird im Kommentar ausdrücklich als mögliche Ursache erwähnt[95], obwohl ihr, wie oben schon erwähnt,

[94] Vgl. Zitate in Teil I 2. Kapitel A und B. Die *Principles* sagen ebenfalls aus, daß eine lediglich Erschwerung nicht ausreicht, womit der Ausnahmecharakter der „excessive onerosity" betont wird.

[95] *Principles*, S. 115

heutzutage grundsätzlich die gemäß den *Principles* notwendige Unvorhersehbarkeit fehlen dürfte.

Als unbedingte Voraussetzungen der „excessive onerosity" werden der nachträgliche (d.h. nach Vertragsabschluß) Eintritt eines nicht vernünftigerweise vorhersehbaren Wechsels der Umstände genannt, dessen Risiko nicht dem Vertrag zufolge von einer der Parteien zu tragen ist.

Die *Principles* enthalten, anders als das deutsche und englische Recht, kein ausdrückliches Verbot hinsichtlich selbst herbeigeführter „excessive onerosity". Die Bedingung, daß das Risiko nicht dem Vertrag nach von einer der Parteien zu tragen ist, kann aber wohl zumindest dahingehend ausgelegt werden, daß Umstände, welche typischerweise der Sphäre einer Partei entspringen (und somit ihrer Kontrolle unterliegen), nicht geltend gemacht werden können.

Als primäre Rechtsfolge eines beachtlichen Wechsels der Umstände nennen die *Principles* die Wiederherstellung des Vertragsgleichgewichts. Die aus einem derartigen Wechsel folgenden Gewinne und Verluste werden also, anders als bei der englischen „frustration", zwischen den Parteien verteilt[96], indem der Vertrag an die neuen Gegebenheiten angepaßt wird.

Bevor es zu einer gerichtlichen Anpassung oder Auflösung kommt, müssen die Parteien in Neuverhandlungen eintreten. Die Auferlegung einer Neuverhandlungspflicht wird heutzutage auch in Deutschland zumindest im Schrifttum bejaht[97], existiert aber nicht in England[98]. Neuverhandlungen sind grundsätzlich der beste und fairste Weg, die Folgen eines Wechsels der Umstände zu bestimmen, da die Parteien selbst am besten wissen, wie sie den Vertrag in für sie zumutbarer Weise anpassen würden. Trotz der generellen Verpflichtung der Partei-

---

[96]Der moderne Trend in den europäischen Rechtsordnungen geht hin zur Aufrechterhaltung des Vertrages, selbst wenn dies nur mit Hilfe seiner Anpassung an die neuen Gegebenheiten möglich ist. Dies wird als Zugeständnis an die Gebote der Gerechtigkeit erklärt. In England hat der *Law Reform (Frustrated Contracts) Act 1943* die Belastungen, welche aus einer „frustration" für die Parteien erwachsen, zumindest insofern gerechter verteilt als zuvor das „common law", als er durch Rückgaben bzw. -zahlungen erreicht, daß eine Partei normalerweise nicht schlechter da steht als bei Vertragsabschluß und ihr für erbrachte Leistungen eine Entschädigung gewährt wird.

[97]*Horn*, AcP 181 (1981), 255. Die Rechtsprechung hat sich dieser Auffassung aber wohl noch nicht angeschlossen.

[98]In England ist eine derartige Pflicht zwar nicht vorhanden. Die Auflösung als alleinige Rechtsfolge einer „frustration" dürfte die Bereitschaft der Parteien, zunächst von sich aus eine Lösung zu suchen, jedoch generell fördern.

en, die Verhandlungen „in good faith“ zu führen, ist der Nutzen einer derartigen Verpflichtung bei Verhandlungsunwilligkeit einer der Parteien aber beschränkt, da die Verpflichtung zu Verhandlungen keine Verpflichtung zum Abschluß neuer Abkommen beinhaltet (so vernünftig das Angebot der Gegenseite auch sein mag) und sich die Bestimmung von „bad faith“ daher entsprechend schwierig gestaltet. Erfolgreiche Neuverhandlungen setzen voraus, daß beide Parteien willig sind, den Vertrag am Leben zu erhalten, wie dies zumindest in den „symbiotischen“ Vertragsverhältnissen der Fall ist, oder zumindest durch Druck von außen zu einem Abschluß gedrängt werden. Da in der Realität überwiegend wirtschaftliche Gesichtspunkte die Denkweise der Parteien beeinflussen, werden sich nämlich Parteien in nichtsymbiotischen Verhältnissen oft nur dann gütlich einigen, wenn die von dem Wechsel der Umstände nicht direkt betroffene Partei Grund zu der Annahme hat, daß die richterliche Anpassung/Auflösung für sie nachteiliger wäre als das Angebot der Gegenseite[99]. Indem die *European Principles* einem Gericht die Möglichkeit gewähren, eine Partei, welche gegen das Gebot der Neuverhandlungen in „good faith“ verstößt, zu Schadensersatz zu verurteilen, kann zumindest offensichtlichen Zuwiderhandlungen begegnet werden.

Wenn kein Kompromiß gefunden werden kann, muß das Gericht eingreifen. Dabei steht zunächst die Anpassung des Vertrages im Vordergrund mit dem Ziel, das ursprüngliche Vertragsgleichgewicht wiederherzustellen. Das Anpassungsziel ist in den *Principles* anders gesetzt als im deutschen Recht, wo die Anpassung die Beseitigung der Unzumutbarkeit zum Ziel hat. Da die gewählte Form der Anpassung in Deutschland aber die legitimen Interessen des Vertragsgegners berücksichtigen muß, wozu vor allem das Interesse an der unveränderten Vertragsdurchführung zählt, ist im Ergebnis auch in Deutschland die Herstellung des ursprünglichen Vertragsgleichgewichts anzustreben.

Ist die Wiederherstellung des ursprünglichen Vertragsgleichgewichts aufgrund der Schwere der Störung nicht möglich, bleibt nur die Auflösung, deren Umstände im Gegensatz zum deutschen und englischen Recht vom Gericht bestimmt werden. Das Gericht besitzt hierbei eine weitgehende Gestaltungsfreiheit.

---

[99]Dies dürfte zumindest auf Situationen zutreffen, wo Ersatz zu ähnlichen oder günstigeren Konditionen sich verhältnismäßig leicht beschaffen läßt. Ist der Marktpreis für die betreffende Ware gestiegen, tritt die umgekehrte Situation ein, daß die von den Umständen betroffene, leistungspflichtige Partei die Auflösung des Vertrages seiner Aufrechterhaltung vorziehen würde während die andere Partei seine Durchführung auch in den veränderten Umständen häufig als bessere Option sehen würde. All dies ist natürlich auch von den Begleitumständen abhängig, z.B. ob die gegenleistungspflichtige Partei die Ware sehr schnell braucht, um ihrerseits Lieferverpflichtungen erfüllen zu können.

Wie das deutsche und englische Recht enthält A. 2.117 einige recht vage Begriffe wie „fundamental change of equilibrium", „excessive onerosity" und dergleichen. Diese Unbestimmtheit ermöglicht die notwendige Flexibilität, um der Vielfalt von verschiedenen Situationen, welche im Gebiet der veränderten Umstände zwangsläufig auftreten, begegnen zu können. Sie ist deshalb aber auch, ähnlich wie in Deutschland und auch England, stark dem individuellen Wertungsprozeß des einzelnen Richters unterworfen. Letzteres stellt so lange kein Problem dar, wie die Wertungen verschiedener Richter in einer Rechtsordnung einigermaßen konstant bleiben und somit die Rechtsfolgen einer bestimmten Fallkonstellation vorhersagbar sind. Problematisch wird es, wenn, wie in Deutschland zum Teil geschehen, sich verschiedene Richter aus einer Vielzahl im Laufe der Jahre entwickelter unterschiedlicher Wertungsgesichtspunkte jeweils unterschiedliche heranziehen, womit der Ausgang eines Falles zu stark von der Person des betreffenden Richters abhängig wird und nicht nur von der individuellen Situation.

B. UNIDROIT Principles of International Commercial Contracts

Einen weiterer Versuch, die verschiedenen Rechtsordnungen gemeinsamen Prinzipien herauszuarbeiten und zu kodifizieren, stellen die UNIDROIT Principles dar. Diese unterscheiden sich von den *European Principles* vor allem in ihrer globalen, nicht nur europäischen, Zielsetzung[100].

I. Hardship

1. Tatbestand

UNIDROIT behandelt das Problem der veränderten Umstände jenseits der strikten Unmöglichkeit unter dem Stichwort „Hardship". Dabei wird in Artikel 6.2.1 zunächst folgendes angemerkt:

> „Where the performance of a contract becomes more onerous for one of the parties, that party is nevertheless bound to perform its obligations subject to the following provisions on hardship."[101]

Diese grundsätzliche Pflicht zur Erbringung der Leistung trotz Erschwernissen stellt ein universelles Prinzip dar, welches sowohl in der deutschen als auch in der englischen Jurisdiktion verankert ist. Artikel 6.2.2 definiert „hardship" folgendermaßen:

---

[100] *Zimmermann*, aaO, 480

[101] *UNIDROIT*, S. 145

„There is hardship where the occurrence of events fundamentally alters the equilibrium of the contract either because the cost of a party's performance has increased or because the value of the performance a party receives has diminished, and

(a) the events occur or become known to the disadvantaged party after the conclusion of the contract;

(b) the events could not reasonably have been taken into account by the disadvantaged party at the time of the conclusion of the contract;

(c) the events are beyond the control of the disadvantaged party; and

(d) the risk of the events was not assumed by the disadvantaged party."[102]

Es fällt auf, daß die UNIDROIT Definition nur auf die benachteiligte Partei abstellt. Dies dürfte in der Praxis nicht groß ins Gewicht fallen, da es in der Regel die benachteiligte Partei ist, welche sich auf eine derartige „hardship" beruft. In Deutschland ist dies auch der Fall. In England hingegen ist es grundsätzlich beiden Parteien erlaubt, eine „frustration" geltend zu machen, was vermutlich daher rührt, daß „frustration" dort den Oberbegriff sowohl für Fälle „echter" Unmöglichkeit als auch von lediglichen Leistungserschwernissen darstellt und in Gestalt der automatischen Vertragsauflösung auch dieselbe Rechtsfolge nach sich zieht. Dies kann zu Ungerechtigkeiten führen, wenn die benachteiligte Partei zur weiteren Leistung bereit ist, ihr dies aber aufgrund des Berufens der Gegenpartei auf „frustration" verwehrt wird. Die Geltendmachung von „hardship" als alleiniges Recht der betroffenen Partei ist daher vorzuziehen.

Damit „hardship" vorliegt, darf es der von dem Ereignis betroffenen Partei zum Zeitpunkt des Vertragsabschlusses nicht vernünftigerweise möglich gewesen sein, dieses im Vertrag zu berücksichtigen. Dies bedeutet in der Regel, daß das Ereignis unvorhersehbar ist, kann sich aber theoretisch auch in Form mangelnder Vorsorge aufgrund der schwächeren Verhandlungsposition manifestieren.

Das betreffende Ereignis hat zudem außerhalb der Kontrolle der benachteiligten Partei zu liegen. Dies ist auch in Deutschland und England insofern eine Voraussetzung für die Beachtlichkeit eines Wechsels in den Umständen, als dieser nicht „self-induced" sein darf bzw. nicht dem freien Willen einer Partei entspringen darf.

Als letzte Bedingung wird ausgedrückt, daß die benachteiligte Partei das Risiko hinsichtlich des Ereignisses nicht übernommen hat. Dies stellt das auch in Eng-

---

[102] *UNIDROIT*, S. 146

land und in Deutschland anerkannte Prinzip dar, daß Leistungserschwerungen nur außerhalb der vertraglichen Risikoverteilung rechtlich beachtet werden können.

2. Rechtsfolgen

Artikel 6.2.3 beinhaltet die Rechtsfolgen einer „hardship“:

> „(1) In case of hardship the disadvantaged party is entitled to request negotiations. The request shall be made without undue delay and shall indicate the grounds on which it is based.
>
> (2) The request for renegotiation does not in itself entitle the disadvantaged party to withhold performance.
>
> (3) Upon failure to reach agreement within a reasonable time either party may resort to the court.
>
> (4) If the court finds hardship, it may, if reasonable
>
> (a) terminate the contract at a date and on terms to be fixed, or
>
> (b) adapt the contract with a view to restoring its equilibrium.“[103]

Diese Rechtsfolgen sind an sich nicht ungewöhnlich. Wiederum werden (wie in Deutschland und den *European Principles* auch) Neuverhandlungen in den Vordergrund gestellt. Bleiben diese ergebnislos, hat jede der Parteien die Möglichkeit, ein Gericht anzurufen. Dieses kann den Vertrag auflösen oder anpassen. Auffällig scheint, daß die Auflösung dabei zuerst genannt wird. Im Kommentar wird keine Aussage bezüglich einer Bevorzugung einer dieser beiden Rechtsfolgen gemacht. Im Gegenteil besagt der Kommentar nur, daß das Gericht eine Rechtsfolge zu bestimmen hat, welche unter den Umständen als „reasonable“ erscheint; diese kann angeblich auch in einer unveränderten Aufrechterhaltung des bestehenden Vertrages bestehen[104], wenn auch die Vernünftigkeit eines solchen Urteils nicht ohne weiteres ersichtlich ist, da die „hardship“ schließlich das „Äquilibrium“ des Vertrages fundamental verändert hat. Grundsätzlich ist aufgrund der notwendigen „reasonableness“ der Rechtsfolge wohl der Anpassung als flexiblerer Rechtsfolge und geringerem Eingriff in den Vertrag der Vorrang zu gewähren.

Auffällig ist weiterhin, daß Absatz (2) ausdrückt, die benachteiligte Partei sei nicht allein aufgrund ihrer Forderung nach Neuverhandlungen zur Nichterbrin-

---

[103] *UNIDROIT*, S. 151

[104] *UNIDROIT*, S. 154 f.

gung der Leistung berechtigt. Diese Einschränkung stellt klar, daß die Neuverhandlungen der gerichtlichen Bewertung des Tatbestandes vorhergehen. Wenn sich dann vor Gericht herausstellt, daß die fragliche Leistungserschwerung rechtlich gesehen keine „hardship" darstellt, wäre die angeblich benachteiligte Partei die ganze Zeit über zur unveränderten Erfüllung verpflichtet gewesen und die zeitweilige Nichterbringung ihrer Leistung würde einen schadenersatzpflichtigen Vertragsbruch darstellen. Es wird einem Schuldner somit verwehrt, durch bewußt unberechtigte Berufung auf „hardship" einen Aufschub seiner Leistung zu erreichen. In England und Deutschland stellt sich die Situation ebenso dar.

II. Impediment beyond control

Anstelle der Unmöglichkeit im englischen und deutschen Recht steht bei UNIDROIT wie bei den *European Principles* eine Definition, welche der *force majeure* ähnelt. Artikel 7.1.7 drückt dies folgendermaßen aus:

> „(1) Non-performance by a party is excused if that party proves that the non-performance was due to an impediment beyond its control and that it could not reasonably be expected to have taken the impediment into account at the time of the conclusion of the contract or to have avoided or overcome it or its consequences.
>
> (2) When the impediment is only temporary, the excuse shall have effect for such period as is reasonable having regard to the effect of the impediment on the performance of the contract.
>
> (3) The party who fails to perform must give notice to the other party of the impediment and its effect on its ability to perform. If the notice is not received by the other party within a reasonable time after the party who fails to perform knew or ought to have known of the impediment, it is liable for damages resulting from such non-receipt.
>
> (4) Nothing in this article prevents a party from exercising a right to terminate the contract or to withhold performance or request interest or money due."[105]

Die Definition ist derjenigen in den *European Principles* sehr ähnlich. Neu ist aber der letzte Paragraph, welcher ausdrückt, daß eine derartige Behinderung etwaige andere Rechte hinsichtlich der Beendigung des Vertrages, der Zurückbehaltung der Leistung oder der Forderung von Teilzahlungen nicht berührt. Dies betrifft sowohl Rechte des Gläubigers, welche diesem aufgrund der Nichterfüllung des Schuldners erwachsen, als auch Rechte des Schuldners, für schon er-

---

[105] *UNIDROIT*, S. 169

brachte Teilleistungen Entgelt zu fordern. Allerdings wird die nichtleistende Partei von der Pflicht zu etwaigen Schadensersatzleistungen befreit[106].

Wie in den *European Principles* wird der nichtleistenden Partei eine Benachrichtigungspflicht auferlegt. Wie schon oben aufgeführt, ist dies eine wünschenswerte Regelung, da sie dem Leistungsgläubiger die Möglichkeit eröffnet, seine Verluste zu beschränken.

III. Problem zweier Regelungen für einen Tatbestand

Ein Problem der respektiven Definitionen von „hardship"/„excessive onerosity" und „impediment beyond control" bei UNIDROIT und in den *European Principles* ist, daß dieselbe tatsächliche Situation zumindest theoretisch die tatbestandlichen Voraussetzungen von beiden Instituten erfüllen könnte. Da das „impediment beyond control" nicht Unmöglichkeit im strengen Sinne bedeutet, sondern auf den Inhalt des Schuldverhältnisses abstellt, ist die Abgrenzung zur „hardship" bzw. „excessive onerosity" eine lediglich graduelle Sache. Unzumutbare Leistungserschwerungen können daher sowohl „hardship"/„excessive onerosity" als auch ein „impediment beyond control" darstellen[107]. In beiden Fällen kommt es hauptsächlich darauf an, daß das Vertragsrisiko überschritten worden ist. „Hardship"/„excessive onerosity" und „impediment beyond control" ziehen aber nicht dieselben Rechtsfolgen nach sich. Im Kommentar zur „hardship" haben die Autoren dies erkannt, schlagen aber als Lösung des Problems einfach vor, daß es der benachteiligten Person überlassen bleiben soll, sich auf eines der beiden Institute zu berufen, je nachdem, ob sie das Nichtleistenmüssen oder die weitere Durchführung des Vertrages zu veränderten Bedingungen anstrebt[108]. Zwar wird der Gläubiger aufgrund der Benachrichtigungspflichten, welche beide Institute in ihren Definitionen enthalten[109], nach Eintritt des außergewöhnlichen Ereignisses nicht lange darüber im Unklaren gelassen, welche Rechtsfolge der Schuldner anstrebt. Das Abgrenzungsproblem fördert aber nicht die Rechtssicherheit. Es wäre daher wünschenswert, wenn sich die tatbestandlichen Voraussetzungen aufgrund des unterschiedlichen Rechtsfolgen klarer voneinander unter-

---

106 *UNIDROIT*, S. 170

107 Siehe etwa *von Caemmerer/Schlechtriem*, aaO, Artikel 79 Rn. 1 und 2.

108 *UNIDROIT*, S. 150. Die Autoren der *European Principles* gehen nicht auf dieses Problem ein. Sie scheinen anzunehmen, daß ein „impediment beyond control" sich von der „excessive onerosity" abgrenzen läßt: vgl. *Principles*, S. 141. Dies ist aber nur der Fall, wenn ein derartiges „impediment" Unmöglichkeit im herkömmlichen Sinne bewirkt.

109 Entweder in genereller Form oder indirekt aufgrund der Pflicht, zunächst in Neuverhandlungen einzutreten.

scheiden ließen. Die Rechtsfolge des Nichtleistenmüssens und der damit einhergehenden Vertragsauflösung wurde ursprünglich für die Unmöglichkeit der Leistung konzipiert. Bei der „hardship" hingegen paßt die Wahlmöglichkeit des Gerichts hinsichtlich Anpassung oder Auflösung besser auf die Leistung, welche zwar übermäßig erschwert, aber noch nicht unmöglich ist, da sie es dem Gericht erlaubt, die in der jeweiligen Situation für beide Seiten gerechteste Lösung zu finden. Im Gegensatz zur Unmöglichkeit kann sich die Erschwerung der Leistung in den individuellen Situationen sehr unterschiedlich darstellen. Die optimale Rechtsfolge ist somit maßgeblich von den Umständen des jeweiligen Falles abhängig und eine entsprechende Flexibilität wäre wünschenswert.

C. Überarbeitung des deutschen Schuldrechts

I. Unmöglichkeit

Eine in Deutschland eingesetzte Kommission zur Überarbeitung des Schuldrechts hat Veränderungen am geltenden Leistungsstörungsrecht vorgeschlagen[110]. Die Kommission bemängelt die Unzulänglichkeit verschiedener Paragraphen im BGB. Kritisiert wird vor allem der geltende § 275 BGB. So sei etwa der Begriff der physischen Unmöglichkeit angesichts der Fortschritte, welche die Technik seit Inkrafttreten des BGB gemacht hat, überholt. Theoretisch sei heute sehr vieles machbar, ohne daß der Schuldner jedoch zu den allerletzten Anstrengungen verpflichtet sei, bevor die Leistung für ihn zumindest „faktisch" unmöglich werde. An die Stelle der Unmöglichkeit soll der Kommission nach folgende Definition treten:

> „Besteht die Schuld nicht in einer Geldschuld, kann der Schuldner die Leistung verweigern, soweit und solange er diese nicht mit denjenigen Anstrengungen zu erbringen vermag, zu denen er nach Inhalt und Natur des Schuldverhältnisses verpflichtet ist..."[111]

Ausschlaggebend soll also allein die Risikoverteilung des Vertrages sein[112]. Es kommt also nicht mehr in jedem Falle auf das Unmöglichwerden der Leistung an. Neu ist bei dem Vorschlag auch, daß bei Vorliegen der Voraussetzungen des § 275 BGB-KE die (primäre) Leistungspflicht unabhängig von etwaigem Vertre-

---

110 *Bundesministerium für Justiz (Hrsg.)*, Abschlußbericht der Kommission zur Überarbeitung des Schuldrechts, (im folgenden „BGB-KE" genannt)

111 § 275 BGB-KE, S. 117

112 Sowohl aufgrund des Wortlauts als auch durch gesetzliche und andere Vorschriften, welche für den betreffenden Vertragstyp gelten. Soweit dispositiv, können derartige Vorschriften natürlich ausgeschlossen werden.

tenmüssen wegfällt. Die sekundäre Schadensersatzpflicht bestimmt sich hingegen nach § 280 BGB-KE und fällt nur bei Nichtvertretenmüssen weg. Ein einziger Tatbestand hinsichtlich Erfüllungspflicht und Schadensersatzhaftung ist jedoch aus prozeßökonomischen und gesetzessystematischen Gründen vorzuziehen[113]. Dies ist um so mehr der Fall, als zwar bei Unmöglichkeit die unmögliche Leistung unabhängig vom Verschulden nicht gefordert werden kann; wenn aber, wie vorgeschlagen, eine lediglich Leistungserschwerung für die Leistungsbefreiung ausreichen kann, ist dies nicht mehr ohne weiteres einzusehen und Verschulden somit auch für das Vorliegen des Tatbestandes von Bedeutung.

II. Wegfall der Geschäftsgrundlage

Die Kommission schlägt die Einfügung eines neuen § 306 in das BGB vor, welcher Tatbestand und Rechtsfolgen des Wegfalls der Geschäftsgrundlage erstmals ausdrücklich im BGB verankern soll. Die Kommission will mit ihrem Vorschlag den für sie unbefriedigenden Zustand der Nichtkodifikation eines wichtigen, seit vielen Jahrzehnten erprobten und bewährten Rechtsinstitutes beheben[114]. Der Wortlaut des Vorschlags ist folgender:

> „(1) Haben sich Umstände, die zur Grundlage des Vertrages geworden sind, nach Vertragsschluß schwerwiegend verändert und hätten die Parteien den Vertrag nicht oder mit anderem Inhalt geschlossen, wenn sie diese Veränderungen vorausgesehen hätten, so kann Anpassung des Vertrages verlangt werden, soweit einem Teil unter Berücksichtigung aller Umstände des Einzelfalles, insbesondere der vertraglichen oder gesetzlichen Risikoverteilung, das Festhalten am unveränderten Vertrag nicht zugemutet werden kann.
>
> (2) Einer Veränderung der Umstände steht es gleich, wenn Vorstellungen, die zur Grundlage des Vertrages geworden sind, sich als falsch herausstellen.
>
> (3) Ist eine Anpassung des Vertrages nicht möglich oder einem Teil nicht zumutbar, so kann der benachteiligte Teil vom Vertrag zurücktreten. An die Stelle des Rücktrittsrechts tritt für Dauerschuldverhältnisse das Recht zur Kündigung aus wichtigem Grund nach § 307 BGB-KE.“[115]

Der Wortlaut deckt sich der Kommission zufolge weitgehend mit den von Rechtsprechung und Lehre herausgearbeiteten Prinzipien des Wegfalls der Geschäftsgrundlage, sowohl was den Tatbestand als auch was die Rechtsfolgen angeht[116].

---

[113] *Ernst*, JZ 1994, 801, 803; *Schlechtriem*, ZEuP 1993, 217, 224 f.

[114] BGB-KE, S. 148

[115] BGB-KE, S.146

[116] BGB-KE, S. 148

Es soll sich bei § 306 BGB-KE also um die Kodifizierung eines von der Lehre vorgeschlagenen und von der Rechtsprechung übernommenen Rechtsinstituts handeln, welches seit langem anerkanntermaßen Einzug ins deutsche Recht genommen hat.

Der Wortlaut von § 306 BGB-KE ist allerdings so unbestimmt, daß mit der Kodifizierung im Vergleich zur gegenwärtige Lage keine bedeutenden praktischen Vorteile, etwa hinsichtlich der Rechtssicherheit, gewonnen würden. § 306 BGB-KE müßte im Wege einer extensiven Auslegung ergänzt werden, womit wie bisher auf die von Rechtsprechung und Lehre entwickelten Prinzipien zurückzugreifen wäre. So läßt die Bestimmung z.B. offen, wann ein Umstand zur Grundlage des Vertrages wird. Auch die Anpassung des Vertrages wird nur sehr allgemein erwähnt[117]. Vor allem fehlt eine Aussage hinsichtlich des Maßstabes, welcher bei einer Anpassung anzusetzen wäre.

III. Aussichten

Es ist unwahrscheinlich, daß die Überarbeitung des schuldrechtlichen Teils des BGB in dieser Form tatsächlich stattfinden wird. Zudem erfordert es die EU-Richtlinie über den Verbrauchsgüterkauf, daß Verbrauchern bestimmte Rechte hinsichtlich der Vertragsmäßigkeit von Waren eingeräumt werden[118]. Die Richtlinie erstreckt sich ausdrücklich auch auf Verträge über die Lieferung noch herzustellender oder zu erzeugender Verbrauchsgüter und macht einen Verkäufer für jedwede Mängel haftbar, welche zum Zeitpunkt der Lieferung bestehen. Das geltende Recht der Leistungsstörungen wird deshalb einer Überarbeitung auch in dieser Hinsicht unterzogen werden müssen. Der Wortlaut von § 275 BGB-KE allein würde den Erfordernissen der Richtlinie wohl nicht gerecht.

Problematisch ist vor allem § 275 BGB-KE insofern, als er den Unmöglichkeitstatbestand abschaffen will und statt dessen auf die Pflichten des Schuldners aus dem Schuldverhältnis abstellt. Sind diese, wie auch immer, überschritten, braucht er nicht mehr zu leisten. Es gibt hier Abgrenzungsschwierigkeiten zum Wegfall der Geschäftsgrundlage. Dieser stellt in der Hauptsache ebenfalls auf die Risikoverteilung im jeweiligen Schuldverhältnis ab, welche nun überschritten

---

[117] *Ernst*, aaO, S. 802, kritisiert die nur rudimentäre Formulierung der Anpassungsregeln.

[118] Richtlinie 1999/44/EG zu bestimmten Aspekten des Verbrauchsgüterkaufs und der Garantien für Verbrauchsgüter, Amtsblatt L 171 vom 7. Juli 1999 S. 12 - 16

worden ist[119]. Wohingegen der Schuldner gemäß § 275 BGB-KE die Leistung verweigern kann, steht beim Wegfall der Geschäftsgrundlage die Anpassung und ein gerechter Ausgleich zwischen den Parteien im Vordergrund. Dies könnte zu Anwendungsschwierigkeiten führen, da es unter Umständen der betroffenen Partei ermöglicht würde, je nach Interessenlage auf einer Anpassung des Vertrages zu bestehen oder seine Erfüllung einfach zu verweigern. Dieses Abgrenzungsproblem ähnelt dem, mit welchem sich die *European Principles* und UNIDROIT konfrontiert sehen[120]. Die Kommission stellt zwar klar, daß die (richterliche) Anpassung gemäß § 306 BGB-KE immer vorzugehen habe[121]. Warum für die Fälle der Leistungserschwerung zwei Regelungen vonnöten sind, welche in problematischer Weise nebeneinander stehen, ist jedoch nicht ersichtlich[122]. Das bestehende Recht, welches zwischen (objektiver und subjektiver) Unmöglichkeit der Leistung einerseits und übermäßig erschwerter, aber noch möglicher Leistung andererseits unterscheidet und dies in zwei separaten Rechtsinstituten zum Ausdruck bringt, bleibt aufgrund seiner klaren Grenzen vorzuziehen.

---

[119]Dies wird mit Unzumutbarkeit umschrieben. Die Kommission hat die Abgrenzungsschwierigkeiten sogar selbst vorausgesehen: BGB-KE, S. 120. *Ernst* stellt ihr deshalb ein Armutszeugnis aus: aaO, S. 803.

[120]Vgl. oben B III. Im Gegensatz zum BGB-KE können sich die internationalen Kodifizierungsversuche zumindest mit der Begründung rechtfertigen, daß sie zwischen dem „common law" und dem Zivilrecht zu vermitteln suchen.

[121]BGB-KE, S. 151

[122]Vgl. Kritik von *Ernst*, aaO, S. 801 f.

6. Kapitel: Ergebnis

A. Geschäftsgrundlage und „frustration“ als Frage des Vertragsrisikos

Es ist sowohl in England als auch in Deutschland anerkannt, daß die Verpflichtung zur unveränderten Vertragserfüllung bei Eintritt außergewöhnlicher Ereignisse auch außerhalb der tatsächlichen bzw. rechtlichen Unmöglichkeit wegfallen kann[123]. Hierzu ist eine bloße Erschwerung der Leistung nicht ausreichend, da die Parteien bei Vertragsschluß beabsichtigten, daß der Vertrag auch angesichts von Widrigkeiten erfüllt werden sollte. Notwendig ist sowohl in Deutschland als auch in England ein radikaler Wechsel in den Umständen, welcher es mindestens einer Partei unmöglich macht, den Vertrag innerhalb des von ihr übernommenen Risikorahmens zu erfüllen. Angesichts dieses Überschreitens des Risikorahmens[124] besteht keine der beiden Rechtsordnungen auf unveränderter Erfüllung des Vertrages, wenn auch die Rechtsfolgen unterschiedlich sind. Nicht unproblematisch ist in beiden Rechtsordnungen die Bestimmung des Risikorahmens. Unmöglichkeit läßt sich relativ leicht feststellen; sie ist gegeben, wenn die Leistung aufgrund tatsächlicher oder rechtlicher Gegebenheiten einfach nicht erbracht werden kann. Es muß dann hinsichtlich etwaiger Schadensersatzansprüche nur noch untersucht werden, ob die Partei die Unmöglichkeit in irgendeiner rechtlich relevanten Weise zu vertreten hat oder nicht. Die Bestimmung des vertraglichen Risikorahmens bei einem Wegfall der Geschäftsgrundlage bzw. „frustration“ erfordert hingegen eine weitaus intensivere Erörterung aller relevanten Umstände des Einzelfalles, da die Leistung zwar schwieriger, aber nicht unmöglich geworden ist. Leistungserschwerungen rechtfertigen aber grundsätzlich kein Abgehen von der Leistungspflicht; dies kann nur in Ausnahmesituationen geboten sein.

Zunächst muß anhand des Vertrages und der zur Zeit des Vertragsabschlusses relevanten Umstände ermittelt werden, ob eine oder beide Parteien das eingetretene Risiko zu tragen haben. Hierbei ist in beiden Rechtsordnungen zunächst der Wortlaut des Vertrages selbst von Bedeutung[125], sodann zwingende Rechtsvorschriften und schließlich (im Vertrag nicht ausgeschlossene) dispositive Rechtsvorschriften.

---

[123]Bzw. daß der Vertrag auf diese Situationen keine Anwendung findet, da sie einen neuen Tatbestand schaffen, der im Vertrag nicht geregelt ist.

[124]In Deutschland wird noch zusätzlich die Unzumutbarkeit der Leistungserbringung an sich verlangt.

[125]Gemäß den jeweils geltenden Interpretationsregeln.

Das vertraglich übernommene Risiko ist überschritten, wenn die neuen Umstände die Position der Parteien hinsichtlich der Erfüllung ihrer Versprechen wesentlich verändert haben. Dies erfordert in Deutschland eine Bestimmung des hypothetischen Parteiwillens: eine wesentliche Änderung liegt dann vor, wenn die Parteien den Vertrag nicht oder mit anderem Inhalt geschlossen hätten, wenn ihnen der Wechsel in den Umständen bekannt gewesen wäre. In England kommt es hierauf nicht an; die Leistungserbringung muß sich lediglich als völlig andere darstellen, was in der Praxis aber wohl auch zu dem Schluß führen würde, daß die betroffene Partei den Vertrag nicht in seiner ursprünglichen Form abgeschlossen hätte.

In Deutschland wird die rechtliche Beachtlichkeit eines Wechsels der Umstände von der „Unzumutbarkeit" der unveränderten Erfüllung abhängig gemacht. Diese ermöglicht die Ermittlung des Risikorahmens und wird sowohl zur Feststellung des Tatbestandes als auch zur Bestimmung der Rechtsfolgen verwendet. Für die Bestimmung der Unzumutbarkeit werden manchmal auch Umstände in Betracht gezogen, welche an sich außerhalb des Vertrages liegen, z.B. Umstände sozialethischer Natur wie die drohende Arbeitslosigkeit der Belegschaft eines unrentablen Betriebs[126]. Die Relevanz derartiger Umstände ist (losgelöst vom Vertrag) grundsätzlich zu verneinen; beachtlich wird der Wechsel der Umstände nur, weil der Vertrag selbst das Risiko seines Eintritts keiner der Parteien zugeteilt hat[127].

In England ist lediglich die Feststellung des Tatbestands, der „radical change of obligation", welcher die Grenzen des vertraglichen Risikorahmen beschreibt, erforderlich, da bei seinem Vorliegen bzw. seinem Fehlen jeweils nur eine Rechtsfolge in Frage kommt, nämlich die Auflösung bzw. die unveränderte Beibehaltung des Vertrages. Der Vorteil dieses Systems liegt in seiner Rechtssicherheit[128], der Nachteil in seiner mangelnden Flexibilität. Der Trend geht heutzutage in Europa hin zur Erhaltung des Vertrages und dadurch zu mehr Einzelfallgerechtigkeit[129].

---

[126]BGH LM § 242 (Bb) BGB Nr. 22

[127]*Zweigert/Kötz*, aaO, § 37 V S. 536, betonen die Gefahr, welche allgemeinen Formeln wie „Treu und Glauben" innewohnt, da ein Gericht dadurch schnell den Umstand aus den Augen verlieren kann, daß sich die Rechtsbeziehungen der Parteien in erster Linie nach dem Vertrag beurteilen. Dem ist beizustimmen. Die äußeren Umstände des Vertrages sind lediglich insofern von Bedeutung, als sie Rückschlüsse auf die vertragliche Risikoverteilung geben können.

[128]Allerdings können auch in England die richterlichen Meinungen hinsichtlich des Vorliegens eines „radical change of obligations" und hinsichtlich des Zeitpunkts seines Eintritts auseinandergehen: siehe die verschiedenen Suezkanalfälle.

[129]Vgl. vor allem die *European Principles* und *UNIDROIT*.

B. British Movietonews und der gescheiterte Versuch einer englischen Anpassungsregelung

Die englischen Lordrichter haben der vom Court of Appeal in *British Movietonews*[130] propagierten Anpassungsbefugnis eine eindeutige Ablehnung erteilt, was unter anderem auf Lord Dennings Äußerungen zurückzuführen sein mag, daß er als Richter einen Vertrag entgegen seinem offensichtlichen Wortlaut interpretieren und somit an die Gegebenheiten anpassen könne[131]. Dies würde einerseits das Prinzip der Privatautonomie bedrohen und liefe andererseits ganz entschieden dem in den englischen Auslegungsregeln enthaltenen Verbot der „strained construction" zuwider. Es würde auch in Deutschland zu weit gehen. § 242 BGB ermöglicht es zwar, bei Bestehen einer „Lücke" im Vertrag neue Klauseln in den Vertrag einzufügen bzw. bestehende zu verändern. Aber auch er läßt weder willkürliche Auslegungen zu, noch ermächtigt er das Gericht, den Vertrag für die Parteien neu zu schreiben.

In England ist eine (sehr begrenzte) richterliche Befugnis zur Vertragsanpassung durchaus anerkannt; sie ergibt sich einerseits aus den Notwendigkeiten der „business efficacy", d.h. daß ein Richter Klauseln in den Vertrag einfügen darf, welche von den Parteien ganz offensichtlich vergessen wurden[132] und welche nötig sind, um die reibungslose Vertragserfüllung zu gewährleisten. Auch haben sich die Gerichte nicht gescheut, Klauseln in Verträge hineinzuinterpretieren, welche nicht unbedingt notwendig waren, um die Leistung überhaupt erst zu ermöglichen[133], welche aber zumindest hypothetisch den redlichen Absichten der Parteien entsprachen. Derartige Klauseln lassen sich weder als notwendiger „term implied in

---

[130][1951] 1 KB 190, CA; [1952] AC 166, HL

[131][1951] 1 KB 190, 202

[132]Und welche sie ansonsten in ihren Vertrag mit eingefügt hätten.

[133]Das klassische Beispiel ist *Liverpool City Council v Irwin* [1976] 2 All ER 39, wo das House of Lords eine Klausel in eine Reihe von Mietverträgen hineinlas, welche es dem Vermieter auferlegten, die gemeinsam benützten Gebäudeteile in ordentlicher Verfassung zu erhalten. Obwohl eine derartige Klausel hinsichtlich der vorhandenen Pflichten der Mieter zur Instandhaltung der Wohnungen nur fair war, konnte man sie beim besten Willen unter den gegebenen Umständen nicht als „notwendig" bezeichnen.

fact" noch als „term implied in law" [134] klassifizieren. Statt dessen scheinen sie einem Gefühl der englischen Richter für Vertragsgerechtigkeit zu entspringen.

Lord Denning hätte versuchen können, bei diesem Gefühl für Vertragsgerechtigkeit anzusetzen und die von ihm vorgeschlagene Anpassungsbefugnis als Erweiterung der gerichtlichen Möglichkeiten zur Implikation von Klauseln anzulegen. Eine richterliche Anpassungsbefugnis im Falle eines rechtlich beachtlichen Wechsels der Umstände dient dazu, einen bestehenden Vertrag zu retten und ihm gewissermaßen seine aufgrund des Wechsels der Umstände verlorene „Effektivität" zurückzugeben. Allerdings ist die Art und Weise der Anpassung natürlich längst nicht so offensichtlich, wie dies in den traditionellen Situationen der „business efficacy" oder des „officious bystander tests" der Fall ist. Die Bestimmung der geeigneten Anpassung erfordert eine umfassende Abwägung aller relevanten Umstände und Interessen. Zudem muß sie gemäß den individuellen Gegebenheiten erfolgen und kann nicht für eine Reihe von ähnlich gelagerten Situationen etwa als „term implied in law" fest bestimmt werden.

Eine richterliche Anpassungsbefugnis im Zuge eines bedeutsamen Wechsels in den Umständen kann daher schlecht als lediglich Erweiterung bestehender Prinzipien gerechtfertigt werden. Auch fehlt im englischen Recht, welches zunächst von einer absoluten verschuldensunabhängigen Einstandpflicht des Schuldners ausgeht, eine Bestimmung nach Art des § 242 BGB, welche eine Anpassung gemäß schon bestehendem Recht rechtfertigen könnte. Eine richterliche Anpassungsbefugnis würde eine radikale Grundsatzentscheidung seitens der englischen Judikative und/oder Legislative für die Vertragsgerechtigkeit und gegen die Rechtssicherheit erfordern. Zumindest auf akademischer Seite wird zum Teil behauptet, daß die Anpassung des Vertrages und seine damit einhergehende Beibehaltung bei einer „frustration" auch eher den tatsächlichen Interessen der Parteien entspräche, wenn dies auch umstritten ist[135]. Schon der *Law Reform (Frustrated*

---

[134]Dieses Konzept ermöglicht es den Gerichten, bestimmte Vertragsarten mit einer typischen Risikoverteilung zu versehen. Lord Denning beschrieb es in *Shell UK v Lostock Garage Ltd* [1977] 1 All ER 481 folgendermaßen:

> „In such relationships the problem is not solved by asking: what did the parties intend? Or, would they have unhesitatingly agreed to it, if asked? It is to be solved by asking: has the law already defined the obligation or the extent of it? If so, let it be followed. If not, look to see what would be reasonable in the general run of such cases...and then say what the obligation shall be."

[135]Für die Auflösung etwa *Zweigert/Kötz*, aaO, § 37 V S.535, welche sich auf die Suezkanalfälle stützen. Für die Anpassung Trakman, [1983] 46 MLR 39, 49, und McInnis, *Force Majeure in Building Contracts*, 139, 157 in: McKendrick (ed.), Force Majeure and Frustration of Contract.

Contracts) Act 1943 wurde erlassen, um Ungerechtigkeiten bei der Ausübung des „common law“ zu begegnen; mit ihm lassen sich die entstandenen Gewinne und Verluste zwischen den Parteien verteilen, was gegebenenfalls eine gewisse Veränderung der ursprünglichen vertraglichen Pflichten erfordert. Allerdings können die Obligationen einer Partei nicht über das Maß erhöht werden, welches sie bei Vertragsabschluß versprochen hat; der Vertragspreis stellt die Obergrenze einer zu zahlenden „just sum“ dar. Genau diese Erhöhung der ursprünglichen Vertragspflichten ist aber das Markenzeichen einer echten Anpassungbefugnis[136].

Ob die Anpassung als weniger einschneidende Rechtsfolge einer „frustration“ eines Tages doch noch gerichtliche Anerkennung findet, wird stark von den jeweiligen Vorstellungen der Richter hinsichtlich des hypothetischen Parteiwillens abhängen. Die Ablehnung der Anpassung gründet sich nämlich auch auf die Theorie, daß sie dem hypothetischen Parteiwillen zuwiderliefe und somit aufgrund des überragenden Gebots der Privatautonomie abzulehnen sei. Es ist aber zumindest denkbar, daß sich diese Vorstellungen vom hypothetischen Parteiwillen eines Tages ändern.

Eine Anpassungsbefugnis würde keine bedeutenden Änderungen am geltenden Recht der „frustration“ erfordern. Den Maßstab für eine etwaige Anpassung gewönnen die Gerichte nämlich schon bei der Feststellung, ob ein „radical change of obligation“ vorliegt. Dies erfordert eine Bestimmung des Vertragsrisikos. Wie im deutschen Recht wäre eine Anpassung der vertraglichen Pflichten demnach mit dem Ziel vorzunehmen, die Obligationen der betroffenen Partei wieder bis direkt unter die Risikogrenze zurückzuführen; dies liefe auf eine Anpassung hinaus, welche die Leistungspflichten einer Partei so begrenzt, daß sie sich nicht mehr als „radikal anders“ darstellen.

C. Anpassung und Auflösung im Vergleich

I. Auflösung

Die Entscheidung, ob die Anpassung oder Auflösung des Vertrages zu bevorzugen ist, hängt davon ab, ob man der Vertragsgerechtigkeit oder der Rechtssicherheit den Vorrang einräumen will.

---

[136] Bedenken gegen eine derartige Erhöhung der Obligationen bewirkten auch die Ablehnung einer allgemeinen Anpassungsbefugnis im *Report of the Committee appointed by the Board of Trade to consider the Position of British Manufacturers and Merchants in Respect of Pre-War Contracts*, welcher 1918 veröffentlicht wurde.

In England wird die Rechtssicherheit höher bewertet. Dort wäre eine weitergehende Systematisierung wünschenswert. Es sollte eine deutlichere Unterscheidung zwischen den unterschiedlichen Tatbeständen der Unmöglichkeit und des „radical change of obligation“ gemacht werden, anstatt beide schlicht unter dem Oberbegriff „frustration“ zusammenzufassen. Dies würde verdeutlichen, daß der rechtliche Ansatz bezüglich der beiden Institute verschieden ist, da unter dem einen nur die „echte“ Unmöglichkeit vom Vertrag befreit und unter dem anderen ein radikaler Wechsel der Vertragspflichten hierfür ausreicht.

Weiter erscheint die Tatsache, daß beide Tatbestände dieselbe Rechtsfolge nach sich ziehen, nicht immer geeignet, das gerechteste Resultat zu erzielen. Die Auflösung des Vertrages ist bei Unmöglichkeit der Vertragserfüllung zwar durchaus angebracht. Bei Unmöglichkeit kann die Leistung auch unter veränderten Bedingungen einfach nicht mehr erbracht werden. Bei einem „radical change of obligation“ ist die weitere Leistungserbringung aber durchaus machbar und würde sich lediglich bezüglich ihrer Schwierigkeit für die leistungspflichtige Partei als anders als ursprünglich geplant erweisen. In einem solchen Falle kann die Auflösung dazu führen, den Vertragspartner unangemessen zu benachteiligen. Dieser kann nämlich ein bedeutendes Interesse an der Durchführung des Vertrages bewahren, selbst wenn dies in veränderter (und damit für ihn nachteilhafterer) Form vor sich gehen sollte. Auf der positiven Seite kann die drohende Auflösung dazu führen, daß die Parteien sich in Verhandlungen über die Bedingungen der weiteren Vertragserfüllung einigen und den Vertrag von sich aus anpassen. Negativ betrachtet ist es aber auch möglich, daß diejenige Partei, welche von einem „radical change of obligation“ betroffen ist, die Auflösung des Vertrages seiner weiteren Durchführung in veränderter Form vorzieht. Trotz Anpassung müßte sie nämlich bei weiterer Leistungserbringung unter Umständen für sie bedeutende Verluste in Kauf nehmen. Da die Lehre von der „frustration“ entwickelt wurde, um die Strenge des „absolute contract“ zu mildern und gewissen Anforderungen der Gerechtigkeit zu genügen, muß gefragt werden, ob dies mit der Auflösung als einziger Rechtsfolge in einer derartigen Situation auch tatsächlich erreicht wird. Gerechtigkeit muß schließlich Gerechtigkeit für beide Parteien bedeuten. Dies kann, je nach Situation, am besten durch die Auflösung des Vertrages oder durch die Verteilung der durch die außergewöhnlichen Umstände verursachten Verluste zwischen ihnen erreicht werden, also mit einer Anpassung.

Die Auflösung hat den Vorteil, daß die Parteien es sich zumindest theoretisch länger überlegen, ob sie sich auf „frustration“ berufen oder nicht und daher ein größeres Interesse daran bewahren sollten, den Vertrag in seiner ursprünglichen Form am Leben zu erhalten. Solange beide Parteien ein fortwährendes Interesse an der Vertragserfüllung bewahren, hat die drohende Auflösung daher den wünschenswerten Effekt, die Parteien an den Verhandlungstisch zu drängen, um eine für beide Seiten akzeptable Lösung zu suchen[137]. In Deutschland wird von einigen Autoren aus diesem Grunde eine Neuverhandlungspflicht befürwortet, da auch hier die Anpassung seitens der Parteien zu Recht der richterlichen Anpassung vorgezogen wird[138]. Probleme können sich dabei jedoch ergeben, wenn die stärkere Partei die Tatsache, daß die Vertragsauflösung die ultimative Rechtsfolge darstellt, als Druckmittel benutzt, um vom Vertragspartner bedeutende Konzessionen oder zusätzliche Anreize zur weiteren Vertragserfüllung zu erringen. Die schwächere Partei fände sich dann möglicherweise in einer Position wieder, in der die Auflösung des Vertrages ihren Ruin bedeuten könnte und ihr somit keine Wahl bliebe, als derartigen Verlangen seitens der anderen Partei zuzustimmen. Dies läuft jeglichem Gerechtigkeitsgefühl zuwider und die Anpassung des Vertrages seitens Dritter (d.h. der Gerichte) wäre hier die akzeptablere Lösung. Die weitergehenden Möglichkeiten der Parteien hinsichtlich der Verwendung von Haftungsausschluß- bzw. Anpassungsklauseln im englischen Recht bieten hierfür auch keine unbedingte Lösung, da es im Normalfall die verhandlungsstärkere Partei ist, welche auf der Aufnahme ihr günstiger Klauseln in den Vertrag bestehen kann bzw. die Verwendung derartiger Klauseln durch die andere Seite zu beschränken vermag.

Die automatische Auflösung ist als Rechtsfolge in jedem Fall abzulehnen. Das in Deutschland gewährte Rücktritts- bzw. Kündigungsrecht erlaubt es der benachteiligten Partei, entweder vom Vertrage Abstand zu nehmen oder trotz der entstandenen Widrigkeiten zu leisten. Dies wäre auch für den Fall einer „frustration“ zu bevorzugen. Auf diese Weise kann Situationen vorgebeugt werden, in denen eine Partei sich des Profits wegen auf „frustration“ beruft, obwohl ihre eigene Leistungsfähigkeit nicht von der Veränderung der Umstände betroffen ist[139]. Zwar ist gelegentlich zu erkennen, daß englische Gerichte es den Parteien aufgrund derartiger „ungerechtfertigter Gewinne“ verwehren, „frustration“ geltend zu machen[140]; die Auflösung als Berechtigung nur der benachteiligten Partei

---

[137]Dies mag ein Grund für die im Vergleich zu Deutschland auffallende Seltenheit von Fälle sein, in denen sich eine Partei in England tatsächlich (vor Gericht) auf „frustration“ beruft. Der andere Grund mag darin zu suchen sein, daß bei Übereinstimmung der Parteien bezüglich des Vorliegens einer „frustration“ die Anrufung des Gerichts unnötig ist, da die Auflösung des Vertrages dann automatisch eintritt und sich die Rückabwicklung etwaiger schon erbrachter Leistungen oft als unproblematisch darstellt.

[138]Siehe *Horn*, AcP 181 (1981), 255 und *Palandt*-Heinrichs § 242 Rn. 130.

[139]Siehe etwa *Nickoll & Knight v. Ashton, Edridge & Co* [1901] 2 KB 126. Der Vertrag war aufgrund des Strandens eines Schiffes frustriert. Die betroffene Partei war aber willens, ein Ersatzschiff zur Verfügung zu stellen, um ihre Obligationen zu erfüllen. Dies hätte ihr nicht verwehrt werden sollen.

[140]Z.B. in *F.A.. Tamplin Steamship v. Anglo-Mexican Petroleum Co* [1916] 2 AC 397

würde derartige, teils schwierig zu begründende Entscheidungen jedoch von vornherein unnötig machen und ist daher vorzuziehen.

II. Anpassung

Auch die Anpassung der vertraglichen Beziehungen kann Nachteile mit sich bringen. Sie muß in jedem Fall die Ausnahme bleiben und darf nicht zur Regel werden. Schließlich sind die Parteien mit dem Eingehen vertraglicher Beziehungen Risiken eingegangen, denen sie sich im Falle ihrer Manifestierung nicht einfach entziehen können. Die Verpflichtung des Schuldners zur Leistung stellt für den Gläubiger den Hauptwert des rechtlichen Instituts des Vertrages dar. Grundsätzlich lassen es daher nur aus dem Rahmen der Normalität fallende Einwirkungen eines meist unverhofft eingetretenen Ereignisses zu, den Vertrag anzupassen bzw. aufzulösen. Es gilt hierbei, genau nachzuweisen, daß das ursprünglich übernommene Risiko tatsächlich überschritten worden ist.

Der Anpassung wird in kontinentaleuropäischen Jurisdiktionen der Vorrang vor der Auflösung eingeräumt[141]. Der Grund hierfür liegt in der Tatsache, daß die Anpassung einen weniger schwerwiegenden Eingriff in den Vertrag darstellt als die Auflösung. Die große Gefahr, welche die Anpassung deshalb mit sich bringt, ist die Versuchung, einer Partei auch schon bei weniger gravierenden Schwierigkeiten auszuhelfen. Dieser Versuchung müssen die Gerichte begegnen, indem sie Leistungserschwerungen prinzipiell nur außerhalb des übernommenen Vertragsrisikos Beachtung schenken.

III. Kriterien zur Bestimmung der geeigneten Rechtsfolge

Das Vertragsrisiko ist immer sorgfältig zu bestimmen. Hat diese Feststellung ergeben, daß die Obligationen aufgrund der Veränderung der Umstände das übernommene Risiko übersteigen, muß die geeignete Rechtsfolge gesucht werden. Diese ist von der individuellen Vertragssituation abhängig. Dabei ist zunächst immer zu bedenken, daß die Anpassung die weniger einschneidende Rechtsfolge darstellt und ihr daher grundsätzlich der Vorrang vor der Auflösung zukommt. Allerdings kann sich die Anpassung unmöglich gestalten, wenn die Veränderung der Umstände zu gravierend ist. Weiter kann auch das unbillige Verhalten der Parteien in einer gegebenen Situation auf die Auflösung als gerechtere Folge hinweisen, obwohl eine Anpassung theoretisch noch möglich wäre. Die Beachtlichkeit von Leistungserschwerungen hat ihren Ursprung im Gedanken der Ver-

---

141 Zuvorderst muß allerdings ein Neuverhandlungsgebot stehen. Dies ist unter anderem erforderlich, damit die Privatautonomie im Angesicht veränderter Umstände nicht gänzlich ihre Bedeutung für das Schuldrecht verliert.

tragsgerechtigkeit; eine Partei, welcher aufgrund übermäßiger Leistungserschwerungen Abhilfe gewährt wird, darf sich daher keine Unbilligkeit gegenüber dem Vertragsgegner vorwerfen lassen, welcher an ihren Verlusten beteiligt werden soll. Daß deutsche Gerichte die Billigkeit teils berücksichtigen, wird daran deutlich, daß einer Partei, deren berechtigtes Anpassungsbegehren von der anderen Partei abgelehnt wird, ein Rücktrittsrecht eingeräumt wird, anstatt sie auf die gerichtliche Geltendmachung ihres Anspruchs zu verweisen[142]. Sie kann die Anpassung auf diese Weise zwar erzwingen, sie muß es aber nicht.

§ 242 BGB ist keine allgemeine „Billigkeitsvorschrift“[143]. Die Anpassung kann in der Tat nicht willkürlich vorgenommen werden, sondern soll aus einer unzumutbaren Leistung wieder eine zumutbare machen. Dies spricht aber nicht gegen die Berücksichtigung von Billigkeitsgesichtspunkten bei der Entscheidung, ob überhaupt eine Anpassung oder eine Auflösung gewährt werden sollte. Eine derartige Billigkeitsabwägung wäre vom Verhalten der Parteien in den zunächst zu führenden Neuverhandlungen abhängig zu machen. Diese würden hierdurch aufgewertet und eine außergerichtliche Einigung der Parteien gefördert, da diese sich gezwungen sähen, die Neuverhandlungen zumindest nach außen hin ernsthaft zu führen. Sie würde auch die Rolle des Gerichts bei rechtlich beachtlichen Leistungserschwerungen einschränken, da die Anzahl der Fälle, in welchen eine gerichtliche Anpassung vorzunehmen wäre, vermutlich sinken würde.

Wenn eine Anpassung in einer gegebenen Situation möglich ist, sollte ihr zumindest in den folgenden Fallkonstellationen der Vorzug vor der Auflösung gewährt werden:

1. Wenn beide Parteien der Anpassung im Grundsatz zustimmen. Zwar sollte sich in derartigen Situationen in den Neuverhandlungen eine Einigung erzielen lassen. Ist dies aber wegen Differenzen hinsichtlich der konkreten Modifizierung des Vertrages nicht möglich, sollte die Anpassung durch den Richter vorgenommen werden.

2. Damit eine Anpassung in der zweiten Situation als gerechteste Lösung erscheint, muß eine Partei an der weiteren Durchführung des Vertrages interessiert sein, wohingegen die Gegenpartei seine Auflösung bevorzugt. Die anpassungswillige Partei darf sich dabei nicht vorwerfen lassen, die Neuverhandlungen mit der Gegenpartei über eine Vertragsänderung nicht in gutem Glauben geführt zu haben. Ob die Gegenpartei die Verhandlun-

---

[142] BGH LM § 242 (Bb) BGB Nr. 57

[143] RGZ 131, 177; BGH NJW 1954, 1526

gen in bösem Glauben geführt hat, ist hinsichtlich der Bestimmung der geeigneten Rechtsfolge zunächst unerheblich. Wenn ja, könnte ein derartiges Verhalten mit einer Verurteilung zu Schadensersatz geahndet werden. Verhandlungen in bösem Glauben sollten es einer Partei aber auf keinen Fall ermöglichen, den Vertrag zu sabotieren und auf diese Weise das von ihr gewünschte Ergebnis zu erzielen, nämlich die Auflösung des Vertrages. Wenn die Verhandlungen hingegen in gutem Gauben geführt wurden und eine Partei bei Ergebnislosigkeit derselben die Auflösung des Vertrages erstrebt, ist der Anpassung wieder als weniger gravierender Rechtsfolge grundsätzlich der Vorzug zu gewähren.

Eine Anpassung stellt häufig die beste Lösung dar, wenn nicht nur eine, sondern beide Parteien vom Eintritt eines ungewöhnlichen Ereignisses negativ betroffen sind, was vor allem bei der „großen Geschäftsgrundlage" oft der Fall ist[144]. Obwohl beide Parteien in einem derartigen Fall vermutlich aufgrund der Anpassung einen Verlust erleiden[145], ist dies für sie immer noch vorteilhafter, als durch die Vertragsauflösung ganz auf die Leistung des anderen verzichten zu müssen. Ist die eine Partei an der Anpassung und die andere an der Auflösung interessiert, ist die Anpassung als weniger einschneidende Rechtsfolge vorzuziehen, wenn sich keine der Parteien unbilliges Verhalten vorwerfen lassen muß.

Nicht empfehlenswert ist die Anpassung hingegen in folgenden Situationen, in denen die Auflösung als bessere Lösung erscheint:

1. Zunächst ist dies der Fall, wenn der Wechsel in den Umständen den Vertrag so stark berührt hat, daß eine gerechte Anpassung nicht mehr möglich ist, da sie zu gravierende Veränderungen am ursprünglichen Vertrag erfordern würde.

2. Abgesehen hiervon erscheint eine Anpassung auch nicht als beste Lösung, wenn keine der Parteien die weitere Durchführung des Vertrages anstrebt. In einer derartigen Situation dürfte es zwar meist zu einer außergerichtlichen Einigung der Parteien kommen, aufgrund welcher der Vertrag einvernehmlich aufgelöst wird. Wenn dies aber nicht der Fall ist und sich das fehlende Interesse beider Parteien an der Aufrechterhaltung des Schuldver-

---

[144]Z.B. ist es denkbar, daß Krieg es der einen Partei erschwert, aufgrund von Rohstoffmangel zu leisten und zugleich der anderen Partei die Geldleistung oder die Verwendung erschwert.

[145]Dies ist bei einer Anpassung häufig der Fall, da sie zur Aufgabe hat, entstanden Verluste möglichst gerecht zwischen den Parteien zu verteilen.

hältnisses herausstellt, sollte das Gericht beiden Parteien ein Rücktrittsrecht gewähren.

3. In einer weiteren denkbaren Situation hat eine der Parteien die anfänglichen Neuverhandlungen in bösem Glauben geführt und die Gegenpartei will nun die Auflösung des Vertrages. In dieser Situation sollte die Auflösung auch dann gewährt werden, wenn der Vertrag an sich noch einer Anpassung zugänglich wäre. Das unbillige Verhalten der einen Partei sollte es ihr nicht ermöglichen, eine gerichtliche Anpassung zu erzwingen. Ob sie hingegen mit ihrem Verhalten die Auflösung des Vertrages anstrebte, ist unerheblich, da die gutgläubige Partei diese auch der Anpassung vorzieht und in diesem Falle die Auflösung dem Willen beider Parteien gerecht würde.

Zwar ist die Beweislage in den erwähnten Situationen oft schwierig. Unbilliges Verhalten in Neuverhandlungen ist nicht leicht zu bestimmen. Grundsätzlich ist daher die Anpassung als primäre Rechtsfolge zu bevorzugen. Wenn sich aber herausstellt, daß die Billigkeit gegen eine Anpassung spricht, sollte der Vertrag aufgelöst werden.

D. Fazit

Als Endergebnis bleibt hinsichtlich der gerichtlichen Abhilfe beim Eintritt außergewöhnlicher Ereignisse folgendes festzuhalten.

1. Traditionell erlaubt sowohl in England als auch in Deutschland (unter dem BGB) nur die Unmöglichkeit der Leistung es einer Partei, die versprochene Leistung nicht zu erbringen. Ob Schadensersatz zu leisten ist, hängt davon ab, ob die betreffende Partei die Unmöglichkeit zu vertreten hat. Dieses Vertretenmüssen erfordert ein gewisses Maß an Kontrolle hinsichtlich der Unmöglichkeit.

2. Sowohl der Wegfall der Geschäftsgrundlage[146] als auch die „frustration of contract“[147] wurden entwickelt, um Ungerechtigkeiten zu beheben, welche durch die Pflicht der Parteien, den Vertrag auch im Angesicht extremer Schwierigkeiten unverändert durchzuführen, entstanden.

---

146 Einschließlich seines Vorgängers wirtschaftliche Unmöglichkeit.

147 Genauer gesagt die Tatbestände der „frustration“, welche nicht die traditionelle Unmöglichkeit der Leistung erfordern.

3. Beide Institute ähneln sich hinsichtlich ihrer strikten Bedingungen für das Vorliegen des Tatbestandes. Die Erschwernis der Leistung allein genügt nicht[148]; vielmehr muß sich die unveränderte Erfüllung in der neuen Situation so darstellen, daß sie das ursprünglich vom Schuldner eingegangene Risiko übersteigt.

4. Beide Rechtsordnungen nehmen zur Ermittlung des Tatbestandes eine Risikobestimmung vor. Diese ergibt sich sowohl ausdrücklich aus dem Vertragswortlaut als auch konkludent aus dem Vertragstyp, dispositivem Recht und Gebräuchen des Geschäftsverkehrs. Die ermittelte Grenze des Vertragsrisikos wird mit „unzumutbarer Erfüllung" bzw. „radical change of obligation" umschrieben.

5. Beide Rechtsordnungen kennen die Auflösung des Vertrages als eine Rechtsfolge der veränderten Umstände. Diese stellt in England die einzige Rechtsfolge dar, was theoretisch den wünschenswerten Effekt hat, daß sie die Parteien dazu bewegt, im Vertrag selbst Vorkehrungen für einen Wegfall der Geschäftsgrundlage/„frustration" zu treffen. In der Praxis denken Vertragsparteien jedoch häufig nicht daran, dies auch tatsächlich zu tun, da ihnen die hierzu notwendige Gewandtheit/Raffinesse fehlt oder sie die Folgen außergewöhnlicher Ereignisse für den Vertrag bewußt offenlassen, etwa weil keine Einigung erzielt werden konnte.

6. Die Auflösung geschieht in England automatisch, wohingegen in Deutschland der benachteiligten Partei ein Rücktritts- bzw. Kündigungsrecht zugestanden wird. Letzteres ist zu bevorzugen, da es einer Partei immer freistehen sollte, trotz Widrigkeiten zu erfüllen. Die automatische Auflösung hingegen kann es einer Partei, welche vom Wechsel in den Umständen nicht betroffen wurde, erlauben, ungerechtfertigte Gewinne zu erwirtschaften.

7. In Deutschland wird seit einigen Jahrzehnten die Anpassung der Auflösung vorgezogen. Die Anpassung als Rechtsfolge eines Wechsels in den Umständen wird auch in den Rechtsvereinheitlichungsversuchen von UNIDROIT und den *European Principles* als der Auflösung zumindest gleichwertig propagiert. Sie genießt gegenüber der Auflösung den Vorteil größerer Flexibilität[149] und des geringeren Eingriffs in den Vertrag. Allerdings geht mit der größeren Flexibilität die (zumindest theoretische) Gefahr

---

148 Insbesondere bleiben höhere Kosten und Geldmangel grundsätzlich unbeachtlich.

149 So lassen sich zumindest theoretisch die unterschiedlichen Interessenlagen der Parteien optimal ausgleichen.

einer ausufernden Billigkeitsrechtsprechung einher. Die Möglichkeit der Anpassung kann eine Versuchung bewirken, einer Partei auch bei minder schweren Störungen auszuhelfen.

8. Bevor es zu einer gerichtlichen Anpassung kommen kann, befürworten einige Autoren in Deutschland die Verpflichtung der Parteien zu Neuverhandlungen. In England ist keine formelle Pflicht zu Neuverhandlungen vorhanden; die Parteien werden dort jedoch durch die ansonsten drohende Auflösung des Vertrages zur gemeinsamen Suche nach einer akzeptablen Lösung ermuntert. Neuverhandlungen sind insofern wünschenswert, als eine Anpassung durch die Parteien einer Anpassung seitens Dritter vorzuziehen ist. Allerdings fehlen der Neuverhandlungspflicht aufgrund der fehlenden Verpflichtung zu einem erfolgreichen Abschluß die notwendigen Sanktionen, um bei Unwilligkeit einer oder beider Parteien zum Erfolg zu führen. Die Neuverhandlungspflicht kann aufgewertet werden, wenn das Verhalten der Parteien in den Verhandlungen bei der gerichtlichen Bestimmung der geeigneten Rechtsfolge berücksichtigt wird.

9. Ob die Anpassung oder die Auflösung in einer gegebenen Situation die gerechtere Lösung darstellt, hängt von den individuellen Umständen des jeweiligen Falles ab. Grundsätzlich steht die deutsche Rechtsprechung auf dem Standpunkt, daß eine Anpassung immer dann der Auflösung vorzuziehen ist, wenn der Vertrag nicht so stark von den äußeren Umschwüngen betroffen worden ist, daß seine Anpassung, wenn überhaupt, nur unter erheblichsten Eingriffen in den Vertrag möglich wäre. Die Einbeziehung von Billigkeitsfaktoren wie des Verhaltens der Parteien in Neuverhandlungen kann zusätzliche Anhaltspunkte hinsichtlich der geeigneten Rechtsfolge geben.

10. In England wäre eine deutlichere Unterscheidung zwischen den Tatbeständen der traditionellen Unmöglichkeit und der Leistungserschwerung wünschenswert. Dies würde verdeutlichen, daß beide Institute deutlich voneinander zu differenzieren sind und daß dieselbe Rechtsfolge für beide nicht immer die gerechteste Lösung darstellt.

11. In beiden Rechtsordnungen ist es den Parteien erlaubt, vertragliche Vorkehrungen für außergewöhnliche Ereignisse treffen. Die Gestaltungsmöglichkeit hinsichtlich derartiger Klauseln ist in England größer als in Deutschland, wo sie vor allem durch das AGBG und § 2 des Preisangabengesetzes erheblich eingeschränkt wird.

BIBLIOGRAPHIE

Deutsche Literatur

Ascheid, Änderung der Geschäftsgrundlage und wirtschaftliche Notlage, 109 in: Hromadka (Hrsg.), Änderungen von Arbeitsbedingungen, Heidelberg 1990

Baur, Wirtschaftsklauseln, S.509 in: Festschrift Steindorff, 1990 Berlin - New York

BGB - RGRK, 12. Auflage 1976

Bilda, Anpassungsklauseln in Verträgen, 2. Auflage Berlin 1973

Bilda, Besondere Arten von Anpassungsklauseln in Verträgen, DB 1969, 427

Blaurock, Haftungsfreizeichnung zugunsten Dritter, ZHR 146 (1982), 238

Bundesministerium für Justiz (Hrsg.), Abschlußbericht der Kommission zur Überarbeitung des Schuldrechts, 1992

Braun, Wegfall der Geschäftsgrundlage, JuS 1979, 692

Bulla, Rechtsfolgen von Aussperrungsmaßnahmen für Lieferverträge, DB 1963, 755

Chiotellis, Rechtsfolgenbestimmung bei Geschäftsgrundlagenstörungen in Schuldverträgen, Diss. 1981

Dally, Rechtsprobleme bei langfristigen Energieversorgungsverträgen im Zusammenhang mit Wirtschaftsklauseln, BB 1977, 726

Däubler (Hrsg.), Arbeitskampfrecht, 2. Auflage Baden-Baden 1987

Dehmer/Battke-Spitzer, Die Einführung des Euro zum 1.1. 1999, DStR 1998, 36

Deutsch, Das neue System der Gefährdungshaftungen, NJW 1992, 73

Dittrich, Der Entwurf des Gesetzes zur Einführung des Euro, NJW 1998, 1269

Dürkes, Wertsicherungsklauseln, 10. Auflage Heidelberg 1992

Ehricke, Die Bedeutung der Privatautonomie bei der ergänzenden Vertragsauslegung, RabelsZ 60 (1996), 661

Emmerich, Befreiung des Verkäufers von der Pflicht zur Erfüllung einer Gattungsschuld bei Wegfall der Geschäftsgrundlage, JuS 1994, 526

Emmerich, Das Recht der Leistungsstörungen, 3. Auflage München 1993

Enneccerus-Nipperdey, Schuldrecht, 13. Auflage Tübingen 1950

Erman, Handkommentar zum Bürgerlichen Gesetzbuch, 9. Auflage Münster 1993

Ernst, Kernfragen der Schuldrechtsreform, JZ 1994, 801

Ernst, Zum Kommissionsentwurf für eine Schuldrechtsreform, NJW 1994, 2177

Esser/Schmidt, Schuldrecht I Allgemeiner Teil, 7. Auflage Heidelberg 1993

Etzel, Die Entwicklung des Arbeitsrechts seit 1993, NJW 1994, 2580

Falk, Auswirkungen von Streiks auf die Vertragshaftung des Unternehmers im Verhältnis zu Dritten nach deutschem und englischem Recht, Diss. 1971

Fikentscher, Die Geschäftsgrundlage als Frage des Vertragsrisikos, München 1971

Fikentscher, Schuldrecht, 8. Auflage Berlin 1992

Flume, Allgemeiner Teil des Bürgerlichen Rechts - Das Rechtsgeschäft, Berlin - Heidelberg - New York 3. Auflage 1979

Frielingsdorf, Zur Problematik der Wertsicherungsklauseln, DB 1982,789

Futter, Rechtsprobleme bei langfristigen Energieversorgungsverträgen, BB 1976, 1295

Gesang, Force Majeure, Diss. 1980

Goltz, Motivirrtum und Geschäftsgrundlage im gegenseitigen Vertrag, Diss. 1973

Gorley, Common law und civil law: eine überholte Unterscheidung, ZEuP 1993, 498

Graf von Westphalen, Fallstricke bei Verträgen und Prozessen mit Auslandsberührung, NJW 1994, 2113

Haarmann, Wegfall der Geschäftsgrundlage bei Dauerschuldverhältnissen, Diss. 1979

Hakenberg, Das Euro-Einführungsgesetz, BB 1998, 1491

Horn, Neuverhandlungspflicht, AcP 181 (1981), 255

Huber, Verpflichtungszweck, Vertragsinhalt und Geschäftsgrundlage, JuS 1972, 57

Kaufmann, Wesen des Völkerrechts und die clausula rebus sic stantibus, Tübingen 1911

Kegel, Empfiehlt es sich, den Einfluß grundlegender Veränderungen auf Verträge gesetzlich zu regeln und in welchem Sinn?, Gutachten für den 40. Deutschen Juristentag, S. 135 in: Verhandlungen des 40. Deutschen Juristentages, Tübingen 1953

Kegel/Rupp/Zweigert, Die Einwirkung des Krieges auf Verträge, Berlin 1941

Kilb, Rechtsgrundlagen des Euro, JuS 1999, 10

Köbler, Juristisches Wörterbuch, 6. Auflage, München 1994

Köhler, Grundprobleme der Lehre von der Geschäftsgrundlage, JA 1979, 498

Köhler, Vertragsrecht und „Property Rights" - Theorie, ZHR 144 (1980), 589

Koller, Die Bedeutung des Haftungsmaßstabes für die Zurechnung des Leistungserschwerungsrisikos, NJW 1996, 300

Koller, Die Risikozurechnung bei Vertragsstörungen in Austauschverträgen, München 1979

Kronke, Konkretisierung der Risikozurechnungskriterien im Leistungsstörungsrecht, JuS 1984, 758

Krückmann, Clausula rebus sic stantibus, Kriegsklausel, Streikklausel, AcP 116 (1918), 157

Kunth, Die Anpassung von Preisen in langfristigen Lieferverträgen, BB 1978, 178

Larenz, Geschäftsgrundlage und Vertragserfüllung, 3. Auflage München 1963

Larenz, Schuldrecht I, 13. Auflage München 1982

Lehmann-Hübner, Allgemeiner Teil des BGB, 16. Auflage Berlin 1966

Lembke, Vorhersehbarkeit und Geschäftsgrundlage, Diss. 1991

Lenel, Die Lehre von der Voraussetzung, AcP 74 (1889), 213

Lenel, Nochmals die Lehre von der Voraussetzung, AcP 79 (1892), 49

Littbarski, Neuere Tendenzen zum Anwendungsbereich der Lehre von der Geschäftsgrundlage, JZ 1981, 8

Locher, Geschäftsgrundlage und Geschäftszweck, AcP 121 (1923), 1

Löwe/Graf von Westphalen/Trinkner, Kommentar zum AGBG, 2. Auflage Heidelberg 1983

Löwisch, Arbeitskampf und Vertragserfüllung, AcP 174 (1974), 202

Medicus, „Geld muß man haben" - Unvermögen und Schuldnerverzug bei Geldmangel, AcP 188 (1988), 489

Medicus, Privatrechtliche Fragen zur Geldentwertung, DB 1974, 759

Medicus, Schuldrecht I Allgemeiner Teil, 8. Auflage München 1995

Medicus, Vertragsauslegung und Geschäftsgrundlage, S. 629 in: Festschrift Flume, Köln 1978

Michalski, Zur Rechtsnatur der Dauerschuldverhältnisse, JA 1979, 401

Mittelbach, Wertsicherungsklauseln im Zivil- und Steuerrecht, 4. Auflage Ludwigshafen 1980

Motive zu dem Entwurf eines Bürgerlichen Gesetzbuches für das Deutsche Reich, Berlin 1896

Mügel, Das gesamte Aufwertungsrecht, 5. Auflage Berlin 1927

Münchener Kommentar zum Bürgerlichen Gesetzbuch, 3. Auflage 1994

Neuhof, Drittwirkung der AGB-Gesetzwidrigkeit zugunsten Vertragsfremder, NJW 1994, 1763

Nicklisch, Ergänzende Vertragsauslegung und Geschäftsgrundlagenlehre, BB 1980, 949

Oertmann, Die Geschäftsgrundlage, Leipzig - Erlangen 1921

Palandt, Bürgerliches Gesetzbuch, 58. Auflage München 1999

Protokolle der Kommission für die zweite Lesung des Entwurfs des Bürgerlichen Gesetzbuchs, Berlin 1898

Rehbinder, Das Kaufrecht in den AGB der deutschen Wirtschaft, 2. Auflage Berlin 1979

Reuter, Nominalprinzip und Geldentwertung, ZHR 137 (1974), 482

Rheinstein, Zur Einführung: Rechtsvergleichung, JuS 1972, 65

Richardi, Auswirkungen eines Arbeitskampfes auf Schuldverhältnisse mit Dritten, JuS 1984, 825

Rüthers, Die unbegrenzte Auslegung, 4. Auflage Heidelberg 1991

Samuel, System und Systemdenken - Zu den Unterschieden zwischen kontinentaleuropäischem Recht und Common Law, ZEuP 1995, 375

Schlechtriem, Rechtsvereinheitlichung und Schuldrechtsreform, ZEuP 1993, 217

Schneider, Ölkrise und Geschäftsgrundlage, JurBüro 1979, 1770

Schreiber, Zur Langfristigkeit von Gasversorgungsverträgen, DB 1978, 2205

Simitis, Inflationsbewältigung im Zivil- und Arbeitsrecht, S. 49 in: Kötz/Reichert-Facilides (Hrsg.), Inflationsbewältigung im Zivil- und Arbeitsrecht, Frankfurt 1976

Soergel, Kommentar zum Bürgerlichen Gesetzbuch, 12. Auflage 1990

Teubner , Die Geschäftsgrundlage als Konflikt zwischen Vertrag und gesellschaftlichen Teilsystemen, ZHR 146 (1982), 625

Ulmer, Wirtschaftslenkung und Vertragserfüllung, AcP 174 (1974), 167

Ulmer/Brandner/Hensen, AGB - Gesetz, 8. Auflage Köln 1997

von Caemmerer/Schlechtriem, Kommentar zum Einheitlichen UN Kaufrecht, 2. Auflage München 1995

von Stebut, Die Sicherung des Geldwertes und der Währung, Jura 1983, 449

Weber, Entwicklung und Ausdehnung des § 242 BGB zum „königlichen Paragraphen", JuS 1992, 631

Wieling, Entwicklung und Dogmatik der Lehre von der Geschäftsgrundlage, Jura 1985, 505

Wieling, Wegfall der Geschäftsgrundlage bei Revolutionen ?, JuS 1986, 272

Windscheid, Die Lehre des römischen Rechts von der Voraussetzung, Düsseldorf 1850

Windscheid, Die Voraussetzung, AcP 78 (1892), 161

Zimmermann, Konturen eines Europäischen Vertragsrechts, JZ 1995, 477

Zweigert/Kötz, Einführung in die Rechtsvergleichung, 3. Auflage Tübingen 1996

Englischsprachige Literatur

American Law Institute, Second Restatement of the Law - Contracts, 1981

Atiyah, The Binding Nature of Obligations, p. 21 in: Harris and Tallon, Contract Law Today: Anglo-French Comparisons, 1989

Atiyah, The Sale of Goods, 8th edition Pitman 1990

Aubrey, Frustration reconsidered - some Comparative Aspects, 12 ICLQ 1963, 1165

Bateson, Time as an Element of Frustration, 1954 BLR 173

Battersby, Frustration: A limited Future, (1990) 134 SJ 354

Beale/Dugdale, Contracts between Businessmen: Planning and the Use of Contractual Remedies, (1975) 2 BJLS 45

Bell, The Effect of Changes in Circumstances on Long-term Contracts, p. 195 in: Harris and
Tallon (eds.), Contract Law Today: Anglo-French Comparisons, 1989

Benjamin's Sale of Goods, 5th edition Sweet & Maxwell 1997

Birks, Introduction to the Law of Restitution, Oxford University Press 1985

Cheshire, Fifoot and Furmston, The Law of Contract, 13th edition Butterworths 1996

Collins, The Law of Contract, 2nd edition Butterworths 1993

Davenport, War Clauses in Time Charterparties, p. 133 in: McKendrick (ed.), Force Majeure and Frustration of Contract, Lloyd's of London Press Ltd 1991

Dawson, Judicial Revision of Frustrated Contracts, (1982) Jur Rev 86

Devlin, The Relation between Commercial Law and Commercial Practice, [1951] 14 MLR 249

Downes, Nominalism, Indexation, Excuse and Revalorisation: A Comparative Survey, [1985] 101 LQR 98

Downes, Textbook on Contract, 2nd edition Sweet & Maxwell 1991

Draetta, Lake and Nanda, Breach and Adaptation of International Contracts, Butterworths Legal Publishers 1992

Forte, Economic Frustration of Commercial Contracts: A Comparative Analysis with
Particular Reference to the United Kingdom, (1986-1987) Jur Rev 1

Furmston, Drafting of Force Majeure Clauses, p. 21 in: in: McKendrick (ed.), Force Majeure and Frustration of Contract, Lloyd's of London Press Ltd 1991

Gow, Some Observations on Frustration, 3 ICLQ 1954, 291

Hall, Frustration and the Question of Foresight, 4 Legal Studies 1984, 300

Halsbury's Law of Englands, 4th edition (Reissue) Butterworths 1998

Hay, Frustration and ist Solution in German Law, (1961) 10 Am J Comp Law 345

Haycroft/Waksman, Frustration and Restitution, [1984] JBL 207

Hibbitts, The Impact of the Iran-Iraq Cases on the Law of Frustration of Charter-parties, [1985] 16 Journal of Maritime Law and Commerce 441

Howard, Frustration and Shipping law - Old Problems, New Contexts, p.115 in: McKendrick (ed.), Force Majeure and Frustration of Contract, Lloyd's of London Press Ltd 1991

Hudson, Exemptions and Impossibility under the Vienna Convention, p. 175 in: McKendrick (ed.), Force Majeure and Frustration of Contract, Lloyd's of London Press Ltd 1991

Hudson, Prorating in the English Law of Frustrated Contracts, [1968] 31 MLR 535

Jacobs, Effective Exclusion Clauses, Tournat Publishing 1990

Joskow, Commercial Impossibility, The Uranium Market and the Westinghouse Case, (1977) 6 J Legal Studies 119

Kronman, Mistake, Disclosure, Information and Contract Law, (1978) 7 J Legal Studies 1

Lando/Beale (Eds.), Commission on European Contract Law, Principles of European Contract Law, 1995

Liu, The Doctrine of Frustration: An Overview of English Law, [1988] 18 Journal of Maritime Law and Commerce 261

McElroy and Williams, The Coronation Cases, [1941] 4 MLR 241

McInnis, Frustration and Force Majeure in Buildig Contracts, p. 139 in: McKendrick (ed.), Force Majeure and Frustration of Contract, Lloyd's of London Press Ltd 1991

McKendrick, Frustration and Force Majeure - Their Relationship and a Comparative Assessment, p. 33 in: McKendrick (ed.), Force Majeure and Frustration of Contract, Lloyd's of London Press Ltd 1991

McKendrick, The Consequences of Frustration - The Law Reform (Frustrated Contracts) Act 1943, p. 51 in: McKendrick (ed.), Force Majeure and Frustration of Contract, Lloyd's of London Press Ltd 1991

McKendrick, The Construction of Force Majeure Clauses and Self-induced Frustration, [1990] LMCLQ 153

McNair, Frustration of Contract by War, [1940] 56 LQR 173

McNair, The Legal Effects of War, Cambridge University Press 1944

Milford, Some Aspects of Common Law - A Lecture delivered at the London School of Economics by Sir Frank McKinnon, Oxford University Press 1926

Nicholas, Force Majeure and Frustration, (1979) 27 Am J Comp Law 231

Palmer, The Private Law Effects of Industrial Action, p. 85 in: McKendrick (ed.), Force Majeure and Frustration of Contract, Lloyd's of London Press Ltd 1991

Parker, Force Majeure in EC Law, p. 213 in: McKendrick (ed.), Force Majeure and Frustration of Contract, Lloyd's of London Press Ltd 1991

Phang, Implied Terms, Business Efficacy and the Officious Bystander - a Modern History, [1998] JBL 1

Posner/Rosenfield, Impossibility and Related Doctrines: Economic Analysis, (1977) 6 J Legal Studies 83

Schmitthoff, Hardship and Intervener Clauses, [1980] JBL 82

Schwartz, Sales Law and Inflations, (1976) 50 S Cal L Rev 1

Scrutton, Charterparties, 20th edition Sweet & Maxwell 1996

Smith, Contracts - Mistake, Frustation and Implied Terms, [1994] 110 LQR 400

Stannard, Frustrating Delay, [1983] 46 MLR 738

Stewart/Carter, Frustrated Contracts and Statutory Adjustment: the Case for a Reappraisal, [1992] CLJ 66

Swadling, The Judicial Construction of Force Majeure Clauses, p.3 in: McKendrick (ed.), Force Majeure and Frustration of Contract, Lloyd's of London Press Ltd 1991

Trakman, Frustrated Contracts and Legal Fictions, [1983] 46 MLR 39

Treitel, Frustration and Force Majeure, Sweet & Maxwell 1994

Treitel, The Law of Contract, 9th edition Sweet & Maxwell 1995

UNIDROIT, Principles of International Commercial Contracts, 1994

Waddams, Unconscionability in Contracts, [1976] 39 MLR 369

Wade, Impossibility in Contract, [1940] 56 LQR 519

Whincup, Contracts all at Sea, (1985) NLJ 77, 114 and 135

Williams, The End of Chandler v. Webster, [1943] 6 MLR 46

Williamson, Contract analysis: the transaction cost approach, p. 39 in: Burrows and Veljanovski (eds.), The Economic Approach to Law, Butterworths 1981

TABLE OF ENGLISH CASES

—A—

Achille Lauro v. Total Societa Italiana per Azioni [1969] 2 Lloyd's Rep 65
Adelfamar SA v. Silos Mangimi Martini (The Adelfa) [1988] 2 Lloyd's Rep 466
Admiral Shipping Co. v. Weidner Hopkins & Co. [1917] 1 KB 222
Agathon, The [1982] 2 Lloyd's Rep. 211
Ailsa Craig Fishing Co. Ltd v. Malvern Fishing Co. [1983] WLR 964
Aluminium Corpn. of America Inc v. Essex Group Inc 499 F. Supp. 53 (1980)
Amalgamated Investment & Property Co. Ltd. v. John Walker & Sons Ltd. [1977] 1 WLR 164
Ambatielos v. Anton Jürgens Margarine Works [1932] AC 175
American Cyanamid Co. v. Ethicon Ltd [1975] AC 396
An Bord Bainne Co-operative and Compagnie Inter-Agra SA v. Intervention Board for Agricultural Produce (Case 124/92 EC)
Appleby v. Myers (1867) LR 2 CP 651
Atkinson v. Ritchie (1809) 10 East 530
Autry v. Republic Productions 180 P. 2d. 888 (1947)
Avery v. Bowden (1855) 5 E & B 714

—B—

B & S Contracts and Design Ltd v. Victor Green Publications Ltd [1984] ICR 419
Baily v. De Crespigny (1869) LR 4 QB 180
Bank Line v. Arthur Capel & Co. [1919] AC 435
Beck & Co. v. Szymanowski [192] AC 43
Bell v. Lever Bros. [1932] AC 161
Biddell Brothers v. E. Clemens Horst & Co [1911] 1 KB 214
Black Clawson International Ltd. v. Papierwerke Waldhof-Aschaffenburg AG [1981] 2 Lloyd's Rep 446
Blackburn Bobbin Co Ltd v. T.W. Allen Ltd [1918] 2 KB 467
Blane Steamships Ltd. v. Minister of Transport [1951] 2 KB 965
BP (Exploration) Libya Ltd v. Hunt [1979] 1 WLR 783
BP v. Hunt, [1982] 1 All ER 925
Braemont SS v. Andrew Weir & Co. 15 Com. Cas. 101
Brauer & Co. v. James Clark & Co. [1952] 2 Lloyd's Rep 147
Bremer Handelsgesellschaft mbH v. C. Mackprang Jr. [1979] 1 Lloyd's Rep 221
Bremer Handelsgesellschaft mbhH v. Continental Grain Co [1983] 1 Lloyd's Rep 269

Bremer Handelsgesellschaft mbH v. Vanden Avenne-Izegem PVBA [1978] 2 Lloyd's Rep 109
Brewster v. Kitchell (1691) 1 Salk. 198
British Movietonews Ltd. v. London and District Cinemas [1951] 1 KB 190
British Movietonews Ltd. v. London and District Cinemas [1952] AC 166
British Telecommunications plc v. Ticehurst [1992] ICR 383
Budgett v. Binnington & Co [1891] 1 QB 35

—C—

C. Czarnikow Ltd. v. Centrala Handlu Zagranicznego "Rolimpex" [1979] AC 351
Carapanayoti & Co Ltd v. E.T. Green Ltd [1960] 2 WLR 869
Central London Property Trust v. High Trees House [1947] KB 130
Chandler v. Webster [1904] 1 KB 493
Channel Island Ferries Ltd v. Sealink Ltd [1987] 1 Lloyd's Rep 559
Chrysalis, The [1983] 1 Lloyd's Rep. 503
Combe v. Combe [1951] 2 KB 215
Comptoir Commercial Anversois v. Power, Son & Co [1920] 1 KB 868
Concadero, The [1916] 2 AC 199
Condor v. Barron Knights Ltd. [1966] 1 WLR 87
Congimex Companhia Geral SARL v. Tradax Export SA [1983] 1 Lloyd's Rep 250
Continental Grain Export Corpn. v. S.T.M. Grain Ltd. [1979] 2 Lloyd's Rep 460
Cooper v. Phibbs (1867) LR 2 HL 149
Countess of Warwick SS v. Le Nickel SA [1918] 1 KB 372
Court Line v. Dant (1939) 161 LT 35
Cricklewood Property Investment Trust Ltd v. Leighton's Investment Trust Ltd [1945] AC 221
Customs and Excise Commissioners v. Lord Fisher [1981] 2 All ER 147
Cutter v. Powell (1795) 6 TR 320

—D—

Dairyvale Foods Ltd v. Intervention Board for Agricultural Produce [1982] 3 CMLR 358
Davis Contractors v. Fareham UDC [1956] AC 696
Denny, Mott & Dickson Ltd. v. James B. Fraser & Co. LTD. [1944] AC 265
D I Henry Ltd v. Wilhelm G Clasen [1973] Lloyd's Rep 159
Dixon & Sons v. Henderson, Craig & Co. [1919] 2 KB 778

—E—

Earn Line SS Co. v. Sutherland SS Co. Ltd. 254 F. 126

Ellis Shipping Corporation v. Voest Alpine Intertrading (The Lefthero) [1992] 2 Lloyd's Rep 109
Embiricos v. Sydney Reid & Co. [1914] 3 KB 45
Epaphus, The [1987] 2 Lloyd's LR 215
Ertel Bieber & Co v. Rio Tinto Co Ltd [1918] AC 260
Esposito v. Bowden (1857) 7 El & Bl 763
Eugenia, The [1964] 2 QB 226
Evia (No. 2), The [1981] 2 Lloyd's Rep 613
Evia (No. 2), The [1983] 1 AC 736
Eyre v. Johnson [1946] KB 481

—F—

F. A. Tamplin Steamship Co. v. Anglo-Mexican Petroleum Products Co. Ltd. [1916] 2 AC 397
F.C. Shepherd & Co Ltd v. Jerrom [1987] QB 301
Federal Steam Navigation Co. v. Sir Raylton Dixon & Co. (1919) Lloyd's List LR 63
Fibrosa Spolka Akcyjna v. Fairbairn Lawson Combe Barbour Ltd. [1943] AC 32
Foakes v. Beer (1884) 9 App Cas 605
Ford & Sons (Oldham) Ltd v. Henry Leetham & Sons Ltd (1915) 21 Com Cas 55
Freeman v. Taylor (1831) 10 LJCP 26
Frost v. Knight (1872) LR 7 Exch 111
Furness Bridge, The [1977] 2 Lloyd's Rep 367
Furtado v. Rogers (1802) 3 Bos & P 191

—G—

Galloway v. Galloway (1914) 30 TLR 531
Geipel v. Smith (1872) LR 7 QB 404
General Engineering Services Ltd v. Kingston and St. Andrew Corpn [1988] 3 All ER 867
Griffith v. Brymer (1903) 19 TLR 434
Grist v. Bailey [1967] Ch 532

—H—

H.R. and S.Sainsbury Ltd. v. Street [1972] 1 WLR 834
Hannah Blumenthal, The [1983] 1 AC 854
Herne Bay Steamboat Co. v. Hutton [1903] 2 KB 683
Hick v. Raymond & Reid [1893] AC 22
Hirji Mulji v. Cheong Yue SS Co. Ltd.[1916] AC 497
Hoenig v. Isaacs [1952] 2 All ER 176
Hong Guan & Co Ltd v. R. Jumbahoy & Sons Ltd. [1960] AC 684

Hoop, The (1799) 1 C. Rob. 196
Horlock v. Beal [1916] 1 AC 486
Howell v. Coupland (1876) 1 QBD 258
Hughes v. Metropolitan Railway Co. (1877) 2 App Cas 439

—I—

Intertradex SA v. Lesieur-Tourteaux SARL [1978] 2 Lloyd's Rep 509
In re Badische Co. [1921] 2 Ch 331

—J—

Jackson v. Union Marine Insurance (1874) LR 10 CP 125
Joseph Constantine SS Line Ltd. v. Imperial Smelting Corp. Ltd. [1942] AC 154

—K—

Karen Oltmann, The [1976] 2 Lloyd's Rep 708
Kawasaki Kisen Kabushiki Kaisa of Kobe v. Bantham Steamship Co. [1938] 3 All ER 83
Kawasaki Steel Corpn. v. Sardoil S p a [1977] 2 Lloyd's Rep. 552
Krell v. Henry [1903] 2 KB 740

—L—

Larrinaga & Co v. Société Franco-Américaine des Phosphates de Médulla [1923] All ER 1
Lauritzen A/S v. Wijsmuller BV, The Super Servant Two [1990] Lloyd's Rep 1
Lebeaupin v. Crispin & Co. [1920] 2 KB 714
Lefthero, The [1992] 2 Lloyd's Rep 109
Leiston Gas Co v. Leiston-cum-Sizewell UDC [1916] 2 KB 428
Les Affréteurs Réunis SA v. Walford [1919] AC 801
Libyan Arab Foreign Bank v. Bankers Trust Co. [1989] QB 728
Lipton v. Ford [1917] 2 KB 647
Lister v. Romford ICE & Cold Storage Co. Ltd [1957] AC 555
Liverpool City Council v. Irwin [1977] AC 239; [1976] 2 All ER 39
London Export Corpn Ltd v. Jubilee Coffee Roasting Co [1958] 1 WLR 661
Lovell & Christmas v. Wall (1911) 104 LT 85

—M—

Maritime National Fish v. Ocean Trawlers [1935] AC 524
Martin-Baker Aircraft Co v. Flight Refuelling Equipment Ltd [1955] 2 QB 556
Matsoukis v. Priestman & Co. [1915] 1 KB 681
Matthey v. Curling [1922] 2 AC 180
Metropolitan Water Board v. Dick, Kerr & Co. [1918] AC 119

Mineral Park v. Howard 172 Cal. 289, 156 P 458 (1916)
Monarch SS v. A/B Karlshamns Oljefabriker [1949] AC 196
Moorcock, The (1889) 14 PD 64
Morgan v. Manser [1948] 1 KB 184
Moss v. Smith (1859) 9 CB 94
Multiservice Bookbinding Ltd v. Marden [1979] Ch 84

—N—

National Carriers Ltd. v. Panalpina (Northern) Ltd. [1981] AC 675
Naylor Benzon & Co. Ltd. v. Krainische Industriegesellschaft [1918] 1 KB 331
Nema, The [1981] 2 Lloyd's Rep 239
Nema, The [1982] AC 724
Nicholl & Knight v. Ashton, Edridge & Co.[1901] 2 KB 126
Nicolene v. Simmonds [1953] 1 All ER 822
Nile Co. for the Export of Agricultural Crops v. H. & J. M. Bennett (Commodities) Ltd. [1986] 1 Lloyd's Rep. 555
Notcutt v. Universal Equipment Co. (London) Ltd. [1986] 1 WLR 641; [1986] 3 All ER 582

—O—

Ocean Tramp Tankers Association v. V/O Sovfracht, The Eugenia [1964] 2 QB 226
Ockerby & Co Ltd v. Murdock (1916) 22 CLR 420
Orion Compagnia Espanola de Seguros v. Belfort Maatschappij voor Algemeene Verzekeringeen [1962] 2 Lloyd's Rep 257

—P—

Paal Wilson & Co A/S v. Partenreederei Hannah Blumenthal, The Hannah Blumenthal [1983] 1 AC 854
Paine v. Meller (1801) 6 Ves. 349
Palmco Shipping Co. v. Continental Ore Corpn. [1970] 2 Lloyd's Rep 21
Pancommerce SA. v. Veecheema BV.[1983] 2 Lloyd's Rep 304
Paradine v. Jane (1647) Aleyn 26
Parker v. Arthur Murray Inc., 295 N.E. 2d. 487 (1973)
Penelope, The [1928] P 180
Peter Dixon & Sons Ltd. v. Henderson, Craig & Co. Ltd. [1919] 2 KB 778
Pioneer Shipping Ltd. v. BTP Tioxide, The Nema [1982] AC 724
Pole Properties Ltd v. Feinberg (1982) 43 P & CR 121
Pool Shipping v. London Coal Co of Gibraltar [1939] 2 All ER 432
Prenn v. Simmonds [1971] 3 All ER 237

—Q—

Queensland Electricity Generating Board v. New Hope Collieries Pty Ltd [1989] 1 Lloyd's Rep 205

—R—

Redmond v. Dainton [1920] 2 KB 256
RJB Mining (UK) Ltd & Others v. National Union of Mineworkers (1997) IRLR 621
Robertson v. French (1803) 4 East 130
Robinson v. Davison (1871) LR 6 Ex 269
Rookes v. Barnard [1964] AC 1129
Ross Smyth & Co. Ltd v. Bailey, Son & Co. [1940] 3 All ER 60
Russian Bank for Foreign Trade v. Excess Insurance Co. [1918] 2 KB 123

—S—

Schorsch Meier GmbH v. Hennin [1974] 3 WLR 823
Schroeder Music Publishing Co. Ltd v. Macaulay [1974] 3 All ER 616
Scottish Navigation Co v. W.A. Souter & Co. [1917] 1 KB 222
Shell UK v Lostock Garage Ltd [1977] 1 All ER 481
Shepherd v. Jerrom [1987] QB 301; [1986] 3 All ER 589
Shirlaw v. Southern Foundries (1926) Ltd [1939] 2 KB 206
Siboen and the Sibotre, The [1976] 1 Lloyd's Rep 293
Sir Lindsay Parkinson Ltd v. Commissioners of Works [1949] 2 KB 632
Société Franco-Tunesienne D'Armement v. Sidermar [1960] 3 WLR 701
Société Franco-Tunesienne D'Armement v. Sidermar , The Massalia [1961] 2 QB 278
Staffordshire Area Health Authority v. South Staffordshire Waterworks Co. [1978] 3 All ER 769
Strickland v. Turner (1852) 7 Ex 208
Stubbs v. Holywell Railway Co. (1867) LR 2 Ex 311
Sumnall v. Statt (1984) 49 P & CR 367
Sumpter v. Hedges [1898] 1 QB 673
Superior Overseas Development Corpn. v. British Gas Corpn. [1982] 1 Lloyd's Rep 262
Super Servant Two, The [1990] 1 Lloyd's Rep 1

—T—

Taylor v. Caldwell (1863) 3 B. & S. 826
Tennants (Lancashire) Ltd. v. C.S. Wilson & Co Ltd. [1917] AC 495
Thomas Borthwick (Glasgow) Ltd v. Faure Fairclough Ltd [1968] 1 Lloyd's Rep 16

Joseph Marko / Alfred Ableitinger / Alexander Bröstl / Pavel Holländer (Hrsg.)

Revolution und Recht

Systemtransformation und Verfassungsentwicklung in der Tschechischen und Slowakischen Republik

Frankfurt/M., Berlin, Bern, Bruxelles, New York, Wien, 2000. 502 S., 5 Abb.
ISBN 3-631-33619-5 · br. DM 128.–*

Hinter dem Titel „Revolution und Recht" steht die erkenntnisleitende Idee, nach dem Ende des Kommunismus dem Zusammenhang von politischer Revolution und rechtlicher Institutionalisierung beim Aufbau von Demokratie und Rechtsstaat am Fallbeispiel der Tschechoslowakei nachzugehen. In einem ersten Teil werden die staatliche Trennung und die verfassungsrechtlichen Grundlagen der Regierungssysteme Tschechiens und der Slowakei analysiert. Im zweiten Teil wird den unterschiedlichen historischen, politischen und kulturellen Voraussetzungen der demokratischen Konsolidierungsprozesse nachgegangen. Abschließend werden die „doppelten Standards" bei der Behandlung beider Staaten im Rahmen der EU-Osterweiterung als Grundproblem der Entwicklung zu einer „gesamteuropäischen Verfassungsstaatlichkeit" untersucht.

Aus dem Inhalt: Zur Geschichte der Tschechen und Slowaken als Mitteleuropäer · Die Verfassungssysteme Tschechiens und der Slowakei · Parteien, Verbände und politische Kultur · Von der Revolution über die Transformation zur Integration: Tschechien und die Slowakei im Prozeß der EU-Osterweiterung

Kolibri 360 GmbH
Ferdinand-Jühlke-Straße 7
99095 Erfurt, Deutschland
produktsicherheit@kolibri360.de

Druck:
CPI Druckdienstleistungen GmbH
im Auftrag der
Kolibri 360 GmbH
Ferdinand-Jühlke-Str. 7
99095 Erfurt